학술연구총서 5

조선후기 소북문단의 형성과 소북팔문장

김묘정 지음

학자원

학술연구총서 간행사

한국 고전문학 텍스트 연구소는 창조와 혁신이라는 인문학의 정신을 바탕으로 대중들의 관심에서 버려져 있는 우리 고전의 가치를 새롭게 밝혀, 현대를 살아가는 사람들에게 삶의 지표와 미래의 희망을 제시하기 위해 설립되었습니다.

현대 사회를 인문학의 종말기라고 할 만큼 우리 주변에서 고전에 대한 관심은 찾아보기 어렵고, 인문학에 대한 흥미는 점점 옅어져 가고 있습니다. 그러나 현대 사회에 팽배한 인문학에 대한 폄하나 고전에 대한 그릇된 인식은 그 연원이 오래되었습니다. 인류의 역사를 되돌아보면 고전이 그 자체로 가치와 의미를 인정받았던 시기를 찾기 어렵고, 인문학이 위기가 아니었던 시대가 없었습니다. 만약 그와 같은 인식이 진실한 것이라면 우리 사회에서 고전과 인문학은 이미 자취를 감추었어야 하지만 사회가 첨예해지고 기술 문명이 발달할수록 고전과 인문학에 대한 대중들의 갈망은 커지기만 합니다. 이와 같은 모습은 고전과 인문학이 우리 사회에서 결코 소외될 수 없는 본질적이고 중차대한 것임을 보여주는 것입니다.

한국 고전문학 텍스트 연구소는 고전에 대한 왜곡된 인식과 인문학에 대한 그릇된 편견을 교정하는 마중물이 되고자 설립된 연구소입니다. 우리 연구소에서는 인문학 고전을 다양한 사회의 변화에 부응할 수 있도록 새롭게 가공하여 현대인들에게 고전과 인문학의 가치를 일깨우고 흥미를 부여하고자 합니다. 이를 위해 우리 연구소에서는 자료의 정리와 번역 가공, 개인 학술 연구, 연구소 기획 연구라는 네 방향에서 우리 고전과 인문학에 접근하고자 합니다.

학술연구총서는 이와 같은 우리 연구소의 운영 방향에 의해 발간되는 책입니다. 한 사람의 연구자가 하나의 주제에 대해 긴 시간 동안 심도 깊은 관찰과 탐색을 진행한 결과로, 연구자의 오롯한 정성과 노력이 담긴 책입니다. 그런 점에서 학술연구총서는 다양한 가치에 대한 고려를 바탕으로 학계와 대중에게 그다지 알려지지 않은 인물을 선택하여 1년 동안 공동 연구와 기획 발표라는 엄밀하고 정치한 연구를 진행한 뒤 발간하는 우리 연구소의 기획연구총서와는 여러 지점에서 변별적 의미와 가치를 가지는 것입니다.

학술연구총서를 출간하기 위해 연구자는 기나긴 불면의 밤을 보내며 수 없는 고민과 갈등을 겪었을 것이고, 셀 수 없이 많은 글들을 썼다 지우면서 보이지 않는 길을 찾기 위해 헤매는 시간을 보냈을 것입니다. 책을 출간한 뒤에도 여전히 풀리지 않고 남아있는 의문이 머리에 맴돌고 가슴을 짓누르겠지만, 마음 한편에서는 그간 무겁게 이고 왔던 묵은 짐을 내려놓는 후련함도 느낄 것입니다.

우리 연구소의 학술연구총서는 학계와 일반 대중뿐만 아니라 연구자들을 위한 책이기도 합니다. 일반 대중에게는 한 분야의 전문가가 오랜 시간 고민해 온 결과물을 통해 지식의 범주를 확장 시킬 수 있도록 도울 것이고, 학계에는 오랜 시간 진행된 연구자의 진지하고 깊이 있는 고민을 통해 새로운 시각과 진전된 논의가 시작될 수 있는 계기를 제시할 것이며, 연구자에게는 혼자 짊어져 왔던 무겁고 큰 숙제를 세상에 풀어놓는 자유를 제공할 것입니다. 그런 점에서 우리 연구소의 학술연구총서는 다른 누구보다 연구자를 위한 것이라고도 할 수 있습니다. 연구자에게 나에서 우리로, 혼자에서 같이로, 다 함께 하는 논의와 논쟁의 장을 만들어 홀로 걸었던 외로움을 벗어버리고 자유로우면서도 깊이 있고 다양한 논의를 통해 더 깊은 시야를 제공할 수 있을 것이기 때문입니다.

우리 연구소의 학술연구총서 5권은 조선후기 소북문단의 형성과 전개의 양상을 살펴 소북문단의 실체를 밝혀보고자 하는 중장기적인 연구 목표 아래 기획된 것입니다. 이에 따라 이 책에서는 소북계열의 성립과 학문 연원 및 전통을 중심으로 소북문단의 형성 과정을 살펴보고, 이를 바탕으로 소북팔문장의 생애와 시세계를 구체적으로 확인해보고자 하였습니다.

소북문단은 정치집단이면서 동시에 학문을 공유하는 학파이자 문인집단이었습니다. 따라서 소북문단은 학문적·문학적·정치적·사회적 동질성을 바탕으로 집단 구성원간의 문학적 교유를 지속했습니다. 그렇기 때문에 이 책에서는 17세기의 소북팔문장을 중심에 두면서도 16세기 후반에서 17세기 전반에 활동한 소북칠학사와 17세기 후반에서 18세기에 활동한 소북오군자를 함께 거론하여 지금까지 밝혀진 바 없는 소북계열 학맥의 전통이 계승되는 양상을 함께 살펴보고자 했습니다.

크게 3부로 구성되어 있는 이 책의 제1부는 소북문단의 형성과 소북팔문장의 전체적인 양상을, 제2부는 소북팔문장의 생애와 저술 양상을, 제3부는 소북팔문장 시세계의 구체적인 양상을 확인하고자 한 것입니다. 이를 통해 연구자는 아직까지 학계에 소개된 바 없는 소북계열 문인의 존재를 알리면서 소북문단의 학문적·문학적 경향을 밝혀보고자 했습니다.

이 연구가 학술적으로 얼마나 큰 성과를 가질 수 있을지는 알 수 없습니다. 하지만 이 책을 완성하기까지 연구자는 긴긴 불면의 밤과 수많은 고민의 시간을 보냈습니다. 연구자는 학계에 또 스스로에게 부끄럽지 않기 위해 무수한 인고의 과정을 거쳤고, 그 기간 연구자가 흘린 땀을 지켜본 사람으로 이 책이 학계에 또 연구자 스스로에게 적지 않은 가치를 지니는 책이 될 것이라 확신합니다.

연구자의 수많은 고민의 흔적들이 고스란히 묻어있는 이 책의 출간으로 연구자는 가슴 후련한 자유로움을 느끼겠지만 한편으로는 진한 아쉬움도 가질 것입니다. 어떤 것이 더 클지는 모르지만, 이 책의 출간으로 연구자는 그간의 고민을 정리하고 새롭게 출발하는 계기를 가지게 되었을 것입니다.

우리 연구소의 학술연구총서는 연구자가 학계와 일반 대중에게 소통과 공감을 구하는 것입니다. 그런 만큼 우리 연구소의 학술연구총서는 인문학 관련 전문 연구자뿐만 아니라 일반 대중들에게도 적지 않은 가치가 있을 것이라고 생각됩니다. 이후로도 이와 같은 학술연구총서의 발간이 충실하게 이루어지기를 기대하며, 학술연구총서의 집필을 위해 애써주신 연구자와 간행에 물심양면으로 도움을 주신 도서출판 학자원의 김병환 사장님께 깊은 감사의 마음을 전합니다.

2021년 12월
단국대학교 부설 한국 고전문학 텍스트 연구소장

책을 펴내면서

이 책은 조선후기 소북문단小北文壇의 실체를 확인해 소북문단의 형성과 전개의 양상을 전체적으로 밝혀보고자 하는 중장기적인 연구 목표 아래 기획된 첫 번째 결과물이다. 이에 따라 이 책에서는 먼저 소북계열의 성립 그리고 학문적 연원과 전통을 중심으로 소북문단의 형성과정을 알아보면서, 소북팔문장小北八文章의 생애와 시세계를 구체적으로 살피고자 하였다.

소북문단小北文壇은 정파적政派的 의미에서 정치적 집단이라고 할 수 있으나, 이와 함께 동질적인 학문을 공유하는 학파學派이자 문인집단이다. 그에 따라 소북문단은 학문적·문학적 공통점을 견지하였으며, 같은 정치적·사회적 환경에 처해 있어 집단 내의 문학적 교유를 지속했다. 이에 이 책에서는 17세기 소북팔문장小北八文章을 중점적으로 다루면서도 16세기 후반에서 17세기 전반에 활동한 소북칠학사小北七學士, 17세기 후반에서 18세기에 활동한 소북오군자小北五君子로 대별되는 소북계열의 대표 문인집단을 중심으로 지금까지 밝혀진 바 없는 소북계열의 학맥學脈 전통이 계승되는 양상까지도 함께 들여다보고자 하였다.

이 책은 크게 3부로 구성되어 있는데, 먼저 1부에서는 소북문단小北文壇의 형성과 소북팔문장小北八文章을 전체적으로 살폈다. 소북小北계열의 성립 과정 및 소북문단의 학문적 연원과 전통을 고찰하였으며,

소북계열과 소북칠학사小北七學士·소북팔문장小北八文章·소북오군자小北五君子로 대별되는 문인들의 문학적 교유와 학문 경향을 밝혔다. 또한 소북문단의 문예 창작 모임을 검토하여 이들이 창작 공간에 기반해 문학 활동을 지속함으로써 문학적·학문적 입지를 강화했다는 사실을 확인하였다.

2부에서는 소북팔문장小北八文章의 생애와 저술 양상을 집중적으로 조명하였다. 또한 소북팔문장의 형성과 교유 양상을 살피기 위해 결속력 강화의 한 방편이라고 할 수 있는 혼맥婚脈과 세거지世居地를 검토하였으며, 만시挽詩에 나타난 교유관계를 다루었다.

3부에서는 본격적으로 소북팔문장小北八文章 시세계의 양상을 확인하였다. 첫 번째로 '동류의식同類意識의 발현과 시적 형상화 양상'을 살폈는데, 소북팔문장이 문학을 매개체로 삼아 내부적인 결속을 이어온 사실을 확인하였다. 두 번째는 '소외된 문인으로 느끼는 내적 갈등'을 검토하였는데, 이 유형의 경우 심제沈膂, 강백년姜栢年, 박수현朴守玄, 정창주鄭昌冑, 신유申濡의 작품을 통해 확인하였다. 세 번째는 '경험의 미적 승화와 심미정서의 표출 양상'에 관한 것인데, 이 유형 중 관조를 통한 미감의 표현 양상의 경우 강백년姜栢年, 박수현朴守玄, 정창주鄭昌冑, 이휴징李休徵의 작품을 중심으로 하였으며, 산수와 명승의 향유와 흥취의 토로 양상은 심제沈膂, 강백년姜栢年, 박수현朴守玄, 정창주鄭昌冑, 이휴징李休徵, 심제申濡의 작품을 중심으로 살폈다.

이 책은 지금까지 학계에 소개된 바 없는 소북小北계열 문인의 존재를 학계에 알리는 동시에 소북문단小北文壇의 학문적·문학적 경향을 밝혀내고자 한 연구의 첫걸음으로, 후속 연구를 유도하는 마중물이라는 의미를 지닌다. 하지만 그러면서도 이 책은 소북문단의 형성 확인이라는 근본적인 목적을 달성하기보다 소북계열 개별 문인을 대상으로

한 기초 연구와 그들의 단편적인 면모 파악에 치중했다는 아쉬움을 지닌다. 이에 필자는 아직까지 우리 문학사에서 빈 공간으로 남아있는 소북문단을 온전히 파악하기 위한 여러 후속 작업을 이 책의 출간 이후의 과제로 남겨두고자 한다.

필자가 소북문단小北文壇에 관심을 가지게 된 것은 그간 필자를 지도해 주셨던 안대회, 윤재환 선생님과 필자의 주변에서 필자를 이끌어주셨던 많은 선생님이 계셨기 때문이다. 이 책을 출간할 수 있었던 것 역시 부족한 능력으로 거대한 산을 마주하면서도 매 순간 두려움보다는 설렘을 가질 수 있도록 격려해주신 선생님들 덕분이다. 실패를 생각하기에 앞서 늘 도전하는 정신을 가르쳐 주신 선생님들께 이 책을 통해 깊은 감사의 인사를 드린다. 아울러 단국대학교 고전문학텍스트연구소의 여러 선생님께도 진심으로 감사의 마음을 전한다.

또 무엇보다도 가장 가까운 곳에서 함께 해준 동학들에게 진심으로 감사하다. 늘 어렵고 풀리지 않는 상황 속에서도 다시 책상에 앉아서 펜을 잡을 수 있었던 것은, 매 순간 필자를 진정으로 헤아려주는 동학들이 있어서였음을 고백해본다.

이 책은 필자가 혼자 만든 어떠한 작은 결과물이라기보다는 누군가의 희생이 전제된 결과물이다. 만삭으로 공부하는 딸을 아낌없이 지지해주셨던 부모님, 그리고 출산과 동시에 강단에 선 필자의 수없는 부족함을 옆에서 채워준 시댁과 남편에게도 감사의 마음을 전한다. 그리고 마지막으로 새벽부터 같이 책상에 앉아 공부해주는 어린 아들에게 특히 고맙다고 말하고 싶다.

2021년 12월

저자

차례

제3부

소북팔문장小北八文章 시세계에 드러난 정서와 형상화

제4부

소북팔문장小北八文章의 시문학詩文學 경향과 문학사적文學史的 의의

제1부

소북문단小北文壇의 형성과 소북팔문장小北八文章

1. 소북小北계열의 성립과 소북문단小北文壇

16세기 후반에서 17세기는 정치적 격변기인 동시에 사상적·문학적 균열과 재정립 과정이 반복된 시기이다. 또한 전란의 혼돈과 맞물려 정권이 당파黨派에 따라 정치적·학문적으로 다양하게 분기되는 양상을 보인다. 18세기에 이르면 노론老論이 정치의 주도권을 잡으면서 소북小北계열은 정치적·경제적으로 소외되는 위치에 처하게 된다. 이러한 정치적 부침으로 인해 소북문단은 문학사에서 큰 비중을 갖지 못했다. 그러나 분명한 점은 다른 정치적·문학적 집단에 비해 소북계열이 문학적으로 규명되지 못한 연유가 그들의 소략한 문학적 성과에서 말미암은 것이 아니라 정치 권력의 재편 과정에서 주도적 위치를 차지하지 못했던 시대적 상황에 기인한다는 것이다. 동인東人에서 북인北人과 남인南人이 분열되고 북인에서 대북大北과 소북小北이 분기된 이후 소북계열은 엄연한 존재 양상을 보였음에도 불구하고 소북문단의 형성 과정이 밝혀지지 않았다. 소북계열 문인은 광해군 이후 정권을 장악한 대북계열에 비해 정치적 속성을 강하게 지닌 정치집단이 아니라 동류집단同類集團의 성격을 지니고 있다고 판단되므로[1] 소북小北계열의 성립 과정을 추적함으로써 소북문단의 형성 과정을 이해할 필요가 있다.

소북小北계열의 성립과정을 확인하기 위해서는 당시 정권 체재의 재편 추이를 고찰하는 작업이 선행되어야 한다. 큰 틀에서 구분해보자면, 동인東人・서인西人이 분당分黨한 이래로 동인은 남인南人・북인北人으로 나누어졌으며 북인은 다시 소북小北・대북大北으로 분파되었다.[2] 그 가운데에서도 북인北人계열은 주요 인물을 중심으로 또 다시 결집하였으므로, 이들의 세력 분파 양상을 세분화해보고자 한다.

> 대개 東人과 西人으로 分黨된 이래 동인이 잇따라 정권을 잡았으나, 동인은 南人과 北人으로 나누어졌고 북인은 小北과 大北으로 나누어졌다. 대북 중에는 骨北과 肉北이 있었고, 소북 중에는 또 淸北과 濁北이 있었는데, 남이공은 청북의 우두머리였다. 처음에는 李山海를 우두머리로 삼아 이이첨 등과 유성룡을 공박하였고, 후에는 또 金藎國의 무리와 洪汝諄을 공박하였는데, 이산해와 이이첨은 서로 달랐다. 후에 이이첨이 또 이산해의 아들 李慶全과 홍여순을 공박하였으니, 이것이 바로 남인・북인, 대북・소북, 골북・육북이 나누어진 것이고, 청북・탁북은 후에 柳永慶 시대에 일컬어진 것이다.[3]

1 윤재환, 『조선 후기 근기 남인 시맥의 형성과 전개』, 2012, 문예원, p.43. 윤재환은 남인계열의 學脈 形成 過程을 再考하며 남인계열이 정치집단이라기 보다 私的인 同類集團이나 同好人集團 집단의 속성을 더 강하게 지녔다고 밝힌 바 있다. 필자는 소북계열 역시 정치 권력의 전개와 별개로 학맥을 유지하며 同類集團의 성격을 지녔다고 여기므로 이와 같은 구도 속에서 논의를 전개하고자 한다.

2 이 글에서는 北人이 小北・大北으로 나누어졌다는 견해를 따르고자 한다. 李肯翊의 『燃藜室記述』과 金秉坤의 『李朝黨爭史話』에 따르면 中北에 대한 언급이 확인되며, 北人이 小北・大北・中北으로 나누어진 것으로 보이나, 中北은 小北・大北에 비해 실질적인 결속력이나 명확한 실체를 확인하기 어려운 실정이다. 中北에 속하는 문인으로는 柳夢寅을 들 수 있는데, 이들은 중도적인 입장을 견지한 것으로 보인다. 신익철, 『柳夢寅 文學 硏究』, 보고사, 1998, p.20, 참조.

3 『光海君日記』 10卷, 〈광해 2년 3월 23일 己亥 10번째 기사〉, "蓋自東西分黨以來, 東人相繼用事, 而東分爲南北, 北分爲小北・大北. 大北中有骨肉, 小北中又有淸濁, 以恭淸

위 인용문은 대북大北이 골북骨北과 육북肉北으로 나눠지고, 소북小北이 청북淸北과 탁북濁北으로 구획되었다는 논의에 관한 것이다. 『광해군일기光海君日記』에 수록된 이 글에 따르면 골북의 경우 홍여순洪汝諄(1547~1609)이 주도했으며, 육북의 경우 이산해李山海(1539~1609)를 구심점으로 모이게 되었다. 청북은 남이공南以恭(1565~1640)이 중심인물이었으며, 탁북은 유영경柳永慶(1550~1608)을 중심으로 결집한 것으로 보인다. 북인北人계열의 분파 양상과 주요 인물을 정리해보면 아래와 같다.

표 1 북인北人 세력과 주요 인물

北人세력			주요 인물
北人	大北	骨北	洪汝諄
		肉北	李山海
	小北	淸北	南以恭
		濁北	柳永慶

다음으로 북인北人 정권의 성립 경위를 살펴보면, 북인은 1589년 기축옥사己丑獄事를[4] 기점으로 정치적 시련을 겪은 이후 1592년 임진왜란壬辰倭亂을 맞게 되었는데, 당시 북인은 전란 발발에 대한 책임을 추궁당함으로써 정국에서 후퇴하였다. 전란 과정에서 남인南人이 중심세력으로 집권하여 다른 당파들과 함께 힘을 합쳐 연립정권聯立政權을

北之魁也. 初以李山海爲首, 與李爾瞻等, 攻柳成龍, 後又與金藎國輩, 攻洪汝諄, 而與山海・爾瞻相異. 後爾瞻又與山海子慶全, 攻汝諄, 此乃南北大小北骨肉之分, 而淸濁則後來永慶時所稱也."

4 정호훈, 『朝鮮後期 政治思想 硏究 - 17세기 北人系 南人을 중심으로』, 혜안, 2004, p.37. 기축옥사는 17세기 정치사의 구도를 규정할만한 중요한 사건으로, 기축옥사를 기점으로 남인과 북인의 분화가 이루어졌다.

구축하였으나, 북인은 전란이 그친 이후 사림의 세력을 등에 업고 재기하고자 하였다.[5] 이후 남인에 대한 비판이 거세지는 상황을 맞이하게 되자 북인은 이산해李山海(1530~1609)가 유배되면서 무너졌음에도 불구하고 주전론主戰論을 견지함으로써 지지 세력을 다수 확보하여 당시 남인의 영수였던 유성룡柳成龍(1542~1607)을 실각시키고[6] 전란 이후 정국을 주도할 수 있었다. 정권 획득 과정에서 북인北人과 남인南人의 대립 양상을 자세히 살펴보면, 북인이 남인 유성룡을 공격하게 된 것은 1598년 변무사辨誣使 보내는 일을 유성룡이 회피한 사건에서 말미암는다.[7] 당시 정응태丁應泰가 조선이 왜노倭奴를 불러 군사를 일으켜서 함께 천조天朝를 침략함으로써 요하遼河 동쪽을 탈취하여 고구려의 옛 지역을 회복하려 한다고 하였는데,[8] 조선에서는 명나라에 변무사를 파견해 이와 같은 정응태의 보고가 잘못된 것임을 항변해야만 했음에도 유성룡이 변무사로 자청하지 않은 것이다. 그 밖에도 유성룡은 주화론主和論을 견지했다는 것과 사당私黨을 두어 국사國事를 그릇되게 했다는 죄목으로 체직되었고, 1598년에 파직되면서 북인은 정권을

5 정홍준, 「임진왜란(任辰倭亂) 직후 정국(政局)의 추이(推移)와 북인정권(北人政權)의 성립(成立)」, 『사총』 34, 고려대학교 역사연구소, 1988, pp.53~54.

6 『宣祖實錄』 106卷 〈선조 31년 11월 16일 丁酉 3번째 기사〉, "司憲府啓曰, 豐原府院君柳成龍, 本以巧慧便佞之資, 飾之以文墨小技, 久專國政, 擅弄朝權, 誤國病民之罪, 不可殫記. 當初癸、甲之年, 賊勢纔退, 而兩湖尙全. 若於此時, 至誠籲呼於天朝, 請兵請糧, 收拾我國兵力, 一以討賊復讎爲心, 則重恢之策, 庶幾可望, 而首倡羈縻之說, 遂成講和之階, 使人心解體, 國勢不振, 以至今日之縻爛, 中外人心, 孰不痛惋."

7 『宣祖實錄』 104卷, 〈선조 31년 10월 6일 戊午 4번째 기사〉, " 臣等之論列成龍, 非有他意. 辨誣之行, 急於救焚拯溺, 而貪權戀位, 顯有規避之狀, 臣等略陳姦巧之萬一."

8 『宣祖實錄』 104卷, 〈선조 31년 9월 21일 癸卯 3번째 기사〉, "屬藩奸有據, 賊黨朋謀已彰事. 臣行次夾江 中洲, 見豆黍豐茂, 詢之遼人在途者, 曰, "此膏腴地, 收穫數倍西土. 先年, 朝鮮與遼民爭訟之, 都事屢經斷案, 鮮人不平, 萬曆二十年, 遂令彼國世居倭戶, 往招諸島倭奴, 起兵同犯天朝, 奪取遼河以東, 恢復高麗舊土."等語, 臣不勝駭異."

획득하게 된다.

이후 북인은 서인西人을 공략함으로써 정국의 주도권을 재탈환하고자 했는데, 북인은 성혼成渾의 정치상의 행태를 지적해 공박하였다.[9] 성혼이 비판의 대상이 되자 그의 문하門下에 있던 서인들 역시 정치적 명분을 유지하지 못하게 되었으며 이후 성혼이 삭탈관직 되자 서인 가운데 주요한 인물들이 물러나게 되었고, 북인은 완전히 정권을 장악할 수 있었다.[10]

정권을 획득한 북인北人은 다시 내부 분열 과정을 거치게 되는데, 이 과정 속에서 영창대군 지지 세력인 소북小北과 광해군 지지 세력인 대북大北으로 나뉘어져 대립하게 된다. 대북은 이산해李山海(1530~1609), 이경전李慶全(1567~1644), 임국노任國老(1537~1604) 등을 중심으로 구성되었는데 이들은 정계에서 남인과 서인을 배제하려 했으며, 소북은 남이공南以恭(1565~1640), 김신국金藎國(1572~1657), 이덕형李德馨(1561~1613) 등을 중심으로 하여 남인과 서인에 비교적 온건한 입장을 견지했다는 특징을 지닌다. 대북과 소북의 갈등이 심화되면서 소북은 대북이 주장하는 인목대비의 폐위에 반대하며 서로 등을 돌리게 된다. 또한 대북 세력인 정인홍鄭仁弘(1536~1623)은 조식曹植이 이황李滉으로부터 무함 받은 것을 변호하는 차자箚子를 올려 이황을 비판하는 동시에 이언적李彦迪의 잘못을 지적했으며, 조식曹植을 추숭하는 일련의 작업으로 백원사원을 세우고 사액을 내리면서 정국을 독점하려 하였다.[11]

9 『宣祖實錄』 146卷, 〈선조 35년 2월 2일 乙丑 4번째 기사〉, "而成渾之門生, 尙保官爵, 鄭澈之腹心, 亦占台鉉, 使殺賢之黨, 列于庶位, 伸枉之輩, 遯于荒野, 其何以伸久屈之士氣, 樹國脈於長久乎."

10 정홍준, 위의 논문, 1988, pp.61~63.

11 정호훈, 위의 책, 2004, 혜안, p.107. 김효정, 「17세기 전반 北人系 南人 文士들의 교유 - 지식교류의 일 양상 - 」, 『인문연구』 83, 영남대학교 인문과학연구소, 2018, p.184, 참조.

대북 정권은 임진왜란에서의 활약과 광해군 즉위 과정에서 주요한 역할을 수행했다는 것에 기반해 자신을 군자당君子黨으로 지칭하며 소북계열을 일소하기 위해 영창대군을 모함해 살해하였다. 이후 인조반정仁祖反正이 일어나 인조가 왕위에 오르자 정권이 서인西人으로 옮겨가게 되고 대북大北계열은 처형・유배됨에 따라 몰락의 길을 걷게 된다.[12] 결과적으로 영창대군永昌大君의 처리 문제 및 인목대비의 폐위 사건이 남인・소북의 관계를 악화시키는 결정적인 계기로 작용하였다. 이렇게 본다면 기본적으로 소북小北계열은 북인北人과 다른 정파政派와의 갈등과 대립 구도 속에서 등장한 정파라고 할 수 있다.

앞서 살펴본 정치적 상황을 종합해 이 글에서 중점적으로 다루고 있는 소북小北계열의 성립과 몰락 시기를 확정해보면, 소북小北계열은 북인北人이 1599년과 1600년에 걸친 두 차례의 정쟁을 거쳐 분열된 이후 성립된 것으로 상정할 수 있다. 자세히 살펴보면, 1599년 홍여순의 탄핵을 두고 찬반으로 갈라져 소북과 대북으로 나누어졌고, 이 중 대북大北계열은 1600년 홍여순파와 이산해파의 갈등과 맞물려 골북과 육북으로 분열된 것으로 보인다.[13] 소북小北계열은 홍여순 탄핵과 관련해 구의강具義剛과 홍식洪湜의 주장을 무너뜨림으로써[14] 일시적으로 정권을 잡기

12 윤재환, 위의 책, 2012, p.31.

13 조인희, 위의 논문, 2018, p.224.

14 『宣祖實錄』 114卷, 〈선조 32년 6월 13일경인 1번째 기사〉. "司憲府啓曰, "及第柳成龍, 倡和誤國, 罪關宗社, 一時淸議, 不欲共立於朝廷. 公論恢張, 罪人黜伏, 則庶幾賢邪判別, 仕路淸明, 而大司憲洪汝諄, 以陰險猜狠之資, 加貪縱暴戾之性, 積心造事, 無非病國害物, 而一生經營, 都是殖貨怙侈. 頃按北關, 驕邪縱恣, 服御儀物, 僭越無度, 淫刑濫殺, 視人如草, 一道之人, 欲食其肉. 再握兵權, 不悛舊惡, 除拜武人, 惟循賄賂, 人心積憤, 不言敢怒, 其不容於淸議者久矣. 前正郞南以恭, 洞見其情狀, 欲以區區口舌, 激濁揚淸, 只言其不合淸路. 汝諄因此畜憾於以恭, 必欲斥逐而後已, 晝夜經營, 思所以擠陷之策, 而未得執言之端, 敎唆其一家人正言洪湜, 假玉堂斥和之辭, 以宋應洵爲階, 而構虛揑無, 三變其說, 反以爲前輔德金藎國與以恭, 結爲心腹, 爲柳、尹復起之地, 上以欺

도 했으나, 전반적으로 소북小北계열은 지속적으로 정치적 부침을 겪다가 1623년 인조반정仁祖反正을 계기로 대북大北이 몰락할 때 함께 정계에서 물러난 것으로 보인다.[15] 결과적으로 소북小北계열은 정권을 주도하지 못해 인조仁祖 즉위 이후 권력을 행사하는 직위에서 물러날 수밖에 없었음을 알 수 있다.

그러나 정치적인 재편 과정과 달리 소북문단小北文壇의 성립은 인조대에 이르러 본격적으로 이뤄진 것으로 보인다. 아래 인용문인 『북보北譜』를 통해 소북문단의 성립과 전개 과정에 대한 실마리를 얻을 수 있다.

> 小北이라는 명칭은 人倫이 무너지던 광해군 때 처음 나타났다. …(중략)… 李爾瞻・鄭仁弘의 무리가 당파를 맺어 악을 조장하고 金鏞의 禍를 불렀으니 …(중략)… 이에 문 닫고 자숙하는 사람들이 모두 28개의 성, 69개의 가문이었다. …(중략)… 아. 천운이 다시 돌아와 仁祖께서 어지러운 정국을 다스리시고, 母后를 받들어 임금의 자리에 오르셔서 억울한 자를 신원해주고 유폐된 자를 풀어주며, 곧은 절의를 지켜 충성한 자들을 旌標하니 이에 小北이라는 이름이 나타났다. 그 후 七學士・八文章・五君子가 있었으니 모두 뛰어난 재능을 가지고 나라 안에 이름을 떨쳤다. …(중략)… 小北은 기미에 밝아 이름을 드러내지 않았기 때문에 당시 나라의 議論이나 큰 士禍에 일체 관여하지 않았다.[16]

誣君父, 下以擠陷士類. …(후략)…"

15 정호훈, 위의 책, 2004, p.108.

16 鄭胤永, 『북보北譜』, 「북보北譜序」 "小北之名, 昉興於昏朝斁倫之日 …(중략)… 爾瞻仁弘輩締黨助惡釀成金鏞之禍 …(중략)… 杜門自靖者, 幷二十八姓六十九門. …(중략)… 嗚呼天運往復, 仁祖撥亂奉母后, 而建皇極曩之, 寃者伸之, 幽者拔之, 直忠者旌之, 於是小北者著焉. 後文有七學士八文章五君子, 幷皆懷抱利器以鳴國家之盛. …(중략)… 小北炳幾斂避名塗, 故當時議論大史禍, 皆不與焉."

위 글에서 확인할 수 있는 주요 내용은 두 가지로 요약되는데, 첫 번째는 소북문단小北文壇의 성립 시기에 관한 것이다. 인용문에는 소북문단이 광해군대에 등장했으며 인조대에 이르러 소북이라는 명성을 알리게 되었다고 기록되어 있다. 또한 그 이후 소북칠학사小北七學士・소북팔문장小北八文章・소북오군자小北五君子가 나타나 뛰어난 문학적 재능을 드러낸 사실을 확인할 수 있다. 이렇게 본다면 소북문단小北文壇은 정치 권력의 재편 과정과 별도의 양상을 띠고 있다고 판단된다. 소북小北계열이 정치적으로 광해군대에 등장해 인조대에 몰락했다면, 소북문단은 광해군대에 등장해 인조대 이후 본격적으로 문학적인 활동을 이어 나간 것으로 보인다.

두 번째로는 소북문단小北文壇에 속한 이들의 정치적 성향을 미루어 짐작할 수 있다. 기본적으로 소북小北계열 인물들이 이름을 드러내지 않고 나라의 의론이나 사화에 관여하지 않았다는 언급을 통해 이들이 정치 권력의 재편 과정에는 그다지 큰 관심을 기울이지 않은 것으로 생각된다.[17] 소북계열 문인들이 정치집단과는 구별되는 노선을 견지함으로써 서인西人이 집권한 이후 완전히 몰락한 대북大北과 달리 명맥을 이어나간 것으로 보인다. 소북계열 문인들이 보여주었던 이 같은 정치적 특수성은 이들이 소북문단을 형성해 학문이나 행적으로 명성을 얻을 수 있었던 환경적 토대를 제공한 것으로 판단된다. 더 나아가 소북계열 문인들은 정치적인 영향력을 행사하는 과정에서는 제약을 겪었으나, 이와 반대로 학문에 몰두함으로써 대북 계열의 몰락과 관계없이

17 趙貞允, 「『試筆』을 통해 본 소북계 문사의 정치인식과 문학 활동」, 『동양고전연구』 61, 동양고전학회, 2015, p.205. 이들은 광해군 이후 오랜 시기 동안 정치적 부침을 겪었으며 당쟁 속에서 각 당파의 부침을 목도해왔기 때문에 정치적 활동보다 소북 내부 결속을 도모하는 일에 집중해온 것으로 보인다.

명맥을 유지할 수 있었다고 생각된다.

다음으로는 소북문단小北文壇의 특성을 정리해보고자 한다. 소북문단은 여타 정치 집단의 문단과는 차별적 지점을 보이므로 독특한 면모를 확인하고 그 연유를 탐색하는 작업이 필요하다. 우선 소북계열은 북인北人에서 분파되었지만, 광해군 이후 정치적 속성을 중심으로 정권을 장악한 대북과는 달리 동류집단同類集團의 성격을 강하게 띠면서[18] 소북문단을 형성했다는 특성을 지니고 있다. 이들은 문학적 동질성을 바탕으로 학문적 교유를 이어나감으로써 소북문단을 전개시켰다고 할 수 있다. 이렇게 본다면 소북계열은 학문적·문학적 역량을 중심으로 결집한 집단으로 정치적 경향과 친분관계를 중심으로 소북문단을 구성해 왔다. 더 나아가 뚜렷한 학맥의 계승으로 결집하기보다는 문학 창작을 목적으로 하면서도 정치적·지역적·혈연적 동질성을 매개로 활동하였다.

다음으로 소북문단小北文壇은 흔히 문단 형성의 필수 조건으로 규정하는 학맥學脈 혹은 학통學統을 비롯해 가학家學의 계승 양상이 명확하게 확인되지 않는다는 점에서 여타 문단의 형성 과정과는 다른 특징을 지닌다.[19] 문단의 형성을 규명하기 위해서는 학맥의 학문적 연원을 상정하는 작업을 비롯해 사승師承관계가 성립되어야 하는데, 소북문단 구성원의 경우 이 같은 양상이 명확하게 확인되지 않아 사실상 이들만의 공통적인 학맥을 견지했다고 보기 어렵다. 그러므로 소북문단은 학문

18 윤재환, 위의 책, 2012, p.43.

19 윤재환, 위의 책, 2012, p.171. 한 예로 근기 남인계열에 속하는 문인들의 문단 형성 과정을 살펴봄으로써 소북문단과의 차이점을 발견할 수 있다. 근기 남인계열은 가학을 통한 기초 학습의 바탕 위에 가계 외부의 사승관계를 더하고 여기에 개인적인 수련과 주변 文友들과의 교유를 통해 문학 경향을 형성함으로써 시맥을 형성한 것으로 보인다.

적 계보를 검토하고 전승 양상을 밝히는 통시적 시각으로 접근하기보다는 공시적 시선 안에서 당대 함께 활동했던 소북 문인들과의 관계에 초점을 맞춰 어떤 문학적 견해를 견지하고 있었는지를 밝히는데 집중할 수밖에 없다고 본다.

그러나 이와 같은 생각에도 불구하고 여전히 일정한 정치적 속성을 지니며 문단文壇의 형성 과정이 명확하지 않은 소북小北계열 문인들을 소북문단小北文壇이라는 문학적 집단으로 규정하는 것이 타당한가라는 질문에서부터 시작해 소북문단의 존재 자체에 대한 의구심을 명징하게 풀어내기 어렵다. 그러나 필자는 소북문단의 규정에서 발생하는 여러 논란이 이들에 대한 연구 성과의 부진에서 말미암는 현상이라고 보고 연구를 진행하고자 한다.

2. 소북문단小北文壇의 학문적 연원과 전통 그리고 소북팔문장小北八文章

이 장에서는 소북小北계열의 학문적 연원과 전통의 계승 양상을 살펴보고자 하는데 이를 위해서는 북인北人계열의 학문적 근원을 확인하는 작업이 선행되어야 한다. 남인南人이 퇴계退溪 이황李滉(1501~1570)을 중심으로 결집하고 서인西人이 율곡栗谷 이이李珥(1536~1584)를 주축으로 삼았다면, 북인北人은 남명南冥 조식曺植(1501~1572)과 화담花潭 서경덕徐敬德(1489~1546)을 중심으로 구성되었다고 할 수 있다. 그 가운데서도 영남 지역의 대북은 조식 문인들이었고, 기호출신의 북인들은 대부분 서경덕에서 동강東岡 남언경南彦經(1528~1594)으로 이어지는 학맥과 남언경의 스승인 이황을 존숭하는 전통을 지니고 있었던 것으로 보인다.[20]

북인北人에게 조식曺植과 서경덕徐敬德의 학풍이 수용될 수 있었던 이유는 두 가지로 정리 가능한데, 첫 번째는 정치적인 상황에서 말미암은 동류의식同類意識과 관련이 있다고 할 수 있다. 처사형 사림士林으로 분류되는[21] 남명학파南冥學派와 화담학파花潭學派의 경우 정치적 좌절 속에서 학문을 닦으며 때를 기다려 온 문인들이 대부분이었는데,[22] 당대 북인北人계열이 지닌 현실관이 일정 부분 이들과 유사했기에 학맥을 이어받는 계기가 되었을 것으로 생각된다. 북인계열 문인들을 살펴보면, 조식과 서경덕의 학문을 이어받은 문인들이 적지 않은 세력을 형성해 활동을 지속했음을 알 수 있으며, 북인계열의 핵심 인물로 서경덕의 학문에 연원을 둔 이지함李之菡(1517~1578)의 조카인 이산해李山海(1539~1609)와 이경전李慶全(1567~1644)을 들 수 있다는 점에서도 그와 같은 생각을 하게 된다.[23]

두 번째로는 북인北人계열 문인들이 지닌 학문적 개방성을 들 수 있다. 북인은 동인 중 퇴계 이황의 문인들이 남인을 형성한 데 반해 이들에서 분리된 세력들이 정파를 형성한 집단이므로 상대적으로 학맥적 단일성이 느슨하다는 평가를 받고 있으나[24] 이와 같은 특징으로 인해 오히려 학문적 개방성을 지니게 되었던 것으로 보인다. 또한 개방적 학문 경향은 다양한 사상을 수용할 수 있는 기틀이 되었다고 판단된다. 실제로 북인은 성리학 기본서인 『소학小學』·『논어論語』·『대학大

20 강경훈, 위의 논문, 2001, p.56.

21 신병주, 「朝鮮中期 處士型 士林의 學風 硏究: 南冥學派와 花潭學派를 중심으로」, 서울대학교 대학원 박사학위논문, 1999, p.2

22 신병주, 위의 논문, 1999, p.16.

23 고영진, 『조선중기 예학사상사』, 한길사, 1995, pp.1~398.

24 신병주, 「조선중기 남명학파(南冥學派)의 활동과 그 역사적 의미」, 『조선시대사학보』 35, 조선시대사학회, 2005, p.27.

學』·『성리대전性理大全』을 수용했을 뿐만 아니라 천문天文·지리地理·병법兵法·의학醫學·무예武藝·노장사상老莊思想·양명학陽明學 등 다양한 학문과 사상을 두루 수용했는데[25] 이러한 학문적 토대는 조식曺植과 서경덕徐敬德에게서 연원한 것으로 보인다.

이에 소북小北계열의 학문적 특징을 밝히기 위해 조식曺植과 서경덕徐敬德의 학풍이 지닌 특징을 먼저 살펴보고자 한다. 우선 조식의 학문은 성리학에 기반을 두면서도 경의敬義를 중시했으며 노장사상老莊思想을 받아들였다는 점이 특징이다. 조식은 경敬을 통한 수양을 바탕으로 하고 실천적 행동을 의미하는 의義를 추구했기에 안으로는 자신에 대한 수양과 극기를 중시하고 밖으로는 외적에 대한 대처와 현실 참여를 주장했다.[26] 광해군대 조식의 문인들은 정인홍鄭仁弘을 기점으로 결속했으며, 의義와 실천을 강조한 조식의 학문 계보는 북인北人들에게 영향을 미친 것으로 보인다. 다음으로 학문적 측면에서 조식은 제자백가諸子百家에 두루 관심을 지녔으며, 그 가운데서도 노장사상에 경도된 양상을 보인다. 그로 인해 조식의 문학세계의 특징은 노장사상이 반영된 것으로 연구된 바 있으며,[27] 도교사상이 표출되었다고 논의되었다.[28]

다음으로 서경덕은 기氣를 중시하고 현실의 변화와 다양성을 모색했으며, 성리학을 이해하는 잣대로 『주역周易』을 중심에 두었다는 특징을 보인다. 유교·불교·도교를 모두 열린 시각으로 수용하면서도 유교를

25 신병주, 『남명학파와 화담학파 연구』, 일지사, 2000, p.32.

26 신병주, 위의 논문, 2011, p.49

27 신병주, 「南冥 曺植의 學問 傾向과 現實認識」, 서울대학교 대학원 석사학위논문, 1989, p.67.

28 박기용, 「남명 문학에서의 도교사상 표출 양상」, 『語文學』 91, 한국어문학회, 2006, pp.241~284.

최상에 놓고 불교와 도교를 그 다음으로 여겼음을 알 수 있다.[29] 서경덕은 성리학을 중심으로 삼으면서도[30] 새로운 사상의 접목 차원에서 불교나 도교를 포용한 것으로 생각된다. 또한 서경덕은 궁리窮理와 격치格致를 비롯해 자득自得을 강조하였다. 자득지학自得之學은 서경덕 학풍에 큰 영향을 미쳤는데, 독학으로 학문 세계를 구축할 수밖에 없었던 환경에서 비롯된 것으로 보인다.[31] 주돈이周敦頤(1017~1073), 소옹邵雍(1011~1077)으로 대변되는[32] 북송대北宋代의 성리학 학풍에 영향을 받았기에 도가사상道家思想을 중시한 면모를 확인할 수 있다.[33] 이와 관련해 서경덕의 문학세계는 신선의 경지를 추구하고 소옹의 역리易理를 깨달은 특징을 보인다고 밝혀진 바 있으며,[34] 시 분석 과정에서 서경덕의 도가적道家的 경향을 연구한 논문[35]이 있음을 미루어 보았을 때 그의 학문적 특징이 문학세계에도 반영되어 있음을 알 수 있다.

조식曺植과 서경덕徐敬德의 문인을 계보화하여 학맥學脈을 추적하면 다음과 같다. 조식의 문인으로는 이산해李山海(1539~1609), 정온鄭蘊(1569~1641), 강대수姜大遂(1591~1658), 배대유裵大維(1563~1632), 조정

29 『大東野乘』 5卷, 「五山說林草藁」, "徐先生嘗曰, 天下有三道, 儒最上, 佛次之, 仙又次之, 學之亦然."

30 『大東野乘』 5卷, 「五山說林草藁」, "先生曰, 神仙黃白之術, 雖或傳之, 儒者所不道. 余學孔子者也. 假之九轉妙訣, 雖曰可學, 余不願也. 其人笑曰, 道不同不相爲謀. 吾亦知子之高也."

31 신병주, 위의 논문, 2011, p.53 서경덕의 집안은 가난하였으며, 일정한 스승이 없었으므로 독학으로 학문체계를 구축할 수밖에 없는 처지였다.

32 『花潭先生文集』 3卷, 「附錄」, 〈遺事〉, "花潭講學, 專以周邵爲宗."

33 신병주, 위의 논문, 1999, p.3

34 정원표, 「화담 서경덕 시 연구」, 『한국한시작가연구』 5, 한국한시학회, 2000, p.35~67.

35 朴彭錬, 「花潭 徐敬德 漢詩의 硏究 : 道家的 趣向과 美意識을 中心으로」, 성균관대학교 대학원 석사학위논문, 2000, p.1~90 ; 정권율, 「화담 서경덕의 한시 연구」, 목포대학교 교육대학원 석사학위논문, 2000, p.1~67.

립曺挺立(1583~1660), 박민朴敏(1566~1630), 박인朴絪(1583~1640), 하홍도河弘度(1593~1666) 등을 들 수 있다. 서경덕의 문인으로는 박세채朴世采의 『동유사우록東儒師友錄』을 통해 민순閔純(1519~1591), 홍인우洪仁祐(1515~1554), 이지함李之菡(1517~1578), 박지화朴枝華(1513~1592), 박민헌朴民獻(1516~1586), 남언경南彦經(1528~1594), 박순朴淳(1523~1589), 강문우姜文佑(?~?)를 포함해 19명을 들 수 있으며, 강효석姜斅錫이 편찬한 『전고대방典故大方』을 통해 정복시鄭復始(1522~1595), 정개청鄭介淸(1529~1590)을 포함해 11명의 문인을 들 수 있다.

그러나 조식曺植과 서경덕徐敬德의 학맥學脈이 북인北人에서부터 시작해 소북小北으로까지 실질적으로 이어졌는가에 대한 여부에 대해서는 여전히 단언하기 어렵다. 그러나 다음의 사례를 볼 때 이와 같은 추정은 충분히 가능하다. 우선 광해군대와 인조대에 걸쳐 호조판서를 역임한 김신국金藎國(1572~1657)은 이산해가 그의 존고부尊姑夫이고 이산해의 아들인 이경전과도 교유했으며, 조식과 성운의 절행을 높이 평가했다는 기록을 통해서 이들의 학맥을 계승했다고 추정할 수 있다. 김신국과 함께 소북의 영수로서 그 재능을 인정받아 실무관료로 활약하며 용전론用錢論을 주장했던 남이공南以恭(1565~1640) 또한 서경덕의 문인인 정개청鄭介淸(1529~1590)에게서 수학하여[36] 서경덕의 학맥을 계승했음을 알 수 있다.[37] 또 소북칠학사小北七學士 대부분이 학문적으로 서경덕을 따랐으며 남언경南彦經의 문인이었다는 점에서[38] 이들이 학

36 鄭介淸, 『愚得錄』, 「困齋先生愚得錄附錄下」, 〈困齋先生行狀〉. "遠近志學之士雲集, 先生乃結爲講義禊, 立約束以時課, 其所學, 如羅德峻, 羅德潤, 安重默, 崔弘宇, 羅德元, 宋濟民, 羅德顯, 鄭湜, 柳瀁之徒, 最被親炙, 其自遠而來, 則有南以恭及宗室花川正壽鵬等."

37 신병주, 위의 책, 2000, p.267

38 강경훈, 위의 논문, 2001, p.56.

문적으로 서경덕의 영향을 받았다고 판단된다. 다음으로는 소북계열 문인이자 소북팔문장小北八文章 중 한 사람인 강백년姜栢年(1603~1681)의 부친인 강주姜籀(1567~1651)의 작품을 통해서도 북인의 학맥이 전승되었음을 확인할 수 있다. 강주는 정지승鄭之升(1550~1589)의 문인이자 소북계열의 핵심 인물이었던 김신국金藎國, 남이공南以恭, 이덕형李德泂 등과 교유를 이어왔으므로 소북계열 문인들이 견지한 학맥과 일정 부분 일치하리라 유추할 수 있다. 따라서 이들의 문집 속 실제 작품을 통해 구체적으로 살펴보면 다음과 같다.

하늘이 한 거울을 열어 텅 빈 곳을 굽어 밝히니	天開一鑑俯明虛
이처럼 밝은 빛으로 누구인가 묻는 듯한데	如許淸光欲問渠
초동은 감히 소 타고 지나가지 못하면서	樵童不敢騎牛過
화담 서경덕의 집이라 하네	云是花潭徐子閭
쓸쓸한 햇살 언덕 위 동산에 내리고	荒荒日脚下丘園
나무 반쯤 시든 꽃은 옛 무덤을 마주하니	半樹殘花對古墳
이 인생 어찌 이리 늦게 태어났나 한스러우나	堪恨此生何苦晩
나의 썩은 재주로는 공의 문하에 들지도 못했으리	莫將朽質掃公門[39]

이 시는 소북칠학사小北七學士 중 한 사람인 김신국金藎國의 『후추집後瘳集』에 수록된 〈화담 이수花潭 二首〉로 화담花潭 서경덕徐敬德(1489~1546)을 바라보는 김신국의 의식을 살펴볼 수 있는 자료이다. 첫 번째 작품에는 서경덕의 거처에 당도하게 된 상황이 담겨 있으며, 두 번째 시에는 서경덕의 문하에 들지 못해 한스러워하는 감정이 그려져 있다. 김신국의 경우 서경덕 사후 생존했던 인물이었으므로 서경덕과 직접적인 관계를 맺지는 못했으나, 그의 문하에 들기를 원했던 사실을 확인할

39 金藎國, 『後瘳集』, 〈花潭二首〉.

수 있다는 점에서 의미가 있다.

울적한 마음 떨쳐보려 해도 시편은 졸렬하고	遣悶詩篇拙
시름 풀어보려 해도 춤사위는 느리기만	寬憂舞袖遲
화담은 속되지 않은 선비이고	花潭非俗士
두보는 나 또한 스승 삼았으니	杜老亦吾師
청빈한 삶에서 현묘한 이치 깨달아	淸窶歸玄理
묵은 병을 어린애들에게나 맡기니	沉痾任小兒
마음속으로 홀로 얻은 자유 자적함을	天遊心獨會
세상 사람들이 알까 염려되는구나	惟恐世人知[40]

이 시는 소북小北계열 문인 강주姜籀(1567~1651)의 『죽창집竹窓集』에 수록된 〈석서화담궤의이죽, 기무이사허초당가지, 오상문기풍이열지, 유시기무이견회昔徐花潭饋薏苡粥, 起舞而使許草堂歌之, 吾嘗聞其風而悅之, 有時起舞以遣懷〉로 서경덕徐敬德과 그의 문인인 허엽許曄(1517~1580)의 풍류를 따라 시를 지었다는 점에서 의미를 지닌다. 강주는 서경덕을 세속의 선비가 아닌 존재로 그려내고 있음을 볼 수 있다. 더 나아가 강주는 미련에서 자유 자적함을 깨달았다고 언급하였는데, 천유天遊는 『장자莊子』「외물外物」에 "방 안에 공간이 없으면 며느리와 시어머니가 서로 다투게 되듯, 마음속에 자유 자적함이 없으면 육착이 서로 다투게 된다[室無空虛, 則婦姑勃谿, 心無天遊, 則六鑿相攘]"라고 한 데서 온 말이다. 이를 통해 강주의 시 작품에서 노장사상老莊思想을 받아들였던 서경덕의 학풍이 일면 포착됨을 알 수 있다.

다음으로는 김신국金藎國이 성리학을 중심으로 삼으면서 남명南冥

40 姜籀, 『竹窓集』, 〈昔徐花潭饋薏苡粥, 起舞而使許草堂歌之, 吾嘗聞其風而悅之, 有時起舞以遣懷〉.

조식曺植(1501~1572)과 성혼成渾(1497~1579)을 따르고자 했던 내용을 살펴볼 수 있다. 조식이 학문적 기반을 성리학에 두면서도 다양한 사상을 받아들였음을 감안한다면, 아래 인용문을 통해 조식의 학맥學脈이 소북小北계열 문인에까지 이어졌다고 추정할 수 있다.

(1) 道가 강론되지 않은지 오래되었습니다. 퇴계 선생께서 돌아가신지 수십여 년 사이에 옛 학사 중 많은 분이 늙거나 돌아가셨고 뒤를 이어서 일어난 새로운 이가 아직 없습니다. 세상은 어지러워 날로 아래의 더러운 곳으로 흘러내려 갔습니다. 큰 전쟁의 혼란을 겪은 뒤로 인심이 착하지 못하고 모든 것이 혼란하기만 하여 민간에서는 오래도록 글 읽는 소리가 들려오지 않고 사대부들 사이에서는 의리의 얘기가 들리지 않는 지경에 이르렀습니다.[41]

(2) 근세의 큰 유학자 중에 曹植과 成渾 같은 이의 기상과 절행은 모두 사람으로 하여금 풍문만 듣고도 진심으로 따르게 합니다. 그러나 기질의 순수함과 학술의 구비로 지난날을 이어받고 오는 이를 인도하여 학자들에게 공이 있는 사람으로는 퇴계선생보다 대단하신 이가 없습니다.

당시 문하에 와서 학문을 닦은 선비 중에 그래도 林下에서 그대로 늙은 이들이 있어 그 遺言과 遺風이 아득히 잊히지 않았습니다. 그러나 나 같은 죄인은 무릎 꿇고 앉아서 가난한 선비들과 어울리지도 못하여 이리저리 쫓아다니며 학문을 닦지 못하고 단지 남겨 놓으신 경서만 끌어안고 풍모만 바라보고 우러러 그리워할 뿐입니다.[42]

41 金藎國, 『後瘳集』, 「答崔汝以書」. “道之不講也久矣. 自退溪旣沒, 數十餘年之間, 故學士多老死, 新者未有繼起之人. 泯泯棼棼, 日就汚下. 以至於喪亂大兵之後, 人心不淑, 百爲淆亂, 閭閻之中, 久寂絃誦之聲, 士夫之間, 無聞義理之談.”

42 金藎國, 『後瘳集』, 「答崔汝以書」. “近世大儒, 如曹南冥成大谷之氣像節行, 皆能使人聞風而誠服. 至於氣質之純粹, 學術之完具, 繼往開來, 有功於學者, 未有盛於退溪也. 當時及門之士, 猶有老於林下者, 其遺言餘緒, 不至茫茫. 而僇人危蹤, 不與韋布等, 末由往從之遊, 以叩其學, 徒抱遺經, 望風馳遡而已.”

인용문 (1)은 「답최여이서答崔汝以書」로 김신국金藎國이 학문적 연원을 퇴계退溪 이황李滉(1501~1570)에게 두었음을 파악할 수 있다는 점에서 의미를 지닌다. 김신국이 이황 이후로 도道가 쇠퇴했으며 뒤를 이을 자가 아직 나타나지 않고 있다고 평가한 것을 확인할 수 있다.

인용문 (2)를 통해서는 김신국이 학문의 근본을 이황李滉에게 두고 기상과 절행 측면에서 조식曺植과 성혼成運을 따르고자 했음을 알 수 있다. 김신국이 본받고자 한 성운은 조식과 마찬가지로 북인계열과 연관성을 맺고 있으며 이들과 같은 처세관을 가진 인물이다.[43] 16세기에 활동했던 성운은 조식과 가장 가까운 벗으로 마음의 수양을 중시하고 성리학뿐만 아니라 노장사상老莊思想에도 깊은 관심을 가졌다. 김신국이 이들의 기상과 절행을 높게 여기고 있다는 것에서 조식과 성운의 학맥學脈을 이어받았음을 유추해볼 수 있겠다.

소북小北계열 문인이 조식曺植과 서경덕徐敬德의 영향을 받았다는 또 다른 단서 중 하나는 학문적 경향이 이들과 유사하기 때문인데, 김신국이 한음漢陰 이덕형李德馨(1561~1613)에게 답한 편지인 아래 인용문에서 실마리를 얻을 수 있다.

> 초봄에 心經을 읽다가 朱子께서 廖晉卿의 질문에 대답한 내용을 읽고 난 뒤에 땀이 흘러 등을 흠뻑 적셔 잠에서 깨어나듯 크게 깨달았습니다. 비로소 이전에 놓친 마음이 일찍이 다시 몸에 들어오지 않은 것일 뿐이고 그러므로 마음의 본체는 아래로 떨어지지 않는다는 것을 알았습니다. 공부를 한다는 것은 오직 텅 빈 것을 온전히 벗어나는 것일 뿐이라는 것을

43 『光海君日記』 39卷, 〈광해 3년 3월 26일 丙寅 5번째 기사〉, "臣少事曺植, 重被開發之恩, 事有如一之義, 晩知於成運, 開心相與, 不視爲後輩, 分義雖有輕重, 俱可謂之師生也."신병주, 『조선 중・후기 지성사 연구』, 새문사, 2007, p.128. 鄭仁弘(1535~1623)이 스승인 조식과 함께 성운을 師門으로 존숭한 바 있기 때문이다.

> 알았습니다. 그래서 정좌법을 배워서 정신을 수습해 흩어진 마음 찾기를 수개월 한 뒤에 소학을 다시 읽고 사서에까지 나아갈 계획입니다.[44]

이 글을 「답한음상공서答漢陰相公書」 중 일부를 발췌한 것으로 김신국金藎國이 어떤 학문에 경도되어 있었는지 확인할 수 있다는 점에서 의미가 있다. 이 글의 내용으로 볼 때 김신국이 『심경心經』에서부터 『소학小學』, 『사서四書』에 이르기까지 섭렵했다고 추정할 수 있는데, 이는 성리학 기본서에서부터 다양한 학문을 섭렵할 수 있는 도서까지 박학한 학습을 했던 조식曺植, 서경덕徐敬德의 학문 경향성과도 일면 일치하는 것으로 판단된다.

다음으로는 소북계열 문인인 강주姜籒의 시에 드러난 학문적 경향을 확인해보고자 한다.

고요히 앉아 제물론을 담론하고	淸坐靜談齊物論
혀끝으로 온 천지를 맘껏 희롱하니	舌端擺弄一乾坤
지극히 작은 것으로는 가을터럭 끝을 말하고	至微說到秋毫末
광대한 것은 태극의 근원까지 다 찾네	埒大窮搜太極根
온 세상 사람 모두가 득실을 다투니	擧世人皆爭得失
빛을 되돌려 누가 다시 아침저녁을 분별하겠나	回光誰更辨朝曛
시원하게 흉금을 말끔히 씻고 보니	爽然一洗胸襟淨
등잔불도 꺼지는 오경 밤 다 되었네	剔盡燈花五夜分[45]

44 金藎國, 『後瘳集』, 「答漢陰相公書」, "春初因讀心經, 得朱先生答廖晉卿之問, 然後汗流浹背, 醒然大覺. 始知向前已放之心, 未曾反復入身來, 故本原之地, 無有下落. 而其所做工夫, 直是一場大脫空耳. 且學靜坐收拾精神, 以得陳烈之數月, 然後還讀小學, 以及四書爲計矣."

45 姜籒, 『竹窓集』, 〈夜讀南華經〉.

이 작품은 『죽창집竹窓集』에 수록된 〈야독남화경夜讀南華經〉으로, 소북계열 문인이 노장사상老莊思想에 경도되어 있었음을 유추할 수 있게 하는 자료이다. 제목과 1구에서 확인할 수 있듯 강주는 『장자莊子』「제물론齊物論」를 읽으며 이치를 궁구하고자 했음을 알 수 있다. 이 작품 외에도 강주의 작품에는 그가 노장사상老莊思想에 심취해 있었음을 증명하는 자료가 많이 남아있다. 〈차북촌이공선복운次北村李公善復韻〉 시에서 "일없이 다시 한가롭게 장자의 설검편을 읊는구나[聊復閑吟說劍篇]"라고 한 구절이 보이며, 〈억가憶家〉라는 작품에서 "덧없는 삶이 한 조각 봄 꿈과 같다는 것을 잘 아니, 깨닫고 나면 누가 나비와 장주莊周를 구분하겠는가[信知浮世同春夢, 覺後誰分蝶與周]"라고 언급한 것을 확인할 수 있다.

이 장에서는 조식曺植, 서경덕徐敬德이 직접적으로 언급된 자료를 찾아 명확한 연관성을 찾는 것을 목적으로 삼았으나, 자료의 한계로 김신국金藎國과 강주姜籒만을 중점적으로 다루었음을 밝히는 바이다. 그럼에도 불구하고 지금까지 살펴본 것을 바탕으로 정리해보자면, 북인北人은 조식曺植과 서경덕徐敬德의 학풍을 수용했으며, 정치적인 상황에서 말미암은 동류의식同類意識과 학문적 개방성이 일치함에 따라 학맥을 이어온 것으로 논의할 수 있다. 이러한 경향은 소북小北계열 문인에게까지 전승되었는데, 조식曺植, 서경덕徐敬德과의 직접적인 사승師承관계가 확인되지는 않으나, 소북계열 문인들의 작품을 통해 영향 관계를 파악할 수 있다는 점에서 학문적 연원을 유추할 수 있다.

그러나 학문적 연원이 직접적인 시 경향의 학습과 그 결과물을 담보하지는 못하므로, 소북小北계열 문인에게서 이들의 학풍을 이어받은 근거를 실질적으로 도출할 수 없다는 점에서 논의가 한정적이라고 할 수 있다. 이와 같은 문제점을 해결하기 위한 방안으로 다음 절에서는 문집

안에 수록된 시문학을 바탕으로 소북칠학사小北七學士・소북팔문장小北八文章・소북오군자小北五君子의 문학적 교유 양상과 학문적 경향을 찾아봄으로써 학문적 연원의 구체성을 확보하고자 한다.

소북小北계열은 정파적政派的 의미에서 정치집단이라고 할 수 있으나, 이와 함께 동질적인 학문을 공유하는 학파學派이자 문인집단이다. 특히 소북계열 문인은 학문적・문학적 공통점을 견지하고, 같은 정치적・사회적 환경 속에 처해짐에 따라 집단 내에서 문학적 교유를 지속해 온 것으로 생각된다. 그에 따라 구체적인 문인을 중심으로 이들의 문학적 교유 양태와 학문적 연원 및 전통의 계승 양상을 확인하는 작업이 요구된다.

소북小北계열 문인들의 문학적 교유와 학문 경향을 파악하기 위해 소북계열 문인들 가운데서도 각 시기별로 대표성을 지니는 집단에 주목하고자 한다. 이에 16세기 후반에서 17세기 전반에 활동한 소북칠학사小北七學士를 시작으로 17세기 해당하는 소북팔문장小北八文章, 17세기 후반에서 18세기에 활동한 소북오군자小北五君子에 해당하는 문인들의 문학적 교유 양상과 학문적 특징을 살펴보고자 한다. 소북칠학사小北七學士・소북팔문장小北八文章・소북오군자小北五君子가 각기 다른 시기에 활동했으므로 이들 집단을 순차적으로 개관한 후 각각의 집단에 소속된 문인들의 교유 양상을 다루는 방식으로 진행하도록 하겠다.

연구 방법으로 모집단의 표본을 선정해 논의를 진행하는 데는 두 가지 이유가 있다. 첫 번째는 논의의 명확성을 도모하기 위함이다. 전체적인 특징을 논의하기 위해서는 이들 외에도 다른 모든 문인의 개별 문집 검토가 이루어져야 하지만, 소북小北계열 문인의 경우 문학 비평 활동을 활발히 진행하지 않았으므로 실질적인 학문 경향성을 확인하기 어려운 실정이다. 따라서 대상과 자료의 명징성을 확보한 집단을 중심으로 소북계열 문인들의 경향을 유추해보고자 한다. 두 번째는 연구 범주의 확장 가능성이다. 일차적으로 이들은 각 시기별로 유기적인 흐름 안에서 인식됨에 따라 맞물리는 지점들이 발생한다. 소북칠학사小北七學士・소북팔문장小北八文章・소북오군자小北五君子 내부에서도 동일한 가문에 소속되어 있는 문인들이 확인되며 해당 문인을 기점으로 선대 문인까지 소급 가능하므로, 소북계열 문인들에 대한 폭넓은 조망이 가능하다. 따라서 남아 전하는 문집자료의 소략함이라는 연구 자료의 한계를 극복하기 위해 선정된 집단 속 문인의 선대 문인까지 다루어 이들의 학문 경향을 폭넓게 조망해 보도록 하겠다.

먼저 16세기 후반에서 17세기 전반에 활동한 소북칠학사小北七學士의 학문적 경향을 확인하기에 앞서 이들의 문집 현황을 적시해보고자 한다.

표 2 소북칠학사小北七學士의 문집 현황

연번	小北七學士 구성원	문집	현전 여부	서지형태	소장처
1	南以恭(1565~1640)	『雪蓑集』	未詳		
		『雪蓑詩鈔』	○	手稿本	개인 소장본
2	金藎國(1572~1657)	『後瘳集』	○	筆寫本	연세대학교 소장본
3	李必亨(1571~1607)	未詳			
4	朴彝叙(1561~1621)	未詳			
5	宋馹(1557~1640)	未詳			
6	崔東立(1557~1611)	『杏園遺稿』	○	新鉛活字本	연세대학교 소장본
7	朴慶業(1560~1626)	未詳			

위 표를 살펴보면, 소북칠학사小北七學士의 경우 문집이 전하고 있는 문인은 김신국金藎國(1572~1657)과 최동립崔東立(1557~1611)에 불과함을 알 수 있다. 또한 남이공南以恭(1565~1640)의 경우에는 『설사집雪蓑

集』이 있다는 기록은 있으나 『설사시초雪蓑詩鈔』 일부만이 확인 가능하다. 이에 따라 소북칠학사의 학문과 문학적 특징을 구체적으로 조망할 자료가 부족하다는 점에서 이들의 학문 경향을 밝히는데 상당한 난점이 존재한다. 또한 현전하는 문집을 살펴본 결과 직접적으로 학문의 전범을 논의하거나 시양점을 구체적으로 밝힌 자료가 남아있지 않아 이들의 학문적 특징을 추출하는데에는 상당한 어려움이 존재한다. 따라서 이 글에서는 현재 전하는 문집 속에 수록된 이들의 작품을 통해 이들의 학문적 교유 양상을 선차적으로 확인해보고자 한다.

> 廣陵 南以恭이 점점 학문이 진전하는 효과가 있다는 말씀을 들으니 평소에 바라던 바가 깊이 위로가 됩니다. 이것은 어디에서부터 얻은 것입니까. 권면해주는 역할을 또 형께서 맡으셔서 그런 것이라 생각됩니다. 이곳은 벗들인 德甫 宋馹, 錫吾 朴彝叙 등이 때때로 서로 만나고, 詒永도 여주에서 임기를 끝내고 돌아와 박이서와 가까이 지내니 강학의 보탬을 어찌 헤아릴 수 있겠습니까. 죄를 지은 이 사람은 행색이 혐의가 있을까 염려되어 가서 함께 모이지 못하니 한탄스럽습니다. 그러나 또한 환란이 닥쳐오는데 문을 닫고 구멍을 막아서는 면할 수 있는 것은 아니어서 요사이에는 책 보따리를 매고 함께 노닐어서 학우들과 학문을 연마하는 유익함에 보탬이 되고자 할 뿐입니다.[46]

위 인용문은 김신국金藎國이 최천건崔天健(1568~1617)에게 답한 편지 중 일부이다. 이 인용문을 보면, 김신국이 소북칠학사小北七學士 중 남이공南以恭, 송일宋馹, 박이서朴彝叙와 학문적인 교유를 이어갔던 사실

46 金藎國, 『後瘳集』, 「答崔汝以書」. “承審廣陵有漸進之效, 深慰所望. 此分今日何處得來. 觀勉之責, 亦惟令兄任之也. 此中朋友德甫錫吾輩, 時得相見, 詒永亦罷歸黃驪, 與錫吾居止相近, 講學之益, 豈有量也. 罪戾之人, 恐有行色之嫌, 不得往會, 可勝嘆哉. 然亦禍患之來, 非塞文閉竇所能免, 近欲負笈從遊, 以資麗澤之益耳.”

을 확인할 수 있다. 함께 책을 읽으며 학문을 연마해 서로의 학문적 발전을 도모하고 있다는 점에서 이들이 학자이자 문인으로 하나의 집단을 형성하여 동일한 학문적 경향을 견지하고 있었음을 알 수 있다.

병오년 가을 칠월 십육일에　丙午秋七月既望
조각배 타고 와 맑은 강에서 노니　扁舟來作清江遊
깨끗한 강물은 하늘처럼 맑고　清江之水清若空
만 리 푸른 하늘은 구름 한 점 없네　碧天萬里微雲收
인간 세상 나이 젊은 세 재상이　黑頭人間三相公
휴가 내어 조정 의논 잠시 그만두고는　休沐暫輟巖廊謀
서로 어울려 멀리 적막한 물가 찾으니　相携遠訪寂寞濱
늠름한 의리 하늘의 구름처럼 높구나　凜凜高義層雲浮
강호에 같은 병을 앓는 이 다시 세 사람 있어　江湖同病復三人
십 년간 부질없이 장사의 근심을 안고 지냈으니　十載謾抱長沙憂
시름 속에도 기녀와 취하는 것 익숙하지 않은데　愁邊不慣醉紅裙
이날에는 첫 술자리에서부터 외로운 흥 넘쳐나네　此日初筵孤興優
떠들며 즐거워하다 문득 배 무거워지니　喧呼取樂覺舡重
기구한 운명 도리어 강물과 함께 흘러가네　賦命奇薄轉江流
호수에는 바람 없는데 밤 들자 절로 일렁이고　湖面無風夜自波
옥 이슬은 천제의 눈동자를 씻어주네　玉露淨洗天公眸
요지의 물색은 과연 어떠한가　瑤池物色果如何
생황 소리 속 학은 표연히 십주를 노닐테고　笙鶴飄然遊十州
지난날 소동파가 적벽부를 읊던 일 생각해보니　憶昔蘇仙賦赤壁
천지가 하루살이와 같은 줄 알았고　解道天地同蜉蝣
웅장한 글과 경쾌한 변론으로 귀신을 놀라게 하니　雄詞快辯驚神鬼
읽는 이의 마음이 탁 트여 근심을 잊게 되네　讀者曠達忘閑愁
우리들 오늘 저녁 배를 띄우며 노는데　吾儕今夕泛舟遊
강물과 달은 되려 임술년의 가을과 같으니　水月還同壬戌秋

공명과 부귀는 모두가 잠시 머무는 나그네이고	功名富貴俱逆旅
괴안국의 한 꿈처럼 차고 멀기만하니	槐安一夢寒悠悠
다만 이 강물로 좋은 술 빚어	唯將此江作美酒
한입에 다 마시고 남기지 않으리라 생각하네	一口吸盡殘不留[47]

이 시는 김신국金藎國을 비롯해 응천 숙부가 최천건崔天健, 남이신南以信(1562~1608), 이필형李必亨과 함께 남이공南以恭의 우거寓居를 방문하는 여정 중에 지은 작품이다. 이들은 남이공의 우거에 이르기도 전에 탈속적인 분위기 속에서 모두 취할 정도로 흥취를 함께 나누었다. 모임에 참가한 인물들을 확인해보면, 소북칠학사의 김신국과 이필형, 남이공이 모여 함께 교유한 것으로 파악된다.

그 밖에도 김신국의 문집에는 남이공과의 교유관계를 파악할 수 있는 작품이 다수 남아있어 구체적인 교유의 실상을 확인할 수 있다. 응천 숙부와 함께 배를 타고 남이공을 방문하기로 하였는데 장맛비 때문에 가지 못하고 보름날을 기약하면서 시를 써서 답한 작품에서도 "좋은 모임을 연유가 있어 지키지 못하였으니, 좋은 때와 즐거운 일이 서로 어긋나는구나[好會由來未可期, 良辰樂事兩差池]"[48]라는 구절이 보인다. 또한 김신국이 남이공의 집에서 취한 뒤에 주필로 쓴 작품이 남아있으며,[49] 남이공에게 자신의 감회를 써서 부친 시가 보이고,[50] 남이공이 보내온 시에 차운한 작품도 있다.[51]

47 金藎國, 『後瘳集』, 〈凝川叔與崔汝以南子有來訪湖寓, 李而泰亦至, 因來舡遡流往見雪蓑, 是夜積雨初霽, 月色如晝, 未至蓑寓相與大醉于舟中, 凝川與汝以, 聯句賦古詩一篇, 余乃口次其韻〉.

48 金藎國, 『後瘳集』, 〈凝川叔與乘舟同訪雪蓑因雨潦未果期以月圓書此以答〉.

49 金藎國, 『後瘳集』, 〈雪蓑家醉後走筆〉.

50 金藎國, 『後瘳集』, 〈偶得數日閑錄奉雪蓑〉.

51 金藎國, 『後瘳集』, 〈次雪蓑寄韻〉.

다음으로는 문집에서 확인할 수 있는 소북칠학사小北七學士의 특징을 살펴보고자 한다. 김신국金藎國이 쓴 서문인 「서최탁이와은당기후서書崔卓而臥隱堂記後敍」를 통해 최동립崔東立의 처지를 확인할 수 있으며 소북小北계열 문인들의 의식 세계를 엿볼 수 있다.

> 오늘날에 그대가 덕이 있으면서 등용되지 못하고 있는 것은 하늘이 내려준 은자의 삶이요. 재주가 있으면서 알아줌을 입지 못하는 것은 인간 세상의 은둔인 것이니 하늘과 사람이 함께 부여해주는 것이다. 그대가 또한 베개를 높이 베고 편안히 있는 것을 사랑하니 이것은 老子가 無爲를 귀하게 여긴 까닭과 같은 것이라고 할 수 있다. 이제 태연자약하게 누워서 득실을 똑같이 여기며 화와 복을 잊고 어짊과 어리석음을 함께하고 귀천을 동등하게 여겨 마음과 정신을 고요하게 하여 눈과 귀를 도모하지 않는다. 만물과 함께하고 조물주와 더불어 놀 적에 莊周의 꿈이 나비가 되는 것이 아니라면, 나비의 꿈이 장주가 될 것이니 곧 나 또한 나를 잊게 될 것이다. 그러니 누가 이런 사이에서 숨어 사는 군자가 있음을 알 수 있겠는가. 다만 푸르른 구름 자욱한 산과 넘실대는 바닷물만 볼 뿐이다.[52]

위 인용문을 보면, 최동립이 세상에 등용되지 못한 사실을 노자老子가 무위無爲를 귀하게 여긴 것에 빗대어 그의 처지를 그와 같은 경지로 받아들이고 있음을 알 수 있다. 또한 김신국은 『장자莊子』의 「제물론齊物論」에 나오는 호접몽蝴蝶夢 고사를 인용해 자신을 잊는 무아지경無我之境의 경지에서는 세상에서 알아주거나 은자의 삶을 사는 것 자체를

52 金藎國, 『後瘳集』, 「書崔卓而臥隱堂記後敍」, "今吾子德而不見用, 天與之隱也. 才而不見知, 人與之隱也, 天人之所共付. 而子且高枕而愛之, 此老子之所以貴無爲也. 方其肆然而臥也, 齊得喪亡禍福, 混賢愚等貴賤, 心神寂寞, 耳目不營. 同乎萬物而與造物者遊, 不如莊周之夢爲胡蝶, 胡蝶之夢爲莊周, 則我且忘我. 夫孰知此間有隱君子者居之. 但見雲山蒼蒼, 海水湯湯而已."

구분 짓는 행위가 의미 없다고 하였다. 이 자료만으로 소북칠학사小北七學士의 학문을 단언하기는 어렵지만, 소북小北계열 문인들의 학문적 연원에 해당하는 조식曺植과 서경덕徐敬德 학풍의 특징 중 하나인 노장사상老莊思想에 대한 수용 양상도 일정 부분 확인할 수 있다.

다음으로는 문집에 남아있는 단서들을 중심으로 소북칠학사小北七學士의 학시學詩 근원을 살펴보고자 한다. 김신국金藎國, 남이공南以恭, 이덕형李德泂 등이 삼당파三唐派의 시풍을 지녔다고 인정받은 총계당叢桂堂 정지승鄭之升(1550~1589)과 교유하였음을[53] 염두해둔다면, 소북칠학사 역시 일정 부분 당풍唐風과 연관성을 맺고 있었다고 판단된다. 이에 먼저 김신국金藎國(1572~1657)이 쓴 발문跋文을 통해 그가 논한 좋은 시의 기준을 살펴보고자 한다.

> 예전에 月蓬 柳永吉께서 시를 잘 지었다고 들었는데, 내가 뒤늦게 태어나 그의 문하를 두드리지 못하였고 늦게나마 그의 아들 汝常 柳恒과 벗이 되어 사람들의 입에 회자되었던 약 천 수의 절구를 얻어들을 수 있었다. 참으로 그 격조가 맑고 높아 탄복했으니, 오히려 그 전편을 얻어 보지 못한 것을 한으로 여겼다. 작년에 유항이 江原監司로 있을 때 문집을 수집하여 간행해 널리 전하려 하였으나 유항이 죽고 말았다. 후에 그의 아들이 아버지 명으로 나를 찾아올 때 『月蓬集』 두 권을 소매에 넣어왔다. 아마도 유항이 평소에 내가 온전한 문집을 보고 싶어 하는 마음을 알았기 때문에 죽음에 미쳐 잊지 않은 것이 이와 같았던 것이니 슬픈 일이다. 내가 엄숙하게 읊조리기를 다 마치고 나니 그 시가 단지 격조가 맑고 높을 뿐만 아니라 盛唐의 풍미를 깊이 터득하여 구절마다 글자 놓기를 쉽게 하지 않았으니, 참으로 땅에 던지면 아름다운 맑은 옥소리가 날 것 같다고 이를

53 윤호진, 「총계당(叢桂堂) 정지승(鄭之升)과 그의 한시(漢詩)」, 『漢文學報』 18, 우리한문학회, 2008, p.315.

> 만하였다. 비록 장편의 대작은 없었으나 五言律詩는 더욱 정묘하였고, 간간이 杜甫가 夔州로 간 뒤의 골수를 본받았으니 진실로 마땅히 시를 잘한다는 명성이 있을 만하다.[54]

위 글은 김신국金藎國이 쓴 「월봉집발月蓬集跋」 가운데 일부를 인용한 것이다. 앞부분에서는 유영길柳永吉(1538~1601)의 문집을 받아보게 된 경위를 서술하였으며, 뒷부분에서는 유영길의 시를 비평하는 동시에 감회를 개진하였다. 서발류序跋類에 속하는 위 글을 통해 저자의 시관詩觀을 직접적으로 확인하기는 어렵지만, 이 글에서 김신국이 유영길의 시가 성당盛唐의 풍격을 얻어 높고 맑은 격조를 구사했다고 언급하는 동시에 당풍唐風의 특성인 음악성을 들어 음률적音律的 요소의 아름다움을 드러내고자 했음을 볼 수 있다. 또한 유영길이 두보杜甫가 기주夔州로 간 뒤에 창작한 시의 골수를 얻었다고 높이 평가하고 있음을 알 수 있다. 이러한 내용을 종합해본다면, 김신국이 두보杜甫와 성당盛唐의 풍격을 좋은 시의 정수로 여겼다고 할 수 있다. 그 밖에도 김신국이 지은 〈만흥삼율기송도사제漫興三律寄松都舍弟〉 3수 가운데 첫 번째 시를 통해서도 그가 두보의 시를 애호한 사실을 확인할 수 있다.[55]

다음으로 최동립崔東立(1557~1611)의 문집에 수록된 한시 작품을 통해 그의 학문적 경향을 유추해보고자 한다. 그가 당시唐詩 오언절구五

54 金藎國, 『後瘳集』, 「月蓬集跋」, "昔聞月蓬能詩, 余生也後, 未及叩其所有, 晩與其胤汝常爲友, 得聞膾炙人口者絶句若干首. 固已服其調格淸高, 而猶以不得見全篇爲恨. 昨年汝常爲江原監司, 裒集繡梓以廣其傳, 汝常歿. 後其兒以其父命來見余, 袖致月蓬集二卷. 盖汝常平日知余欲見全稿, 故臨絶不忘如此, 悲夫. 余乃莊誦卒業, 其詩不但調格淸高, 深得盛唐風味, 句句不輕易下字, 眞可謂擲地金聲. 雖無長篇大作, 而五字律詩尤臻精妙, 往往有夔後滑法, 信乎宜有能詩聲也."

55 金藎國, 『後瘳集』, 〈漫興三律寄松都舍弟〉, "幽子不出睡相宜, 窮巷寥寥白日遲. 破悶豈無陶令酒, 栽愁還有少陵詩. 山鳩喚雨何心性, 野馬遊風以息吹. 物理細推眞足樂, 世間多少辨牢癡."

言絶句 7수首를 뽑아서 차운한 〈초당시오언절구급소아배잉차기운 칠수抄唐詩五言絶句給小兒輩仍次其韻 七首〉[56]는 당唐나라 작가 가운데 활동 시기가 성당盛唐에 해당하는 개가운蓋嘉運, 왕유王維(699~759), 왕진王縉(700~781), 저광희儲光羲(707~763)의 시를 선별해 작시한 것이다. 또 원운元韻 작품에는 음악성이 뛰어난 악부체樂府體 작품도 포함되어있음을 알 수 있다. 이 밖에도 최동립은 두보杜甫의 오언율시五言律詩에 차운해 〈초두시오언율화차기운 십팔수 - 차서보, 차독작성시, 차유회, 차원유, 차산수, 차여야서회, 차귀, 차강상, 차수백, 차독좌, 차동둔북암, 차민, 차견우, 차이롱, 차별방태위분, 차만행, 차입교구, 차산관抄杜詩五言律和次其韻 十八首 - 次徐步, 次獨酌成詩, 次遺懷, 次遠遊, 次散愁, 次旅夜書懷, 次歸, 次江上, 次垂白, 次獨坐, 次東屯北菴, 次悶, 次遣憂, 次耳聾, 次別房太尉墳, 次晩行, 次入喬口, 次山舘〉[57] 18수首를 작시하였다. 한 작가의 시에 차운해 연달아 18수首를 창작한 경우가 드물다는 점에서 그가 지녔던 선시 취향의 일면을 파악할 수 있으며 더 나아가 학시의 전범으로 두보를 상정했다고 볼 수 있으므로 작품을 인용해 살펴보고자 한다.

(1)

남쪽 성곽 아래에 은거해	幽居南郭下
적막하니 누구와 함께할 것인가	寂寞與誰親
세상일에 공연히 눈물 나니	世事空流涕
풍광도 마음을 슬프게 하지만	風光亦愴神

56 崔東立, 『杏園遺稿』 1卷, 〈抄唐詩五言絶句給小兒輩仍次其韻 七首 - 次蓋嘉運伊州曲, 次王維班婕妤, 次前人竹里舘, 次前人山中送別, 次王夏卿別輞川別業, 次儲光羲長安道, 次前人洛陽道〉.

57 崔東立, 『杏園遺稿』 1卷, 〈抄杜詩五言律和次其韻 十八首 - 次徐步, 次獨酌成詩, 次遺懷, 次遠遊, 次散愁, 次旅夜書懷, 次歸, 次江上, 次垂白, 次獨坐, 次東屯北菴, 次悶, 次遣憂, 次耳聾, 次別房太尉墳, 次晩行, 次入喬口, 次山舘〉.

다행히 시와 술이 있어 幸有詩兼酒
그림자만 짝한다고 말하지 않으나 休言影伴身
딱따구리 소리만 들릴 뿐 唯聞啄木鳥
문 두드리는 사람은 보이지 않네 不見叩門人[58]

(2)
등불 보니 그 얼마나 기쁜가 燈花何太喜
푸르게 익은 술을 가까이할 수 있으니 酒綠正相親
취중에 나그네 신세로 醉裡從爲客
시를 지으니 신이 있는 줄 알겠지만 詩成覺有神
전란이 아직도 눈앞에 있으니 兵戈猶在眼
학문이 어찌 출세시킬 수 있겠나 儒術豈謀身
작은 벼슬 얽매임에 마음 괴로워 苦被微官縛
들 사람에게 부끄러워 고개 숙이네 低頭愧野人[59]

시 (1)은 〈초두시오언율화차기운 십팔수抄杜詩五言律和次其韻 十八首〉 가운데 〈차독작성시次獨酌成詩〉 중 일부이며, (2)는 두보杜甫의 원운시元韻詩 〈독작성시獨酌成詩〉를 옮겨온 것이다. 최동립崔東立의 문집에는 차운시次韻詩만 수록되어 있으나, 비교 검토를 위해 함께 인용하고자 한다. 최동립의 작품인 (1)을 먼저 살펴보면, 은거한 상황 속에서 시인이 지닌 주정적主情的 감정이 주된 정서로 활용되어 있음을 알 수 있다. 또한 정경융화情景交融의 수법이 잘 구사되어 있는데, 시인의 감정과 주변 경관이 일치되고 있는 양상이다. 더불어 마지막에 이르면 감각적 이미지 중 하나인 청각적 심상이 시적으로 구현되는데, 이미지를 활용해 적막함이라는 감정과 분위기를 극대화 시켰다는 점에서 당풍唐風의

58 崔東立, 『杏園遺稿』 1卷, 〈抄杜詩五言律和次其韻 十八首 - 次獨酌成詩〉.
59 杜甫, 『杜詩詳註』 5卷, 〈獨酌成詩〉.

특징이 잘 드러난다. 두보의 시인 (2)의 경우 최동립의 차운시와는 일면 시적 정조가 다르나, 애상감哀傷感의 미학이 확인된다는 점에서 공통적인 속성을 포착할 수 있다. 이처럼 두 작품은 모두 전고典故의 활용없이 시적 자아의 시상이 시의 표면에 잘 구사되어 있으며 주정적主情的인 면모를 보인다. 따라서 소북칠학사小北七學士 중 한 사람인 최동립은 성당풍盛唐風의 정수로 지칭되는 두보杜甫의 작품에 차운함으로써 성당의 기세를 체현하고 시를 배우고자 했던 것으로 판단된다.

다음으로는 17세기에 활동했던 소북팔문장小北八文章의 문집을 확인하여 이들의 학문적 경향을 논의하도록 하겠다.

표 3 소북팔문장小北八文章의 문집 현황

연번	小北八文章 구성원	문집	현전여부	서지형태	소장처
1	沈𣼩 (1597~1649)	『沙川集草藁』	○	影印本	서울역사문화포럼 영인본
2	姜栢年 (1603~1681)	『雪峯遺稿』	○	木板本	서울대학교 규장각한국학연구원 소장본
3	朴守玄 (1605~1674)	『草亭先生遺稿』	○	影印本	密陽朴氏泌川公派宗中 소장본
4	任翰伯 (1605~1664)	未詳			
5	鄭昌胄 (1606~1664)	『晩洲集』	○	木版本	韓國文集叢刊, 續30輯
6	李休徵 (1607~1677)	『庥庵遺稿』	○	木活字	서울대학교 규장각한국학연구원 소장본
7	南翧 (1609~1656)	『滄溟遺稿』	○	影印本	宜寧南氏直洞文集刊行會 소장본
8	申濡 (1610~1665)	『竹堂集』	○	木版本	서울대학교 규장각한국학연구원 소장본

표3을 통해 알 수 있듯 소북팔문장小北八文章의 문집은 대체로 현전

하고 있다. 그에 따라 실질적인 작품을 통해 이들의 문학적 재능을 확인할 수 있는데, 작품 검토에 앞서 소북팔문장에 대한 비평 자료를 통해 이들의 문학적 특성을 파악하고자 한다. 먼저 심제沈齊와 관련해서는 정두경鄭斗卿이 심제를 사마상여의 반열로 격상시키는 동시에 그의 필력을 높이 평가하고,[60] 심제와 심약沈約(441~513)이 같은 성씨임을 유희적으로 활용해 심제의 재능을 드러낸 시가 남아있어[61] 그의 문학적 능력을 엿볼 수 있다. 강백년姜栢年 역시 사한詞翰으로 이름을 드날려 문형文衡에 추천되고[62] 맑은 덕과 문장으로 잘 알려진 바 있으며[63] 남용익南龍翼의 『호곡시화壺谷詩話』에서도 그가 시로 명성을 날린 일화를 찾아볼 수 있다.[64] 정창주鄭昌胄의 경우에도 영물시를 잘 지어 세간에서 명성을 얻은 것으로 알려져 있다.[65] 또한 이들은 시단詩壇을 형성해 문학적인 영향을 주고받는 동시에[66] 시詩와 술로 막역한 교유를 이어나갔으며 실제로 세상에서 모두 부러워했으므로[67] 이들의 결속과 교유

60 鄭斗卿, 『東溟集』, 3卷, 〈寄子美筆〉, "自憐西漢馬相如, 臥病何年賦子虛. 尙有凌雲舊時筆, 贈君端爲一行書."

61 鄭斗卿, 『東溟集』, 3卷, 〈憶子美〉, "梨花白雪正紛紛, 上有和鳴春鳥群. 貰得胡姬一樽酒, 停杯却憶沈休文."

62 『肅宗實錄』 11卷, 〈숙종 7년 1월 17일 신미 1번째 기사〉. "早以詞翰著名, 晩年大被顯用, 屢擬文衡, 官至宗伯."

63 姜世晃, 『豹菴稿』 6卷, 「墓碣銘」, 〈文安公神道碑〉. "考諱栢年號雪峯, 淸德文章服一世. 歷事仁孝顯肅四朝, 判中樞, 贈領議政, 謚文貞. 湖中海西士林, 俎豆之. 有文集及『閑溪漫錄』."

64 南龍翼, 『壺谷詩話』 제 45칙.

65 鄭昌胄, 『晩洲集』, 「晩洲先生集序」, "季未十歲, 嘗詠雪曰, "不夜千峰月, 非春萬樹花. 乾坤一點黑, 城上暮歸鴉." 一時傳誦焉."

66 南翧, 『滄溟遺稿(乾)』, 「別泥翁南覲」, "海內吾兄弟, 詩壇早結盟[眞卿]." 이 작품은 시제에 볼 수 있듯 남쪽으로 覲親가는 泥翁 申濡를 떠나보내며 지은 작품의 일부다. 聯句 형식으로 滄溟, 眞卿, 草亭이 2구씩을 번갈아 24구를 지었다.

67 鄭昌胄, 『晩洲集』, 「晩洲集序」, "公少與吾先君文貞公及南滄溟, 申竹堂, 朴草亭, 任南

양상을 짐작할 수 있다.

다음으로 소북팔문장小北八文章의 학문적·문학적 교유 양상을 확인하기에 앞서 이들이 지녔던 독특한 공동체 의식을 확인하고자 하는데, 이들은 팔약조八約條를 상정해 결속을 도모하고자 했다.

(1) 立朝任君同心 (2) 老人潛居敎孫 (3) 年少閉門讀書 (4) 爲宰不買田土
(5) 嫁娶不計榮枯 (6) 私居勿言公事 (7) 居不移安國坊 (8) 鄕不下忠淸道[68]

위에 나열된 조항을 살펴보면, 이들은 조정에 나아가서는 늘 같은 마음으로 임금을 섬기고, 노인이 되면 은거하여 자손을 가르치며, 젊은 시절에는 문을 닫고 공부에 힘쓰고, 벼슬에 나아가서는 땅을 사지 않으며, 혼인할 때는 상대 가문의 영고성쇠를 따지지 않으며, 사사로운 곳에서 공적인 일을 말하지 않고, 거처는 안국동으로 옮기지 않으며, 낙향해도 충청도 이남 지역으로 가지 않는다는 공동의 약속을 지켜온 것으로 보인다.

이와 함께 소북팔문장小北八文章의 문학적 교유 양태를 직접적으로 확인하기 위해서는 실제 작품을 통해 조명할 필요가 있다. 소북팔문장의 경우 주로 차운시次韻詩와 송시送詩·증시贈詩를 지어주며 시적 교유를 지속한 것으로 파악되는데 화운시和韻詩를 요청받아 창작한 경우도 포착된다. 여기에서는 소북팔문장 가운데 정창주鄭昌冑와 신유申濡의 교분을 확인할 수 있는 작품 한 수를 살펴보도록 하겠다.

그대는 병으로 사직하고 나는 벼슬을 쉬고 있으니　　君方謝病我休官

谷, 沈沙川, 李痳庵. 爲詩酒莫逆之交. 一世欽艷焉."

68 『北譜』, "立朝任君同心, 老人潛居敎孫, 年少閉門讀書, 爲宰不買田土, 嫁娶不計榮枯, 私居勿言公事, 居不移安國坊, 鄕不下忠淸道."

남쪽 기슭 동쪽 마을 일은 매한가지구나	南麓東村事一般
상책은 배게 높이 베는 것만 한 것이 없는데	上策莫如高枕好
다 늙어서야 집에 있는 것이 편안함을 깨달았으니	殘年全覺在家安
그윽한 집은 대낮에도 고요해 매미가 주렴에 들고	幽軒晝靜蟬投箔
깊은 거리에 인적 드물어 새가 난간에 오르네	深巷人稀鳥上欄
세간의 명리 좇는 사람들을 비웃으니	却哂世間名利子
티끌 세상에 관리로 살던 말던 내버려두네	任敎塵土沒衣冠[69]

이 작품은 정창주가 벼슬을 쉬고 있는 자신의 상황과 병으로 사직한 신유의 처지를 드러내면서 명리名利에서 벗어난 삶을 긍정적 시선으로 읊은 시인데, 정창주가 신유와 자신의 처지를 동일시할 정도로 교분을 주고받았음을 알 수 있다. 더 나아가 명리를 좇는 이들을 비웃는다는 시구에서 정창주와 신유가 공통적인 가치를 추구하고 관직에 뜻을 두지 않는 태도를 견지하였음을 볼 수 있다.

> 이공이 돌아가신 후 和韻을 요청받은 사람 중 南伯圖와 鄭士興 역시 서로 잇따라 세상을 떠났다. …(중략)… 화답하기를 요청받은 사람 중 申君澤과 姜叔久는 크고 전아하여 명성이 한 시대에 떠들썩하여 이들보다 우위를 점할 자가 없으니, 만일 그들의 화답시를 얻는다면 주옥같아 후세까지 전하기를 도모할 수 있을 것이다.[70]

화운시和韻詩를 청하는 시의 서문에 해당하는 〈통천이은당십영 추수시서通川吏隱堂十詠 追酬詩序〉를 통해 소북팔문장小北八文章이 문학적인

69 鄭昌冑, 『晩洲集』 2卷, 「七言四韻」, 〈示泥翁〉.

70 朴守玄, 『草亭先生遺稿』, 〈通川吏隱堂十詠 追酬詩序〉. "李公不諱後, 所求和中, 南伯圖鄭士興, 亦相繼而逝. …(중략)… 且也所求和, 如申君澤姜叔久, 方秉大雅, 名譟一時, 無有處其右者, 苟得其和, 珠璣所唾, 亦可圖不朽."

교유를 이어 나갔던 사실을 확인할 수 있다. 이 글에는 정창주鄭昌胄와 남선南銑이 세상을 떠나자 신유申濡와 강백년姜栢年이 대신 화답시를 지어주기를 요청하는 내용이 담겨 있다. 더 나아가 박수현은 신유와 강백년의 명성을 높게 사는 동시에 문학적으로 뛰어남을 언급해 덧붙이고 있는데, 이 내용을 통해 이들이 내부적으로 서로를 인정하고 있었음을 알 수 있다. 또한 소북팔문장이 시로 문학적 교유를 지속하며 내부적인 결속을 도모했던 사실이 드러난다.

다음으로는 본격적으로 소북팔문장小北八文章의 학문 경향을 살펴보고자 한다. 첫 번째로 언급할 수 있는 이들의 특징은 학문적 다양성과 개방성이다. 강백년의 『한계만록閑溪漫錄』은 선현들의 글 중에서 계신戒愼에 적합하다고 판단되는 명구들을 모아놓은 것으로,[71] 심학心學의 요어要語를 비롯해 고금古今의 가언嘉言과 선행善行이 담겨 있다.[72] 경서 외에도 다양한 문헌들을 발췌해 수록했으며 송나라 유학자들의 이야기를 비롯해 황제들의 가르침과 평가에서부터 우리나라 명인들의 언행에 이르기까지 연대를 불문하고 다양한 인물들의 언행을 기록한 것으로 보인다.[73] 『한계만록閑溪漫錄』에는 주자를 비롯한 송대 성리학과 유교적 문헌이 가장 큰 비중으로 다뤄지고 있지만, 장자莊子・열자列子・노자老子・오기吳起・손자孫子를 비롯한 제자諸子, 중국 25사史, 한漢・당唐・송宋의 문학, 불교, 『회남자淮南子』・『참동계參同契』・『음부

71 오용섭, 위의 논문, 2010, p.187.

72 任相元, 『雪峰遺稿』 30卷, 「附錄」, 〈崇祿大夫判中樞府事兼知春秋館事同知成均館事藝文館提學, 贈大匡輔國崇祿大夫議政府領議政兼領經筵弘文館藝文館春秋館觀象監事世子師雪峯姜公行狀〉. "裒輯心學要語, 及古今嘉言善行, 倣大學八條目, 爲一書. 名曰, 閑溪謾錄."

73 姜栢年, 「閑溪謾錄」, 〈序〉. "其所錄之說, 經書外, 若史若子集若詩文若宋儒諸說, 暨皇命人訓評, 以至吾東名人言行, 不拘其年代先後, 而並記之已云, 雜矣."

경陰符經』·『양생론養生論』 외에 130여 종의 다양한 도교서道敎書가 광범위하게 인용되어 있다. 이를 통해 볼 때 강백년의 학문 경향은 순정 주자학과 일면 구별된다는 점에서[74] 그가 학문의 다양성을 추구했다고 할 수 있다. 박수현朴守玄 역시 『산군전山君傳』이라는 도교적 색채의 소설을 남긴 바 있어 개방적 학문의 일면을 확인할 수 있다.

두 번째는 작시 과정에서 확인되는 특징과 독서의 경향성이다. 먼저 강백년姜栢年(1603~1681)의 경우 두보杜甫의 시 세계를 따랐으며, 장자莊子를 수용한 것으로 확인된다. 형식적 측면에서 두보 시의 운자를 쓴 화운시和韻詩·차운시次韻詩를 비롯해 두보의 시구를 모아서 지은 집구시集句詩가 보인다. 그 밖에도 만시挽詩·증시贈詩에 두보 관련 시어가 자주 등장하는데, 두보의 시적 능력을 언급해 망자 혹은 시를 받는 사람의 문학적 재능을 드러낸 작품이 적지 않다는 특징도 보인다. 이에 강백년 작품을 비평한 여타 자료를 통해 강백년의 학시 경향을 확인하고자 한다. 더 나아가 강백년의 부친 강주姜籒(1567~1651)의 시문학 경향을 함께 살펴 가계 계승의 측면에서 드러나는 두보 시의 수용 양상을 찾아보도록 하겠다. 이와 같은 방식을 통해 이들의 시문학적 경향을 폭넓게 조망할 수 있으리라 생각한다.

(1) 시가 또한 逼情하고 淸健하다.[75]

(2) 시에 있어서는 두보의 작품을 숭상하여, 지은 시와 문이 淸麗하고 奇逸했으니, 살펴본 사람이라면 마땅히 알 수 있을 것이다.[76]

---

74 황의동, 「韓國思想 哲學 : 晉州 姜門 유학자들의 학문과 사상」, 『韓國思想과 文化』 50, 한국사상문화학회, 2009, p.387.

75 任相元, 『雪峯遺稿』 30卷, 「附錄」, 〈墓碣銘 任相元撰〉. "詩亦逼情而淸健."

76 鄭斗卿, 『竹窓集』, 〈竹窓集序〉, "詩則尙少陵, 所著詩文淸麗奇逸, 覽者當自知矣."

(1)은 임상원任相元(1638~1697)이 〈묘갈명墓碣銘〉에서 강백년의 시를 논평한 부분이며, (2)는 정두경鄭斗卿(1597~1673)이 강백년의 부친 강주의 문학세계를 비평한 것이다. 이를 통해 강백년과 강주가 공통적으로 청淸이라는 풍격으로[77] 평가받아 온 사실을 확인할 수 있다. 홍만종洪萬宗(1643~1725)이 강백년의 시가 만당晩唐의 작품이 되기에 부족하지 않다고 한 것을 감안한다면,[78] 당풍唐風과 밀접한 청淸의 풍격은[79] 강백년 시세계의 주요 특징이자 당풍을 구사한 두보의 시적 경향을 따랐음을 증명하는 단서이다. 특히 강백년의 부친 강주도 위의 인용문 (2)에서 드러나듯이 두보의 작품을 숭상했으며, 실제 시 작품에서도 자신을 두보와 동일 선상에 위치시켰기에[80] 가학家學의 측면에서 학시學詩의 전통이 이어졌다고도 볼 수 있다. 그 밖에도 〈희증차아戲贈次兒〉에서 강주가 이백과 두보를 기준으로 강백년의 문학적 재능을 언급한 바 있으므로[81] 이들이 모두 두보를 시의 전범으로 삼았음을 확인할 수 있다.

77 윤재환, 「『惺叟詩話』 속 風格 用語를 통해 본 許筠의 '淸' 系列 風格 硏究 - 淸勁 · 淸切 · 淸楚 · 淸越을 중심으로」, 『동양고전연구』 63, 동양고전학회, 2016, p.38. 제1자인 '淸'이 작품의 대표 의미 또는 중심 개념이 되고, 제2자는 보충 의미 또는 보조 개념으로 작용한다.

78 洪萬宗, 『詩評補遺』 下, "姜雪峯除夜次高蜀州詩曰, "酒盡燈殘也不眠, 曉鍾鳴後轉依然. 非關歲歲無今夜, 自是人情惜去年." 詞極婉曲, 何害晩唐."

79 김종서, 「16세기 湖南詩壇의 풍격적 특성 - 淸의 풍격을 중심으로 - 」, 『東方漢文學』 27, 동방한문학회, 2004, pp.117~168.

80 姜籒, 『竹窓集』, 〈燈夕〉, "淸和逢令節, 衰病卽閑人. 久作留南客, 徒勞望北辰. 山榴催早夏, 溪柳送殘春. 苦吟生太瘦, 杜老是前身."

81 李白과 杜甫가 어릴 때부터 문학적 재능을 인정받아 명성을 떨친 사실을 언급한 후 12살이 된 강백년을 비교해 그들에게 미치지 못했음을 읊은 시이다. 戲作인 만큼 어린 강백년의 천진함이 시에 잘 구사되어있는 동시에 강주가 두보를 기준으로 삼았음을 단적으로 확인할 수 있는 자료다. 姜籒, 『竹窓集』, 〈戲贈次兒〉, "白也十五觀奇書, 心肝五臟皆錦繡. 子美九齡咏鳳凰, 大名籍籍垂宇宙. 如以李杜才之美, 摠爲苦吟生太瘦. 我家童烏年二六, 天上麒麟骨淸秀. 謂言書足記姓名, 涉獵黃嬭不深究. 蜿蜿大字滿窓壁, 往往便腹瞑淸晝. 老父鍾愛擱不得, 鵠卵固非越雞伏. 兒乎去縱靑冥靶, 莫學

(1)

낚싯대 잡고 하루 종일 찬물 굽어보는 것은	携竿竟日俯寒流
고기를 탐해서가 아니라 그윽함을 사랑해서니	非是耽魚只愛幽
밤들어도 되가기를 잊고 오히려 달 기다리며	入夜忘歸猶待月
사람 만나도 말이 없는 것은 갈매기 놀래킬까 해서니	逢人無語爲驚鷗
강촌의 섣달 술은 찬 기운 머금고 있는데	江村臘酒仍含凍
매화 언덕 성긴 발을 반쯤 걷어 올렸네	梅塢疏簾半上鉤
저절로 한가한 가운데 맑은 흥취 풍족하니	自在閑中清興足
뜻밖의 고관 벼슬을 다시 어찌 바라리	倘來青紫更何求[82]

(2)

맑은 강물 한 구비가 마을을 안고 흐르는데	清江一曲抱村流
긴 여름 강촌은 일마다 한가롭네	長夏江村事事幽
절로 오가는 들보 위의 제비	自去自來梁上燕
서로 친하고 가까운 물 속의 갈매기	相親相近水中鷗
늙은 아내는 종이에 그려 바둑판 만들고	老妻畵紙爲棋局
어린 아들은 바늘 두드려 낚싯바늘을 만드네	稚子敲針作釣鉤
병 많아 얻고자 하는 것은 오직 약뿐이니	多病所須唯藥物
미약한 이 몸이 이 밖에 또 무엇을 구하겠는가	微軀此外更何求[83]

위에서 인용한 시는 강백년이 (2) 두보의 〈강촌江村〉에 차운하여 창작한 (1) 〈차노두운 영한중즉사次老杜韻 詠閑中卽事〉라는 작품이다. 이 시가 두보의 원운시元韻詩와 마찬가지로 운치와 기운의 맑음을 잘 드러내고 있다는 점에서 청淸의 풍격이 잘 구사된 당풍唐風의 면모를 띠고 있음을 재차 확인할 수 있다.

二郎空白首."

82 姜栢年, 『雪峯遺稿』 1卷, 「閑溪錄」, 〈次老杜韻 詠閑中卽事〉.

83 杜甫, 『杜詩詳註』 9卷, 〈江村〉.

다음으로는 강백년의 학문 경향 중 하나인 장자莊子 수용 양상을 살펴보도록 한다. 강백년의 작품을 살펴보면 그가 『장자莊子』「달생편達生篇」의 이치를 설명해 자신의 깨달음을 읊는 동시에[84] 「소요유편逍遙遊篇」에 나오는 안붕鷃鵬을 언급해 현우대소賢愚大小 분별의 의미를 반추하고 있음을 알 수 있다.[85] 그 밖에도 「추수편秋水篇」과 「소요유편逍遙遊篇」의 구절을 차용해 서문序文의 논지를 개진한 글에서도 『장자莊子』의 수용 양상이 드러난다.[86] 부친인 강주姜籒에게서도 이와 같은 특징이 나타나는데, 실제로 "시에 있어서는 두보杜甫의 작품을 숭상하여 지은 시와 문이 청려淸麗하고 기일奇逸했으니, 살펴본 사람이라면 마땅히 알 수 있을 것이다."[87]라는 평가를 받은 바 있다. 강주 역시 두보와 장자를 수용했다는 공통점을 보이므로 강주의 시문학적 전통이 강백년에게까지 이어졌다고 볼 수 있다. 또한 강주는 〈야독남언경夜讀南華經〉[88]에서 "고요히 앉아 제물론을 담론하며, 혀끝으로 온 천지를 맘껏

---

84 姜栢年, 『雪峯遺稿』 20卷, 「城南錄」, 〈夜吟〉.

85 姜栢年, 『雪峯遺稿』 8卷, 「凝淸錄」, 〈淸曉無眠 誦中庸首章若大學大文若莊子逍遙篇若馬史伯夷傳若論語曾點言志章若韓碑馬繼祖碑銘 此等諸書 雖有許多議論 而要其歸則不過賢愚大小之辨 而至於貧富死生 不足以動吾心 苟能分明辨得公私義利境界 則隨時隨處 無非至樂 而散樗犁牛之自適其適 與沂水詠歸之樂 亦何異哉 擧茲以旃中和位育之功 心廣體胖之效 亦靡不在於其中矣 噫 莊固荒唐之說也 馬亦鬧熱之書也 固不宜竝論於聖賢經傳 而吾所以隨意率爾而書之者 只論其從容自得之趣而已 固非欲强雜薰蕕氷炭於一器之中也 只在覽之者恕之耳〉, "人間萬事摠須臾, 一理還無動靜殊. 斥鷃溟鵬爭小大, 顔回盜跖異賢愚. 只將存省爲吾事, 苟辨公私卽聖徒. 最是冠童同樂處, 分明氣象見唐虞."

86 姜栢年, 『雪峯遺稿』 23卷, 「序」, 〈逍遙圖序〉, "抑將觀濠上之魚, 逍遙乎散樗之下, 以全吾樸拙之性, 而且竊比於沂上之興, 安樂之趣乎."

87 姜籒, 『竹窓集』, 「竹窓集序」, "湖西觀察使姜君栢年叔久, 刻先大夫竹窓公遺稿, 旣徵序于溫城鄭斗卿, 以竹窓公受學於余王父叢桂堂."

88 姜籒, 『竹窓集』 4卷, 「七言律詩」, 〈夜讀南華經〉. "淸坐靜談齊物論, 舌端擺弄一乾坤. 至微說到秋毫末, 垺大窮搜太極根. 擧世人皆爭得失, 回光誰更辨朝曛. 爽然一洗胸襟淨, 剔盡燈花五夜分.

희롱한다네. 미세한 것은 가을 터럭 끝까지 설파하고, 광대한 것은 태극의 뿌리까지 궁구한다네[淸坐靜談齊物論, 舌端擺弄一乾坤. 至微說到秋毫末, 垺大窮搜太極根]"라고 읊었기에 그가 『장자莊子』에 심취해 있었음을 볼 수 있다. 그 밖에도 「죽창집서竹窓集序」에서 강주가 진한秦漢의 글 가운데서도 『장자莊子』와 사마천司馬遷의 『사기史記』를 더욱 좋아한 사실을 볼 수 있다.[89]

다음으로는 박수현朴守玄이 쓴 「이옹문집서泥翁文集序」를 통해 신유申濡의 독서 경향 및 작시 지향점을 확인해보면 다음과 같다.

> 君澤은 일찍이 弱冠 시절부터 百家의 글을 읽어서 모두 섭렵하였으므로 문장가로 불렸으니 한갓 科擧 공부 과정만 한 것이 아니다. 그 수립한 바가 얕지 않으니 어찌 헤아릴 수 있겠는가. 그 근본을 탐구해보면 문장은 곧 漢나라의 司馬遷을 기준으로 삼았으며, 시는 唐나라의 시인들인 蘇元明, 元結, 李白, 杜甫가 아니면 하찮게 여겼다.[90]

위 인용문을 통해 보았을 때 신유는 기본적으로 백가百家의 글을 두루 섭렵할 정도로 폭넓은 독서를 중시했으며, 문장으로는 한漢나라의 사마천司馬遷을 따르고 시에 있어서는 소원명蘇元明, 원결元結, 이백李白, 두보杜甫를 높였다. 이와 같은 점에서 신유가 당시唐詩를 시의 정수로 여겼음을 확인할 수 있다.

> 國朝의 詩體가 비록 같지 않으나 대개 唐風과 宋風이 뒤섞여 있는데,

---

89 姜籀, 『竹窓集』, 「竹窓集序」, "故公才力絶倫, 貫穿百家語, 尤耆秦漢, 於秦漢尤耆莊馬. 詩則尙少陵, 所著詩文淸麗奇逸, 覽者當自知矣."

90 朴守玄, 『草亭先生遺稿』, 「泥翁文集序」. "嘗於君澤, 兆於弱冠, 讀百家書, 皆以有而已, 號爲文章家, 不徒聯甲乙是程. 其所樹立不淺鮮, 烏可揆耶. 究其本, 爲文乃以漢之司馬遷爲准, 作詩非唐之蘇元明元結李白杜甫卑之."

> 송풍이 더 많다. 嘉靖과 萬曆 연간에 崔孤竹, 白玉峯, 李蓀谷 세 사람이 당풍으로 자임하였다. 내가 그들의 시를 보니 氣力과 調格은 비록 미치지 못하는 점이 있었으나, 당풍을 배우지 않았다고 할 수 없었다. 이 세 사람 이후로 李芝峯이란 사람이 뒤를 이어 나왔는데, 그의 시 역시 최고죽이나 이손곡의 體였다. 이지봉 이후에 申君澤이 뒤를 이어 나왔는데, 그의 시는 맑고 아름다워 맛이 있었다. 그러니 군택은 참으로 이지봉과 어깨를 나란히 한 사람이다. …(중략)… 옛날에 張說이 岳州에 유배된 이후에 지은 시가 전에 지은 것들보다 훨씬 훌륭하였으므로, 당시 사람들이 강산이 도움을 얻은 것이라고 하였는데 군택 역시 그러하였다. 얼마 뒤면 賜環될 것이니 필시 나에게 자신이 지은 여러 작품을 보여 줄 것이고, 나는 그때 다시 품평할 것이다.[91]

위의 인용문은 정두경鄭斗卿이 쓴 「신이옹시서申泥翁詩序」이다. 이 글을 보았을 때, 신유는 삼당시인三唐詩人과 유사한 시풍을 지닌 것으로 추정된다. 최경창崔慶昌(1539~1583), 백광훈白光勳(1537~1582), 이달李達(1539~1612) 이후 이수광李睟光(1563~1628)이 나왔는데 그의 시는 최경창과 이달의 시체를 구사했으며, 그 뒤에 등장한 신유가 청완淸婉한 시체를 사용했기에 이수광과 나란히 할 만하다고 평한 사실에서 이러한 점을 확인할 수 있다.

다음으로 박수현朴守玄 역시 두보杜甫의 시를 애호한 것으로 보이며, 박수현의 「나산집시서螺山集詩序」를 통해서는 그의 문장관 일부를 포착할 수 있기에 살펴보기로 한다.

91 鄭斗卿, 『東溟集』, 「申泥翁詩序」. "國朝詩體雖不同, 大抵雜唐宋, 宋多焉. 嘉靖萬曆間, 崔孤竹・白玉峯・李蓀谷三子以唐自任. 余觀其詩, 氣力調格, 雖有所不逮, 不可謂不學唐者矣. 三子者後有李芝峯者繼出, 其詩亦崔李體也. 芝峯後申君澤繼出, 其詩淸婉有味. 君澤眞芝峯之鴈行哉. …(중략)… 昔張說謫岳州詩勝前作, 時人謂得江山之助云, 君澤亦然. 賜環無日, 必示我諸作, 僕當更評焉."

> 대개 내가 일찍이 杜甫의 醉歌行이라는 시를 외운 적이 있는데, 이 시는 從姪인 杜勤이 낙방하고 고향으로 돌아갈 때 두보가 長安에 있으면서 이 시를 지어 전별한 것이니 그를 칭찬하는 말에서 기대와 희망의 뜻이 담겨 있는 것을 볼 수가 있다. …(중략)… 나는 두보의 시를 통해 말의 관상을 보고 선비의 관상을 보는 기술을 얻었으니, 오늘날 세상에 尹後老가 그런 경우이다.[92]

이 인용문은 박수현朴守玄의 「송윤독우후노하제귀영남서送尹督郵後老下第歸嶺南序」로 박수현이 두보杜甫의 〈취가행醉歌行〉을 외울 정도로 애호하는 동시에 그의 작품을 바탕으로 낙방하여 영남嶺南으로 돌아가는 윤후로尹後老를 전송하며 의미를 전달하고자 했다는 점에서 살펴볼 필요가 있다.

> 대개 文章은 뜻을 주인으로 삼고 기운을 보좌로 삼으며 詞를 호위로 삼는다. 비록 才格이 고명한 자일지라도 반드시 그 힘을 널리 펴고 『穀梁』과 『孟子』, 『荀子』 등의 서책을 참고로 하여 그 지취를 넓히고 그 기상을 매섭게 하며 그 사어를 즐긴 뒤에야 옥을 다듬어서 문양을 이루고 금을 녹여서 광채가 나게 하듯이 해야 할 것이니, 그렇다면 그 문장이 어찌 밝게 빛나고 넉넉하며 풍요롭지 않겠는가.[93]

다음으로는 위의 글을 통해 박수현이 『곡량穀梁』을 비롯해 『맹자孟子』·『순자荀子』 등의 서책을 두루 섭렵하고, 그런 뒤에 문장의 기틀을

92 朴守玄, 『草亭先生遺稿』, 「送尹督郵後老下第歸嶺南序」, "盖余嘗誦杜工部詩醉歌行, 此乃從姪杜勤, 下第歸鄕時, 工部在長安中作此以別, 其於褒拂之辭, 可見期望之意. …(중략)… 余因杜工部詩, 相馬而得相士之術, 今之世如尹督郵後老甫乃爾."

93 朴守玄, 『草亭先生遺稿』, 「螺山集詩序」. "而大抵文章, 以意爲主, 以氣爲輔, 以詞爲衛. 雖才格之高者, 必廣肆其力, 而參之穀梁孟荀諸書, 以之博其趣厲其氣嗜其詞, 然後如琢玉而成文, 鎔金而生彩, 其文章, 胡不炳烺而富贍乎."

세워야 한다는 것을 강조했음을 알 수 있다.

마지막으로 17세기 후반에서 18세기에 활동한 소북오군자小北五君子의 학문 경향을 살펴보고자 한다. 논의에 앞서 이들의 문집 현황을 적시해보면 다음과 같다.

표 4 소북오군자小北五君子의 문집 현황

연번	小北五君子 구성원	문집	현전여부	서지형태	소장처
1	宋瓆(1676~1741)	『恥菴集』	○	活字本	고려대학교 소장본
		『孚齋日記』	○	筆寫本	서울대학교 규장각한국학연구원 소장본
2	尹彙貞(1676~1754)	『厓西集』	未詳		
3	嚴慶遂(1672~1718)	未詳			
4	嚴慶遐(1678~1739)	未詳			
5	李庭綽(1678~1758)	『悔軒集』	未詳		
		『玉麟夢』	○	筆寫本	연세대학교 소장본

위 표를 살펴보면, 소북오군자小北五君子의 경우 문집이 전하고 있는 문인은 송질宋瓆(1676~1741)과 이정탁李庭綽(1678~1758)에 불과하며, 나머지 문인의 경우 문집의 실존 여부 및 현전 가능성을 확인하기 어려움을 알 수 있다. 이에 현재 전하는 유일한 문집인 『치암집恥菴集』을 중심으로 소북오군자小北五君子의 학문 경향을 파악해보고자 한다. 먼저 이수봉李壽鳳이 쓴 송질(1676~1741)의 『치암집』 서문을 살펴본다.

> 공이 살아계실 때 孚齋 嚴慶遂, 稼隱 嚴慶遐, 厓西 尹彙貞, 悔軒 李庭綽과 벗하였으니 세상에서 五君子라고 하였다. 글을 읽을 때에는 심오한 것을 탐구하여 上下의 評議가 맞지 않으면 그치지 않았고 일에 임하여서는 시비를 논하여 兩端을 다하여 합치된 후에 그쳤다. 한 사람이 한 책을 읽으면 나머지 네 사람도 그 책을 읽는 듯했고, 한 사람이 어떤 일을 하면

> 나머지 네 사람도 자신의 일을 하는 것 같이 하였다. 공이 일찍이 말씀하시기를, "벗이란 信義를 위주로 한다고 하지만 나의 言行과 文學에 스스로 믿음이 있은 후에야 벗도 믿을 것이고, 벗들도 나에게 또한 그러하다."라고 하였다. 공이 四君子에게 그 스스로 믿는 것으로써 사군자를 믿게 했고, 사군자가 믿는 것을 자기도 믿었다. 麗澤하여 서로 도움이 되어 오래도록 쇠하지 않았으니 공이 사군자와 함께 스스로 닦았던 바를 알 수 있다.[94]

위 인용문을 통해 소북오군자小北五君子의 구성원을 직접적으로 확인할 수 있으며, 이들이 언행言行과 문학文學에 대한 상호 간의 믿음을 바탕으로 교유했음을 알 수 있다. 또 사귐의 기저가 문학에 있었다는 점에서 이들의 관계가 일반적인 교유와는 달랐다는 것도 볼 수 있다. 이와 함께 소북오군자 중의 한 사람이 책을 읽으면 마치 나머지 네 사람도 그 책을 읽는 듯했다는 내용을 통해 이들의 학문 경향이 상당히 일치했음을 유추할 수 있다.

이 외에도 소북계열 문인들의 일화가 담긴 『시필試筆』에서 송질과 이정작이 문장으로 교유를 이어간 일화가 확인된다.[95] 또한 『시필試筆』 자료를 통해 소북 문인으로 엄집嚴緝, 송질宋瓆, 이정탁李庭綽, 엄경수嚴慶遂, 엄경우嚴慶遇, 엄숙嚴璹, 이웅징李熊徵, 최성대崔成大, 임정任珽, 이수봉李壽鳳, 정하언鄭夏彦, 김문하金文夏 등을 포착할 수 있다. 특히 이 가운데에는 앞서 언급한 송질과 이정작 이외에도 소북오군자小北五君子

94 李壽鳳, 『恥庵集』, 「恥庵集序」. "公之世, 與嚴孚齋・稼隱・尹厓西・李悔軒爲友, 世所稱五君子者也. 讀書則探討深奧, 上下評議, 不合不止, 臨事則曰是曰非, 竭其兩端, 合而後止. 一人讀一書, 四人如讀其書, 一人行一事, 四人如行己事. 公嘗曰, "朋友主信, 然我之言行文學, 有可自信然後, 朋友能信之, 朋友之於我亦然." 公於四君子, 以信於己者而信之於四君子, 以信於四君子者而信之於己. 麗澤相益, 久而不衰, 則公與四君子所自修者, 可知也."

95 『瑣編』, 「試筆」 1卷 25화, "宋恥庵與李悔軒爲文章交, 然平日未嘗相下."

로 지칭되는 엄경수 등이 포함되어있다.[96] 송질의 경우 과거에 나가 각고刻苦하며 글을 짓느라 매번 제한시간을 넘겨 떨어졌으나, 제시간에 맞춰 제출하자마자 장원급제하였다는 일화가 확인되어[97] 그의 문학적 재능을 유추할 수 있다.

> 나는 소싯적에 筆匡僑舍에서 공을 뵙고 古今의 문장에 대해서 논하곤 했다. 공이 말씀하시기를, "내가 옛사람의 시 중에 좋아하지 않은 것이 없지만 杜甫의 시를 몹시 좋아하고, 옛사람의 문장 가운데 읽지 않은 것이 없지만 歐陽修의 문장을 애독한다. 두보는 忠愛가 性에 근본하여 저절로 언어로 드러나니 일찍이 두보의 시 가운데 한편이라도 「閑情賦」와 같은 艶體의 작품이 있는 것을 보았는가. 구양수는 순수하고 浩博하며 典則을 어기지 않았으니 일찍이 구양수의 문장 중에 한편이라도 「毛穎傳」과 같은 戱作이 있는 것을 보았는가. 나는 두보의 시를 군자의 시로 구양수의 문장을 군자의 문장으로 여긴다."라고 했다. 공이 고인의 문장 가운데 그 택할 바를 알고 있었다는 것을 알만하다. 공의 시는 氣格이 雄渾하고 聲韻이 雋永하여 平婉하며 新奇를 구하지 않아도 공교함이 이르고 말이 진실되니 저절로 대가를 이뤘다. 문장을 지을 때는 시를 지을 때처럼 온 힘을 쏟지 않았지만 雅馴하고 瞻暢하여 오래 읽을수록 더욱 맛이 있으니 대개 두보와 구양수에게서 얻은 것이 많다.[98]

96 趙貞允, 위의 논문, 2015, p.205.

97 『瑣編』, 「試筆」 3卷 85화, "宋恥庵, 文思淹遲. 每赴擧, 輒以拳摩擦, 苦思不已, 猶多後限. 及第時, 偶早呈, 自期必得, 果爲壯元."

98 洪直弼, 『恥庵集』, 「恥庵集序」. "余少日拜公於筆匡僑舍, 論古今文章. 公曰, "吾於古人詩, 無不好, 然酷好杜少陵詩, 於古人文, 無不讀, 然愛讀歐陽子文. 杜少陵, 忠愛根性, 自發言語, 曾見少陵之詩, 有艶體一作, 如閑情賦者乎. 歐陽子, 溫粹浩博, 不違典則, 曾見歐陽之文, 有優戱一篇, 如毛穎傳者乎. 吾以爲少陵之詩, 君子之詩也, 歐陽之文, 君子之文也." 公於古人文章, 知其所擇, 可知也. 公之爲詩, 氣格雄渾, 聲韻雋永平婉, 不求新奇而工到語眞, 自成大家. 治文不如治詩之專, 而雅馴瞻暢, 久讀益有味, 大抵得之於杜少陵歐陽子者爲多."

이 글은 홍직필洪直弼의 「치암집서恥庵集序」이다. 송질宋瓆의 작시와 독서 경향의 특징을 살펴보면, 송질은 시詩 중에 두보杜甫의 작품을 좋아했으며 문文 가운데서는 구양수歐陽修의 글을 애독했다. 소북小北계열이 전통적으로 시詩에 있어서는 두보杜甫를, 문文에 있어서는 장莊·마馬와 구양수歐陽脩를 본받고자 했음을[99] 염두에 둔다면 송질 역시 전형적인 소북계열 문인의 특징을 지닌 것으로 평가할 수 있다.

> 宋瓆·李庭綽 두 분의 德行과 文章은 한 시대의 표준이 될 만하니, 李羲師의 시는 두 분에게 적셔지고 이어받아 그 정수를 얻었고 이것이 그 연원이 되었으니 또한 공의 가문을 알 수 있다. 만일 공이 옛날 성대했던 시대에 살았다면, 문단을 치달려 명가로 드날려 곧장 한 시대의 종장, 대가가 되었을 것이니, 어찌 재빨리 흡족하게 여겨 그들과 대등해지려 하겠는가.[100]

이 글은 정윤영鄭胤永의 「취송문집서醉松文集序」이다. 위 글을 인용한 것은 실질적인 자료가 많이 남아있지 않으므로, 송질宋瓆·이정탁李庭綽의 문학적 역량을 이어받았다고 평가되는 취송醉松 이희사李羲師(1728~1811)에 관한 글인 「취송문집서醉松文集序」를 통해 소북오군자小北五君子의 시문학 세계를 일부 유추해보기 위해서이다. 위 인용문을 통해 이희사가 소북오군자 중 한 사람인 송질宋瓆의 외손자이자 소북오군자인 이정탁李庭綽의 종손자로 이들에게 상당한 영향을 받았으며, 문학적으로 뛰어났다고 알려졌음을 볼 수 있다.

---

99 강경훈, 위의 논문, 2001, p.58.

100 鄭胤永, 『后山集』 6卷, 「醉松文集序」. "兩公德行文章足以標準一世, 而公之詩擩染承襲, 得其精髓, 此其爲淵源, 而亦可以知公之世也. 苟使公置之中古晟時, 馳騁乎藝苑, 翱翔乎名家, 直一代宗匠鉅手, 何遽溟涬然弟之哉."

(1) 李義師의 자를 德中, 호는 醉松이라 하며, 시는 杜甫를 배웠는데, 근래 山野詩에 있어 제일이라는 평가를 받고 있다.[101]

(2) 李義師는 오로지 杜甫를 배웠던 까닭에 그의 시는 난삽한 면이 있다. 그렇지만 법도가 있고 근엄해서 그 사람을 상상해볼 수 있다. …(중략)… 이들 시구는 모두 淸警하고 법도가 있어 東人의 口氣와는 같지 않다.[102]

위 인용문은 『삼명시화三溟詩話』 중 일부를 발췌한 것으로 이희사李義師에 대한 평을 확인하는데 유용한 자료이다. 이 글을 통해 이희사가 두보杜甫를 작시作詩의 전범으로 삼아 청경淸警한 시를 창작하는데 능했던 사실을 단적으로 확인할 수 있다. 이희사에 대한 평가는 이 밖에도 『이사재기문록二四齋記聞錄』에서 확인 가능한데, 이희사가 조선의 두보라고 일컬어질 정도로 두보의 영향을 많이 받았으며 당대에 명망을 떨쳤다고 하였다.[103]

이와 같은 기록을 통해 본다면, 앞서 살펴본 송질宋瓆의 문학적 특징이 후대의 소북小北계열 문인인 이희사李義師에게까지 영향을 미쳤음을 알 수 있다. 또한 함께 언급된 이정탁李庭綽 역시 그의 문집을 확인할 수는 없으나, 송질과 유사한 문학적 경향성을 지녔다고 추정할 수 있다.

이상에서 확인한 소북칠학사小北七學士・소북팔문장小北八文章・소북오군자小北五君子의 문학적 교유와 학문적 경향을 정리해보면 다음과 같다. 선차적으로 16세기 후반에서 17세기 전반에 활동한 소북칠학사小北七學士와 17세기 해당하는 소북팔문장小北八文章, 17세기 후반에

101 姜浚欽, 『三溟詩話』, "李義師, 字德中, 號醉松, 詩學少陵, 爲近來山野詩中第一."

102 姜浚欽, 『三溟詩話』, "李義師, 專心學杜, 故其詩, 往往局澁. 然其典則謹嚴, 可以想見其人. …(중략)… 皆淸警有法, 不類東人口氣."

103 이영순, 「醉松 李義師의 한시 연구」, 계명대학교 대학원 석사학위논문, 2013, p.2.

서 18세기에 활동한 소북오군자小北五君子가 각기 해당 집단 문인들과 긴밀한 교유를 통해 동일한 학문적 지향점을 견지했음을 살펴보았다. 또한 각각의 특징을 분석해 소북칠학사小北七學士가 조식曺植과 서경덕徐敬德의 학풍을 수용해 개방성을 보이며, 학시學詩의 근원을 당풍唐風에 두었다는 특징을 지님을 밝혔다. 소북팔문장小北八文章의 문집 검토를 통해 학문적 다양성 및 독서 경향성을 파악하여, 학문적 개방성을 견지했으며 두보杜甫와 장자莊子를 수용하는 동시에 당시唐詩를 정수로 여겼음을 살폈다. 마지막으로 소북오군자小北五君子의 문집을 통해 두보杜甫와 구양수歐陽修를 전범으로 삼고자 했음을 확인하였다. 이렇게 본다면, 소북문단小北文壇의 대표성을 지니는 소북칠학사小北七學士·소북팔문장小北八文章·소북오군자小北五君子는 북인北人의 학문적 다양성과 개방성을 기저로 삼았으며, 당풍唐風의 계보 속에서 수용·변형을 거듭하며 시문학적 활동을 지속해온 것으로 파악되는 바이다.

3. 소북小北계열 문인들의 문예 창작 모임과 소북문단小北文壇

이 장에서는 소북문단小北文壇의 활동 면모 중 하나인 문예 창작 모임을 고찰해보고자 한다.[104] 조선시대 전 시기를 대상으로 시단과 시인의 활동 양상을 검토해보면, 그룹을 지어 창작 활동을 전개한 사실이 적지 않게 드러난다.[105] 소북小北계열 문인의 경우 의식적인 측면에서

104 이 장은 학술지에 게재된 글을 수정·보완한 것임을 밝힌다. 졸고, 「소북(小北) 문인집단의 지식 공간 양상과 그 의미 - 별서(別墅) 시회(詩會)를 중심으로」, 『인문과학』 116, 연세대학교 인문학연구원, 2019, pp.77~112; 졸고, 「18세기 송파강(松坡江) 유역의 문예 창작 공간과 그 의미 - 소북(小北)계열 풍천(豐川) 임씨(任氏) 문인들의 공간인식을 중심으로」, 『서울학연구』 85, 서울학연구소, 2021, pp.1~31.

적극적인 창작 집단이라고 단정할 수는 없지만, 특정 공간을 중심으로 일종의 문예 창작 모임을 연 것으로 확인된다. 시인들이 집단을 이뤄 활동할 때 경우에 따라 아집雅集·아회雅會·시사詩社·계회契會·결사結社 등의 명칭을 사용하는데,[106] 소북계열은 동호회의 성격이 강하므로 일종의 시회詩會 활동을 전개한 것으로 보이나, 결집 의사가 표명된 경우도 있고 그렇지 않은 경우도 있으므로 문예 창작 모임이라는 큰 틀에서 논의하고자 한다. 소북계열 문인의 경우 집단 활동 자체를 규명하기도 어려운 상황이므로, 확인되는 모임을 전부 연구 대상으로 삼고자 한다.

이 장에서 다루고자 하는 몽오정夢烏亭·청풍계靑楓溪 태고정太古亭·수명정水明亭·둔재遯齋·석양주夕陽舟와 추수재秋水齋는 사실상 각기 다른 성격을 보이는데, 몽오정을 중심으로 한 문예 창작 활동이 소북계열 문인들이 지닌 사회적·정치적 가치관을 드러내는 역할까지 담당했다면, 청풍계 태고정 모임은 순수한 시 창작 모임에 가깝다고 할 수 있다. 또한 수명정 모임은 가치관이나 신념을 드러내는 동시에 문학 활동을 지속했다는 점에서 특징적이다. 아울러 둔재와 석양주·추수재는 송파강 유역을 중심으로 한 모임이라는 공통점을 지니면서도 풍천豐川 임씨任氏 문인들의 문예 창작 공간 인식 양상을 보여준다는 점에서 또 다른 의미를 지닌다. 이에 소북小北계열 문인들의 문예 창작 모임을 순차적으로 살펴봄으로써 소북문단의 활동 양상을 조망하고자 한다.

첫 번째로 살펴볼 몽오정夢烏亭을 중심으로 한 문예 창작 모임은 남

105 안대회, 「18세기 시사(詩社)의 현황과 전개양상」, 『古典文學硏究』 44, 한국고전문학회, 2013, p. 423.

106 안대회, 위의 논문, 2013, p. 424.

이공南以恭을 비롯해 김신국金藎國, 이필형李必亨, 박이서朴彛叙, 송일宋馹, 최동립崔東立, 박경업朴慶業 등의 소북칠학사小北七學士와 강주姜籒, 임숙영任叔英이 함께 몽오정에서 시회詩會를 열고 시주로 자오하며 노장老莊에 침잠했다고 알려져 있다. 조선이 한양漢陽에 도읍을 정한 이래로 당시 사대부들은 한강漢江에 무수한 별서別墅를 경영했는데,[107] 몽오정 역시 한강 일대인 무호無湖에 위치했음을 알 수 있다.[108]

(1) 몽오정은 본래 판서 남이공의 별업이다. 남이공이 일찍이 꿈을 꾸었는데, 까마귀가 뜰의 나무에 모여서 웅크린 채 머무르며 떠나가지 않았다. 남이공이 이를 싫어하여 활을 당겨 쏘았다. 남이공은 본래 활을 잘 쏘아 쏠 때마다 번번이 명중했지만, 이때에 이르러 세 번 화살을 쏘아도 모두 맞히지 못하자 괴이하게 여겨 그들에게 물어보았다. "너희들은 무슨 수로 나의 화살을 피할 수 있는 것이냐."하니 까마귀가 말하기를 "저희들은 黨爭의 渦流에서 용감하게 물러났기에 災禍를 피할 수 있을 뿐입니다."라고 했다. 남이공이 그 꿈에 감동하여 마침내 정자의 이름으로 지었다고 한다.[109]

(2) 설사 남이공이 성은을 입어 고향으로 돌아왔다. 내가 동호 가로 가서 뵈었는데, 바로 공의 舊居였다. 정자가 있는데 오래도록 비어 퇴락하자 새로 고쳐서 넓혔다.[110]

---

107 이종묵, 『조선시대 경강의 별서』, 경인문화사, 2016.

108 嚴慶遂, 『孚齋日記』 6卷, 「沿江亭謝記」."夢烏亭. 在蕪湖."

109 李森煥, 『少眉山房藏』 1卷, 〈戊寅春, 與韓景善光傳陪烟客許丈乘舟溯峽, 共次洪致卿昆弟舟行聯句百韻沿江上下, 多名區勝蹟, 帆船所到, 隨境紀述, 但趁韻排次, 語多牽强, 覽者幸毋以聲病約之也〉. "夢烏亭, 亭本南判書以恭別業. 南嘗夢有烏集庭樹, 蹲留不去. 南惡之, 援弓射之. 南本善射, 射輒命中, 至是三發矢皆不中, 怪而詰之云. "爾有何術, 能避吾箭." 烏云, "我急流中勇退, 故能遠害爾." 南感其夢, 遂以名亭云."

110 許穡, 『水色集』 7卷, 「夢烏亭記」, "雪蓑公蒙恩歸田里. 余往見于東湖上, 卽公之舊居. 有亭焉, 以其久曠而圮也, 新而拓."

인용문 (1)을 통해 몽오정夢烏亭이 소북칠학사小北七學士 중 한 사람인 남이공南以恭(1565~1640)의 별업別業이며, 급류에서 물러남으로써 재앙을 피할 수 있었던 까마귀의 처세에 공감하여 몽오정夢烏亭이라고 명명했던 정황을 확인할 수 있다. 인용문 (2)인 허적許

의 「몽오정기夢烏亭記」를 통해 몽오정의 정비 과정을 볼 수 있는데, 남이공이 고향의 옛 거처로 돌아와 그곳의 퇴락한 정자를 새롭게 고치고 넓혀 개축한 것이다. 여기에서 구거舊居는 남이공의 증조부인 남세건南世健(1484~1552)의 별업으로 납호당納灝堂을 가리킨다.[111] 이렇게 본다면 몽오정이 소북계열 문인들의 특정한 공간이며, 이 공간의 정비는 소북계열 문인의 가계 계승 양상을 보여주는 하나의 단서라고 할 수 있다.

> 夢烏亭은 蕪湖에 있다. 옛날에 설사 남이공이 몽오정을 지었다. 아들이 없어 사위인 李元鎭에게 물려주었다. 남공은 문장과 재기가 있어 한 시대를 주름잡았다. 정자에 머물 때에는 날마다 술과 기생과 악공을 싣고서 앞에서 요란하게 풍악을 울리고서도 오히려 "인생을 이렇게 적적하게 보내니 어떻게 견딜 수 있겠나"라고 하고는 정자를 떠나 나귀를 타고서 채찍을 휘두르며 성안으로 들어갔다. 그러면 오래 지나지 않아 조정에는 곧 사건이 일어났다고 한다. 이공의 호는 太湖로 천하 사물의 이치를 많이 알았는데, 과묵하고 진중하여 국량이 있었다. 물러나 정자에 머물면서 달이 환하면 鶴氅衣를 입고 지팡이를 잡고서 뜨락 사이를 거닐어 멀리서 바라보면 신선과도 같았다고 한다.[112]

111 안대회 · 박진욱 · 김세호, 「18세기 漢江의 樓亭 조사 연구 - 嚴慶遂의 「沿江亭謝記」를 중심으로 - 」, 『한국전통조경학회지』 35, 한국전통조경학회, 2017, p.88.

112 嚴慶遂, 『孚齋日記』 6卷, 「沿江亭謝記」. "夢烏亭, 在蕪湖. 昔雪簑南公以恭作此亭, 無子, 傳於女婿李公元鎭. 南公有文章才氣, 雄一時. 處亭, 日載酒, 妓樂管絃, 嘲轟於前, 而猶且曰, "人生作此寂寂, 何能耐遣." 自亭騎騾, 掉鞭而入城, 未久, 朝廷輒有事云. 李公號太湖, 多識天下事物之理, 寡言沈凝, 有器量, 退在亭, 月明披鶴氅, 扶杖散步庭除間, 望之如仙云.

위의 글은 엄경수嚴慶遂의 「연강정사기沿江亭謝記」 일부인데, 몽오정이 남세건과 남이공을 거쳐 남이공의 사위인 이원진李元鎭(1594~1665)에게 계승되었음을 볼 수 있다. 이원진의 호인 태호太湖는 몽오정 일대 한강의 지명에서 비롯된 것으로,[113] 이 호를 통해 이원진이 당시 몽오정을 애호했었다고 추정할 수 있다. 이원진은 반계磻溪 유형원柳馨遠(1622~1673)에서 매산梅山 이하진李夏鎭(1628~1682)을 거쳐 성호星湖 이익李瀷(1681~1763)으로 이어지는 하나의 학맥을 형성했다는 점에서[114] 몽오정의 계승은 소북小北과 남인南人 간의 친밀한 관계를 보여주는 하나의 예시라고 할 수 있다. 이원진의 〈몽오정夢烏亭〉 작품 한 수를 살펴본다.

큰 꿈 같은 인간세상에서 작은 진리 깨우치니	大夢人間覺少眞
꿈속에서 꿈을 꾼 건 본디 인연이 많아서지	夢中成夢本多因
학이 도사가 되었다는 말 농담이 아니고	鶴爲道士言非戲
까마귀로 선생한다는 말 도리어 신이하니	烏有先生語更神
과감히 물러남 혹시라도 전약수처럼 할 것이지만	勇退倘如錢若水
이소를 어찌 굴원에게 배우겠나	離騷寧學屈靈均
흰 갈매기 지금 황량의 꿈 저 너머에 있으니	白鷗今化黃粱外
만리창파에 길들일 수 없구나	萬里滄波不可馴[115]

이 작품은 몽오夢烏라는 정자의 명칭을 파자해서 쓴 것으로, 1~2구에서는 몽夢을 중심으로 대몽大夢의 의미를 담았으며 3~4구에서는 소식의 〈후적벽부後赤壁賦〉와 사마상여의 〈자허부子虛賦〉를 각각 인용해

113 안대회 · 박진욱 · 김세호, 위의 논문, 2017, p.88.

114 윤재환, 「新資料 『太湖詩藁』를 통해 본 李元鎭의 詩世界 - 資料 소개와 詩世界의 槪略을 中心으로 - 」, 『漢文學報』 18, 우리한문학회, 2008, p.393.

115 李元鎭, 『太湖詩藁』, 〈夢烏亭〉.

烏의 의미를 풀어냈다. 5~6구에서는 급류에서 과감히 물러날 사람이라고 평가받는 전약수처럼 할 것이지만 참소를 입은 굴원에게 어찌 〈이소離騷〉를 배우겠냐고 언급하여, 혼란한 세상에서 벗어나고자 했던 장인 남이공의 가치관을 드러내는 동시에 자신의 신념을 표출했다. 7~8구에서는 황량지몽黃粱之夢을 언급해 세상의 모든 부귀영화를 덧없는 것으로 만들어줌으로써 초탈한 경지를 드러냈다.[116] 이렇게 본다면, 몽오정은 장인과 사위의 공통적인 가치관을 드러내면서 소북小北과 남인南人의 친연성을 보여주는 공간이라는 점에서 또 다른 의미를 지닌다고 할 수 있다.

이후로는 이소한李昭漢(1598~1645)이 빌려 살며 몽오정의 역사를 이어나갔는데, 이원진이 부수찬副修撰에 제수되면서 사실상 주인 역할을 담당했다. 이소한은 서인西人에 속하였지만 선대의 인연으로 몽오정을 빌리게 된 것으로 추정된다.[117] 이와 관련해 1644년경 이소한이 술에 취한 뒤 이원진의 부채에 시를 지어 본인이 몽오정의 주인임을 언급한 희작이 남아있다.[118]

> 이 정자는 강산의 승경을 차지하여 한 나라의 으뜸이 된다. …(중략)… 내가 보건대, 층진 바위에 푸른빛이 감돌고 나는 듯한 누각이 하늘을 향해 솟아있으며 옥 같은 물결이 구불구불하고 기름진 들판이 펼쳐져 있었다. 마주한 봉우리가 물가를 굽어보고 돛대가 창으로 은은하게 보이며 운무가 처마 기둥에서 펼쳐졌다 걷히었다. 그 탁 트인 형상, 맑고 시원한 기운, 깨끗하고 신선한 빛이 가슴과 오장을 단련시키고 혼탁한 것을 쏟아내며

116 실시학사 고전문학연구회 역, 『태호 이원진의 태호시고』, 사람의 무늬, 2016, p.33~34.

117 김세호, 「南以恭의 夢烏亭」, 『문헌과 해석』 77, 태학사, 2016, p.30.

118 李昭漢, 『玄洲集』 4卷, 〈醉書鼎卿扇[所字亭舍, 是鼎卿家, 末句云〉, "自有此江山, 往來能幾度. 閑忙判去留, 君我誰爲主."

우울한 기분을 떨치기에 충분하였다.[119]

몽오정은 당시 승경으로 이름난 곳이었는데, 아름다운 경관이 허적許繙의 「몽오정기夢烏亭記」에 잘 형용되어 있어 이 정자의 실체를 유추할 수 있다. 이 글에서는 몽오정의 주변을 모든 자연이 조화를 이루는 청정 공간으로 묘사하고 있다. 이원진도 "좋은 땅 좋은 자리 그해에 정자 지어 완성하니, 한강 가의 누대와 정사 명성 다투지 못하네[選勝當年結構成, 漢濱臺榭莫爭名]"[120]라고 읊은 바 있으며, 정약용은 "저게 바로 몽오정 옛터라고 말하는데, 상류의 누대로는 참으로 짝할 것이 없었다네[云是夢烏亭故址, 上游臺榭儘無雙]"[121]라고 하였는데, 이들이 지은 시 구절을 통해 몽오정이 한강에서 제일가는 경관을 자랑했음을 알 수 있다.

남이공이 갈매기 벗 삼아 채유후와	蓑翁鷗友與湖洲
맑은 강 한 굽이 물줄기를 나누어 가졌는데	分占淸江一曲流
당시의 영고성쇠 지금은 한낱 꿈이라	當日榮枯今一夢
저녁 하늘 텅 빈 채 강물만 아득하구나	暮天寥廓水悠悠[122]

또한 몽오정은 소북팔문장小北八文章 중 한 사람인 강백년姜栢年의 시에도 나오는데, 위 작품은 강백년이 몽오정을 지나며 소북칠학사小北七學士 중 한 사람이자 이곳의 주인인 남이공을 떠올려 지은 것으로

119 許穡, 『水色集』 7卷, 「夢烏亭記」, "是亭也, 擅江山之勝, 爲一邦之冠. …(중략)… 余觀夫層岩聳翠, 飛閣凌虛, 瓊波委蛇, 溽野蟺衍. 對岑岫俯汀洲, 帆檣隱見於軒窓, 雲煙舒卷於簷楹. 其敞豁之狀, 淸泠之氣, 澄鮮之色, 足以澡胸練藏而瀉洩濁紓鬱邑也."

120 李元鎭, 『太湖詩稿』 4卷, 〈湖亭偶吟〉.

121 丁若鏞, 『與猶堂全書』 3卷, 〈八月二日, 因仲氏挈眷東還, 同尹无咎上舟偕行, 次朱竹垞鴛鴦湖櫂歌諸韻〉.

122 姜栢年, 『雪峯遺稿』 5卷, 「騷江錄」, 〈過東湖南雪蓑夢烏亭及適地, 朴處士善應, 蔡大學湖洲舊墅, 不堪愴然, 舟中口號〉.

보인다. 몽오정이 이원진의 아들 이자李滋(1614~1687)에게까지 전해졌지만,[123] 강백년은 남이공과 채유후蔡裕後(1599~1660) 당시를 기억하며 덧없는 세상의 변화와 자연의 한결같음을 대비시켰다.

(1)

예전에 그대 배 내놓고 강가 정자에 누웠을 때	昔公坦腹臥江亭
정자 아래 어촌에는 겨우 여덟아홉 집 있었지	亭下漁村纔八九
때때로 도롱이 쓰고 낚시를 하다가 돌아가며	有時烟簑垂釣歸
구름 밖 종남산 향해 머리 자주 돌렸었는데	雲外終南入回首
회갑 날 바로 매화 필 때여서	晬日正値梅花開
자리에는 좋은 손님 있고 동이에는 술이 있네	座有佳賓樽有酒
사마상여 늦게 오듯 성대한 자리에 참여해	相如末至忝華筵
취한 뒤에도 술 얼마 남았나 따져 물으니	爛醉仍嗔問升斗
옥 같은 고운 노래는 날듯한 들보를 감돌고	玉裂纖歌繞飛樑
비단같은 맑은 시는 사람들 입에 오르내렸는데	錦肆淸詩喧衆口
어느덧 이별하여 각기 흩어져 떠도니	居然分手各風烟
푸른 나무도 벗 구하는 꾀꼬리 어찌할 수 없고	碧樹無賴鶯求友
산호는 가지 자라 바다 벌써 삐져 나왔고	珊瑚出枝海已露
대붕이 날개짓 하려 해도 바람이 부족하니	大鵬鍛翮風不厚
세상을 피하려 해도 본래 병만용이 아니어서	避世元非邴曼客
숨어 사는 것 도리어 필이부와 같구나	埋照還同畢吏部
…(중략)…	
올해에 다시 친구들 모인다 들었으니	聞道今年復盍簪
시와 문장에 모두 대가들이지	唱和文章皆大手
몽오정의 청아한 주연은 어느 해에 있었던가	夢烏淸宴幾甲子
술잔을 들고 신유년 그때를 떠올려보지만	擧盃其能憶辛酉

123 김세호, 위의 논문, 2016, p.16.

나같이 늙은이는 북돋아 주어도 지을 수 없으니 如吾老氣皷不作
구름 타는듯한 좋은 시구가 어찌 다시 있겠는가 秀句凌雲寧復有
부디 그대는 강가 살던 때를 잊지 마시게 請公無忘江舍時
그대 길이 명령의 수를 누리시길 축원하네 祝公長享冥靈壽[124]

(2)
깎아지른 푸른 봉우리 몇 층이나 되는가 剗却青峯第幾層
자리 곁에 구름 기운 뭉게뭉게 피어오르네 席邊雲氣慢凴凴
중천의 달빛 빈 배에 가득 싣고 虛舟剩載中天月
숲 너무 등불 먼 언덕을 희미하게 비추네 遠岸微明隔樹燈
봄바람에 바다 같이 많은 술을 마시는 것 좋으니 好是春風尊似海
쇠한 귀밑털에 백발이 침범하게 하지 말게 莫敎衰鬢雪侵陵
취기 거나해져 매화 아래서 웃음 짓고는 醉來一笑梅花下
한 수 짓고자 하나 설능에게 부끄럽다네 欲作新詩愧薛能[125]

(1)은 강백년의 부친 강주姜籒(1567~1651)의 시로, 같은 소북계열 문인이자 모임에 참여했던 인물인 남이공과 강주가 실제로 친분을 맺었음을 확인할 수 있는 작품이다. 이 시에서 강주는 남이공을 비롯해 소북칠학사와 시적 교유를 이어갔던 지난날의 몽오정을 회고하고 있다. 작품을 통해 작시 시점을 유추해보면, 당시 남이공이 외지에 부임해 몽오정에는 남이공의 자취만 남아있었던 것으로 보인다. 또한 몽오정에서는 예전과 같은 시회詩會가 열려 이전과 같은 모임이 지속되고 있음을 확인할 수 있다.

(2)는 강주가 몽오정 시에 차운한 것으로 어떤 작품에 차운한 것인지 확실히 파악할 수는 없으나, 이 시를 통해 강주가 남이공의 정자인 몽

124 姜籒, 『竹窓先生集』 7卷, 「七言古詩」, 〈題雪簑南公夢烏亭〉.
125 姜籒, 『竹窓先生集』 3卷, 「七言律詩」, 〈次夢烏亭韻〉.

오정을 중심으로 작시 활동을 했었다는 것을 알 수 있다.

다음으로는 청풍계青楓溪 별업別業과 태고정太古亭을 중심으로 한 문예 창작 모임을 살펴보고자 한다. 1620년경 소북칠학사小北七學士 중 한 사람인 김신국金藎國(1572~1657)을 비롯해 성호 이익의 증조부이자 북인계 남인인 이상의李尙毅(1560~1624), 소북계열 문인 여흥驪興 민씨閔氏 민형남閔馨男(1564~1659), 소북계열 문인 한산韓山 이씨李氏 이덕형李德泂(1566~1645), 화순和順 최씨崔氏 최희남崔喜男(1562~1643), 대북大北 중에서도 육북肉北계열에 해당하는 이경전李慶全(1567~1644), 소북계열 문인 광주廣州 이씨李氏 이필영李必榮(1573~1645)이 함께 모여 시를 창작했다. 청풍계는 청풍계淸楓溪, 청풍계青楓溪, 청풍계淸風溪로도 적히고 풍계楓溪라고도 일컬어졌으며 인왕산과 백악이 만나는 백운동 아래쪽으로 흘러내리는 개울 일대에 위치하였기에[126] 한양에서 이름난 공간이었다. 이에 청풍계는 16세기에 도성의 유상처 역할을 수행했고, 17세기에 이르러 김상용의 이은吏隱과 순절의 이미지가 중복되면서부터는 유상과 충절을 함께 떠올리게 하는 공간으로 변모했으며, 18세기 초에는 김창협, 김창흡 형제와 김시걸, 김시보 형제, 그리고 주변 문인들이 아집과 시회를 통해 조선후기 문단의 변화를 이끌어 갔던 곳인 만큼[127] 당대 조선 한양의 대표적인 문화 공간이었다고 할 수 있다.

> 淸風溪 別業을 지었다. 青楓溪라고도 하는데, 도성의 서북쪽 弼雲山 아래에 있다. 수석이 맑고 빼어나 암을 와유암, 각을 청풍각이라 했으며, 또 태고정이 있다. 못, 대, 바위, 골짜기에 모두 이름을 지었으며, 12월령시도

126 강혜선, 「기획주제 : 16 - 17세기의 시사(詩社)와 아집(雅集) ; 인왕산 청풍계의 문학적 전통」, 『漢文學報』 25, 우리한문학회, 2011, p.34

127 이종묵, 「17세기 문화공간 青風溪」, 『문헌과 해석』 12, 태학사, 2000 ; 강혜선, 위의 논문, 2011, p.34

> 지었다. 또 황정견이 "조정에 있을 때 뜻이 동산에 있어, 패옥을 찰 때에도 마음은 고목과 같았다."라는 말을 취하여 벽에 썼으니, 이로부터 또 풍계 또는 계옹이라고도 불렀다. 행장에서 말하길, 늘그막에 풍계의 수석을 지었는데, 선군 김극효께서 그 승경을 기뻐하여 가마를 타고 매일 오고 갔으며, 본래 성품이 손님들을 좋아하여 가는 곳마다 빈자리가 없었다. 김상용이 문득 기구와 음식을 마련해 내놓았으며, 좋은 절기와 생신에는 귀천을 가리지 않고 모두 불렀으니 가까이 하려는 마음에 곡진하지 않음이 없었다.[128]

위 인용문에서 드러나듯 청풍계 별업別業은 주변의 와유암臥遊庵, 청풍각淸風閣, 태고정太古亭과 함께 조성된 것으로 보인다. 또한 김상용金尙容(1561~1637)이 1608년 청풍계에 별업를 마련한 이후 각종 시회가 열리는 장소로 자리매김하게 되었음을 알 수 있다.

> 萬曆 경신년(1620) 늦봄에 驪興 李尙毅, 驪川 閔馨男, 韓平 李德泂, 韓南 李必榮, 韓山 李慶全 및 나 金藎國이 대궐에서 물러 나와 청풍계의 상서 김상용의 집에 모여 놀았다. 당시 김상용은 외직에 나가 있었기에, 청풍계의 정원이나 연못의 승경이 놀러 온 사람들의 차지가 된 지 몇 해가 되었다. 상사 子懼 崔喜男도 또한 와서 이 모임에 참여했다. …(후략)…[129]

128 金尙容, 『仙源遺稿』, 「仙源先生年譜」, "築淸風溪別業. 一名靑楓溪, 在京城西北弼雲山下. 水石淸絶, 菴號臥遊, 閣名淸風, 又有太古亭. 池臺巖壑, 悉皆命名, 有十二月令詩. 又取黃太史立朝意在東山, 佩玉心如槁木之語題壁, 而自是又號以楓溪, 亦號溪翁. 行狀云, 晩築楓溪水石, 先君悅其勝, 肩輿日往來而性喜客, 所至無虛席. 先生輒營具擇味以進, 及佳辰壽節, 座客無間貴賤必致, 親意所向者, 靡不曲盡."

129 金藎國, 『靑風禊帖』, 성호기념 소장본. "萬曆庚申維暮之春, 驪興李相國・驪川閔相國・韓平李尙書・韓南李四宰・韓山李參判・藎國, 退自闕下, 會于靑楓溪金尙書第, 賞焉. 時尙書守制在外, 園池之勝, 屬於遊人者有年矣. 崔上舍子懼甫, 亦來預. …(후략)…"

김상용이 청풍계를 떠나 있던 때에도[130] 문인들이 청풍계를 찾아와 승경을 감상하고 시를 창작했는데, 1620년 김신국金藎國, 이상의李尙毅, 민형남閔馨男, 이덕형李德泂, 최희남崔喜男, 이경전李慶全, 이필영李必榮 등이 봄을 맞아 청풍계를 유람한 사실을 확인할 수 있다. 이 모임은 다음 해인 1621년까지 이어진 것으로 확인되는데,[131] 1621년 모임에는 민형남, 이필영이 빠진 상태에서 개최된 것으로 보인다.

> …(전략)… 자리가 성대하지도 않았고 풍악이 웅장하게 울린 것도 아니었지만, 술은 시원하고 향기로웠으며 노래는 부드럽고 청아했다. 자리에 함께한 사람들이 모두 즐거워하며 실컷 취한 채 돌아갔다. 그 후 그 자리에 참여했던 사람들이 내게 말하길, "청풍계에서의 놀이가 너무 즐거웠으니 어찌 그날을 그림으로 그려 노닌 흔적을 오래도록 남겨두고 각각 시를 지어 영원히 잊지 않도록 하지 않는가."라고 했다. 이에 내가 "봄날은 화창하여 경치는 맑았고 온갖 꽃이 흐드러지게 피어있었으며, 시냇물은 졸졸 흐르고 산새가 지저귀고 있었네. 저자와는 지척의 거리에 있는데도 완전히 고요하여 세상 밖의 홍취가 있었으니, 이것은 잊을 수 없는 것이 아니겠는가."라고 대답하니, "잊을 수가 없다네."라고 했다. 또 내가 "수레와 말이 구름처럼 모여들고 관리와 선비가 서로 부르니, 구경하는 사람들이 길을 메웠었지. 술잔을 들고서 군왕의 도를 논의하고 손뼉을 치면서 당시 세상의 급선무를 얘기하느라, 눈썹을 휘날리고 기운을 토해내면서 청운의 뜻을 격앙시켰으니, 이것은 잊을 수 없는 것이 아니겠는가."라고 하니, "잊을 수가 없다네."라고 했다. 내가 또 "태평시절을 만나 朝野가 편안하여 조회를 마친 뒤에 봄 경치를 찾으니 천향이 옷소매에 가득했고, 숲과 샘물

130 김상용이 1617년 광해군의 폐모론을 반대하여 벼슬을 버리고 원주로 옮겨 화를 피했으며 1618년 金克孝(1542~1618)가 세상을 떠나고 홍천에서 벼슬을 살고 있던 중형이 모친을 모시게 되자 김상용은 아우들과 홍천에서 가까운 원주로 옮겨갔다.

131 金藎國, 『靑風禊帖』, 성호기념 소장본. "異日諸公謂余曰, "靑楓之遊, 樂哉. 盍謀繪事以壽其跡, 而各題詩章, 永矢不忘耶."

> 의 빛이 변하였으며 꽃과 새도 반갑게 맞이해 주었지. 그곳에서 한잔 술 마시며 시 한 편 읊조렸으니, 성스러운 군주의 은혜가 아님이 없어서 이생에서 이날은 모두 우리 임금께서 하사하신 것이니, 어찌 잊을 수 있겠는가."라고 하니, 모두 "잊어서는 안 되지."라고 말했다. 마침내 궁궐 향해 두 손 모아 절을 하고 이 서문을 쓴다.[132]

위 글은 소북칠학사小北七學士 중 한 사람인 김신국金藎國이 쓴 『청풍계첩青風禊帖』의 서문으로 청풍계에서 봄을 즐겼다는 내용이 담겨 있다. 모두 이날의 흥취를 잊지 못하였으며, 그 당시 만끽했던 기쁨을 모두 임금님의 은혜로 돌려 예찬했음을 알 수 있다.

이 서문에는 김신국의 칠언율시七言律詩 이수二首가 부기되어 있는데, 『청풍계첩青風禊帖』에는 이 작품 외에도 이상의李尙毅의 칠언율시七言律詩 이 수二首, 민형남閔馨男의 칠언율시七言律詩 이 수二首, 이덕형李德泂의 칠언율시七言律詩 이 수二首, 최희남崔喜男의 칠언절구七言絶句 삼 수三首,[133] 이경전李慶全의 칠언고시七言古詩 일 수一首와 칠언율시七言律詩 이 수二首를 비롯해 이필영李必榮의 칠언율시七言律詩 이 수二首가 수록되어 있어 이들의 시적 교유 양상을 확인할 수 있다.

132 金藎國, 『青風禊帖』, 성호기념관 소장본. "…(전략)… 筵非盛設, 樂不廣張, 酒洌而香, 歌裊而淸. 合席同懽, 盡醉而歸. 異日諸公謂余曰, "青楓之遊, 樂哉, 盍謀繪事以壽其跡, 而各題詩章, 永矢不忘耶." 余曰, "唯春和景明, 百花亂開, 澗水潺湲, 山鳥間關. 闤闠咫尺之地, 宛有蕭然塵外之趣, 是不可忘耶." 曰"否." "輪蹄簇至, 騎從如雲, 吏士傳呼, 觀者塞途. 停杯而論皇王之道, 鼓掌而談當世之務, 揚眉吐氣, 激昂青雲, 是不可忘耶." 曰"否." "際會明時, 朝野寧謐, 會罷尋春, 天香滿袖, 林泉動色, 花鳥欣迎. 一觴一詠, 無非聖主之恩, 此生此日, 皆是吾君之賜, 則是其可忘耶." 咸曰, "不可忘." 遂拜手以書."

133 박종훈, 「성호기념관 소장 『청풍계첩(青楓禊帖)』 일고(一考)」, 『한국시가문화연구』 36, 한국시가문화학회, 2015, pp. 145~172. 참조. 박종훈의 선행 연구에는 崔喜男의 작품이 4首라고 언급되어 있으나, 성호기념관 제공 자료에 의하면 3首로 기록되어 있음을 밝히는 바이다.

…(전략)…

청담 나누며 술 마시니 호방한 기운 감돌아　　清談仍酒轉豪放
하나하나 진솔하게 속마음 터놓네　　一一坦坦披心衷
여흥은 장원으로 지금 찬성이 되었으니　　驪興壯元今貳公
어릴 적부터 그 명성이 유가에서 대단했고　　聲望夙自儒冠隆
여천은 청렴하여 한사와 같으니　　驪川淸約等閑士
반평생 높은 벼슬에도 푸성귀 먹으며　　犀貂半生啖葵菘
한남은 작은 체구에도 정밀하고 강하니　　漢南短小精悍姿
자부하길 높은 절개에 우뚝한 기상 닦으며　　高節自許磨崆峒
아함은 나라의 인재로 일찍부터 명성 날렸으니　　阿咸國器早擅價
문채가 환히 빛나 하늘의 무지개 같으며　　文采炤耀雲衢虹
우리 집안은 수재로 뛰어나 견줄 이 없는데다　　吾宗擢秀逈無雙
어진 덕성 찬란해 어리석은 이들 흠모했으며　　圭璧燦爛欽盲聾
여기에 더해 불우한 최희남은　　更兼牢落崔君子
못난 나를 돌아보며 뒤를 따르고자 했네　　顧我癡蠅都附驄
과연 일곱 사람이 일어나니　　果然作者爲七人
하늘이 잠시 새장을 벗어나게 해주어　　天借暫便超樊籠
원림의 좋은 시절에 내 벗들과 함께하니　　園林時節與吾友
좋은 봄날 즐기지 않고 어찌 근심하겠는가　　三合不娛胡忡忡
술 마시고 권하여 쉬지 않고 술잔 들며　　相酬相勸不停斟
꽃 수풀 끝없는 곳에서 하염없이 술 마시네　　花藪不盡飮無終[134]

…(후략)…

이 작품은 이경전李慶全(1567~1644)의 100구로 구성된 칠언고시七言古詩 중 63구부터 82구를 인용한 것인데, 청풍계에 함께 모인 이들을 시로 형상화하여 교유관계를 확인하기에 적합하다. 63~64구에서 이들

134 金盡國, 『靑風禊帖』, 성호기념관 소장본.

이 청담淸談을 나누었다고 한 내용에서 세속에서 벗어나 청정무위淸淨無爲를 즐기는 청풍계 모임의 자유분방함을 엿볼 수 있으며, 청풍계 모임에서 홍취를 나누었음을 알 수 있다. 65~76구는 모임에 함께한 이들의 명성과 뛰어남을 담은 것이며, 77~78구는 청풍계 모임에 참석한 7명이 모두 하늘의 은택으로 오늘의 자유로운 모임을 가질 수 있었음을 드러낸 것이다. 79~82구는 벗들과 함께 술을 마시며 끝없는 홍취를 즐기고 있음을 말한 것이다.

다음으로 청풍계 모임에 참석한 개별 문인들의 작품 중 일부를 살펴보도록 한다. 이 작품에서는 청풍계를 신선 세계로 그려내는 동시에 청풍계 주변의 경관을 예찬하고 있으며, 자신들의 모임을 난정蘭亭의 모임에 빗대어 홍취를 드러낸 사실을 확인할 수 있다.

세상과 다른 선경이 지척 간에 있으니　別有仙區咫尺間
속세 벗어나려 멀리 갈 필요가 있겠는가　何須遠擧出塵寰
골짜기 깊어 연못가 누각은 다니는 사람 없고　洞深池閣經過少
봄 깊어 정원의 꽃은 차례로 아롱지니　春晩園花次第斑
사방의 풍류 있는 이름난 재상들은　四座風流名宰相
술 들고 높은 데 올라 좋은 산수를 조망한다네　一尊登眺好溪山
맑은 유람 도리어 묵은 자취가 될까 두려워　淸遊却怕成陳迹
그림과 시에 옮겨 후인들을 부러워하게 하네　輸入圖詩替後顔[135]

이 시는 이덕형李德泂(1566~1645)이 지은 것으로 1~4구는 청풍계를 속세에서 벗어난 신선 세계로 그려내는 동시에 인적 드문 신비로운 공간이자 온갖 꽃이 피는 아름다운 곳임을 말한 것이다. 5~8구에는 당시 함께했던 이들의 풍류가 드러나 있으며, 지금의 유람을 잊지 않기 위해

135 金藎國, 『靑風禊帖』, 성호기념관 소장본.

이 작품을 창작하고자 했음을 볼 수 있다.

한가한 날 봄놀이하며 태평한 시절 즐기니	暇日尋春樂太平
은 안장과 금 굴레로 뛰어난 이들 모였구나	銀鞍金勒集群英
말을 스치는 날리는 꽃 서로 이끄는 듯하고	飛花撲馬如相引
사람 익숙한 진기한 새는 공연히 놀라지 않으니	怪鳥親人莫謾驚
벼슬살이 속세의 허물 모두 잊어버리고	珪組都忘塵世累
산림에서 단지 좋은 생각 깨달을 뿐이네	林泉但覺好懷生
돌아가는 길에 황혼이 다가올까 두려워 말라	歸途不怕黃昏近
산길 어지러워도 달빛 훤히 밝다네	山徑紛紛月色明

골짜기 어귀 맑은 봄빛에 버들가지 새롭고	谷口春晴楊柳新
동산의 물색은 좋은 때를 만나 아름다우니	園中物色媚良辰
붉은 얼굴 떠들썩하게 같이 장난치고	歡呼紅佛伊相謔
오사관 취해 벗고서 멋대로 노는데	醉脫烏紗却任眞
머리에 꽃가지 꽂으려니 짧은 머리가 아쉽고	項揷花枝羞髮短
마음 담아 옥 술잔을 전하니 친근한 정을 알겠네	心傳玉斝見情親
훗날 노쇠한 몸으로 강호에 가게 되면	他年投老江湖去
이 회포는 남아있겠지만 이 사람들은 없겠지	縱有此懷無此人[136]

이 시는 소북칠학사小北七學士 중 한 사람인 김신국金藎國(1572~1657)이 창작한 것으로 『청풍계첩靑風禊帖』에도 남아있지만, 그의 문집인 『후추집後瘳集』에도 수록되어 있다. 첫 번째 작품을 보면, 청풍계가 속세를 벗어난 청정 공간이자 봄의 정취를 만끽할 수 있는 한가로운 장소로 그려져 있다. 이와 마찬가지로 두 번째 작품 1~4구에서도 더욱 고조된 봄날의 흥취가 담겨 있다. 그러나 5~8구에서는 세월의 흐름을

136 金藎國, 『後瘳集』, 〈淸風溪遊賞〉.

안타깝게 여기는 동시에 훗날 노쇠해져 이날을 떠올렸을 때 흥취와 회포만이 남아있을 것이라는 아쉬움을 토로하고 있다.

> 일찍이 김상용과 함께 석대에서 취했을 때 曾與溪翁醉石臺
> 필운대의 가을 경치 술자리에 다가왔었지 弼雲秋色近銜杯
> 연꽃은 저녁 바람에 향기 막 퍼지고 芰荷風晩香初散
> 단풍나무는 내린 서리에 비단을 쌓은 듯 楓樹霜酣錦作堆
> 땅은 임천을 숨겨 뛰어난 자취 머물게 하고 地秘林泉留勝迹
> 하늘은 우리에게 여기에 다시 오게 하는데 天教我輩此重來
> 높다란 태고정만 부질없이 남아있어 巋然太古亭空在
> 홀로 동주를 향해 머리 자꾸 돌리는구나 獨向東州首屢回[137]

이 작품은 이상의李尙毅(1560~1624)가 창작한 시로 기구에서는 계옹溪翁 김상용金尙容(1561~1637)과 함께 술을 마시며 필운대弼雲臺의 가을 경치에 취한 사실을 언급하고 있다. 필운대는 청풍계 주변의 경관 중 하나로 아름다운 풍경을 자랑하는 공간이다. 필운대는 필운상화弼雲賞花라고 하여 춘흥을 즐기는 명소로 알려져 있는데, 이 시는 가을철 정경을 배경으로 작시되었다. 또 결구를 통해 청풍계에 태고정太古亭이 자리 잡고 있음을 확인할 수 있다.

> 대궐에서 조회 마치고 함께 봄놀이 가니 紫宸朝罷共尋春
> 이름난 정원 걸음마다 볼수록 새롭구나 步步名園賞更新
> 화초의 향기와 함께 기이한 품격을 갖추었고 花草芳馨俱異品
> 계곡과 산은 수려하여 비길 데가 없으니 溪山秀麗絶無隣
> 친밀한 자리의 아름다운 여인이 고운 노래 부르는 듯 靑娥密席纖歌艶

137 金藎國, 『靑風禊帖』, 성호기념관 소장본.

깊은 술잔에 머리 센 늙은이의 만년 흥이 넘치지만 白首深盃晩興眞
취하여 쓴 난정기 부질없는 일이니 醉筆蘭亭渾漫事
이 몸이 그림 속 사람 된다면 참 좋겠네 爭如身作畵中人[138]

이 시는 소북계열 문인인 민형남閔馨男(1564~1659)이 지은 것으로 그가 남긴 칠언율시七言律詩 2수 가운데 첫 번째 수에 해당한다. 이 시의 1~4구는 봄놀이 가는 정황을 읊는 동시에 아름다운 공간에서 봄을 감상하는 즐거움을 말한 것이다. 주변 자연경관이 제공하는 화초의 향기와 수려한 자연이 봄날의 흥취를 더욱 고조시키고 있다. 5~6구는 봄날 질펀한 잔치의 광경이 담겨 있는데, 아름다운 여인의 노래와 어우러지는 술자리에서 작자는 만년의 흥취를 물씬 느끼고 있다. 7~8구에 이르면 거나해져 왕희지王羲之의 「난정기蘭亭記」를 들어 그 모임이 펼쳐진 그때의 그림 속으로 들어가고 싶다고까지 언급해 흥취를 시적으로 드러냈다. 이덕형의 시에서도 "영화 시기 난정에서의 모임만 좋다고 하기 어려우니, 끝없이 좋은 시절 즐거움도 넉넉해라[永和修禊難專笑, 無際昌辰樂爲餘]"라는 구절이 보이므로, 이들이 난정의 모임에 자신들의 모임을 견주어 표현했음을 알 수 있다.

1735년 초봄 先廟에 일이 발생하였는데, 일이 처리된 후 집안에 전해오는 옛 물건들을 찾다가 青楓溪 詩畫軸을 발견하였다. 이것은 우리 증조부 貳相公 李尙毅와 石樓公 등 여러 공이 시냇가의 太古亭에 노닐면서 시를 지어 차례로 쓰고 그림으로 그려 후세에 보여주고자 한 것이다. 지금부터 116년 전의 것이기에 낡고 헤짐을 면할 수 없었다. 이에 장정을 바꾸어 첩으로 만들고, 영구히 보존할 요량으로 글씨를 모사하거나 그림을 고쳐 새롭게 만들었다. 아, 이것을 어루만지며 시를 읊조리자니 후손으로

138 金藎國, 『青風禊帖』, 성호기념관 소장본.

> 누군들 감흥이 일어나지 않겠는가. 시내와 산은 그대로인데 수목과 정자 가운데 어떤 것들은 변하였기에 그림을 보고 손가락으로 가리키며 “어떤 것은 옛날에는 있었는데 지금은 없고, 어떤 것은 지금도 옛날 모습으로 똑같이 있구나.”라고 하기도 하고, 참여한 몇몇 분들에 대해서는 그 모습을 상상하며 그리워하기를 “저 몇몇 분은 우리 선조와 함께 조정에서 벼슬하고 같은 곳을 노닐었지.”라고 하였다. 당시에 서로 따르면서 담소를 나누던 모습을 여기에서 볼 수 있는데, 모두 대대로 벼슬을 하여 명문세족이 되었다. 또 손가락을 꼽아 헤아리며 말하기를 “아무개는 아무 분의 증손, 현손이고 아무개는 아무 분의 자손이다.”라고 하였다. 혹 서로 만나기라도 하면 옛일을 이야기하며 모두가 기뻐하였으니, 이것이 실로 시화첩을 만든 의도이다. 그런데 모임에 참여한 사람 가운데 유독 進士 崔喜男만이 후손이 없다. 우리 외조모 安氏 부인의 외조모가 진사의 누이였는데, 벼슬하지 않은 선비로 뛰어난 재능이 있어 縉紳들 사이에 이름을 올리기는 하였으나 끝내 현달하지 못하고 자손도 번성하지 못했다고 한다.[139]

이 인용문은 이익李瀷(1681~1763)이 『청풍계첩靑楓契帖』을 다시 엮으며 쓴 「경서청풍계첩후敬書靑楓溪帖後」로, 지금까지 살펴본 1620년의 청풍계 모임에 관한 자료가 1735년 이상의李尙毅의 후손인 이익에 의해 편찬되었음을 확인할 수 있다. 또한 1740년 무렵 이익이 당시 청풍계 모임을 가졌던 이들의 후손들과 함께 시회詩會를 열고자 했음을 볼 수

---

139 李瀷, 『星湖全集』 56卷, 「敬書靑楓溪帖後」, “歲乙卯孟春, 有事于先廟, 旣利成, 搜家傳舊物, 得靑楓溪軸者. 卽我曾王考貳相公與石樓諸公, 遊于溪上太古亭, 賦詩列書, 作圖示後也. 距今一百一十有六年之久, 而不免有殘缺. 於是易糚爲帖, 傳模改畫以新之, 爲永遠之謀. 嗚呼, 摩挲諷誦, 其在後孫, 孰不有緬然興感. 溪山自在而物或變遷, 樹木亭榭之間, 按圖而指點之曰, “某也古有而今無也, 某也今有而古亦同也.” 其於數公者, 像想景慕之曰, “彼數公者與我祖仕同朝遊同迹.” 當時之徵逐懽讌, 卽此可見, 而皆簪紱相傳, 爲世名族. 又屈指而歷數之曰某也是某公之曾玄, “某也是某公之雲仍.” 或與之遇, 語及舊事, 而無不懽如也, 此實作帖之意也. 獨會中崔上舍喜男無傳焉. 不肖之外王母安夫人之外王母, 卽上舍之姊妹也, 布衣崛奇, 有名縉紳間, 竟身不顯, 子孫不振云.”

있는데, 이는 시회의 계승을 위한 노력의 한 단면으로 해석 가능하다.

예전에 올랐던 곳에 누대 아직 있으니　往昔登臨尙有臺
공들은 그곳에서 술잔을 나눴었지　羣公簪盍此傳桮
맑은 향기는 요즘 사람의 대화 속에서 사라지지 않고　淸芬未沫今人話
고운 시들은 묵은 종이 무더기에서 아직 남아 있는데　佳什猶存故紙堆
육십갑자 두 번 돌아 세월 멀어졌으나　甲子屢周應歲遠
경신년 다시 오고 또 봄도 왔으니　庚申重返又春來
그 누가 알았으랴 백여 년이 지난 뒤　誰知百有餘年後
후손들 다시 모여 함께 취하게 될 줄을　苗裔躋扳共醉回

단풍 숲 예전 같고 시내도 그윽하니　楓林依舊一溪幽
후손들 찾아서 다시 노닐기 좋구나　後屬招尋合再遊
지난 자취는 화표주에 아직 남아 있고　往蹟不磨餘鶴柱
그 시내는 여우 기댄 언덕처럼 잊기 어려운데　名源難忘等狐丘
때마침 좋은 시절 백화가 만발하고　流光好趁緋紅綻
저 멀리 서기 어린 푸른 봉우리 이어 있지만　喜氣遙連翠黛浮
춘풍 속에 나 홀로 참석하지 못하고　孤負春風同賦席
병중에 중선루 향해 고개만 돌리는구나　病中回首仲宣樓[140]

위 두 수의 작품은 이익李瀷이 지은 것으로 시 제목을 통해 1620년 선대의 청풍계 모임이 있은 지 121년 후인 1740년에 당시 함께 노닐었던 이들의 후손들과 약속하여 지난날의 봄놀이를 재현하고자 했던 경위를 파악할 수 있다. 또한 이익이 병으로 인해 참석하지 못하자 이익

140 李瀷,『星湖全集』4卷, 〈往在萬曆庚申暮春, 曾王考貳相公與同朝諸公同遊於靑楓溪賦詩作圖, 爲傳家物, 今歷一百二十有一年, 而甲子再周矣. 宗人約束當日 同遊諸公之後孫, 復會於溪上, 盡歡而罷, 余病不能赴, 追次先祖韻志感〉.

의 집안에서 이중환李重煥 등이 참석한 것으로 보인다. 따라서 이 시는 당시 시회에 참석하지 못했던 이익이 추후에 선조의 시운에 차운하여 감회를 읊은 시가 된다.

첫 번째 작품은 60갑자가 두 번 돌아 다시 경신년이 찾아왔기에 후손들이 청풍계에 모여 봄놀이를 즐겼음을 말하는 동시에 과거 선현들의 시회詩會를 회상하고 있음을 담아낸 것이다. 두 번째 작품은 선현들의 글 속에 언급되었던 청풍계를 다시 찾아와 보니 신선과 학이 노닐 것 같은 산천의 풍경이 그대로 남아있음을 말한 것이다. 또 그로 인해 이전의 자취를 그대로 느낄 수 있었음을 드러낸 것이다. 이익은 선대의 청풍계를 잊지 못하고 다시 찾아온 것을 수구초심에 견주어 형상화했는데, 마지막 구에서 이익이 병으로 인해 모임에 함께하지 못한 자신의 아쉬움을 중선루를 향해 고개 돌리는 행위로 달래고 있음을 볼 수 있다.

세 번째로 수명정水明亭을 중심으로 한 문예 창작 모임을 살펴보고자 한다. 이 정자는 삼포三浦에 해당하는 마포麻浦에 위치한 것으로 한강변의 승경을 조망할 수 있는 곳으로 알려져 있다. 특징적인 점은 소북칠학사小北七學士 중 한 명인 박이서朴彛叙(1561~1621)가 조성했으며, 밀양密陽 박씨朴氏를 중심으로 이어져 온 공간이라는 것이다.

> 수명정은 높은 봉우리의 기슭을 베고 여러 구릉의 꼭대기를 차지하여 三江이 그 발아래에 모이고 한 쌍의 섬이 앞에 놓여 있으며, 木覓, 白嶽, 負兒, 馬鞍, 砥柱, 蠶巖, 그리고 桂陽과 始興의 산들이 좌우에 늘어서 있다. 배들이 모이고 저잣거리가 도회지를 이루어, 민가들이 즐비하게 늘어선 모습이 마치 물고기 비늘이나 벌집과도 같으니, 이 모든 것들이 내가 아침저녁으로 매일 보는 볼거리가 된다. 거기다가 동우가 닿고 서까래 끝이 이어진 주변의 여러 정자들이 모두 손가락으로 가리키며 돌아볼 수

> 있는 범위 안에 있으니, 수명정이 여러 정자 가운데 가장 으뜸이라는 데에 마땅히 다른 의견이 없을 것이다. 승경을 자랑하는 한강 변에서 삼포가 그 아름다움을 전유하고, 명성을 날리는 여러 정자 가운데 수명정이 가장 으뜸이다. 그렇다면 수명정의 주인이 되는 사람은 반드시 하늘로부터 얻은 것이 온전해서 맑은 복을 넉넉히 누리고 지극한 즐거움을 향유할 것이니, 당세 사람이 얻어서 오래도록 전유할 수 있는 이가 자주 있지 않을 것이다.[141]

위 인용문은 이민구李敏求의 「수명정기水明亭記」로 이를 통해 당시 수명정水明亭의 위치와 뛰어난 명성을 확인할 수 있다. 수명정은 삼강三江에 해당하는 한강漢江, 용산강龍山江, 서강西江이 모이는 곳에 위치해 모든 경관을 조망할 수 있는 경관을 자랑한 것으로 보인다. 삼포에서 한강 변의 아름다운 풍경을 모두 볼 수 있어 여타 정자와 비교해도 손색이 없음을 알 수 있다.

> 처음 萬曆 병진년(1616)에 吏部左侍郎 泌川 朴公이 비로소 이 정자를 지었고, 그의 아들 兵部左侍郎 大瓠公이 담과 지붕을 손질하였고, 손자 奉化君에 이르러 현감 자리를 그만두고 돌아왔다. 지금 三代 39년의 세월이 지났건만 건물은 날마다 더욱 튼튼해지고 섬돌과 뜰은 날마다 더욱 잘 가꾸어졌으며, 터는 기울지 않고 世業은 무너지지 않았으니, 어찌 어려운 일이 아니겠는가.[142]

141 李敏求, 『東州集』 3卷, 「水明亭記」, “獨水明亭, 枕崇岑之麓, 據衆丘之顚, 三江滙其趾, 雙島案其前, 木覓, 白嶽, 負兒, 馬鞍, 砥柱, 蠶巖, 桂陽之山, 始興之山, 飣餖於左右. 帆檣之翕集, 市里之都會, 閭閻閈閎之交錯列分, 爲魚鱗爲蜂房, 悉歸吾朝夕日用之觀. 而諸亭之接棟宇連榱題者, 又皆在於指顧之內, 則水明亭爲第一於諸亭, 當無異論矣. 夫以漢濱之勝而三浦專其美, 以諸亭之擅名而水明亭爲第一焉. 則爲主人者必其得之天者全, 優淸福保至樂. 不數數於當世者之所能得以久專也.”

142 李敏求, 『東州集』 3卷, 「水明亭記」, “始萬曆丙辰歲, 吏部左侍郎泌川朴公實刱爲是亭, 嗣子兵部左侍郎大瓠公增治垣屋, 至其孫奉化君, 舍縣紱而歸去之. 今三世三十九

수명정은 가계 계승적 면모가 두드러지는 정자로 소북小北 문인인 밀양密陽 박씨朴氏 집안이 대대로 수명정을 유지해 온 것으로 보인다. 이에 박이서朴彝叙(1561~1621)가 창건한 이래로 박로朴簬(1584~1643)와 소북팔문장小北八文章인 박수현朴守玄(1605~1674)에게 물려졌음을 알 수 있다. 수명정은 존재 자체로 소북小北 문인인 밀양密陽 박씨朴氏의 정치적 부침과 영향 관계를 맺고 있다는 점에서 또 다른 의미를 견인해 낼 것으로 판단된다. 이에 대대로 수명정이 어떤 의미 맥락을 지니고 있는지 확인하는 작업을 진행하고자 한다.

> 萬曆 경신년(1620) 겨울에 泌川 朴公이 명나라 光宗이 승하하게 됨에 따라 陳慰使의 사명을 지니고 燕京으로 떠날 예정이었는데, 하루 전에 내가 향리에서 와서 朴彝叙를 찾아뵈니, 공이 나를 붙잡고 이야기를 나누었는데 밤이 되자 나에게 이르기를, "내가 그대의 어떤 글을 읽어 보았는데, 나의 뜻과 완전히 합치되는 것을 느꼈다. 그래서 지금 그대에게 부탁하려 한다. 내가 麻浦 가에 새로 정자 하나를 지었는데, 杜甫 시의 뜻을 취하여 水明이란 편액을 내걸고는 아침저녁으로 그곳에서 노닐고 있다. 지금 비록 먼 길을 떠나게 되었지만, 다시 돌아와서는 곧바로 벼슬을 그만두고 여기에서 노년을 보내려고 하니, 그대가 나를 위해 기문을 지어 주었으면 한다."라고 하였다.[143]

위 인용문인 〈이조참판비천박공묘비명吏曹參判泌川朴公墓碑銘〉을 통해 수명정의 외적인 의미를 확인할 수 있는데, 박이서는 마포 위에 정

年, 結構日益牢, 階庭日益修, 基不以傾, 業不以隳, 豈不難哉."

143 李植, 『澤堂先生別集』 7卷, 「吏曹參判泌川朴公墓碑銘 幷序」, "萬曆庚申冬, 泌川朴公, 以泰昌升遐陳慰使, 將赴燕, 前一日, 植自鄕來謁, 公留與語, 至夜曰, 吾見子某文, 適契吾意. 今願竊有請也. 吾新作亭麻浦上, 取老杜詩義, 扁以水明, 朝夕遊焉. 今雖遠役, 歸便納祿, 將老於是矣, 子其爲我記之."

자를 짓고, 두보의 〈월月〉 시 가운데 "새벽에 산이 달을 토하니, 밤이 다해 강물이 누각에 환하네[四更山吐月, 殘夜水明樓]"라는 구절에서 뜻을 얻어 수명정이라고 명명하였다. 또한 박이서는 수명정에서 은거하며 한가로운 노년을 보내기를 희망했음을 알 수 있다.

> 柳希奮, 朴承宗 두 집안과 朴彝叙는 본래 평소에 친하게 지내던 사이였다. 그런데 두 집안이 戚里로 은총을 받게 되면서부터 이이첨과 대립하였는데, 박이서는 옛날의 우호 관계를 완전히 버리지 않았지만, 흉악한 주장을 배격하는 것에 상당한 힘을 보태었다. 그러다가 혼란스러운 상황이 극에 달하게 되어 두 사람 모두 바로잡아 구원할 수 없자 박이서가 대단히 가슴 아프게 생각하면서, 늘 부자간에 서로 몸을 깨끗이 하여 한가한 곳에 물러나 살면서 그 뒤로는 다시 그 사이에 더러운 자취를 남기지 않으려고 하였으니, 이것이 바로 水明亭에 담긴 은미한 뜻이다. 아, 슬픈 일이다.[144]

다음으로 수명정에 담긴 내적인 의미를 검토해보고자 하는데, 수명정에는 세상에 더러운 자취를 남기지 않고 물러나 살고자 하는 의지가 담겨 있다고 할 수 있다. 정권의 혼란함이 지속될 시 그곳에서 벗어나 깨끗함을 유지하고자 한 것이다. 당시 박이서朴彝叙가 처한 혼란한 상황에 대해 자세히 살펴보면, 박이서는 문화文化 유씨柳氏 가문의 유희분柳希奮(1564~1623), 밀양密陽 박씨朴氏 가문의 박승종朴承宗(1562~1623)과 친분을 유지했으나, 당시 누이가 광해군의 비妃였던 유희분을 비롯해 아들인 박자흥朴自興의 자녀가 광해군의 세자비世子妃였던 박승종이 이이첨李爾瞻(1560~1623)과 함께 삼자동맹三者同盟을 맺고 폐모론

144 李植, 『澤堂先生別集』 7卷, 「吏曹參判泌川朴公墓碑銘 幷序」, "文密兩家, 本平素親友. 初以戚里居寵, 與爾瞻角立, 公不廢舊好, 而頗資之以排凶議. 逮昏荒之極, 二人無所匡救, 公大以爲慼, 每父子相約潔身就閑, 異日不復染迹其間, 此水明亭之微旨也. 嗚呼悲哉."

廢母論을 일으켜 인목대비仁穆大妃를 서궁西宮에 유폐시키는 사건이 발생하였고 이후 인조반정仁祖反正이 일어나면서 박이서에게 문제가 생긴 것으로 보인다. 그 뒤 유희분이 참형을 당하고 박승종이 아들과 함께 자결하자 박이서는 아들 박노와 함께 수명정으로 물러나 거처하게 되었다.

잠시 괴로운 속세를 벗어나	暫脫塵埃苦
물가의 누대에 오르니	來登水上樓
풍광은 삼월 지난 뒤요	風煙三月後
꽃과 나무는 작은 정원에 그윽하네	花竹小園幽
객이 배를 타고 와	有客乘船至
술병 들고 촛불 밝혀 노니	携壺秉燭遊
하루종일 취해서	期將一日醉
백년의 수심 깨뜨리고자 하네	要破百年愁
나무 숲 빽빽하니 깃든 새가 숨고	樹密藏栖鳥
모래밭 깨끗하니 잠든 갈매기 보이네	沙明見宿鷗
조수 소리는 모래톱 바위에 울리고	潮聲洲畔石
사람 말소리 달빛 어린 배에 들리며	人語中月舟
이슬 젖은 풀에서 향기 풍기고	露濕聞芳杜
뜰은 텅 비어 늙은 가래나무 휘어있네	庭虛依老楸
벼슬하려는 마음 낙엽처럼 가볍고	宦情輕落葉
나그네 발자취 물거품과 같으니	羈跡等浮漚
만나면 모두가 반갑지만	邂逅皆青眼
노쇠하여 머리 센 것 부끄럽고	衰遲愧白頭
내일 아침이면 흩어져 떠날 테지만	明朝各散去
이날 밤 머문 것 기억하게 되겠지	應憶此宵留[145]

145 朴篨, 『大瓠先生遺稿』, 〈水明亭夜陰呼韻〉.

박로朴篓(1584~1643)가 수명정에서 지은 작품을 살펴보면, 속세에서 벗어나 수명정에서 풍경을 즐기고 있는 동시에 삼월 밤에 술을 마시며 느낀 흥취를 시로 형상화했음을 알 수 있다. 또한 15~16구에는 수명정의 내재적 의미가 실제로 구현되었으며, 벼슬할 마음이 낙엽처럼 가볍다는 부분에서 박노가 벼슬에 대한 뜻을 버렸음을 유추할 수 있다. 이 밖에도 〈수명정증제우水明亭贈諸友〉[146]라는 박노의 작품이 확인되므로 수명정이라는 공간에서 시를 창작했음을 볼 수 있다.

(1)

어젯밤 꿈에 푸른 강물 광활했는데	昨夢滄江濶
저녁 들자 가을빛 깊어지고	晩來秋色深
높다란 정자는 바위 곁에 서 있으며	危亭隣石面
외로운 섬은 물결을 누르고 섰으니	孤島鎭波心
뜰에 붉은 꽃 그림자 어지럽고	紅亂庭花影
언덕에는 푸른 버들 그늘을 드리웠네	青垂岸柳陰
종일토록 돌아갈 줄도 잊었으니	盡日忘歸去
넘실거리는 흥을 그치기 어렵구나	滔滔興不禁[147]

(2)

오늘 강가 정자에서 만나니	今日相逢湖上亭
서글프구나 인간세상 쉽게 쇠하는 것이	却嗟人事易凋零
지금을 즐기지 않으면 늙은 뒤 어쩌겠나	如今不樂奈將老
저물녘 푸른 산에 석양 낮게 깔리네	殘照低紅暮岧青[148]

146 朴篓, 『大瓠先生遺稿』, 〈水明亭贈諸友〉, "隔年離別幾相思, 此夕重逢喜且悲. 亂後江山渾舊面, 歸來花木盡新枝. 平林日暮蟬聲滿, 極浦風回鷗影移. 鶴駕未還臣罪大, 淚痕長向瀋陽滋."

147 朴守玄, 『草亭先生遺稿』, 〈水明亭口號〉.

148 朴守玄, 『草亭先生遺稿』, 〈次鄭白也題水明亭韻〉.

다음으로 (1)에 해당하는 박수현朴守玄(1605~1674)의 〈수명정구호水明亭口號〉 작품을 살펴보면, 이 시에도 수명정에서 바라본 아름다운 풍경이 담겨 있음을 알 수 있다. 가을 짙은 밤 수명정에서의 즉흥적인 흥취를 시로 형상화한 작품이다.

작품 (2)는 박수현이 백야白也 정석鄭晳(1619~1677)의 시에 차운한 것이다. 박수현과 정석이 수명정에서 교유를 나눴음을 알 수 있는데, 정석은 해주海州 정씨鄭氏로 소북小北 문인 중 한 명이라는 특징을 지닌다. 시 내용을 통해 이들이 수명정에서 만나 세월을 흐름을 안타까워하며 지금 이 순간을 즐기려 한 사실을 확인할 수 있다.

넓고 넓은 한강물이 가슴 속에 들어오고　漢水渺渺呑入胸
띠처럼 이어진 쪽빛은 옷깃처럼 나눠졌는데　拖藍如帶分如襟
그 사이 삼포는 물이 한데로 모여들고　其間三浦水所都
유리처럼 깨끗해 티끌조차 침범하지 못하네　琉璃不受塵埃侵
에워싼 맑은 모래는 흰 눈처럼 빛나고　繚以晴沙照白雪
벌려 있는 아득한 섬은 푸른 숲처럼 쌓여있네　列以長島堆青林
하늘 높이 솟은 나무 끝에 굽은 난간 닿아있고　干霄木末置曲欄
금벽에서 흐르는 빛은 푸른 봉우리에 엉겼으며　金璧流輝凝翠岑
가로 놓인 붉은 난간 용마루를 비추고　橫壓朱欄耀千甍
굽어본 맑은 물결 백 길이나 깊네　俯瞰滄浪跨百尋
높다란 이어진 구름은 장삿배를 에워싸고　連雲大帆繞賈舶
지는 해를 따르는 바람에 마을의 다듬이소리 들리네　嚮風落日聞村砧
어느 곳의 신선놀이 늦은 밤 피리 소리 보내오나　仙遊何處晩送篴
군산을 마주 보니 옥비녀를 뽑은 듯하네　案對君山抽玉簪
아득한 잠두봉은 자라 등에 실려 있는 듯하고　蚕頭遙指戴鰲背
하늘에 닿을 듯한 전벽은 우뚝한 돌에 막혀있네　錢壁磨空橫碣沉
곡식은 기름기가 흐르고 쌀은 백옥 같은데　粟米流脂稻米白

바다 언덕에 이슬 일어 강가 희미하네	海陵露峙迷江潯
강호가 나를 당겨 승경에 나아가	江湖挽我造勝境
화창한 날 화려한 누각에 올라보니	麗日畫閣來登臨
구름 낀 산도 눈썹을 쓸어 눈동자 맑은 듯하고	雲巒掃黛若明眸
옥 거울이 훤하니 마음 씻긴 것 같구나	玉鏡涵虛如洗心
흐르는 물결에 둥실둥실 지는 꽃 바쁘고	流波泛泛落花忙
언덕 너머로 하늘하늘 늘어진 버들 무성하네	隔岸依依垂柳森
집 모퉁이 늘어선 바위에 산새들 지저귀고	巖排屋角語山鳥
어량에 조수 나가 물새들 떠들어대네	潮退漁梁喧水禽
봉황새 둥지에 오랜 세월 지난 것 보니	還看鳳巢壽日月
망아지가 틈 지나가듯 세월 빠른 것 문득 깨닫네	斗覺駒隙催光陰
어린 시절의 옛 토구에서 다시 노니니	吾童再遊舊菟裘
혜자가 궤안에 기대어 타던 거문고 밝아지는 듯하네	惠子搋梧昭皷琴
몇 칸 얽어 이 수명정 세운 뜻을 알만하니	從知數椽作思亭
세 그루의 홰나무를 전대에서만 흠향한 것은 아니라네	不獨三槐前世欽
반드시 나무 심을 때는 자르는 것 경계하겠지만	須將封植戒勿剪
다행히도 단청 입혀 지금까지 잘 보존되었네	幸保丹雘存如今
부모 잃은 풍수의 애통함 남은 생애 어찌 다함이 있겠는가	風樹餘生感何極
가슴 속에 술 적시고자 술잔 거듭 기울이네	酒澆胸次如繩斟
네 필 말이 끄는 수레 위엄 있게 집에 가득하니	堂堂駟馬復充閭
부족한 이 시를 잠시 읊는데 더욱 힘써야 하리	勗哉斯言聊假吟
술잔 들고 눈앞의 일을 헤아려 보니	把盃商略眼前事
갈매기와 해오리 그림자 물안개 속으로 사라지는구나	鷗鷺影內烟波深[149]

이 작품은 박수현의 〈제수명정題水明亭〉로 40구로 구성된 칠언고시七言古詩 형식의 시이다. 작품의 전반부는 수명정의 주변 경관을 읊은

149 朴守玄, 『草亭先生遺稿』, 〈題水明亭〉.

것이며, 그 중 1~4구는 수명정에서 조망 가능한 한강漢江의 정경을 묘사한 것인데 깨끗하고 맑은 이미지가 형상화되어 있다는 특징을 보인다. 또한 5~8구에는 주변에 우거진 푸른 숲이 담겨 있으며, 9~12구에서는 시각적 심상과 청각적 심상을 활용해 수명정에서 내려 본 일상적 풍경을 그려냈다. 13~16구에서는 수명정이라는 공간에 신선 이미지를 부여하면서도 비유적 표현을 사용해 산세의 특징적 양상을 읊었다. 17~24구는 의인법을 활용해 수명정의 승경을 한층 부각시켰다는 특징을 보인다. 25구에 이르면 수명정에서 느낀 감회를 읊고 있어 앞서 전개된 시상과는 다른 미감을 자아낸다. 그에 따라 25~28구에는 자연 속에서 세월의 흐름을 체감하고 있는 작자의 모습이 담겨 있다. 또한 29~36구에는 수명정을 은거지를 상징하는 도구菟裘에 비유하는 동시에 수명정 설립 의도를 언급하며 밀양密陽 박씨朴氏의 가계 계승 면모를 부각시켰다. 또한 조부祖父 박이서朴彝叙(1561~1621)가 창건한 이래로 수명정을 맡아왔던 부친父親 박로朴簬(1584~1643)에 대한 그리움을 곡진히 담아냈다는 특징을 보인다. 37~38구는 수명정에서 모임이 열린 사실이 암시되어 있는데 정확한 내용을 확인하기는 어렵다. 다만 많은 이들이 모인 자리에서 시를 지으며 읊은 사실을 유추할 수 있는 실정이다. 39~40구에는 인생의 이치가 원경과 맞물려 구현되어 있다는 특징을 보인다.

네 번째로 소북小北 계열 문인인 임수간任守幹(1665~1721)이 애호한 공간인 둔재遯齋를 중심으로 한 문예 창작 양상에 대해 논의를 진행하고자 한다. 둔재遯齋는 송파강 유역에 위치하여 아름답고 빼어난 풍경을 자랑하는 장소인 동시에 풍천豐川 임씨任氏 문인들이 향유한 공간이라는 점에서 특징적이다. 이렇게 본다면, 둔재遯齋는 소북小北계열 문인들의 문예 창작 면모와 공간인식 양상을 살필 수 있는 주요한 장소라고 할 수 있다. 둔재遯齋에 대한 애호 양상은 임수간에서부터 시작되었으며 이후 대대로 이 공간을 중심으로 문예 창작을 하였으므로, 작품을 통해 종적 측면에서 지속적으로 향유되고 기억되는 공간에 대한 모습을 조망할 수 있겠다.

먼저 둔재遯齋를 중심으로 한 풍천豐川 임씨任氏 문인들의 가계도를 중심으로 논의해보면, 애호 취향이 임수간任守幹에서부터 임광任珖(1686~1743), 임희성任希聖(1712~1783), 임천상任天常(1754~?)으로 까지 대대로 이어져 온 것으로 보인다. 그러나 둔재遯齋를 중심으로 한 실질적 문예 창작 양상이 모든 문인의 문집에서 확인되는 것은 아니라는 점에서 자료의 한계를 지닌다. 이에 현재 문집이 전해지지 않는 임광任珖을 제외하고, 임수간任守幹의 『둔와유고遯窩遺稿』, 임희성任希聖의 『재간집在澗集』을 비롯해 임천상任天常의 『궁오집窮悟集』 일부 자료를 통해 논의를 진행하고자 한다.

다음으로 임수간任守幹의 『둔와유고遯窩遺稿』에 수록되어 있는 「둔재기遯齋記」를 단락별로 나눠 차례로 살핌으로써 둔재遯齋라는 공간의 위치를 비정하는 작업을 하고자 한다. 둔재遯齋의 존재는 잘 알려지지 않았을뿐더러 구체적인 위치를 확인할 수 없으므로, 풍천豐川 임씨任氏 문인들의 문집 속에서 확인할 수 있는 사항을 중심으로 논의를 진행하도록 하겠다.

(1) 한강 남쪽, 태호의 북쪽에 지맥이 강물과 함께 흘러서 구불구불 물이 된 것이 10리가 되는데, 여기에 마을이 있어 둔촌이라고 한다. 어떤 이는 예전 둔병이 있던 자리라 屯村이라고 하고 어떤 이는 땅이 강호 사이에 있어 세상을 피해 사는 사람들이 숨어 살기에 알맞다고 하여 遁村이라고 한다고 하였다. 내 품성이 본래 졸렬하여 세상과 잘 어울리지 못하여 가족을 이끌고 이곳에 와서 은둔하였는데 이제 5년이 되었다. 몇 년 경영하여

> 침소는 겨우 완비되었다. 그 앞에 精舍를 지은 것은 네 칸이다. 앞을 터서 처마를 달고 서쪽을 넓혀 방을 두 칸 만들었다. 벽을 파서 감실을 만든 것이 세 칸인데 몇천 권의 책을 수장하였다. 이곳이 내가 은거할 곳이다. 그 편액을 望松이라 하였다.[150]

위 인용문인 「둔재기遯齋記」의 첫 문단을 살펴보면, 둔재遯齋는 태호太湖 서쪽 방면으로 송파강 유역 둔촌동 지역의 마을이 있던 자리에 위치했음을 짐작할 수 있다. 또한 둔재遯齋가 있던 지역의 명칭을 통해 이 공간의 의미를 확인할 수 있는데, 이 지역은 "둔촌屯村" 혹은 "둔촌遁村"이라고 지칭되었다. 먼저 "둔촌屯村"이라고 불렸던 것은 둔병屯兵이 있던 자리였기 때문이며, "둔촌遁村"이라고 지칭된 것은 강호 사이에 위치하여 세상을 피해 숨어 살기 좋은 공간이라는 의미를 내포하고 있음을 볼 수 있다.

실제로 임수간은 두 차례 이곳에 머문 것으로 보이는데, 1703년 그리고 1712년 경이라고 할 수 있다. 임수간은 파직된[151] 이후 1703년에 당쟁의 폐단과 시정時政의 득실을 논하였으나 받아 들여지지 않자 향리에 은거하였다는 기록이 있으므로 이 시기 둔촌遁村에 머무른 것으로 추정된다. 이후 1711년 통신부사가 되어 일본에 파견되었으나[152] 대마도주의 간계에 속아 투옥, 파직되었고 1712년에 또 한 차례 이곳에 머무른

150 任守幹, 『遯窩遺稿』 卷3, 「遯齋記」, "漢水之陰, 太湖之陽, 地脉有並水而來, 迤而陸者, 且十里, 有村曰屯. 或曰, 古屯兵之所故曰屯, 或曰, 地在江湖之間, 宜避世者之所藏遁, 故曰遁. 余性本蹇拙, 不諧於世, 故携家而來遁于玆者, 今將五閏. 經營數年, 寢堂苟完. 而前爲精舍者凡四楹. 拓前而翼之, 西闢而爲室者二間. 鑿壁而爲龕者三架, 藏書幾數千卷. 卽余棲息之所也. 扁之曰望松."

151 『肅宗實錄』 卷35, 〈3월 8일 을미 2번째 기사〉, "…(전략)… 李東彦又請罷守幹職, 累啓從之."

152 『肅宗實錄』 卷50, 〈8월 21일 무인 1번째 기사〉, "通信使趙泰億, 任守幹等馳啓 : 七月十九日, 到馬島. …(후략)…"

것으로 보인다.[153] 이에 위 인용문에서 그가 실질적으로 은둔하며 둔재遯齋를 은거지로 삼았으며, 몇 년 동안 침소를 완비해 망송정사望松精舍를 짓고 자신의 은거지임을 표명하고 있음을 볼 수 있다.

(2) 남쪽으로 선영이 보이는데 소나무와 가래나무가 희미하게 우거진 풀숲 사이로 어른거리니 평생 선조를 사모할 마음을 가지게 된다. 비록 멀리 떠나고 싶은 마음이 늘 있기는 하지만 감히 이곳을 버리고 다른 곳으로 갈 수가 없는 것이 이 때문이다. 동쪽으로 집을 터서 방을 한 칸 만들고 進修라고 하였는데 아이들이 공부를 익힐 곳으로 삼았으니, 『周易』에서 말한 "덕을 향상하고 학업을 닦는다(進德修業)"라는 뜻으로 나아가게 한 것이다. 이 때에 이르러 건물을 모두 합쳐 둔재라는 편액을 붙였다. 대체로 땅이 은둔하기에 맞는데, 『周易』에서도 둔괘가 있으니 내가 머물러 편안하다는 것이 둔재의 뜻이다.[154]

다음으로 「둔재기遯齋記」 문단 (2)를 살펴보면, 임수간이 이 건물에 둔재遯齋라는 편액을 붙이게 된 경위를 직접적으로 확인할 수 있다. 임수간은 이곳에서 『주역』에 나오는 둔세무민遯世無悶의 뜻과 같이 세상에서 은둔하여 근심 없이 편안함을 추구한 것으로 보인다. 그 외에도 둔재遯齋의 방 한 칸에는 『주역』의 진덕수업進德修業에서 뜻을 취하여 진수進修라는 이름을 붙여 아이들이 학업에 매진할 수 있도록 하였음을

153 이종묵, 『조선시대 경강의 별서』, 경인문화사, 2016, p.193. 이종묵은 임수간이 1711년에 日本通信使가 파견될 때 정사 조태억을 수행하여 부사로서 일본을 다녀왔으며, 이것이 또 다른 빌미가 되어 벼슬에서 쫓겨나 둔촌으로 내려온 계기가 되었고 이후 1712년 임수간은 둔촌에 둔와를 짓고 이를 호로 삼았다고 고증하였다.

154 任守幹, 『遯窩遺稿』 3, 「遯齋記」, " 南望先壟, 則松楸曖然, 隱見於莽蒼之間, 以寓終身之慕. 雖常存遠引之志, 而不敢去此之他者此也. 東闢而爲室者一間, 扁之曰進修, 爲兒輩課學之地, 欲其進德修業. 及斯時也, 合而扁之曰遯齋. 盖因地之稱適而易之爲遯, 余之所居而安者, 遯之義也."

확인할 수 있다. 이렇게 본다면 임수간은 『주역』에서 뜻을 취하면서도 은거의 의미를 담아 둔재遯齋라고 명명함으로써 속세와 단절된 공간으로 둔재遯齋를 규정하고 있음을 알 수 있다.

또한 이 문단을 통해 임수간이 둔재遯齋를 특별히 아끼게 된 계기를 함께 확인할 수 있는데, 첫 문장에 나오듯이 둔재遯齋는 조상의 무덤이 있는 선영先塋을 멀리서나마 조망할 수 공간임을 알 수 있다.

> (3) 건물의 제도는 비록 낮고 누추하지만 차지한 땅이 자못 높고 면세가 제법 트여 있다. 둔재 앞에는 마당이 10武 정도 되는데 층계가 져서 꺼진 것이 몇 길 정도 되기에 평평한 언덕을 구해 두 배로 높인 다음 다시 깎아서 나지막하게 만든 것이 몇 길 된다. 태호의 강물이 멈추어 소를 이루었는데, 강의 남쪽으로 흘러넘친다. 모래톱이 쭉 멀리 뻗어 있는데 긴 언덕이 둘러쳐 있다. 먹줄을 쳐서 잘라놓은 듯 반듯하다. 그다지 높지 않고 비스듬한 언덕처럼 숨어 있다. 멀리서 보면 여러 산이 그 바깥에서 에워싸고 있는 듯하다. 비록 화려하고 기이하며 빼어난 경관은 없지만 맑은 물결을 바라볼 수 있으니, 강과 산의 빼어남을 겸하고 언덕과 골짜기의 멋을 얻었다고 하겠다. 이러니 족히 세상에서 은둔하여 근심이 없다(遯世無悶)는 『주역』의 뜻을 이룰 수 있었다. …(후략)…155

「둔재기遯齋記」 작품의 마지막 문단인 (3)에서는 둔재遯齋의 주변 경관을 살펴볼 수 있는데, 사방이 트여있는 둔재遯齋의 모습을 그려볼 수 있다. 또한 서울 태호太湖 즉 송파강 유역을 흐르는 한강의 모습을 볼

155 任守幹, 『遯窩遺稿』 卷3, 「遯齋記」, "棟宇之制雖甚卑陋, 處地稍高, 面勢頗敞. 齋前庭可十武墄而降者數丈, 得平原者倍之, 又夷而降者數仞. 太湖之流, 渟而爲潭, 汎入于江湖之南. 長洲彌迤, 繚以脩岸. 整若繩削. 不甚峻高而隱若橫岡. 遙見羣山環擁於其外. 雖靡環奇殊絶之觀, 俯仰泓淨, 可以兼湖山之勝, 得丘壑之趣. 此足以遯世無悶矣. …(후략)…"

수 있는 공간인 것으로 보인다. 이에 임수간은 이곳이 강과 산의 빼어남을 겸하고 언덕과 골짜기의 멋을 얻었다고 극찬하고 있으며, 이렇게 멋진 풍경을 품은 공간이기에 둔세무민遯世無悶의 뜻을 이룰 수 있었다고 평가하고 있다. 이 외에도 〈모춘暮春〉,[156] 〈모춘강거 영아배호운주필暮春江居 令兒輩呼韻走筆〉[157] 작품을 통해 송파강 유역의 태호太湖가 바라보이는 이곳의 아름다움과 유유자적함을 즐기는 임수간의 모습을 엿볼 수 있는데, 이는 모두 속세에서 멀어져 은거하는 이의 삶을 대변한다는 점이 특징적이다.

다음으로는 임수간의 한시 작품을 통해 둔재遯齋에서의 삶을 구체적으로 확인하는 작업을 진행하고자 한다. 먼저 다룰 작품은 〈둔재청우십영遯齋淸友十詠〉인데 서문序文이 함께 부기 되어 있어 살펴보도록 하겠다.

> 우리 집에 좋은 물건이 무려 10종 있으니 시골 사람의 생활이 전적으로 가난한 것만은 아니다. 모두 모아 명명하기를 遯齋淸友라고 하였으니, 어찌 세상에서 하찮은 사람과 교분을 맺는 것보다 낫지 않겠는가. 이에 十詠詩를 지어 벽에다 적는다.[158]

156 任守幹,『遯窩遺稿』卷1,〈暮春〉, "太湖西北是吾廬, 數架茅茨滿壁書. 芳草長洲斜照外, 桃花小雨暮春初. 逸妻籬下挑桑葉, 稚子門前釣鱖魚. 自此老來將學稼, 敢辭南畝把犁鋤."

157 任守幹,『遯窩遺稿』卷1,〈暮春江居 令兒輩呼韻走筆〉, "太湖西北兩三家, 門外分明一樹花. 遠岫嵐光經宿雨, 長江練色卷餘霞. 汀洲草軟烏犍臥, 院落風輕紫燕斜. 不是幽居離世境, 地偏還喜絶塵譁." 其二 "春來誰問野人家, 晚起呼童掃落花. 盛世非關輕紱冕, 不才惟合老烟霞. 溪邊行藥身猶健, 沙上題詩字半斜. 住近太湖多釣伴, 賣魚沽酒醉爭譁."

158 任守幹,『遯窩遺稿』卷2,〈遯齋淸友十詠 幷序〉, "吾家長物, 無慮十種, 野人生事, 未爲全貧. 總以名之曰遯齋淸友, 豈不愈於世間之託末契乎. 因演爲十詠, 題于壁上."

위 인용문은 〈둔재청우십영 병서遯齋淸友十詠 幷序〉로 임수간이 둔재遯齋에서 장미, 소나무, 매화, 책, 약초, 등나무 등 10종의 물건을 둔재청우遯齋淸友라고 명명하였으며, 사람이 아닌 물건을 청우淸友라고 지칭하고 있음을 볼 수 있다. 임수간은 맑은 벗으로 지칭한 물건들과 교유하는 것이 세상의 하찮은 사람과 교분을 맺는 것보다 낫다고 언급함으로써 둔재遯齋에서의 삶을 그려내고 있다.

몸이 늙어 가니 봄이 지는 것 슬픈데	身老傷春老
꽃을 심었는데 장미 심은 것 좋다네	種花愛種薇
온갖 봄꽃 다 지고 난 뒤에야	百花零落盡
비로소 가지 가득 꽃을 피우네	一樹始芳菲〈右薔薇〉

이에 〈둔재청우십영遯齋淸友十詠〉 가운데 몇 수를 살피고자 하는데, 형식 상 이 작품은 10종으로 대별되는 청우淸友를 하나씩 소개하는 방식으로 창작되었으며 오언절구五言絶句 10 수首로 구성되어 있다. 첫 번째 수首에 해당하는 위의 작품은 장미를 읊은 것인데, 몸이 늙어 감과 동시에 지나가는 봄에 대한 아쉬움을 드러낸 후, 봄꽃이 다 지고 난 뒤에 비로소 만발하는 장미의 아름다움을 담아낸 것이다. 봄이 간 뒤에도 또 한 번 가지 가득 꽃을 피우는 장미의 모습이 아름답게 포착되어 있다.

시골 늙은이 비좁은 앞 길목에	野老前途窄
몇 척 높이의 소나무 새로 심었네	新栽數尺松
애처롭구나 날이 점점 추워져	唯憐歲寒後
검푸른 빛 점점 짙어지네	黛色漸看濃〈右庭松〉

다음으로 두 번째 수首를 살펴보면, 소나무를 읊은 것으로 둔재遯齋의 또 다른 정취를 확인할 수 있다. 임수간은 소나무를 새로 심고 나서의 감회를 시에 담아내는 동시에, 날이 점점 추워지는 계절적 배경과 검푸른 빛 점점 짙어지는 주변 풍경을 시에 담아냈다.

깔끔한 은자의 집	蕭洒幽人舍
맑고 높은 작은 감실의 매화	淸高小閤梅
강마을에 얼음 얼고 눈 내릴 때	江城氷雪裏
봄 뜻이 홀로 먼저 온다네	春意獨先回 〈右盆梅〉

세 번째 수首를 살펴보면, 이 시는 임수간이 10종의 청우淸友 가운데 매화를 읊은 것이다. 송파강 유역에 얼음 얼고 눈 내리는 풍경을 떠올리게 하는 동시에 깔끔한 은자의 집으로 언급되는 둔재遯齋의 모습 그리고 감실의 매화를 그려볼 수 있게 하는 작품이다. 이 외에도 임수간은 장서감藏書龕을 읊은 작품에서 서적을 청우淸友로 들어, "이 가운데 참맛이 있으니, 세상 사람과 말 나누기 어렵구나[此中眞味在, 難與俗人談]"라고 언급한 것을 보았을 때 둔재遯齋에서 세속 사람들이 아닌 청우淸友와 교유하는 삶을 즐기며 둔재遯齋를 문예 창작 공간으로 인식한 것으로 생각된다.

마지막으로는 임수간(1665~1721)이 둔재遯齋에서의 삶을 읊은 시 한 수와 임천상任天常(1754~?)이 임수간의 작품에 차운한 시 한 수를 살펴보고자 한다. 이를 통해 풍천豊川 임씨任氏 문인들이 대대로 둔재遯齋를 애호했으며 문예 창작 공간으로 활용한 양상을 단적으로 확인할 수 있다.

(1)

1 여러 산이 큰 들판을 에워싸고 　羣山圍大野
한강 물이 그 가운데로 흐르네 　漢水流其中
구불구불 강 남쪽의 모래톱에는 　逶迤江南洲
촌락이 마치 물 위의 배처럼 생겼네 　村落似征篷
5 사람들 손님 오는 것 기뻐하니 　居民喜客至
순박하여 옛 사람의 풍속이라네 　淳厚古人風
나는 벼슬살이 물러난 신세라 　而我謝簪紱
새가 조롱에서 탈출한 듯 기뻤지 　如鳥脫樊籠
9 우아한 마음은 강호에 있으니 　雅懷在藪澤
언덕 하나면 그뿐 왕후장상도 우습네 　一丘輕王公[159]
… (후략) …

(2)

선생은 원대한 뜻이 있어 　先生有遠志
성안에서 편치 못하고 　不樂在城中
성에 살며 골짜기로 들어가 돌아다니니 　寓郊旋入峽
정처 없는 가을 쑥대 같았네 　隨轉似秋蓬
가시 덤불 헤쳐 규얼을 정하고 　披棘定圭臬
집을 지어 비바람을 대비하였네 　誅茅備雨風
안개와 노을은 지휘에 속해있고 　烟霞屬指揮
물고기와 새는 그물과 새장에 있네 　魚鳥在罩籠
늘어진 버들가지 당나라에 이어지고 　柳條對李唐
뽕나무 잎은 방덕공과 대화하네 　桑葉話龐公[160]
… (후략) …

159 任守幹,『遯窩遺稿』卷1,〈新成小築 走筆示人〉.

160 任天常,『窮悟集』卷4,〈家季父用曾王考遯窩小築韻 賦石松亭新築寄來 敬次以上癸亥〉.

인용문 (1)은 임수간의 시 〈신성소축 주필시인新成小築 走筆示人〉이며, (2)는 임천상이 창작한 〈가계부용증왕고둔와소축운 부석송정신축기래 경차이상 계해家季父用曾王考遯窩小築韻 賦石松亭新築寄來 敬次以上癸亥〉 작품이다. (1)은 중中, 봉篷, 풍風, 롱籠, 공公, 궁宮, 총葱, 롱櫳, 궁躬, 동僮, 총叢, 궁窮, 융融, 홍鴻, 공空, 종終, 옹翁을 운자로 삼아 34구를 지은 것이고, (2)는 (1)의 시에 동일 운자를 활용해 차운하되 원운시 운자 중 하나를 제외하고 중中, 봉篷, 풍風, 롱籠, 공公, 총葱, 롱櫳, 궁躬, 동僮, 총叢, 궁窮, 융融, 홍鴻, 공空, 종終, 옹翁을 차례로 두어 32구로 창작한 것이다. 전문을 살피기에는 지면상의 제약이 있어 시 일부를 발췌해 1~10구를 살펴보고자 한다.

이들은 둔재遯齋에서의 감흥을 시로 표현하였는데, 작품(1)에서 임수간은 송파강 유역에 위치한 둔의 정경을 그려내면서도 벼슬에서 물러나 둔재를 은거지로 삼아 자유로운 삶을 영위하게 된 기쁨을 토로했다. 다음으로 임천상은 작품(2)에서 작품(1)에 해당하는 원운시에 차운하면서, 선대 문인인 임수간을 떠올리고 있는 것으로 보인다. 임천상은 둔재라는 동일 공간을 중심으로, 벼슬을 역임했으나 성안에서 원대한 뜻을 다 펼치지 못하고 둔재로 들어간 임수간의 삶을 시에 담아냈다. 이렇듯 이들의 원운시와 차운시를 통해 대대로 이어지는 둔재에 대한 애호 양상을 확인할 수 있으며, 임천상이 풍천豐川 임씨任氏 선대 가문에 해당하는 임수간의 작품에 차운해 동일 공간에서 그를 떠올리며 동질한 층위의 흥취를 나누었음을 알 수 있다.

이 외에도 임희성任希聖(1712~1783) 역시 부친이 머물던 둔재遯齋에 자주 머물렀으며, 임천상任天常(1754~?)도 송파강 유역 둔재에 살았던 것으로 확인된다.[161] 그러나 앞서 살펴본 임수간과 임천상과 같이 둔재라는 공간을 중심으로 한 시적 교유 양상이 잘 드러나지 않는다. 다만 임희성의 전거잡부田居雜賦[162]라는 시에 임천상이 차운하여[163] 흥취를 공유한 사실을 보았을 때[164] 이들 역시 둔재라는 동일한 문예 창작 공간을 공유하며 남다른 감회를 느꼈을 것으로 짐작 가능하다. 따라서 이 절에서는 둔재가 송파강 유역에 위치하여 빼어난 풍경을 자랑하는 문예 공간이면서도 풍천豐川 임씨任氏 문인들이 대대로 애호한 장소라는 점을 확인하였다는 점에서 의미를 지닌다.

마지막으로 풍천豐川 임씨任氏 임천상任天常(1754~?)을 중심으로 추수재秋水齋 임하상任夏常(?~?), 북파北坡 임홍상任弘常(1747~?), 백석白石 이영갑李永甲(1743~?), 대치大耻 윤영의尹永儀(1747~) 등의 소북小北계열 문인들이[165] 송파강 유역의 공간에서 문예 창작 활동을 한 사실을 확인하고자 한다. 이들은 추수재秋水齋에 머물기도 하고 또 석양주夕陽舟라고 불리는 배를 타면서 송파강 유역을 오가며 유람을 즐기는 동시에 이 시기의 즐거움을 기문記文, 유기遊記를 비롯해 한시漢詩 작품으로 남겼다. 또한 임천상이 지은 시에 부기된 서문에는 송파에 사는 여러 명이 함께 시사詩社를 결성하고 배 한 척을 장만하여 놀이하는 도구로 삼았다는 내용이 확인되는데,[166] 이들이 드러내놓고 시사임을 표방했

161 이종묵, 『조선시대 경강의 별서』, 경인문화사, 2016, 198~199쪽.

162 任希聖, 『在澗集』 卷1, 〈田居雜賦 以獨無外物牽遂此幽居情爲韻 十首 選四首〉.

163 任天常, 『窮悟集』 卷2, 〈次在澗集中韻山居樂意 十首〉.

164 시제에서 확인할 수 있듯이 원운시 작가인 임희성이 본래 10수를 창작하고 4수만을 선정해 문집에 실었으나, 이후 임천상이 임희성의 원운시 10수 전체에 차운하여 시를 창작했다.

165 이 장에서 주로 다루고자 하는 문인들은 모두 『北譜』를 통해 존재를 확인할 수 있다. 任天常, 任夏常, 任弘常은 豐川 任氏이며, 李永甲은 全義 李氏, 尹永儀는 坡平 尹氏로 모두 小北계열 문인이다.

166 任天常, 『窮悟集』 卷2, 「松坡舟中八景詩 並叙」, "坡上諸君子結社, 辦一舟以爲宴遊之具, 共賦舟中八景詩. 而余自前秋有事, 足跡不及坡上, 至是歸自永阡, 盛初袖詩帖示之, 且要余同社. 余雖未及致身於幔亭蓬窓之間, 與諸君子一觴一詠. 然所謂舟中八景,

다는 점에서[167] 시사의 한 양상으로도 논의할 수 있겠다. 이에 실질적인 작품을 통해 이들의 공간인식 양상의 일면을 들여다보도록 하겠다.

먼저 살펴볼 작품은 임천상任天常의 『궁오집窮悟集』에 수록된 「석양주기夕陽舟記」라는 작품인데, 단락별로 살펴보는 작업을 진행하고자 한다. 이 기문記文은 당시 이들이 유람했던 송파강 일대의 아름다운 풍경을 비롯해 다양한 모습을 확인할 수 있는 자료라는 점에서 의미를 지닌다.

> (1) 석양주는 배이면서도 누각이다. 누각의 이름이 석양주다. 누각은 모두 네 개의 기둥으로, 그 기둥, 들보, 서까래, 문 등은 모두 대나무로 이뤄졌다. 덮개는 쑥이며 깔개는 판자인데 판자 위에 대자리를 깔고 네 문에는 발을 드리웠다. 그 안에는 4~5인이 들어갈 수 있다. 술을 데우는 솥과 차 끓이는 노구, 그리고 거문고, 바둑, 붓, 벼루 등이 갖추어져 있다. 뱃놀이는 위로 광나루를 넘어가지 않고 아래로 저자도를 지나지 않는다. 그 사이 선릉과 정릉의 안개 속에 핀 꽃, 무동도의 서리 맞은 단풍, 도봉산과 삼각산의 아침 안개, 학정과 합탄의 저녁에 내리는 눈 등 사시사철, 아침과 저녁, 맑은 날과 흐린 날 언제나 천변만화하는 풍경이 펼쳐지지 않은 날이 없다. 그런데도 배의 이름을 꼭 석양주라고 한 것은 석양이 사시사철, 아침과 저녁, 맑은 날과 흐린 날 언제나 천변만화하는 풍경보다 훨씬 빼어나서 그런 것이겠는가? 대개 배를 모는 것은 위험성이 가장 크고 배를 타고 유람하는 것은 편안함이 가장이지만, 석양은 다시 배가 정박할 때이기 때문이다.[168]

皆余所嘗歷覽而樂遊者也. 輒和其詩, 以爲他日藉手入社之資云."

167 안대회, 「18세기 시사(詩社)의 현황과 전개양상」, 『古典文學研究』 44, 한국고전문학회, 2013, p.423.

168 任天常, 『窮悟集』 卷5, 「夕陽舟記」, "夕陽舟, 舟而閣. 閣之扁曰夕陽舟. 閣凡四楹, 其楹棟梁榱闌閾皆竹. 其盖篷, 其藉板, 板上簟, 四楣垂簾. 中可受四五人. 酒鎗茶鐺琴碁筆硯之屬具焉. 舟之游, 上不過廣津, 下不過楮島. 其間二陵之烟花, 舞嶼之霜楓, 道峯

위 인용문 (1)은 「석양주기夕陽舟記」의 첫 번째 문단인데, 임천상은 석양주夕陽舟라는 공간에 대한 설명으로 글의 포문을 열고 있다. 석양주는 배이면서 동시에 누각이라고 설명한 부분을 통해, 기본적으로 배의 역할을 하면서 이곳에 작은 집 형식의 누각을 만들어 석양주라고 지칭했음을 확인할 수 있다. 또한 4~5인이 들어갈 수 있으며 술과 거문고, 바둑, 붓, 벼루를 구비했다는 설명에서 유람과 문예 창작을 동시에 할 수 있는 풍류 넘치는 공간임을 짐작할 수 있다. 석양주를 타고는 송파강 일대를 유람했는데, 광나루와 저자도 사이만을 오갔다는 부분을 통해 송파강 유역을 주된 공간으로 삼아 뱃놀이했음을 알 수 있다.

또한 이 부분에서 임천상은 배 이름을 석양주로 명명한 구체적인 이유를 설명하고 있다. 이에 뱃놀이하며 조망할 수 있는 아름다운 풍경이 많은데도 불구하고 석양주라고 한 것은, 석양이 천변만화하는 풍경보다 빼어나서 그러한 것이 아니라 배를 정박할 때의 풍경이 석양 지는 때이므로 이를 배의 이름으로 삼았다고 밝혔다.

> (2) 이제 송파강 상하 8백~9백 리에는 쌀과 소금과 땔감과 숯과 물고기와 젓갈을 나르느라 시간을 다투며 장사하는 사람들과 나그네와 벼슬아치가 되어 분주하게 이익을 따라 오가는 사람들이 배로 왕래하느라 배의 머리와 꼬리가 부딪힐 지경이다. 구불구불하고 큰 여울이 있는 도미진의 험난한 지세에 장맛비에 물이 불 때나 가뭄에 물이 마를 때나 위험을 무릅쓰지 않은 적이 없다. 역풍이 불면 원망하고 비 때문에 막히면 근심스러워한다. 해가 서산으로 넘어갈 때 석양이 강에 비치면 비로소 돛을 내리고 닻을 묶은 후 막걸리를 마시고 밥을 해 먹으니 모두 쉬면서 절로

三角之朝嵐, 鶴汀蛤灘之暮雪, 凡四時昏曉陰晴萬變之景, 無不宜焉. 而名舟必取於夕陽, 豈夕陽最勝於四時昏曉陰晴萬變之景耶. 夫以舟役者, 危莫如舟, 以舟游者, 逸亦莫如舟, 而夕陽又舟之歇泊時也."

편안하다.[169]

다음 문단 (2)는 송파강 유역의 송파진에서 펼쳐지는 풍경을 담은 것으로, 왕래하는 상인과 나그네 그리고 벼슬아치들을 실은 배들이 붐비는 모습을 포착하고 있다. 또한 날씨에 의해 오고 가는데 어려운 여러 상황을 기록했다. 이에 송파강 유역은 늘 분주한 사람들로 가득 차 있는 장소이자, 비가 내리거나 역풍이 불면 위험을 무릅쓰고 오가는 이들이 어려움을 겪는 공간임을 언급하고 있다. 그러나 석양이 지면 어김없이 모두 돛을 내리고 쉬는 평온한 모습을 그려내면서 송파강 유역의 이모저모를 담아냈다.

(3) 하물며 이 배는 애초에 시일에 맞추어 분주하게 가느라 고생할 것도 없고 그저 물을 따라 유유자적하는 즐거움이 있을 뿐이다. 아침에 배를 띄우고 저녁에 돌아오고 한가히 노닐고 멈추어 쉬면 그만이라 마음대로 하지 못할 것이 없다. 날마다 저녁이 되면 판자 아래 노를 멈추고 서쪽 백악과 남산 사이를 바라보면 구름과 해가 모두 붉게 물들고, 아래로 물가를 내려다보면 저녁 햇살이 물에 일렁인다. 장사하는 배와 나그네의 배가 한데 정박하고 있는데, 삿대는 빼곡하게 서 있고 노랫소리와 웃음소리가 들려온다. 이와 같은 시절의 즐거움을 또 사람들과 함께하니 이것이 석양주라 이름을 붙인 이유이다. 그러나 세상의 부침 속에서 유유자적하여 자신만의 즐거움을 추구하거나 자신만의 풍취를 지극히 하려는 것은 아니니 누가 형용할 수 있겠는가?[170]

169 任天常, 『窮悟集』 卷5, 「夕陽舟記」, "今松江上下八九百里, 米塩柴炭魚醢趍時競售之徒, 羇旅仕宦奔赴勢利之輩, 舟往來首尾相銜. 曲瀨大灘渡迷之險, 潦張旱淺之時, 莫不冒危而行. 逆風則怨, 滯雨則愁. 及夫西日銜山, 返照鋪江, 始乃落帆繫纜, 釃酒炊飯, 相與息肩而自逸也."

170 任天常, 『窮悟集』 卷5, 「夕陽舟記」, "況是舟也, 初無奔趍期會之勞, 而有沿洄自得之樂. 朝而泛暮而返, 流連止泊, 無不惟意. 每日夕停棹坡下, 西望白岳紫閣之間, 雲日俱

다음 문단 (3)은 앞서 살펴본 문단 (2)와 대조적인 모습을 보이는데, 석양주는 정해진 기일도 일정도 없어 분주하지 않고 한가로움을 읊은 것이다. 이에 아침에 배를 띄우고 저녁에 돌아오는 내내 여유롭게 노닐고 멈추어 쉬며 유람하는 이들의 모습이 그려진다. 또한 석양주는 자신만의 즐거움을 추구하기보다는 남들과 함께 이러한 즐거움을 나누는 공간이라고 언급한 부분에서 당시 석양주 유람에 함께 했던 이들의 공간인식을 일면 엿볼 수 있다.

> (4) 석양주는 본래 聽松 成守琛의 글씨를 秋水齋 盛初가 집자하여 그 집에 편액을 단 것인데, 이제 이를 가져다 배에다 걸었다. 청송이 이것을 처음 쓸 때 수 백 년 후에 추수재라는 사람이 있어 집자하여 집 이름으로 사용할지 어찌 알았겠으며, 이제 추수재가 그 집에 이름을 붙이면서 또 어찌 10여 년 후에 다시 바뀌어 배의 이름이 될 줄 알았겠는가?[171]

다음으로 문단 (4)에서는 편액을 걸게 된 경위가 드러나 있는데, 먼저 추수재秋水齋 임하상任夏常이 성수침成守琛의 글씨를 집자하여 편액을 달고 집 이름을 추수재秋水齋라고 명명하였으며, 이후 10년 뒤에 다시 배 이름으로 삼았음을 말한 것이다. 이렇게 본다면 석양주와 추수재秋水齋는 동일 공간을 지칭하고 있음을 파악할 수 있다.

> (5) 추수재와 이 배를 함께 탄 이들은 白石 李允一, 北坡 而亨, 大耻 尹文德인데 나이가 대략 쉰이다. 추수재 또한 거의 마흔이 되었다. 하루로 보

赤, 而俯視洲渚, 餘景瀲灩. 商船旅舶俱與之歇泊, 檣竿簇立, 歌笑相聞. 此時之樂, 又與人共之, 此夕陽舟之所取名. 而非浮沈自在以適其樂而深得其趣者, 夫孰能名言之哉."

171 任天常, 『窮悟集』 卷5, 「夕陽舟記」, "夕陽舟, 本成聽松守琛書, 而秋水齋盛初, 嘗集字扁其室, 今乃取以揭舟. 夫聽松之始書此也, 安知數百年後有秋水齋者, 集字而名室, 方秋水齋之名其室也, 亦安知十餘年後轉而爲舟之名也哉."

면 석양에 가까운 것이 아니겠는가? 인생이란 앞일을 알 수 없는 법이다. 집의 편액이 바뀌어 배의 이름이 된 것과 같은 것은 그 의미가 머물러 쉰다는 뜻이니 정말로 감회가 없을 수 없다. 어찌 다시 때에 맞춰 함께 즐기지 않을 수 있겠는가? 『주역』에서 "서산에 해가 기우는 형상이라 질장구 치고 노래하지 않으니, 이는 노년을 한탄함이다"라고 하였다. 나는 여러 군자와 함께 석양주 배 안에서 늙으면서 이러한 머물러 쉬는 즐거움을 함께 하겠다. 이에 이렇게 기문을 쓴다.[172]

마지막으로 위 인용문인 문단 (5)를 살펴보면, 여기에서는 임천상을 비롯해 추수재秋水齋 임하상任夏常과 함께 배를 탄 인물이 기록되어 있는데, 백석白石 이영갑李永甲, 북파北坡 임홍상任弘常, 대치大耻 윤영의尹永儀가 이에 해당한다. 임천상은 함께한 이들의 나이가 40 가까이 되었으니 석양과 닮아있다고 언급하면서, 배에서 이들과 늙어 가며 머물러 쉬는 즐거움을 나누고자 한다고 기문記文을 썼다. 이를 통해 이들의 공간인식을 확인할 수 있는데, 송파강 유역의 아름다운 풍경을 향유하는 동시에 석양주에서 노년의 즐거움을 나누고자 했음을 알 수 있다.

다음으로는 「파상범창 부유기坡上泛漲 附遊記」라는 작품을 중심으로 여러 문인이 모여 석양주夕陽舟라는 공간에서 문예 창작을 하며 즐겼던 당시의 모습을 들여다보고자 한다. 비가 많이 내리자 이때의 흥취를 〈파상범창坡上泛漲〉이라는 시에 담아내는 동시에 「파상범창 부유기坡上泛漲 附遊記」라고 하여 자세한 경위를 유기遊記로 기술하였기에 함께 살피고자 한다.

172 任天常, 『窮悟集』 卷5, 「夕陽舟記」, ""與秋水共此舟者, 白石李允一北坡而亨大耻尹文德, 年盖五十. 秋水亦幾四十矣. 視諸一日, 其殆近乎夕陽. 而人事之未可前期也. 如室扁之轉爲舟名, 則其取義於歇泊, 固有感焉. 又安得不及時而相樂也. 周公曰, "日昃之離, 不鼓缶而歌則大耋之嗟." 吾願從諸君子, 共老于夕陽舟中, 同此歇泊之樂也. 是爲記.""

> (1) 나는 1792년 단오에 성묘를 마친 뒤 나흘 후 병오일에 송파 秋水齋에 이르렀다. 北坡 任弘常, 秋水齋 任夏常, 大耻 尹永儀 등과 함께 夕陽舟를 탔다. 그날은 비가 왔다. 뜸을 걷고 발을 내리고 강 가운데로 배를 띄웠는데 그윽한 흥취가 물씬 느껴져 율시를 지었다. 무신일 백석과 대치, 추수와 함께 배를 타고 강물을 거슬러 올라가 북파를 전송하고, 春草亭까지 갔다가 돌아와 절구를 얻었다. 기유일에도 다시 비가 와 며칠 동안 그치지 않았다. 그래도 매일 백석, 대치를 추수재에서 만나 비 때문에 움직이지 못한다는 내용의 시를 즐겼다.[173]

인용문 (1)은 「파상범창 부유기坡上泛漲 附遊記」의 첫 문단으로 1792년 유람의 모습이 잘 담겨 있다. 임천상은 소북小北계열 문인들인 북파北坡 임홍상任弘常, 추수재秋水齋 임하상任夏常, 대치大耻 윤영의尹永儀, 백석白石 이영갑李永甲 등과 함께 석양주夕陽舟를 타며 유람을 즐겼는데, 비 오는 날에도 배를 띄우고 시를 지으며 흥취를 나눴음을 확인할 수 있다. 또한 강물을 거슬러 올라가 광나루 인근의 아름다운 공간으로 여러 문인의 사랑을 받은 춘초정春草亭[174]까지 유람하고 시를 지었다. 이때 창작된 시가 『궁오집窮悟集』에 남아있는데, 〈여백석·대치·추수, 동주. 송북파, 둔호행. 지춘초정, 방정주불치, 창연유부. 차대치운與白石·大耻·秋水, 同舟. 送北坡, 屯湖行. 至春草亭, 訪亭主不値, 悵然有賦. 次大耻韻〉[175] 작품을 통해 실질적인 창작 활동이 이뤄졌음을 엿볼 수 있다.

173 任天常, 『窮悟集』 卷2, 「坡上泛漲 附遊記」, "余於壬子端陽, 省墓後四日丙午, 至坡上秋水齋. 與北坡, 秋水兄及大耻, 乘夕陽舟. 其日雨. 揭篷下簾泛中流, 甚覺有幽致, 得律詩. 戊申, 與白石, 大耻, 秋水, 同舟送北坡上游, 行至春草亭而還, 得絶句. 其日己酉復雨, 數日不止. 猶日與白石大耻會秋水, 作滯雨詩相樂也."

174 『英祖實錄』 35, 〈9월 11일 기축 5번째 기사〉, "船艙基址取土處, 卽春草亭寒士之田, 而春草亭卽世宗朝親王子翼峴君, 璭之墓田也." 춘초정은 곧 세종조의 친왕자인 익현군 이관의 묘전으로, 왕실 소유의 별서이자 광나루의 아름다운 공간으로 이름난 곳이다.

> (2) 신해일에 강물이 불어 파도 소리가 추수재까지 들렸다. 백석의 집이 강 언덕에 가장 가까이 있었기에 비를 무릅쓰고 백석의 집으로 가서 강물을 살펴본 것이 하루 서너 차례였다. 탁한 물결이 흉흉하게 일어나 모래톱이 질펀했다. 포구의 사람들이 상류에 비가 많이 내려 물이 급하게 불었다고 했는데, 그날 율시를 얻었다.[176]

다음 문단 (2)는 송파강 유역에 물이 불어난 광경을 기록한 것인데, 임천상은 강가에서 가장 가까운 이영갑李永甲의 집에 방문해 강물을 살펴보았음을 알 수 있는 동시에 폭우 속에서도 문예 창작을 멈추지 않았던 모습을 확인할 수 있다.

> (3) 계축일에 비가 더욱 세차져, 물이 점점 마을까지 치고 들어왔다. 마을 사람들은 모두 짐을 이고 지고 서서 분주하게 소리를 질렀다. 이를 보고 있으니 처절했다. 대치와 추수가 괴로운 비라는 聯句詩를 지었는데 "沒"과 "洽" 韻뿐이었다. 다시 백석의 집으로 가서 물을 구경했다. 잠실은 물가가 이미 잠기고 나루의 창고가 성난 파도 위에 떠 있었다. 지붕이 떠다니는 것이 마치 물결 따라 내려가는 배처럼 이어졌다. 추수재의 집으로 돌아오니 물이 벌써 마당으로 들어왔다. 마루에 앉아 있을 때 보이던 마당의 괴석이 불어난 물에 휩싸였다가 얼마 후에는 보이지 않고 추수재 앞뒤가 모두 물 뿐이었다. 대치의 집이 가장 높은데도 물이 울타리까지 차고 올라왔다. 송파 남쪽의 넓은 들판은 도랑이 범람하여 강물과 합류했다. 나루의 배들이 시골의 마을 길을 따라 남으로 三田渡碑 앞에까지 내려와

175 任天常, 『窮悟集』 卷2, 〈與白石 李老友允一號 大耻 尹文德 秋水 盛初兄 同舟. 送北坡 而亨兄 屯湖行. 至春草亭, 訪亭主不値, 悵然有賦. 次大耻韻, 時汝初居春草而適入城云〉, "一颿便風十里波, 酒中攲枕聽淘沙. 江樓閉影人何處, 岸柳颺空鳥自歌."

176 任天常, 『窮悟集』 卷2, 「坡上泛漲 附遊記」, "辛亥江漲, 濤聲聞于秋水, 而白石家最迫. 臨江岸, 乃冒雨赴白石, 觀漲日三四. 濁浪洶湧, 洲渚浩淼. 浦戶言上游多雨, 故水急漲也. 其日得律詩."

서 떠내려온 사람과 물건을 건지고 있었다. 대개 물길이 남으로 흘러넘쳐 호수가 되었는데, 사나운 강물의 흐름과 비교하면 비교적 쉽게 건널 수 있기 때문이다.[177]

인용문 (3)을 살펴보면, 폭우가 점점 심해지는 상황이 그려져 있는데, 물이 마을까지 들이치고 있는 상황을 알 수 있다. 이에 추수秋水 임하상任夏常과 대치大耻 윤영의尹永儀는 〈고우苦雨〉라는 제목의 연구시聯句詩를 창작함으로써 안타까운 상황을 문학 작품에 담아냈다. 또한 임천상은 이영갑李永甲의 집에 가서 불어난 물을 재차 관찰하였는데, 잠실이 물에 잠기고 추수재까지 물에 잠겼으며 가장 높은 곳에 위치한 윤영의尹永儀 집의 울타리까지 물이 차오르는 상황을 기록하였다. 송파강 유역의 들판에는 도랑이 범람하여 삼전도비三田渡碑 앞까지 물건과 사람이 떠내려왔음을 볼 수 있다.

(4) 이날 저녁 추수재가 가족을 데리고 강가에서 나와 대치의 집에 임시로 머물렀다. 물이 대치의 집 마당에까지 이르자 여러 사람이 또 모두 배를 탔다. 마침 비가 개어 밤이 되자 달이 밝았다. 물에 익숙한 이들은 모두 물이 이제부터 줄어들 것이라 했다. 함께 시름이 풀렸다. 막걸리 두 병을 구해 배를 띄워 마을을 벗어났다. 거리를 끼고 있는 점포들이 모두 물에 빠져 있었다. 왕왕 집을 지키는 사람들이 말하길 물이 南湖로 빠져나갔다고 한다. 물 밑에 개소리가 들리기에 사공이 급히 배를 돌려 좇아 갔지만 흔적이 없었다. 그 때문에 한 번 웃었다. 배를 마구 저어 강 가운데 띄웠더

177 任天常, 『窮悟集』 卷2, 「坡上泛漲 附遊記」, “癸丑雨益甚, 水浸浸犯村居. 居人皆荷擔而立, 號呼奔走. 見之愁絶. 與大耻, 秋水作苦雨聯句, 沒洽韻已. 復赴白石觀水. 蚕渚已沒, 津倉浮在怒濤中. 屋漂流者相續, 如下瀨之篷. 歸至秋水, 水已入庭. 坐視庭中怪石驗漲, 無何, 石不見而齋前後皆水也. 大耻家最高, 水亦及籬畔. 坡南大野溝洫泛濫, 與江合流. 津船由村巷而南至清汗碑前, 以濟人物. 盖南流漫演成湖, 視江流之悍, 易涉故也.”

> 니 달빛이 맑고 물과 하늘이 아득했다. 동남쪽으로 먼 산이 아득히 이어지는데 마치 모래언덕이나 버드나무 서 있는 방죽 같았다. 서북으로 목멱산과 도봉산이 보이는데 모두 바다 입구의 섬처럼 보였다. 송파의 인가를 돌아보니 모두 浮家泛宅이었다. 오랜 비가 내린 덕에 사람의 마음과 눈이 모두 탁 트였다. 추수재가 예전 鏡浦를 보았고 대치와 나는 三日浦를 본 적이 있는데, 모두 이보다 못하다고 말했다. 추수재가 말하길 "송파 남북의 물이 늘 이렇게 되고 넘치지도 줄지도 않으면 송파가 錢塘의 西湖보다 나을 것이다"라고 하였다. 내가 말하길, "그렇게 된다면 송파는 자네들 몫이 되지 못할 것이네"라고 하였다. 마침내 다시 한번 크게 웃었다.[178]

다음으로 문단 (4)를 살펴보면, 물이 추수재秋水齋 마당까지 이르자 임하상任夏常이 가족을 데리고 임천상任天常과, 윤영의尹永儀의 집에 임시로 머물게 되었는데 이후 점차 비가 개어 물이 줄어들게 될 것이라는 소식에 안도하고 있음을 볼 수 있다. 또한 비로 인해 물에 잠긴 송파강 유역의 여러 모습이 담겨 있는데, 송파강 유역의 인가들은 모두 부가범택浮家泛宅이 되었고 멀리 보이는 산들은 모두 바다 입구의 섬처럼 보이는 생경한 광경을 담아냈다. 이후 임하상任夏常과 임천상任天常의 대화를 엿볼 수 있는데, 임하상이 송파강의 물이 늘 이렇게 가득 차 있다면 중국 전당錢塘의 서호西湖보다도 송파강이 더 나을 것이라고 말하니, 임천상이 만일 그렇다면 송파강은 다른 이들이 차지하는 공간이 되었

178 任天常, 『窮悟集』 卷2, 「坡上泛漲 附遊記」, "是夕, 秋水携家眷出水, 寓大耻家側. 水及大耻庭, 則諸家且俱乘舟矣. 會雨霽, 當夜月明. 習水者皆言水自此當殺. 乃相與釋憂. 覓兩壺醪, 泛舟出里閭. 夾街店舍, 俱墊于水. 往往守舍者語水中旣出南湖. 水底有犬嘷聲, 梢工急回舟, 逐之不能跡. 爲之一笑. 縱棹至中流, 月色虛明, 水天茫洋. 東南遙山繚繞, 若莎堤柳陻. 西北望木覓, 道峰, 皆似海門島嶼. 回視坡上人居, 盡浮家泛宅也. 積雨餘, 令人心目俱豁. 秋水嘗見鏡浦, 大耻及余嘗見三日浦, 皆自謂不是過也. 秋水言"苟使坡南北水常如此, 而不溢不, 坡上當勝錢湖." 余曰, "若爾, 坡上不爲君輩物也." 遂復相與一笑."

을 것이라고 하고 웃었다는 부분에서 이들의 송파강에 대한 애정과 호탕함을 엿볼 수 있다.

> (5) 이날 저녁 백석이 병이 나서 모이지 못하고 북파는 상류에 있어 돌아오지 못하였으니 이것이 유독 결함이 될 것이다. 한밤에 추수재로 돌아가니 물이 아직 빠지지 않았다. 세상이 좁지만 달이 더욱 밝았다. 채소밭의 나물과 차가 점점이 부평초처럼 떠다녔다. 철쭉과 파초는 물속에 서서 비뚤비뚤 그림자를 비추고 있었다. 사방 울타리에는 물소리만 들렸다. 다음날 아침 각기 장편 시 한 수를 지었다. 나는 기문을 지어 이 유람의 즐거움을 적었다.[179]

마지막으로 문단 (5)에서는 이날 밤 모임에 참여한 문인들을 확인할 수 있는데, 병이 난 이영갑李永甲과 상류에 머물고 있던 임홍상任弘常을 제외하고 임천상任天常, 임하상任夏常, 윤영의尹永儀 만이 추수재에 함께 머문 것으로 추정된다. 이에 임천상은 장편 시 한 수를 쓰면서[180] 이 기문을 지어 유람의 즐거움을 적었다고 표명하며 유기遊記를 붙이게 된 이유에 대해 적는 것으로 글을 마치고 있다. 이에 이들은 송파강 유역에서 유람을 즐기다가 폭우를 만난 후에도 비 온 뒤 송파강의 여러 모습을 관찰하며 시를 창작한 것으로 보인다. 이렇게 본다면 송파강

179 任天常, 『窮悟集』 卷2, 「坡上泛漲 附遊記」, "是夜, 白石病不會, 北坡在上游未還, 此殊爲缺陷事. 夜半歸秋水, 水猶未退, 眼界小而月益明. 畦圃菜茶, 點點如萍. 躑躅芭蕉, 立水中參差倒影. 四籬唯聞水聲. 翌朝各賦長句一首. 而余爲之記, 以志玆遊之樂."

180 任天常, 『窮悟集』 卷2, 〈坡上泛漲〉, "五月松江霖雨止, 青蕪白沙盡爲水. 黃帽篙師年六十, 再見江水漲如彼. 陰雲解駁江月明, 北渚滔天南湖平. 津將樓頭急帆走, 淸帝碑趾孤舟橫. 孤舟半夜乘興出, 酒徒歌朋人六七. 夜深風靜波不興, 萬頃茫茫唯見月. 中流停棹望眼迷, 四顧一碧無端倪. 鑑湖眞成賀監水, 黛山自作蘇公隄. 更疑此身在瀛蓬, 三日鏡浦何足雄. 坡店半浸石村泛, 多少人家水影中. 水中自是麥薿薿, 今日積水淼無涘. 天公好事時下滂, 我適南來非偶爾. 却思此水方生時, 居人繹騷欲四之. 苦中有樂樂中苦, 世間萬事眞奇奇."

유역은 유람의 공간이자 문예 창작의 공간으로 인식되었다고 할 수 있겠다.

이 외에도 〈송파우중 여백석 · 대치회추수재 공부오언술회 차원석공집중엄자릉탄운 이수松坡雨中 與白石 · 大耻會秋水齋 共賦五言述懷 次袁石公集中嚴子陵灘韻 二首〉[181] 작품을 통해 비 오는 송파강 유역에서 임천상任天常은 이영갑李永甲, 윤영의尹永儀와 함께 추수재에 모여 함께 회포를 읊었음을 확인할 수 있다. 또한 임천상이 송파강 유역에서 불어난 물을 보고 쓴 시 〈파상관창波(坡)上觀漲〉[182]도 확인되므로, 당시 이들은 함께 모여 유람하고 비 내리는 송파강 유역의 공간에서의 흥취를 시로 형상화하였다고 할 수 있다.

더 나아가 석양주夕陽舟와 추수재秋水齋 공간을 중심으로 한 유람과 창작 양상은 시사詩社의 형태를 갖추었다고 볼 수 있는데, 임천상任天常이 지은 시 〈송파주중팔경시松坡舟中八景詩〉에 부기 된 병서並敘를 보면 송파에 사는 여러 군자가 시사를 결성하고 배 한 척을 장만하여 놀이하는 도구로 삼고 함께 주중팔경시舟中八景詩를 지었다고[183] 직접적

181 任天常, 『窮悟集』 卷2, 〈松坡雨中 與白石·大耻會秋水齋 共賦五言述懷 次袁石公集中嚴子陵灘韻 二首〉, "人生也有涯, 無何谷變陵. 不銷而不泐, 金石猶未能. 每笑元凱癡, 發歎峴山登. 功名自婉晩, 歲月空奔騰. 性癖尙耽書, 長守短檠燈. 何曾感二鳥, 未嘗憎蒼蠅. 一任啁啾輩, 搶楡笑鵾鵬.", "驟雨過上瀨, 夕陽照下灘. 相携試簑衣, 臨流拂長竿. 秋水會有酒, 大耻幸無官. 行且與爾老, 此語非相瞞. 但恨少一人(此時畏心出補南邊), 願從無羽翰."

182 任天常, 『窮悟集』 卷2, 〈波(坡)上觀漲〉, "潏汪天水一拳皐, 特地憑虛縱目豪. 浦戶萍浮迷着筏, 商船箭激敢撑篙. 泡花震蕩渾無畔, 嶼樹迷茫遂失高. 定識魚龍移窟宅, 有時滙澤亦驚濤."

183 任天常, 『窮悟集』 卷2, 「松坡舟中八景詩 並叙」, "坡上諸君子結社, 辦一舟以爲宴遊之具, 共賦舟中八景詩. 而余自前秋有事, 足跡不及坡上, 至是歸自永阡, 盛初袖詩帖示之, 且要余同社. 余雖未及致身於幔亭蓬窓之間, 與諸君子一觴一詠. 然所謂舟中八景, 皆余所嘗歷覽而樂遊者也. 輒和其詩, 以爲他日藉手入社之資云."

으로 언급하고 있기 때문이다. 이를 통해 이들의 유람이 단순한 유흥과 놀이에 그치는 것이 아니라 시를 짓는 시사의 형태임을 유추할 수 있다. 또한 서문에 드러나 있듯이 임천상은 당시 일이 있어 시사에 참여한 문인들과 함께 시를 짓지는 못하고, 자주 본 풍경인 송파강 유역의 팔경八景을 중심으로 시를 지어 훗날 시사에 참여하고자 함을 밝히고 있다. 이에 팔경八景으로 대별되는 송파강 유역의 아름다운 모습을 살펴보기로 한다.

봄날 배를 푸른 강에 띄우니	春舟泛綠江
새벽 물가에 붉은빛 아침 안개 어리네	曉渚蒸紅霧
언덕에 가까워지자 모두 손뼉을 치는 것은	近岸齊拍手
이릉의 숲에 꽃이 만발해서지	花發二陵樹[右二陵花霧][184]

첫 번째 수는 이릉二陵인 선릉과 정릉의 숲에 만발한 꽃 안개를 읊은 것인데, 오언절구五言絶句 한 편이 한 폭의 그림처럼 형상화되어 있다. 1~2구를 보면 계절적 배경은 봄날이며, 시간적 배경은 해가 뜨기 시작하는 새벽임을 알 수 있다. 푸른 강으로 그려진 송파강에 배를 띄우고 지나가다가 마주친 풍경이 3~4구에 담겨 있는데, 아침 안개를 지나 이릉에 가까워지자 숲에 만발한 꽃을 보고 모두가 환호할 정도로 경이롭고 아름다운 광경을 아름다운 경치 중 하나로 읊은 것이다.

멀리서 보면 버들이 아닌 듯	遠看不是柳
가까이서 보면 안개가 아닌 듯	近看不是烟
흡사 이별의 한을 머금은 듯	恰似帶離恨
저녁 햇살에 몽롱하게 서 있네	朦朧夕照天[右三田柳烟][185]

184 任天常, 『窮悟集』 卷2, 〈松坡舟中八景詩〉.

두 번째 수는 송파강 유역 삼전동에 있던 한강 상류의 나루인 삼전도三田渡 버들에 어린 안개를 포착한 것인데, 1~2구에서는 버들인지 안개인지 구분되지 않는 몽환적인 외적 풍경을 담아냈다. 이후 3~4구에서는 버들의 내적 풍경을 이별의 한을 머금은 듯하다고 의인화하여 표현함으로써 애처로운 이미지를 그려냈다. 저녁 빛이 사라져가는 몽환적 풍경 속에서 바라본 버들의 아름다움을 잘 포착한 작품이다.

이 외에도 세 번째 수에서는 송파진 누각의 시원한 그늘을 읊었으며,[186] 네 번째 수에서는 광나루의 소나기를 시에 담아냈다.[187] 다섯 번째 수에서는 봉은사의 시원한 종소리를 읊었으며,[188] 여섯 번째 수는 무릉도의 붉은 단풍잎을 포착한 것이고,[189] 일곱 번째 작품에서는 송파강 유역에서 얼음 채취하는 장면을 그려냈다.[190] 마지막으로 여덟 번째 수는 눈 내리는 학여울의 낚시 현장을 시로 읊은 것이다.[191]

이처럼 임천상은 송파강 유역에 펼쳐진 다양한 경관의 아름다움을 한 폭의 그림처럼 시에 담아낼 정도로 특별한 애정을 지니고 있었음을 볼 수 있다. 이러한 양상은 임천상에서 그치는 것이 아니라 시사詩社라

---

185 任天常, 『窮悟集』 卷2, 〈松坡舟中八景詩〉.

186 任天常, 『窮悟集』 卷2, 〈松坡舟中八景詩〉, "江頭鎭將樓, 樓影落江心. 莫近鎭樓鬧, 但泛鎭樓陰. [右鎭樓凉陰]"

187 任天常, 『窮悟集』 卷2, 〈松坡舟中八景詩〉, "漠漠廣陵步, 翻江來急雨. 背指松坡上, 斜日明村塢 [右廣津驟雨]"

188 任天常, 『窮悟集』 卷2, 〈松坡舟中八景詩〉, "凉風起北渚, 明月在西峰. 五更殘酒醒, 篷底度寒鍾. [右恩寺寒鍾]"

189 任天常, 『窮悟集』 卷2, 〈松坡舟中八景詩〉, "頹波屹孤嶼, 霜氣結丹葉. 緬想忠臣節, 百回看不厭. [麗臣吉再嘗寓居是島云, 右舞島紅葉]"

190 任天常, 『窮悟集』 卷2, 〈松坡舟中八景詩〉, "江村不鑿井, 渴飮江水澄. 朔氣夜來嚴, 龜手敲寒冰. [右蚕渚汲氷]"

191 任天常, 『窮悟集』 卷2, 〈松坡舟中八景詩〉, "曉涉鶴灘月, 暮釣鶴灘雪. 釣絲與翁髮, 較雪都無別. [右鶴汀釣雪]"

고 표명한 여러 소북小北계열 문인의 공간인식과도 연결된다는 점에서 특징적이라고 할 수 있다. 그러나 자료적 측면에서 임천상의 『궁오집窮悟集』을 제외한 여타 소북小北계열 문인들이 창작한 문예 작품이 남아 있지 않아, 석양주夕陽舟와 추수재秋水齋라는 문예 창작 공간을 온전히 밝히기에는 여전히 한계를 지닌다. 하지만 소북小北계열 문인들이 문예 창작 공간으로 송파강 유역을 택했고, 또 이곳에서 아름다운 경관을 문학으로 승화시킨 양상을 일부 확인했다는 것에서 작은 의미를 찾을 수 있겠다.

이상에서 살펴본 몽오정夢烏亭·청풍계靑楓溪 태고정太古亭·수명정水明亭 둔재遯齋·석양주夕陽舟와 추수재秋水齋를 중심으로 한 문예 창작 모임은 당파와 밀접한 관련성을 맺는 동시에 창작 활동을 이어나가는 문학적 모임의 성격을 지니고 있다. 모임의 형성은 문학적 특성만을 보일지라도 정치적 결사의 성격을 띠기도 하는데,[192] 소북문단小北文壇의 문예 창작 모임은 정치적 의도 아래 결성되었다기보다는 문학 창작이 주된 목적이었던 것으로 보인다. 몽오정 모임의 경우 정자의 명칭을 짓는 과정에서 정치적 혼란에서 벗어나고자 했던 의지가 보이기도 하지만, 그 이후 창작된 작품에서는 개인적 정서의 토로, 친분 도모 등으로 주제적 측면에서 단일하지 않음을 볼 수 있기 때문이다. 청풍계 태고정 모임의 경우에도 봄을 즐기고 승경을 구경하는 등의 행위에서 말미암은 흥취를 문학적으로 구사했으며, 이러한 문화가 후손에게까지 이어졌다는 점에서 시 창작이 주된 목적이었던 것으로 보인다. 수명정 모임 역시 수명정이라는 공간을 통해 가계 내적으로 문학 활동을 이어온 사실을 확인할 수 있다. 아울러 둔재와 석양주·추수재는 송파강

192 안대회, 위의 논문, 2013, p.437.

유역을 중심으로 한 모임이라는 공통점을 지니면서도 풍천豐川 임씨任氏 문인들의 문예 창작 공간 인식 양상을 보여준다는 점에서 또 다른 의미를 지닌다.

그렇다면 이들의 문예 창작 모임이 소북문단小北文壇에서 어떤 의미를 지니고 있는지에 대한 의문점이 발생하는데, 소북小北계열 문인들은 특정한 창작 공간을 통해 가치관이나 신념을 공유하고, 문학 활동을 이어오면서 자연스럽게 문학적 경향을 전하는 동시에 특유의 시문학 세계를 구축하였다. 소북계열 문인들은 다른 정파政派에 비해 정치적 입지가 약한 상태에서 시회를 통해 결속력을 다졌으며 문학적 실력을 양성하면서 친목을 도모하고 정보를 교환한 것으로 보인다. 소북문단은 흔히 문단의 형성에 필수 조건인 학맥學脈·학통學統을 비롯해 가학家學의 계승 양상이 명확하게 확인되지는 않으나, 일부에서는 시회를 통해 문학 활동을 이어온 것이다. 소북의 경우 시회 활동이 소북문단의 전통이라고 보기는 어려우나,[193] 소북이 소북문단의 핵심 인물들과 문학을 매개로 활동을 이어왔다는 점에서 의미가 있다. 더 나아가 이들의 시회詩會 활동에서 남인南人과의 친연성을 볼 수 있다는 것은 주목할 만한 특징이다. 구성원 측면에서 몽오정夢烏亭 시회에서는 이원진李元鎭과의 관계를 확인할 수 있으며, 청풍계靑楓溪 태고정太古亭 시회에서는 이상의李尙毅를 비롯해 이익李瀷과의 영향 관계를 파악할 수 있다. 이와 같은 면모는 소북小北과 남인南人의 친밀한 관계를 보여주는 동시에 이들이 공통적인 학문적 맥락을 지니고 있음을 나타내는 것이다.

193 안대회, 「다산 정약용의 竹欄詩社 결성과 활동양상 - 새로 찾은 竹欄詩社帖을 중심으로」, 『大東文化硏究』 83, 성균관대학교 대동문화연구원, 2013, p.117. 죽란시사의 경우 남인 시맥의 중추적인 흐름을 형성하며 핵심관료 중심으로 시사를 결성하는 남인의 전통을 만들었다. 그에 반해 소북이 주축이 된 시사는 지속력 측면에서 느슨함을 보이므로, 소북문단의 전통을 보여준다고까지 논의하기는 어려운 실정이다.

이는 남인南人과 북인北人계열이 특징적 요소를 공유하면서 나타난 현상이라고 생각된다. 이 두 계열의 구체적인 연관성은 향후 후속 연구를 통해 밝혀질 것이라고 생각한다.

제2부

소북팔문장小北八文章의 생애와 교유

1. 소북팔문장小北八文章의 생애와 저술

이 절에서는 소북팔문장小北八文章의 생애를 전체적으로 개관하고 문집을 검토하여 이들의 저술 현황을 확인하고자 한다. 소북팔문장의 경우에는 생애에 대한 접근조차 소략한 상황이므로 이 글에서는 개별 문인별로 그들의 생애와 저술을 자세히 살펴보도록 하겠다. 또 학문적 양상을 파악하는 기본 자료인 문집 역시 형식별 분류를 진행하여 그들의 다양한 문학적 특징을 확인해보고자 한다. 이들에 대한 검토는 생몰 연대에 따라 심제沈齊(1597~1649), 강백년姜栢年(1603~1681), 박수현朴守玄(1605~1674), 임한백任翰伯(1605~1664), 정창주鄭昌胄(1606~1664), 이휴징李休徵(1607~1677), 남선南銑(1609~1656), 신유申濡(1610~1665) 순으로 한다.

첫 번째로 심제沈齊(1597~1649)를 살펴보면, 본관은 풍산豊山이며 자는 자미子美, 호는 사천沙川이다. 증조부는 심수경沈守慶으로 호는 청천당聽天堂이며, 우의정右議政을 지냈다. 조부는 심일장沈日將으로 찰방察訪을 지냈으며, 부친은 심관沈關으로 호조戶曹 정랑正郎을 역임하였다. 모친은 황섬黃暹(1544~1616)의 딸이다.

심제의 생애를 보다 구체적으로 정리해보면 대략 다음과 같다. 심제는 1624년 28세에 생원시生員試·진사시進士試에 급제했으며, 과시科詩로 〈추송공신상追頌功臣像〉을 지어 회시會試에서 이하二下로 1등을 차지하였다. 1625년 29세에 세마洗馬에 제수되었고, 1628년 32세에 별시別試 문과文科에서 부賦·논論·표表로 각기 장원을 차지하였다.[1] 1629년 33세에 알성謁聖 문과文科에 장원으로 합격했으며,[2] 1630년 34세에 별시別試 문과文科에 급제했고[3] 한성부漢城府 참군參軍에 제수되었다. 1631년 35세에 전옥典獄 주부主簿·호조戶曹 좌랑佐郎을 역임했으며, 별시別試 문과文科 한성시漢城試에서 장원을 차지하였다.[4] 1633년 37세에 증광별시增廣別試 문과文科에서 병과丙科 2등으로 급제하고, 사서司書에 임명되었으며 지평持平을 지낸 바 있다. 1634년 38세에 정언正言을 지냈으며, 1636년 40세에 무장茂長 현령縣令을 역임하였다. 1638년 42세에 홍문관弘文館 수찬修撰과 헌납獻納에 제수되었으며, 1639년 43세에 부교리副校理·헌납獻納·이조吏曹 좌랑佐郎에 제수되었다. 1641년 45세에 이조吏曹 정랑正郎·부교리副校理를 역임하였다. 1642년 46세에 비변사備邊司에서 장재將才로 천거되었으며, 부응교副應教·보덕輔德에 제수

1 장원을 차지한 작품은 忠과 孝에 대한 내용을 담은 〈泣拜畵像賦〉, 常禮와 變禮를 三代 聖王의 禮와 비교하는 동시에 당시 잘못된 廟制와 典祀에 대해 언급한 策問인 〈問宗廟之禮序昭穆〉, 제갈공명이 촉을 다스리는데 엄하고 혹독한 방법을 사용한 이유를 밝힌 〈治蜀尙嚴猛〉이다.

2 당나라 승상 宋璟등의 예를 통해 임금의 은혜에 감사하며 올린 表 형식으로 제목은 〈擬唐丞相宋璟等 同日命 宴都堂〉이다.

3 거처함과 행위의 '쉬움'과 '어려움'을 논리적으로 설명하고 있는 論으로 제목은 〈死易立孤難〉이다. 내용을 살펴보면, 선차적으로 '쉬움'과 '어려움'을 상대적인 관점에서 분석한 후 勢의 관점과 人事의 관점을 통해 논하였다. 이를 기반으로 衆人과 志士를 나누어 설명하고자 했는데 결과적으로 죽는 것이 오히려 쉬운 반면, 자신이 홀로 있을 때를 확고하게 정립하는 것이 더 어려움을 말하고 있다.

4 용병술 언급하면서 기병과 정병에 대해 논한 策問으로 제목은 〈問用兵奇正〉이다.

되었다. 1643년 47세 때에는 유배 생활을 하였는데,[5] 사헌부에서 심제가 보덕의 직임을 제대로 수행하지 못했다며 유배 보낼 것을 청한 사실을 확인할 수 있다.[6] 1645년 49세에 담양潭陽 도호부사都護府使에 제수되었으며, 1646년 50세에 중시重試 문과文科에 2등으로 급제하였다.[7] 1648년 52세에 전주全州 부윤府尹을 역임하였으며, 1649년 53세 1월 무렵 전주 부윤 재임 도중 세상을 떠났다.

사천沙川 심제沈曆의 문집인 『사천집초고沙川集草藁』를 검토해보면, 4권卷 2책冊으로 1777년경 그의 4대손인 심주한沈柱漢에 의해 수집·간행되었다. 문집의 편찬 경위를 살펴보면, 애초에 심제가 많은 작품을 창작하여, 이를 심주한의 아버지가 한 질의 책으로 엮은 바 있으나, 1715~1716년 사이에 이 책을 분실한 것으로 확인된다. 이에 심주한이 남아있는 기록들을 모으고 심제의 친구 집에 흩어져 있던 것을 구해 분류한 후 4권 2책으로 재차 편찬한 것으로 확인된다.[8] 이렇게 본다면, 본래 심제가 남긴 작품보다 『사천집초고沙川集草藁』에 수록된 작품이 소략함을 짐작할 수 있다. 남아있는 『사천집초고沙川集草藁』를 바탕으

5 鄭斗卿(1597~1673)의 작품 가운데 심제가 유배 가는 것을 전송하며 쓴 시가 보인다. 鄭斗卿, 『東溟集』, 2卷, 〈送沈子美謫臨陂 二首〉, "主上仁天大, 流人數賜環. 男兒當益壯, 鬢髮不須斑. 遠向江濱路, 空瞻日下山. 明年紫泥詔, 碧落侍郎還.", "去矣青雲士, 依然紫閣峯. 不知湘水上, 能與故人逢. 定有飛騰日, 何須憔悴容. 仲春雷雨作, 天用莫如龍."

6 『仁祖實錄』 44卷, 〈인조 21년 1월 22일 정사 2번째 기사〉, "憲府啓曰, "不避夷險, 東西唯命, 乃臣子事君之大節也. 沈曆偏蒙殿下拔擢之寵, 歷敭淸顯, 十年于玆, 所當竭誠殫力, 圖報萬一, 身命猶不可惜, 況於自便之計哉. 及除輔德之後, 偃臥私室, 久不出謝, 攀緣圖囑, 旣不得售, 則費辭陳疏, 至擧衆所未聞之語, 眩惑天聽, 終於必遞後已, 凡在瞻聆, 莫不痛駭. 頃日都監之事, 不過一時偶然之擧, 非如蓄憾含怒之比, 在彼無更詰之端, 在此無可避之嫌, 曆乃執此, 以爲謀免之一階梯, 其爲心吁亦巧矣. 請命遠竄." 上從之."

7 한나라 諫議大夫 夏侯勝의 일을 예로 들어, 임금께 간언하고도 징벌받지 않아야 함을 담은 表로 제목은 〈擬漢諫議大夫夏侯勝 謝喩以無懲前事〉이다.

8 沈曆, 『沙川集草藁』, 「跋文」.

로 문집의 현황을 정리해 보면 아래 표와 같다.

표 5『사천집초고沙川集草藁』수록 작품 현황

문집 편제		수록 내용
乾	1卷	七言近體 73題 79首, 七言排律 1題 1首, 七言古詩 5題 5首, 七言絶句 45題 58首
	2卷	五言律詩 30題 30首, 五言排律 6題 6首, 五言古詩 3題 3首, 五言絶句 5題 5首
坤	3卷	疏 5篇, 箚 1篇, 祭文 4篇, 祝文 2篇
	4卷	序 3篇, 현손 沈景普의 글 1篇, 跋 2篇, 策問 3篇, 策題 1篇, 論 3篇, 表 4篇, 箋文 2篇

심제의 문집을 살펴보면, 168제題 187수首의 시가 남아있음을 알 수 있고, 산문의 경우 심제가 다양한 형식을 운용해 작품을 창작했음을 확인할 수 있다. 앞서 심제가 부賦·논論·표表·책문策問 형식으로 저술한 글로 장원을 차지했던 것을 확인한 바 있으므로 심제가 여러 형식의 글에서 문학적으로 뛰어난 재능을 지녔던 것으로 파악된다.

심제 시의 형식별 창작 비율을 따져보면, 칠언근체七言近體 40%, 칠언배율七言排律 1%, 칠언고시七言古詩 3%, 칠언절구七言絶句 31%, 오언율시五言律詩 16%, 오언배율五言排律 4%, 오언고시五言古詩 2%, 오언절구五言絶句 3%의 양상을 보이고 있음을 알 수 있다. 이를 통해 심제가 칠언율시七言律詩와 칠언절구七言絶句 형식을 선호한 것으로 파악된다. 주제별로 분류해보면 칠언율시七言律詩의 경우 애도의 감정을 담은 만시挽詩가 대다수를 차지하며, 칠언절구七言絶句 형식에서 교유관계을 바탕으로 하는 송별시送別詩와 차운시次韻詩가 주로 포착된다. 그러나 『사천집초고沙川集草藁』 자체가 심제의 온전한 작품들을 모아 엮은 것이 아니라 산재散在해 있던 자료를 수합한 것이므로 현재 전하는 문집만으로 그의 작시 경향에 대해 단언하기는 어려운 실정이다.

두 번째로 살펴볼 문인은 강백년姜栢年(1603~1681)으로 본관은 진주晉州이며, 자는 숙구叔久, 호는 설봉雪峯·한계閑溪·청월헌聽月軒이다. 증조부는 강인姜璘이며, 조부는 강운상姜雲祥, 부친은 강주姜籒(1567~1651)이다. 모친은 안동김씨로 김응서金應瑞의 딸이다. 강백년 이래 그의 후손 강현姜鋧(1650~1733), 강세황姜世晃(1713~1791)이 3대에 걸쳐 기로소耆老所에 들어 명성이 높았다. 실제로 기로소에 들어간 인물들의 명단을 살펴보면, 국초에 기로소를 창설한 이래로 삼대가 포함된 경우는 기로소가 만들어진 260여 년 역사상 한두 가문에 지나지 않으므로[9] 삼세기영지가三世耆英之家로 지칭된 것은 영예로움을 상징한다.

강백년의 생애를 정리해보면, 1627년 25세에 정시庭試에 을과乙科로 급제해 승문원承文院에 선발된 후 3년 만에 전적典籍으로 승진하였으며, 여러 차례 성균관의 과문課文에 수석首席을 차지했다. 1637년 35세에 예조禮曹 좌랑佐郎이 되었고, 1640년 37세에 정언正言을 지냈으며,[10] 1641년 38세에 장령掌令을 역임하였다.[11] 1642년 39세에 장령掌令에 제수되었고,[12] 지제교知製敎로 선발되었다.[13] 또한 부교리副校理를 역임할 당시 심잠心箴을 지어 올려 마장馬裝 1부部를 하사받았다.[14] 1643년 40세에 부교리副校理[15]·장령掌令[16] 등에 재직했으며, 1646년 43세에 중시

9 姜世晃, 『豹菴稿』 6卷, 「附錄」, 〈豹庵姜判尹三世人耆社序〉, "自夫國初刱設耆老所以來, 按其題名案, 能數三世相繼入者, 迨三百六十餘年間, 不過一二家也."

10 『仁祖實錄』 41卷, 〈인조 18년 11월 6일 계미 1번째 기사〉.

11 『仁祖實錄』 42卷, 〈인조 19년 6월 1일 을사 1번째 기사〉.

12 『仁祖實錄』 43卷, 〈인조 20년 4월 8일 정미 1번째 기사〉, 〈인조 20년 9월 6일 계유 1번째 기사〉, 〈인조 20년 12월 27일 임진 2번째 기사〉.

13 『仁祖實錄』 43卷, 〈인조 20년 9월 26일 계사 1번째 기사〉.

14 『仁祖實錄』 43卷, 〈인조 20년 10월 4일 계사 1번째 기사〉.

15 『仁祖實錄』 44卷, 〈인조 21년 2월 10일 갑술 2번째 기사〉.

16 『仁祖實錄』 44卷, 〈인조 21년 4월 3일 병인 1번째 기사〉, 〈인조 21년 5월 16일 무신

重試에 장원으로 급제해 동부승지에 올랐다.[17] 1648년 45세에 대사간大司諫에 제수되었으나,[18] 김남중金南重 등을 논박하다가 체직되어 청풍淸風 군수郡守를 지냈다.[19] 1653년 50세에 승지承旨에 제수되었으며,[20] 충청忠淸 감사監司・강원江原 감사監司를 지냈다. 1660년 57세에 부사副使로 연행을 다녀왔으며, 1666년 63세에 대사간大司諫에 제수되었다.[21] 1668년 65세에 경기京畿 감사監司를 역임했으며,[22] 예문藝文 제학提學・공조工曹 참판參判・예조禮曹 참판參判 등을 지냈다. 1672년 69세에 대제학大提學의 권점圈點이 있었는데 김만기金萬基는 9점, 이단하李端夏・이은상李殷相・강백년姜栢年은 8점, 남용익南龍翼은 7점, 정두경鄭斗卿은 6점이었다.[23] 그 밖에도 대사헌大司憲・대사성大司成・대사간大司諫을 지낸 후 1673년 70세에 기로소耆老所에 들어갔다.[24] 1674년 71세에 대사헌大司憲・예조禮曹 판서判書를 거쳤으며, 현종이 승하하자 시책문諡冊文을 지었다. 1690년 87세에 영의정領議政에 추증되었고, 뒤에 청백리로 녹선錄選되었다. 온양의 정퇴서원靜退書院・수안의 용계서원龍溪書院・청주의 기암서원機巖書院에 제향되었다. 이처럼 강백년은 다양한 관직을 거쳤으며 뛰어난 인품을 지녔다고 알려졌는데, 아래 인용문을 통해 구체적으로 살펴볼 수 있다.

2번째 기사〉.

17 『仁祖實錄』 47卷, 〈인조 24년 9월 11일 갑인 1번째 기사〉, 〈인조 24년 12월 2일 갑술 1번째 기사〉.

18 『仁祖實錄』 49卷, 〈인조 26년 2월 5일 경오 2번째 기사〉.

19 『仁祖實錄』 49卷, 〈인조 26년 3월 7일 임인 1번째 기사〉.

20 『孝宗實錄』 10卷, 〈효종 4년 1월 17일 갑신 1번째 기사〉.

21 『顯宗實錄』 12卷, 〈현종 7년 7월 7일 병술 1번째 기사〉.

22 『顯宗實錄』 14卷, 〈현종 9년 5월 19일 병진 1번째 기사〉.

23 『顯宗實錄』 20卷, 〈현종 13년 7월 18일 신묘 4번째 기사〉.

24 『顯宗實錄』 21卷, 〈현종 14년 12월 18일 계축 1번째 기사〉.

(1) 일찍이 詞翰으로 이름을 드날렸고, 만년에는 높은 지위에 임용되어 여러 번 文衡에 추천되었으며, 벼슬이 宗伯에 이르렀다.[25]

(2) 강백년의 호는 설봉으로 맑은 덕과 문장이 한 세상 사람들을 감복시켰다. 인조·효종·현종·숙종 4대의 임금을 차례로 섬겨서 판중추부사에 이르고 영의정에 증직되었으며, 시호는 文貞이다. 황해도 사림들이 사당을 짓고 제사를 받든다. 문집과 『閑溪漫錄』이 있다.[26]

(1)은 『숙종실록肅宗實錄』 숙종 7년 1월 17일의 기록인데, 이 기사를 통해 강백년이 당대에 사한詞翰으로 명성을 떨쳤으며 요직을 역임했던 사실을 확인할 수 있다. (2)는 증손자 표암豹菴 강세황姜世晃(1713~1791)의 「문안공신도비文安公神道碑」 가운데 강백년에 관한 서술을 인용한 것으로, 네 임금을 모시며 다양한 관직을 역임해[27] 강백년에 네 임금 모두에게 인정받았음을 알 수 있다. 또 강백년의 인품에 대한 서술이 담겨 있는데, 실제로 그가 청백리淸白吏에 녹선錄選된 바 있으므로 이 같은 평가가 가능했던 것으로 보인다.

강백년의 문집 『설봉유고雪峯遺稿』를 살펴보면, 30권卷 8책冊으로

25 『肅宗實錄』 11卷, 〈숙종 7년 1월 17일 신미 1번째 기사〉. “早以詞翰著名, 晩年大被顯用, 屢擬文衡, 官至宗伯.”

26 姜世晃, 『豹菴稿』 6卷, 「墓碣銘」, 〈文安公神道碑〉, “考諱栢年號雪峯, 淸德文章服一世. 歷事仁孝顯肅四朝, 判中樞, 贈領議政, 謚文貞. 湖中海西士林, 俎豆之. 有文集及『閑溪漫錄』.”

27 姜栢年, 『雪峯遺稿』 30卷, 「附錄」, 〈墓碣銘 任相元撰〉, “歷江原都事, 郎禮兵, 始拜正言, 久在三司, 凡正言者二, 司諫者一, 掌令者十, 執義者一, 修撰三, 爲副者二, 校理五, 爲副者四, 拜春坊輔德, 常兼知製敎, 擢重試第一, 進階通政, 拜承旨, 由同副轉至左, 屢議禮兵刑, 或至四五, 長諫院, 以宿望廷薦, 升嘉善資憲, 歷參吏戶禮兵刑工, 長諫院者十四, 知申者六, 長成均者三, 憲長者九, 更漢城府, 左右都摠府, 義禁府, 久兼藝文提學, 屢撰典冊, 賞階崇祿, 兩判禮曹, 三入政府, 兩判西樞, 入耆司, 其提調者, 槐院, 司譯, 宗簿, 內醫, 平市, 歸厚, 活人, 兼知成均春秋館. 外則莅江陵, 淸風, 驪州, 鍾城, 觀察忠淸, 江原, 黃海, 京畿, 廷議推公提文衡.”

1~21권卷은 시詩, 22~29권卷는 문文, 30권卷은 부록으로 구성되어 있다. 권두卷頭에는 총목總目이 간략히 병기되어 있다.

표 6 『설봉유고雪峯遺稿』 수록 작품 현황

문집 편제	수록 내용	문집 편제	수록 내용
1卷	閑溪錄 79題	16卷	城南錄 494題
2卷	歡城錄 88題	17卷	
3卷	海西錄 27題, 吳州錄 20題	18卷	
4卷	關東錄 71題	19卷	
5卷	靜觀錄 61題	20卷	
6卷	臨瀛錄 44題	21卷	
7卷	閑溪後錄 57題	22卷	教命文 1篇, 冊文3 篇, 表箋 10篇, 詔誥制 3篇, 諭教書 7篇, 批答 5篇, 上樑文 4篇, 勸善文 1篇, 賦 4篇
8卷	凝清錄 152題	23卷	序 9篇, 跋 1篇, 說 7篇, 記 5篇, 論 1篇, 箴 1篇, 銘 1篇, 傳 1篇
9卷	靜觀後錄 36題	24卷	祭文 23篇, 策題 5篇
10卷	錦營錄 63題	25卷	疏 30篇
11卷	愁城錄 127題	26卷	箚 3篇, 啓辭 1篇
12卷	關營錄 56題	27卷	墓碣銘 19篇
13卷	駱東錄 101題	28卷	墓誌銘 6篇
14卷	燕京錄 51題, 海營錄 15題	29卷	墓表 2篇, 神道碑 2篇, 銘・諡狀 1篇
15卷	驪江錄 60題	30卷	부록

문집의 1권卷에서 21권卷까지에는 시詩 작품이 시기별로 수록되어 있다. 22권卷부터 30권卷은 문文으로 22권卷에는 교명문教命文・책문冊文・표전表箋・조고제詔誥制・유교서諭教書・비답批答・상량문上樑文・권선문勸善文・부賦 작품이 있고, 23권卷에는 서序・발跋・설說・기記・논論・잠箴・명銘・전傳, 24卷에는 제문祭文・책제策題, 25권卷

에는 소疏, 26卷에는 차箚·계사啓辭, 27권卷에는 묘갈명墓碣銘, 28권卷에는 묘지명墓誌銘, 29권卷에는 묘표墓表·신도비명神道碑銘·익장謚狀이 수록되어 있다. 다양한 형식의 저술이 편차된 것으로 보아 강백년이 문학적으로 상당한 역량과 성과를 가졌음을 짐작할 수 있다. 특히 월과月課·월과괴月課魁에 해당하는 작품들이 다수 수록되어 있어 강백년에 대한 문학적 평가를 가능하게 한다. 시詩로는 월과月課 27제題, 월과괴月課魁 24제題가 있으며,[28] 문文에는 의표擬表·조고詔誥·상량문上樑文·부賦·논論·잠箴·명銘·전傳 가운데 월과月課 작품이 보인다.[29]

세 번째로 살펴볼 인물은 박수현朴守玄(1605~1674)으로, 본관은 밀양密陽이며 자는 태현太玄, 호는 초정草亭이다. 증조부는 박율朴栗(1520~1569)로 장령掌令·지제교知製敎를 지냈으며 이조吏曹 판서判書에 추증되었다. 조부는 박이서朴彝叙(1561~1621)로 이조吏曹 참판參判을 역임한 후 판서判書에 추증된 인물이다. 부친은 병조兵曹 참판參判 박로朴簬

---

28 2卷에는 月課 작품으로는 〈過黃公酒壚有感〉, 〈詠燈花〉, 〈兎園賦雪〉, 〈月聞仙曲調〉가 있으며, 장원을 차지한 月課魁 작품으로는 〈今上岳陽樓〉, 〈南澗題詩〉, 〈浙江潮〉, 〈宋玉悲秋〉, 〈張翰蓴鱸〉가 보인다. 4卷에는 月課 작품으로 〈臥雪圖〉가 수록되어 있으며, 月課魁 작품으로는 〈天書夜半冊元功〉, 〈辟暑犀〉, 〈玉井蓮〉, 〈漏洩春光有柳條〉, 〈紅線量日影〉, 〈雙廟〉가 있다. 5卷에는 月課 작품으로 〈感時花濺淚〉, 〈蘭亭禊飮〉, 〈舞雩詠歸〉, 〈中隱〉, 〈題幸州大捷碑陰〉, 〈木蓮花〉, 〈臥龍菴〉, 〈擬古詩行行重行行〉, 〈拜賜宮壺雨露香〉, 〈題雪裏芭蕉圖〉, 〈臘梅〉, 〈和杜詩秋興八首〉, 〈黃樓九日宴〉, 〈畫蘭〉, 〈三蘇山感懷〉가 있으며, 月課魁 작품으로는 〈烏鵲橋〉, 〈八月槎〉, 〈次杜工部九日藍田崔氏莊〉, 〈滿城風雨近重陽〉, 〈曬腹 辛巳秋〉, 〈次杜工部端午賜衣〉, 〈乞爲寒水玉〉, 〈擊楫渡江〉, 〈茱公竹〉, 〈嘲大夫松〉, 〈菖蒲酒〉, 〈苦熱行〉 ,〈題管幼安畫像後〉가 있다. 6卷에는 月課 작품으로 〈托夢遼城東〉, 〈肉臺盤〉, 〈靑春作伴好還鄕〉, 〈君子花〉, 〈銜蘆雁〉, 〈照影禽〉, 〈擬唐學士送金可紀還新羅〉가 있다.

29 月課 작품으로는 〈擬漢諫大夫夏侯勝謝論以無懲前事表〉, 〈擬殷朝群臣賀祥桑穀枯死表〉 등의 擬表가 있으며 詔誥 중에서 月課로 지은 〈擬漢高祖赦季布詔〉, 〈擬唐太宗獎諭安市城主將詔〉, 〈擬夏后氏戮防風誥〉 등이 있다. 上樑文으로는 〈蜃樓上樑文〉작품이 月課이며, 賦는 〈元者善之長賦〉, 〈氷賦〉, 〈擬蟬賦〉 등의 작품이 月課에 해당한다. 한 편씩 수록되어 있는 論, 箴, 銘, 傳은 모두 月課 작품이다.

(1584~1643)이며, 모친은 정부인 안동安東 권씨權氏로 재령載寧 군수郡守를 지낸 권엽權曄(1574~1650)의 딸이다. 부인은 의령宜寧 남씨南氏로 예조禮曹 참판參判 남응운南應雲(1509~1587)의 고손녀, 개성開城 도사都事 남호南琥의 증손녀, 병조兵曹 참판參判 남이신南以信의 손녀, 호조戶曹 참의參議 남두첨南斗瞻의 딸이며, 소북팔문장小北八文章 중 한 사람인 창명滄溟 남선南銑의 여동생이다.[30] 자녀로 지綕·희纁·치緻·신紳·긍緪 다섯 아들과 딸 하나를 두었다. 소북계열 대부분이 혼인관계로 연결되어 있는데, 박수현은 의령宜寧 남씨南氏와 긴밀한 관계망을 구축하고 있으며,[31] 파평坡平 윤씨尹氏 가문과도 친교를 유지했음을 확인할 수 있다.[32]

박수현의 생애를 개관해보면, 박수현은 1624년 20세에 증광시增廣試 진사 2등 23위로 합격했으며, 생원진사시生員進士試에 합격했고, 1637년 33세에 사직서社稷署 참봉參奉을 시작으로 벼슬에 나아가 광흥창廣興倉

30 姜栢年, 「南斗瞻의 묘갈명」, 국역 국조 인물고. 참조.

31 박수현의 문집에는 부인과 兄妹 관계인 남선에게 보낸 시가 남아있다. 남선의 경우에도 그가 1652년 44세에 韓山郡守로 부임할 당시 박수현에게 작별의 소회를 담아 부친 〈南伯圖令公 爲省親便 近求韓山 果除以其韓山郡親廷 一宿可至也 將之任 送來華箋 覓詩以賦行 余方滯縣齊 不能出餞 聊述別懷 遠寄兼簡〉 작품이 있으며, 남선이 1655년 47세에 安東府使에 임명되어 갈 때 박수현이 지어 준 작별시 〈奉別南伯圖令公之永嘉大都護府〉가 있다. 또한 박수현은 남선의 동생으로 後母인 光州 金氏에게서 태어나 33세에 요절한 南翊을 위해 七言古詩 형식의 〈哀南上舍翊詞〉를 창작한 바 있다. 그 외에도 박수현이 宜寧南氏 인물들을 대상으로 여러 편의 만시를 지어주었던 것으로 미루어 보았을 때 박수현과 의령남씨 가문 간의 친분을 유추할 수 있다.

32 박수현의 〈謝戚從兄尹純甫臨別兼示座中諸益〉, 〈奉別戚從兄尹純夫之任咸平〉 작품을 통해 보았을 때 坡平 尹氏 尹鏶(1601~1669)과 가까운 사이였던 것으로 보이는데, 윤집의 모친이 박이서의 딸이며 박수현의 祖父인 박이서가 윤집의 外祖父라는 점에서 주목할 만하다. 또한 박수현은 〈祭尹參判鏶〉, 〈輓尹姪判官溱〉을 통해 확인할 수 있듯 姑母인 윤집의 모친과 각별한 관계였으며, 〈戚姪尹水運溱委來沽酒〉, 〈輓尹姪判官溱〉에 드러나듯 윤집의 아들인 尹溱(1622~?)와도 교유를 이어나갔던 것으로 보인다.

봉사奉事와 상의원尙衣院 직장直長・전생서典牲署 주부主簿를 거쳐 병조戶曹 좌랑佐郎을 역임했다. 1650년 46세에 영평永平 현령縣令에 특승特昇되었다. 1656년 52세에 금부도사禁府都事로 양천陽川에 임명되었으나 부임하지 못했다. 1660년 56세의 나이로 증광시增廣試 병과丙科에 2위로 급제하고, 예조禮曹 좌랑佐郎・춘추관春秋館을 거쳐 1664년 60세에 평안도사平安都事가 되었다. 1671년 67세에 성균관成均館 사예司藝를 역임하고, 1674년 3월 13일 70세로 세상을 떠났다.

박수현의 문집을 개관해보면 다음과 같다.

표 7『초정선생유고草亭先生遺稿』수록 작품 현황

문집 편제	수록 내용
1卷	五言古詩 18題 18首, 五言排律 17題 17首, 五言絶句 19題 21首, 五言律詩 296題 299首
2卷	七言古詩 46題 46首, 七言排律 7題 7首, 七言絶句 70題 119首, 七言律詩 73題 95首
3卷	七言律詩 254題 309首
4卷	記 14篇, 傳 1篇, 說 2篇, 序 5篇
5卷	上疏 2篇, 祭文 16篇, 哀辭 1篇, 序 15篇, 啓 1篇, 箋 1篇, 致語 1篇, 箋文 5篇, 擬制 2篇, 詔書 1篇, 贊 2篇, 箴 2篇, 頌 2篇, 銘 1篇, 辭 1篇, 擬奏 1篇

시 작품을 개관해보면 총 800제題 931수首인데, 이를 형식별 창작 비율로 살펴보면 오언고시五言古詩 2%, 오언배율五言排律 2%, 오언절구五言絶句 2%, 오언율시五言律詩 36%, 칠언고시七言古詩 6%, 칠언배율七言排律 1%, 칠언절구七言絶句 14%, 칠언율시七言律詩 37%로 정리할 수 있다. 이를 통해 박수현이 오언율시五言律詩와 칠언율시七言律詩 형식을 선호했음을 파악할 수 있다.

네 번째로 살펴볼 인물은 임한백任翰伯(1605~1664)으로 본관은 풍천

豊川이며, 자는 경익景翼 또는 경익慶翼, 호는 南谷이다. 임열任說의 증손이며, 조부는 임영로任榮老, 부친은 임장任章, 모친은 황정신黃廷愼의 딸이다. 1642년 38세에 식년문과에 장원으로 급제했으며 1643년 39세에 지평持平을 지냈으며,[33] 정언正言을 역임하였다.[34] 1644년 40세에 소현세자昭顯世子가 심양에 들어갈 때 사서司書로 이사貳師 이명한李明漢, 보덕輔德 서상이徐祥履, 문학文學 이래李來와 함께 따라갔다.[35] 1645년 41세에 지제교知製敎가 되었고[36] 지평持平을 역임하였다.[37] 1660년 55세에 부수찬副修撰이 되었으며,[38] 1663년 58세에 길주목사吉州牧使로 임명되어 부임하였으나,[39] 사헌부司憲府의 탄핵을 받았다.[40] 시문에 뛰어난 재능을 지녔다고 알려져 있으나 문집이 확인되지 않는다.

다섯 번째로 살펴볼 인물은 정창주鄭昌胄(1606~1664)로 본관은 초계草溪이며, 자는 사흥士興, 호는 만주晩洲・만사晩沙・묵헌默軒・죽헌竹

33 『仁祖實錄』 44卷, 〈인조 21년 4월 3일 병인 1번째 기사〉, "以李棨爲都承旨, 金益熙爲執義, 丁彦璜、姜栢年爲掌令, 任翰伯爲持平, 李行遇爲司諫, 閔馨男爲刑曹判書, 安夢尹爲慶尙右兵使."

34 『仁祖實錄』 44卷, 〈인조 21년 7월 2일 계사 1번째 기사〉, "以金壽翼爲司諫, 金始蕃爲掌令, 任翰伯爲正言, 柳志立爲注書."

35 『仁祖實錄』 45卷, 〈인조 22년 2월 19일 무인 1번째 기사〉, "貳師李明漢、輔德徐祥履、文學李來、司書任翰伯從焉."

36 『仁祖實錄』 46卷, 〈인조 23년 3월 13일 병신 1번째 기사〉, "朴長遠、曺漢英、朴日省、兪棨、洪錫箕、任翰伯、李元圭爲知製敎."

37 『仁祖實錄』 46卷, 〈인조 23년 12월 7일 을유 1번째 기사〉, 『仁祖實錄』 47卷, 〈인조 24년 1월 15일 계해 3번째 기사〉, 『仁祖實錄』 47卷, 〈인조 24년 2월 27일 갑진 1번째 기사〉.

38 『顯宗實錄』 2卷, 〈현종 1년 1월 16일 임신 1번째 기사〉, "壬申/以金壽恒爲大司諫, 成以性爲應敎, 慶㝡爲持平, 金萬基爲校理, 任翰伯爲副修撰, 權諰爲同義禁, 朴敬祉爲統制使."

39 『顯宗實錄』 5卷, 〈현종 3년 6월 21일 임술 1번째 기사〉, "任翰伯爲吉州牧使."

40 『顯宗實錄』 7卷, 〈현종 4년 11월 27일 신묘 1번째 기사〉, "又啓曰, "吉州牧使任翰伯, 今若罷職而止, 適足以中其願, 請拿問定罪." 上從之."

軒이다. 증조부는 정응탁鄭應鐸, 조부는 정문명鄭文明, 부친은 정시망鄭時望이다. 모친은 여주驪州 이씨李氏로 이상홍李尙弘(1559~1596)의 딸이다. 정창주의 생애를 정리해보면, 1630년 25세에 생원시生員試・진사시進士試에 합격했으며, 1637년 32세에 〈한구현량방정직언극간지사조漢求賢良方正直言極諫之士詔〉를 지어 정시문과에 병과로 급제해 병조兵曹 정랑正郎과 지제교知製敎 등을 역임하였다. 1640년 35세에 차제관差祭官으로 헌릉獻陵에 다녀왔으며, 1642년 37세에 성절 동지 겸 공행聖節 冬至兼 貢行으로 서장관의 임무를 맡아 정사 남이웅南以雄, 부사 김시국金蓍國과 함께 연행을 다녀왔다. 이 시기 연행시로 〈탕참 이수湯站 二首〉, 〈분수령分水嶺〉, 〈태자하太子河〉 등의 작품이 문집에 보인다. 4월에는 지평持平에 제수되었으며, 9월에는 강백년姜栢年, 남선南銑 등 15인과 함께 지제교知製敎에 선발되었고,[41] 11월에는 경상慶尙 도사都事를 역임하였다. 1643년 28세에 춘추관春秋館 기주관記注官이 되었으며, 1644년 39세에 평양平壤 서윤庶尹을 역임하였다. 1646년 41세에 〈의한간의대부하후승사유이무징전사표擬漢諫議大夫夏侯勝謝諭以無懲前事表〉를 지어 중시重試에 급제하여 시강원侍講院 필선弼善에 제수되었으며, 사간원司諫院 헌납獻納을 지냈다. 1648년 43세에 헌납獻納에 제수되었으며,[42] 접위관接慰官이 되어 동래東萊로 가서 차왜差倭 평성춘平成春을 접대하는 임무를 맡았다.[43] 1651년 46세에 담양潭陽 부사府使를 역임했으며, 1653년

41 『仁祖實錄』 43卷, 〈인조 20년 9월 26일 계사 1번째 기사〉, "吏曹選知製教, 鄭知和・鄭泰齊・申冕・李稶・姜栢年・金始蕃・南銑・李以存・趙珩・鄭昌胄・柳道三・洪處亮・趙全素・林塇・沈熙世 等十五人."

42 『仁祖實錄』 49卷, 〈인조 26년 2월 8일 계유 2번째 기사〉, "以李以存爲執義, 鄭昌胄爲獻納, 南老星爲吏曹參議, 李行進爲應教."

43 『仁祖實錄』 49卷, 〈인조 26년 3월 16일 신해 1번째 기사〉, "遣鄭昌胄往東萊, 接慰差倭 平成春."

48세에 승지承旨에 제수되었고[44] 밀양密陽 부사府使가 되었다. 1658년 53세에 승지承旨로 제수되었으며,[45] 금천金川 군수郡守와 동래東萊 부사府使를 맡았다. 1661년 56세에 전라도 관찰사 겸 전주 부윤全羅道觀察使兼 全州府尹이 되었으나 부임하지 않았으며, 황해도黃海道 관찰사觀察使로 제수되었으나 역시 부임하지 않았다. 이후 1664년 59세 2월 무렵 세상을 떠났다.[46]

정창주의 문집인 『만주집晩洲集』을 살펴보면, 총 4권卷으로 구성되어 있다. 〈만주선생집기晩洲先生集記〉의 내용에 의거해 문집 명칭이 후대에 『만주집晩洲集』으로 붙여진 연유를 검토한 결과 만주晩洲로 자호自號를 지어 스스로 만년에 강호에서 살고 싶은 의지를 표명한데서 비롯된 것으로 보인다.[47] 『만주집晩洲集』 간행 경위를 살펴보면, 애초에 정원상鄭元祥이 부친인 정창주의 문집을 내려는 계획 아래 1717년 강현姜鋧의 서문을 받은 바 있으나 그 뜻을 이루지 못한 것으로 확인된다.[48] 이후 1748년에 이르러 손자 정유鄭維에 의해 『만주집晩洲集』이 간행되었으나 글이 많이 유실된 상태였기에[49] 정창주의 원고 중 일부만을 수집・간행한 것으로 보인다.[50] 정창주의 『만주집晩洲集』을 개관해보면

44 『孝宗實錄』 10卷, 〈효종 4년 3월 21일 정해 1번째 기사〉, "以鄭昌胄爲承旨, 郭之欽爲掌令, 權大運爲持平, 趙壽益爲副提學, 宋時烈爲忠州牧使."

45 『孝宗實錄』 20卷, 〈효종 9년 5월 6일 임인 1번째 기사〉, "以金佐明爲都承旨, 鄭昌胄爲承旨."

46 정창주의 생애는 한국문집총간 해제를 참고하여 작성하였다. 鄭昌胄, 『晩洲集』, 韓國文集叢刊 속30, 民族文化推進會, 1748.

47 鄭昌胄, 『晩洲集』, 「晩洲先生集記」, "惟我祖考詩文行於世者, 有默軒・竹軒・晩洲三號, 而一時儕友間酬和之文, 多以晩洲稱之, 且春湖鄭參判答和詩小序曰, 公早晩有江湖之計, 而自號晩洲云, 故以晩洲爲集名焉."

48 鄭昌胄, 『晩洲集』, 「晩洲先生集記」, "嗚呼, 先親在世時, 以遺稿付諸剞劂, 要爲傳後之計者, 夙宵未懈, 請序于白閣姜尙書, 未及就刊, 遽貽穹壤之慟."

49 鄭昌胄, 『晩洲集』, 「晩洲集序」, "公之一生所著述甚多, 而太半遺失."

다음과 같다.

표 8 『만주집晩洲集』 수록 작품 현황

문집 편제	수록 내용
1卷	五言絶句 22題, 六言 1題, 歌詞 1題, 七言絶句 107題, 五言四韻 135題, 五言挽詞 5題
2卷	七言四韻 209題
3卷	七言四韻 9題, 七言挽詞 24題, 五言長律 5題, 五言長律挽詞 2題, 七言長律 1題
3卷	七言長律挽詞 2題, 五言古詩 11題, 五言古詩挽詞 1題, 七言古詩 19題, 賦 3題, 表箋 10題
4卷	詔制 4題, 箴銘 6題, 頌 4題, 箋文 9題, 疏章 2題, 序文 3題, 雜說 7題

여섯 번째로 이휴징李休徵(1607~1677)을 살펴보면, 본관은 광주廣州이며, 자는 선세善世, 호는 휴암休庵이다. 증조부는 이예열李禮悅, 조부는 이사수李士修, 부친은 현령縣令 이필성李必成이며, 어머니는 평산平山 신씨申氏 교위校尉 신용수申龍壽의 딸이다. 외조부는 신귀수申龜壽이며, 처부는 이시익李時翼이다. 이휴징의 생애를 살펴보면, 1648년 42세에 교관教官이 되었으며, 1651년 45세에 알성시謁聖試에 병과 1위로 급제하였다. 1653년 47세에 정언正言에 제수되었으며,[51] 1662년 56세에 지평持平을 역임하였다.[52] 1663년 57세에 삼척三陟 부사府使, 1665년 59세에 성주星州 목사牧使에 제수되었다. 1667년 61세에 정언正言을 지냈으며[53] 1668년 62세에 장령掌令을 역임했고,[54] 1669년 63세에 헌납獻納이

50 鄭昌胄, 『晩洲集』, 「晩洲先生集記」, "見存遺稿, 不能盡刊, 祇成此上下兩卷, 實爲欠歎."
51 『孝宗實錄』 11卷, 〈효종 4년 11월 6일 무술 1번째 기사〉.
52 『顯宗實錄』 5卷, 〈현종 3년 3월 18일 신묘 2번째 기사〉.
53 『顯宗實錄』 14卷, 〈현종 8년 12월 20일 경인 1번째 기사〉.
54 『顯宗實錄』 14卷, 〈현종 9년 3월 13일 신해 1번째 기사〉.

되었다.[55] 1670년 64세에 장령掌令에 제수되었으며,[56] 1671년 65세와 1672년 66세에도 장령掌令을 지냈다.[57]

이휴징의 문집으로는 『휴암유고庥庵遺稿』가 남아있는데, 모두 2권卷으로 구성되어 있으며, 1권卷에는 시詩, 2권卷에는 문文이 수록되어 있다. 1914년 무렵 9대손인 이용태李容泰가 간행한 것으로 확인되며, 이용태의 발문跋文이 문집에 실려 있다.

표 9 『휴암유고庥庵遺稿』 수록 작품 현황

문집 편제	수록 내용
1卷	五言絶句 5首, 五言律詩 21首, 六言絶句 2首, 七言絶句 26首, 七言律詩 116首
2卷	疏 2篇, 書 5篇, 序 1篇, 跋 1篇, 祝文 1篇, 碑文 2篇, 碣銘 1篇, 附錄 遺事狀 1篇, 跋文

이휴징의 문집을 대략적으로 살펴보면, 시의 경우 142제題 170수首의 작품이 남아있음을 알 수 있다. 산문의 경우에도 소疏 2편篇・서書 5편篇・서序 1편篇・발跋 1편篇・축문祝文 1편篇・비문碑文 2편篇・갈명碣銘 1편篇이 수록되어 있다. 시의 경우 만시挽詩를 비롯해 자연과 영물을 읊은 시가 양적으로 많은 비중을 차지하며, 송시送詩・증시贈詩도 포착된다. 산문 가운데에는 예조禮曹 좌랑佐郎 역임 시 상복喪服 제도制度의 중요성을 언급하거나,[58] 예禮에 관한 의견을 개진한 글이 보인다.[59] 그 밖에도 송준길宋浚吉(1606~1672)과 학문적 견해를 주고받은 글을[60] 비

55 『顯宗實錄』 17卷, 〈현종 10년 8월 30일 경인 1번째 기사〉.

56 『顯宗實錄』 18卷, 〈현종 11년 2월 22일 기유 1번째 기사〉.

57 『顯宗實錄』 19卷, 〈현종 12년 1월 17일 기사 2번째 기사〉, 『顯宗實錄』 20卷, 〈현종 13년 9월 10일 임오 1번째 기사〉.

58 李休徵, 『庥庵遺稿』 2卷, 「疏」, 〈服制收議〉.

59 李休徵, 『庥庵遺稿』 2卷, 「書」, 〈與李丞旨泰之〉.

롯해 1643년 종사관從事官으로 일본 통신사행의 임무를 맡은 신유申濡를 보내며 쓴 서문이 있는데[61] 이 글을 통해 교유관계의 일면을 살펴볼 수 있다.

이휴징 문집에 수록된 시의 형식별 비율을 따져보면, 오언절구五言絶句 3%, 오언율시五言律詩 12%, 육언절구六言絶句 1%, 칠언절구七言絶句 15%, 칠언율시七言律詩 69%의 양상을 보인다. 이를 통해 이휴징이 칠언시 위주의 창작 경향을 보이며, 그 가운데서도 칠언율시를 선호했음을 확인할 수 있다. 칠언시 중심의 작시 형태는 조선시대 당대 문인들의 보편적인 시 창작 경향이라고 볼 수 있으나, 이휴징의 경우 전체 시의 84%를 칠언으로 창작했으므로 한시에 대한 이해가 높았으며 한시 작시 능력이 뛰어났다고 판단된다.[62]

일곱 번째로 살펴볼 남선南銑(1609~1656)의 본관은 의령宜寧, 자는 백도伯圖이며, 호는 창명滄溟인데 작명 동기나 내용에 관해서는 알 수 없다. 남선의 증조부는 남호南琥, 조부는 남이신南以信, 부친은 감사監司 남두첨南斗瞻(1562~1635)이다. 모친은 청주淸州 한씨韓氏(1590~1614)이며, 외조부는 한응인韓應寅, 처부는 권현權晛이다. 남선은 1609년 첫째로 태어났으며, 아우는 남증南鐺(1612~1629)인데 일찍 죽었고 여동생은 소북팔문장小北八文章 중 한 사람인 박수현朴守玄과 혼인하였다.[63] 또 다른 형제로는 광주光州 김씨金氏인 후모後母에게서 태어난 남익南

60 李休徵, 『麻庵遺稿』 2卷, 「書」, 〈與宋執義〉.

61 李休徵, 『麻庵遺稿』 2卷, 「序」, 〈送申君澤以通信從事奉使日本序〉.

62 윤재환, 「聽蟬 李志定 詩文學 硏究」, 『韓國漢詩硏究』 23, 한국한시학회, 2015, p.163. 칠언 근체시는 형식적 완결성을 가장 중시한 시문학 양식이므로 칠언을 중심으로 한 시문학 창작에 주력하였다면, 한시의 형식적 완결성에 상당한 정도의 자신감을 지니고 시문학 활동을 했다고 볼 수 있다.

63 姜栢年, 「南斗瞻의 묘갈명」, 국역 국조 인물고.

翊·남굉南翃·남항南翝이 있고, 후모에게서 태어난 네 명의 여동생은 각각 이성익李成翼·최영세崔永世·조하장曹夏長·김필상金弼相과 혼인했다. 남선은 7남 1녀를 두었는데 남성훈南聖熏·남경훈南景熏·남상훈南尙熏·남익훈南益熏·남오훈南五熏·남치훈南致熏·남지훈南至熏이며 사위는 이홍기李弘期이다.

1614년 6세에 모친이 돌아가자 남선은 조모의 양육 아래서 자란 것으로 보인다.[64] 1630년 22세로 경오庚午 식년式年 사마시司馬試에 생원生員 3등으로 합격했으며, 1633년 25세에는 부친 남두첨南斗瞻이 남원南原 부사府使를 역임했기에 남원 지역에서 머물렀다. 1636년 28세 무렵에 별시別試 문과文科에 을과乙科 2등으로 급제하였고, 1639년 31세에는 광주光州 김씨金氏인 후모後母가 돌아가셨으며, 1640년 32세 때는 작은할아버지 남이공南以恭(1565~1640)이 돌아가셨다. 1641년 33세로 정언正言이 되었고, 전적典籍·병조兵曹 좌랑佐郎·사간원司諫院 정언正言·홍문관弘文館 부수찬副修撰·경연經筵 검토관檢討官·춘추관春秋館 기사관記事官·병조兵曹 정랑正郎·지제교知製敎를 지냈다. 그러나 그해 11월에 남선은 「사정언소辭正言疏」를 제출하여 정언正言을 사직하고자 하였다. 남선은 상소에서 병이 점점 심해지고 어깨통증, 담으로 인해 직무를 수행할 수 없음을 밝혔고, 그에 따라 체차遞差하라는 비답이 떨어졌다. 1642년 34세 평안平安 도사都事·예조禮曹 정랑正郎·수찬修撰·교리校理를 역임했으며 4월에는 부수찬을 사직하는 상소인 「사부수찬소辭副修撰疏」를 올렸다. 그 후에도 남선은 부수찬의 체직을 요청하는 상소인 「걸체부수찬소乞遞副修撰疏」를 올렸으나 1644년 36세 4월에 반려되었다. 1644년 36세부터 2년간 인천仁川에서 유배 생활을 했고,

64 南銑, 『滄溟遺稿(乾)』, 「正言時避嫌」, "臣誠無祿, 早失所恃, 祖母收育以至成立, 恩同母子, 未嘗違離."

1647년 39세 때 당상관堂上官에 올라 동부승지同副承旨에 이르렀고 호부戶部 우시랑右侍郎·좌부左副 승지承旨를 지냈다. 1648년 40세에 여주驪州 목사牧使를 지냈으며, 41세에는 승정원에 들어갔다. 1650년 42세에 황해도黃海道 관찰사觀察使로 제문祭文 「우이산기우문牛耳山祈雨文」을 지었다. 이 시기 해주海州 안찰사按察使도 역임했다. 1652년 44세에 우부승지右副承旨·한산韓山 군수郡守를 지냈고, 1653년 45세에 충주忠州 목사牧使에 재직하면서 제문祭文 「양진기우문楊津祈雨文」을 지었다. 1654년 46세에 우부대언右副代言·우승지右承旨·좌승지左承旨를 거쳐 예조禮曹 참의參議에 제수되었다가 병조兵曹 참의參議로 체직되었으며, 1655년 47세에는 안동安東 부사府使를 거쳐 경상도慶尙道 관찰사觀察使를 맡았으나 이 시기 지은 「걸체소乞遞疎」를 보면, 남선은 7월 경상감사로 있으면서 체직을 요청하는 소를 올렸음을 알 수 있는데, 남선이 이전에 황해도관찰사로 있을 당시 중국 사신들이 계속 내왕하여 일 년 동안 쫓아다니며 역참에 기거해 수토병이 들었고 완치되지 않았음을 토로했다. 그에 따라 이 시기에 와서는 시력과 청력이 떨어지고 기억을 잃었다고까지 했다. 1656년 48세로 부친상을 치르다가 병이 심해져 11월 4일 생을 마감하였다.

남선의 문집인 『창명유고滄溟遺稿』를 살펴보면, 건乾, 곤坤 총 2책冊으로 구성되어 있으며 문체별로 나누어져 편제되어 있음을 알 수 있다.

표 10 『창명유고滄溟遺稿』 수록 작품 현황

문집 편제	수록 내용
乾	五言絶句 3首, 七言絶句 7題 9首, 五言律詩 33題 35首, 七言律詩 85題 99首, 五言排律 2首, 七言排律 5首 祭文 21篇, 疏 9篇, 箋表 24篇, 記 1篇, 賦 6篇
坤	策 4篇

남선의 문집을 대략적으로 살펴보면, 시의 경우 135제題 153수首의 작품이 남아있음을 알 수 있다. 산문의 경우에도 제문祭文 21편篇・소疏 9편篇・전표箋表・전箋 24편篇・기記 1편篇・부賦 6편篇・책策 4편篇이 수록되어 있다. 수록된 시의 형식을 살펴보면, 남선이 오언율시五言律詩와 칠언율시七言律詩를 선호했음을 확인할 수 있다. 또 이 시 중에서 만시挽詩가 118수首, 즉 77%에 육박하는 양적 비중을 지니고 있음을 알 수 있다.

여덟 번째로 신유申濡(1610~1665)에 대해 살펴보면, 본관은 고영高靈이며 자는 군택君澤, 호는 죽당竹堂・이옹泥翁이다. 첨지중추부사 신말주申末舟의 7대손이며, 신언식申彦湜의 증손이다. 할아버지는 신심申淰이고, 아버지는 신기한申起漢이며, 어머니는 김영국金英國의 딸이다. 1630년 21세에 진사가 되었고, 1636년 27세에 별시문과에 병과로 급제, 사간원司諫院 정언正言・사헌부司憲府 지평持平・홍문관弘文館 부교리副校理・이조吏曹 좌랑佐郎 등을 역임하였다. 1642년 33세에 이조 좌랑吏曹佐郎을 지냈으며, 이듬해 통신사通信使의 종사관으로 일본에 다녀왔다. 이후 집의執義・동부승지同副承旨・우승지右承旨 등을 거쳐, 1650년 41세에 도승지가 되었다. 이때 동지춘추관사同知春秋館事를 겸하여 『인조실록仁祖實錄』의 편찬에 참여하였으며, 대사간을 거쳐 1652년 43세에 사은부사謝恩副使로 청나라에 다녀왔다. 1657년 48세에 대사간으로 국왕을 능멸하였다 하여 강계에 유배되었다가 천안으로 옮겨졌다. 1661년 52세에 형조刑曹 참판參判이 되었고, 이어 호조戶曹・예조禮曹의 참판을 역임하였다. 또한 소현세자昭顯世子를 따라 심양瀋陽에 다녀온 적이 있다.

표 11 『죽당집竹堂集』 수록 작품 현황

문집 편제	수록 내용	문집 편제	수록 내용
1卷	瀋館錄 69題, 駒城錄 13題, 玉堂錄 11題	9卷	兜率錄 84題
2卷	海槎錄 148題	10卷	養痾錄 87題, 交州錄 20題
3卷		11卷	疏 31篇
4卷	銀臺錄 10題, 拾遺 3題, 玉川錄 19題, 銀臺後錄 10題, 錦江錄 73題	12卷	製進文 11篇, 箋文 5篇, 啓辭 7篇, 狀 5篇
5卷	駱亭錄 24題, 龍灣錄 22題, 駱亭後錄 6題, 湖行錄 21題, 駱亭續錄 14題, 湖行後錄 6題, 駱居錄 25題	13卷	序記 10篇, 雜文 3篇, 祭文 11篇
6卷	燕臺錄 120題	14卷	墓碣 3篇, 墓誌 3篇, 行狀 4篇
7卷	雪山錄 12題, 駱居後錄 8題, 松都錄 50題, 騎省錄 25題	15卷	부록
8卷	淸源錄 113題		

신유의 『죽당집竹堂集』에 수록된 글을 살펴보면, 1~10권卷에는 시가 수록되어 있는데, 1卷의 「심관록瀋館錄」에는 신유가 시강원侍講院 문학文學으로 1639년 2월부터 16개월에 걸쳐 심양瀋陽에 다녀오며 지은 시가 담겨 있다. 「구성록駒城錄」은 1640년 용인 현감으로 재직하는 부친을 찾아뵈러 갔다 오면서 지은 시를 모은 것이다. 「옥당록玉堂錄」에는 1640~1641년 홍문관에 있으며 창작한 시가 수록되어 있다. 2~3권卷은 「해사록海槎錄」으로 신유가 청하사請賀使 서장관의 직분으로 일본에 다녀오면서 지은 시가 담겨 있다. 4권卷의 「은대록銀臺錄」은 승정원에 출사할 때 창작한 것이며, 「옥천록玉川錄」은 1647년 옥천玉川에 머물며 지은 시를 모은 것이다. 「은대후록銀臺後錄」은 1647년 4월 우승지에 제수되었다가 상소하여 체직되고, 7월에 병조참의가 되어 출사하기 전까지 지은 시이다. 「금강록錦江錄」에는 1647년 8월 외직을 청하여 공주公州 목사牧使로 나가 이듬해 10월 체직될 때까지 지은 작품이 담겨 있다.

5권卷의 「낙정록駱亭錄」은 1648년 겨울부터 1649년 가을까지 낙산駱山 동쪽 후추後瘳 김신국金藎國의 별장에 머물 때 지은 시이다. 「용만록龍灣錄」은 1649년 10월 문안사問安使로 의주義州에 다녀오며 창작한 것이다. 「낙정후록駱亭後錄」은 1649년 12월에 지은 시에 1650년의 시를 덧붙여 완성한 것이다. 「호행록湖行錄」은 1650년 가을에 도승지로서 휴가를 청하여 순창淳昌의 선영에 다녀오면서 지은 시이다. 「낙정속록駱亭續錄」은 1651년 도승지로서 동료들과 주고받은 것이며, 「호행후록湖行後錄」은 1651년 11월에 둘째 아들 신선연申善淵이 사마시에 합격하여 순창의 선영에 고하러 다녀오는 중에 지은 시이다. 「낙거록駱居錄」은 1652년 낙산 동쪽에 거처하며 지은 작품이며, 6권卷의 「연대록燕臺錄」은 옥과현玉果縣의 모친을 뵙고 난 후 서울에 머물며 창작한 시이다. 7권卷의 「설산록雪山錄」은 1653년 봄에 옥과현의 모친을 뵙고 오는 길에 지은 것으로, 아우 신혼申混과 수창한 시가 많다. 「낙거후록駱居後錄」은 1653년 가을 이후로 낙산 동쪽에 거처하는 동안 창작한 것이며, 「송도록松都錄」은 1654년 1월 개성開城 유수留守가 되어 이듬해 3월 파직될 때까지 14개월 동안 지은 시이다. 「기성록騎省錄」은 1655년 여름 병조 참판에 제수되고부터 이듬해 봄까지 낙산에 머물면서 지은 것이며, 8권卷 「청원록淸源錄」의 청원淸源은 강계江界의 별칭으로 1657년 4월 대사간으로 상소를 올리다 유배되어 10월에 천안天安으로 이배移配될 때까지의 시를 담은 것이다. 9권卷는 「도솔록兜率錄」으로 1657년 10월 강계에서 천안으로 이배移配되고부터 1659년 해배되어 서울로 돌아올 때까지 지은 시를 모은 것이다. 10권卷 「양아록養痾錄」은 1657년 상을 당한 후 1661년 봄부터 창작한 시가 담겨 있다. 「교주록交州錄」은 1663년 4월 회양淮陽 부사府使로 부임되어 1년간 지은 시이다.

11~15권卷에는 문장이 담겨 있는데, 11권卷은 소疏로 사직과 체직을

청하는 상소로 구성되어 있다. 12권卷의 제진문製進文은 모두 왕을 대신해 지은 글로서 진향문進香文・치제문致祭文・교서敎書・비답批答・돈유敦諭 등이 담겨 있다. 13권卷은 서기序記・잡문雜文・제문祭文으로 구성되어 있으며, 14권卷에는 묘갈墓碣・묘지墓誌・행장行狀이 수록되어 있다. 15권卷는 부록으로, 신경준申景濬이 지은 신도비명, 1666년에 현종顯宗이 내린 제문을 지제교知製敎 이단하李端夏가 대작代作한 사제문賜祭文이 실려 있다.[65]

2. 소북팔문장小北八文章의 형성과 교유

이 절에서는 소북팔문장小北八文章의 형성과 교유 양상을 확인하고자 한다. 소북팔문장은 소북문단小北文壇을 대표하는 집단으로 형성 과정에서 내적 동질성을 바탕으로 구성되었다. 이들은 당맥黨脈과 혼맥婚脈을 통해 결속력을 강화하는 동시에 특정한 세거지를 중심으로 활동했으며, 만시挽詩를 창작하여 교유관계를 다지고 확인하였다는 점에서 기본적으로 내적 동질성을 확보하였다. 이는 소북팔문장의 상호연계성을 입증하고 소북팔문장의 형성 토대와 소북문단을 구성하는 인적 네트워크 양상을 파악하는 기저로 작용한다. 또한 소북팔문장의 실질적인 형성과 교유 양상이 밝혀짐에 따라 추후 소북문단을 구성하고 있는 소북계열 문인들의 관계성을 유추할 수 있으리라 여긴다.

65 『竹堂集』의 문집 수록 현황은 한국문집총간 해제를 참고하여 작성하였다. 申濡, 『竹堂集』, 韓國文集叢刊 속31, 민족문화추진회, 1689.

1) 혼맥婚脈과 세거지世居地를 통한 결속력의 강화

소북小北계열은 당파 안의 혼인婚姻을 통해 결속력을 강화했으며, 世居地를 기반으로 거주 지역 안에서 교유하는 양상을 보인다. 이처럼 소북계열의 인물들이 내부 결속을 중시했기에 소북팔문장小北八文章 역시 가계家系와 지역을 중심으로 교유관계를 형성하고 유지했다. 따라서 이 절에서는 소북팔문장과 소북계열 문인들이 내부적으로 맺고 있었던 혼맥婚脈의 양상과 소북계열 문인들의 주요 세거지를 살펴보고자 한다.

혼맥婚脈은 제도화된 사회・문화적 양식이자 경제・정치적인 관계 맺기의 방식이라고 할 수 있는데, 혼인婚姻을 통해 가족家族이 유기적으로 연결되어[66] 모임을 결성하는데 주요 요인으로 작용하므로 상당한 의미가 있다. 이에 먼저 소북팔문장小北八文章의 혼맥婚脈 양상을 살펴보도록 한다. 박수현朴守玄의 경우 소북팔문장 중 한 사람인 남선南銑의 여동생과 혼인하였는데,[67] 이를 통해 박수현이 의령宜寧 남씨南氏 가문과 긴밀한 관계망을 구축하고 있었음을 확인할 수 있다. 그에 따라 문집에 부인과 형매兄妹 관계인 남선에게 보낸 시가 남아있으며,[68] 남선의 동생 남익南翊과도 친분을 유지한 것으로 보인다.[69] 그 밖에도 의령 남씨 인물들을 대상으로 여러 편의 만시를 지어주었다는 것으로[70]

66 김경호, 「혼인의 관계망을 통해 본 16세기 호남유학」, 『嶺南學』 64, 경북대학교 영남문화연구원, 2018, pp.39~40.

67 姜栢年, 「南斗瞻의 묘갈명」, 국역 국조 인물고. 참조.

68 朴守玄, 『草亭先生遺稿』, 〈南伯圖令公 爲省親便 近求韓山 果除以其韓山郡親廷 一宿可至也 將之任 送來華箋 覓詩以賦行 余方滯縣齊 不能出餞 聊述別懷 遠寄兼簡〉. 〈奉別南伯圖令公之永嘉大都護府〉.

69 朴守玄, 『草亭先生遺稿』, 〈哀南上舍翊詞〉.

70 朴守玄, 『草亭先生遺稿』, 〈輓南丹陽斗樞〉, 〈輓南生詡天〉, 〈輓南豐川斗傍〉, 〈輓南奉

미루어 보았을 때 박수현과 의령남씨 가문이 친분을 유지했음을 알 수 있다.

심제沈?는 허주許宙(1563~1621)의 딸과 혼인하였는데, 양천陽川 허씨許氏인 허주가 소북小北계열 문인이라는 점에서 심제 역시 당색에 따른 혼인을 맺었음을 알 수 있다. 허주는 청주淸州 한씨韓氏 좌의정 양절공襄節公 한확韓確의 후손인 정국공신靖國功臣 서원군西園君 한세창韓世昌의 증손이자 성균 생원 한경렴韓景濂의 딸과 혼인해 2남 2녀를 두었고 그 가운데 딸 한 명을 심제에게 시집보냈다.

정창주鄭昌胄는 이양李揚의 딸과 혼인하였으며, 경주慶州 이씨李氏 이이남李頤男(1569~1631)의 딸과도 혼인한 사실을 확인할 수 있다. 경주慶州 이씨李氏의 경우 소북小北계열에 포섭될 수 있을 듯하나 실질적인 인물 정보를 『북보北譜』에서 확인하기 어려운 실정이다.

남선南翧은 권현權晛(1576~1655)의 딸과 혼인하였는데, 소북小北계열에 속하는 안동安東 권씨權氏 가문과 교유했다는 점에서 의미를 지닌다. 전체적으로 종합해보면, 소북팔문장 구성원들 대부분이 소북계열 가문과 혼인을 맺었다는 것을 알 수 있는데 이러한 행동은 내부적 결속을 도모하기 위한 것으로 추정된다.

또 이와 같은 면모가 소북칠학사小北七學士와 소북오군자小北五君子에게서도 확인된다는 점에서 이런 당파내의 혼인은 소북계열 가문의 특징적 양상이라고 할 수 있다. 특히 소북칠학사의 경우 당파 내의 혼인과 함께 명문가와의 혼인관계가 파악된다. 의령宜寧 남씨南氏인 남이공南以恭(1565~1640)은 소북계열 가문인 문화文化 유씨柳氏 유몽필柳夢弼(1533~?)의 딸과 혼인했다. 김신국金藎國(1572~1657)은 파평坡平 윤씨

事愰〉, 〈輓南瑞明哀辭〉.

尹氏 가문인 윤경립尹敬立(1561~1611)의 딸과 혼인했으며, 밀양密陽 박씨朴氏인 박승종朴承宗(1562~1623), 여산礪山 송씨宋氏인 송언신宋言愼(1542~1612)을 고모부로 두어 친인척 관계에서 소북계열과 연계를 맺고 있다. 김신국은 또 소북칠학사에 속하는 송일宋馹(1557~1640)의 동생인 송준宋駿(1564~1643)과 이산해李山海의 문인으로 알려진 박정현朴鼎賢(1562~1637)을 매부로 두었는데, 송일宋馹(1557~1640)은 소북계열 문인인 전주全州 유씨柳氏 유영성柳永成의 딸과 혼인해 가문 간의 친분을 이었다.

소북오군자小北五君子는 소북팔문장小北八文章에 비해 더욱 밀접한 혼인을 통해 내부적 결속을 다져온 것으로 보인다. 송질宋瓆(1676~1741)의 아들 송제로宋濟魯(1711~?)가 엄경하嚴慶遐(1678~1739)의 딸과 혼인하고, 이정작李庭綽(1678~1758)의 아들 이숭점李崇漸은 송질宋瓆의 딸과 혼인했으며, 이정작의 형인 이정집李庭輯(1669~1724)은 엄집嚴緝(1635~1710)의 딸이자 엄경수嚴慶遂(1672~1718), 엄경하嚴慶遐(1678~1739)의 여자 형제와 혼인하였다.

소북계열 문인들의 경우 팔약조八約條를 상정해 결속을 도모하고자 했는데, 조항 (7)거불이안국방居不移安國坊, (8)향불하충청도鄕不下忠淸道 내용과 같은 세거지에 관한 규약을 만들었으므로 이들의 거주 지역을 확인하는 것은 또 다른 의미를 지니리라 여긴다. 팔약조의 (7), (8)번 조항에서 확인할 수 있듯 이들이 거처를 안국동으로 옮기지 않으며, 낙향 시에도 충청 이남 지역으로 가지 않는다는 공통적인 규약 아래 세거지를 확보하고자 했기 때문이다.

> 북산 밑을 북촌, 남산 밑을 남촌, 駱山 근처를 동촌, 서소문 내외를 서촌, 長橋·水標橋 부근을 중촌, 廣通橋 이상을 우대, 孝橋洞 이하를 아래대,

> 강변을 五江, 성 밖 사면 10리 이하를 宇內라 하여, 동서남북의 네 촌에는 양반이 살되, 북촌에는 문반, 남촌에는 무반이 살았으며 또 같은 문반의 양반이되 서촌에는 서인이 살았으며, 그 후 서인이 다시 노론·소론으로 나뉘고 동인이 다시 남인·북인 또 대북·서북으로 나뉨에 미쳐서는 서촌을 소론, 북촌은 노론, 남촌은 남인이 살았다고 할 수 있으나 사실은 소론까지 섞여 살면서도 주로 무반이 살았으며, 그리고 동촌에는 소북, 중촌에는 중인, 우대에는 육조 이하 各司에 소속한 吏輩·庫直 족속이 살았다.[71]

위 인용문에 드러나듯 당파적 계열에 따라 지역을 구분해보면, 소북小北계열은 동촌東村에 주로 거주했던 것으로 보인다. 동촌은 한양 동쪽에 해당하는 곳으로 종로 지역을 말하는데·동대문·훈련원·동소문으로 이어지는 지역이 소북계열의 세거지로 알려져 있으므로 이 지역을 소북계열의 실질적 거주지라고 할 수 있다. 소북칠학사小北七學士 중 한 사람인 김신국金藎國(1572~1657)과 그의 아우 김시국金蓍國(1577~1655)이 이곳에 거처했다.[72]

이 외에도 소북계열 문인들은 근기 및 충청 지역에 해당하는 삼양三楊·삼성三城·칠주七州에 주로 세거한 것으로 확인되는데, 여기에서 삼양三楊은 양주楊州·양지楊智·양근楊根 지역을 지칭하고, 삼성三城은 수성(수원)水城(水原)·연성(안산)蓮城(安山)·영성(천안)寧城(天安)을 말하며, 칠주七州는 광주廣州·이주(이천)伊州(伊川)·파주坡州·충주忠州·청주淸州·공주公州·홍주(홍성)洪州(洪城)를 가리킨다.[73] 특히 소

71 『別乾坤』, 9월호, 「옛날 경성 각급인의 분포상황」, 1929.

72 심경호, 「18,19세기 서울의 도시문화와 연행예술의 역사 지리학적 연구: 조선후기 시사와 동호인 집단의 문화 활동」, 『民族文化硏究』 31, 고려대학교 민족문화연구원, 1998, p.120.

73 김영진, 위의 논문, 2011, p.316.

북칠학사小北七學士・소북팔문장小北八文章・소북오군자小北五君子의 주요 세거지는 양근楊根과 이천利川이라고 볼 수 있다. 소북팔문장小北八文章 중 한 사람인 박수현朴守玄이 양주의 회천檜川에서 거주하며 「산군전山君傳」을 창작한 바 있으며, 소북오군자小北五君子 가운데 윤휘정尹彙貞, 이정작李庭綽 역시 양근楊根에서 머물렀고, 엄경수嚴慶遂는 이천利川이 본거지였음을 확인할 수 있다.[74]

또다른 주된 세거지로 안산安山 지역을 들 수 있는데, 이 공간을 중심으로 한 소북계열 문인들의 활동을 직접적으로 확인할 수 있다. 안산십오학사安山十五學士로 지칭되는 허필許佖, 이용휴李用休, 이광환李匡煥, 조중보趙重普, 임희성任希聖, 이수봉李壽鳳, 유중림柳重臨, 유경종柳慶種, 엄경응嚴慶膺, 최인우崔仁祐, 채제공蔡濟恭, 신택권申宅權, 박도맹朴道孟, 신광수申光洙, 안정복安鼎福이 이곳에서 세거하였다. 안산 지역에는 약 70여 종의 성씨를 가진 가문들이 거주했는데, 소북계열 가문 가운데 풍천豊川 임씨任氏로 임위임瑋任瑋, 임정任珽, 임희성任希聖, 임희수任希壽, 임원任瑗이 있으며, 의령宜寧 남씨南氏로 남기로南綺老, 남응태南應泰, 남태제南泰齊가 이곳에 세거한 것으로 보인다.[75] 특히 안산安山을 중심으로 한 소북계열 문인들의 활동은 18세기에 활발했으며, 이들은 남인계열과 지속적인 교유를 이어온 것으로 보인다.[76] 안산 지역은 성호星湖 이익李瀷(1681~1763)이 정착하여 후학들을 길러낸 성호학星湖學의 터전으로 남인계열 문학의 대표적 인사들이 자리했던 곳으로 당시 정계에서 소외된 소북 및 남인계열 인사들을 중심으로 활발한 문예 활

74 강경훈, 위의 논문, 2001, p.70.

75 『蓮城姓譜』, 농경출판사, 1984 ; 『安山市史』, 안산시사편찬위원회, 2011, p.53. 안산의 세거 성씨 73家의 세보가 확인되며, 50여 종의 성씨가 소개된 바 있다.

76 강경훈, 위의 논문, 2001, p.62

동이 지속되었다.[77] 정치적 부침을 겪으며 소북계열 문인을 비롯해 일부 소론・남인계열 문인이 이 지역에서 교유했다는 점에서 안산安山은 또 다른 공간적 의미를 지니고 있는 것으로 보인다.[78]

2) 만시挽詩에 나타난 교유관계

만시挽詩는 작자의 시각으로 그려낸 슬픔의 구도이자, 망자와 작자가 생전에 맺어두었던 긴밀한 유대관계를 전제로 창작되는 장르이므로[79] 작시 과정에서 작자와 망자 간의 교유관계는 중요한 요소로 작용한다. 작자와 시적 대상인 망자 간의 관계를 기저로 창작된다는 점에서 작품을 통해 통가通家의 교분 양상을 비롯해 세교世交의 일면을 확인할 수 있다는 특징을 지닌다. 따라서 이 절에서는 만시를 중심으로 교유관계를 확인하고자 한다.

소북팔문장小北八文章은 여타 문인에 비해 양적으로 많은 만시挽詩를 창작했으며,[80] 이들의 작품에는 소북팔문장을 중심으로 한 소북계열

77 박근령, 「烟客 許佖의 詩畵 硏究」, 고려대학교 대학원 석사학위논문, 2015, p.1.

78 박용만, 「18세기 안산과 여주이씨가의 문학활동 : 『섬사편』을 중심으로」, 『한국한문학연구』 25, 한국한문학회, 2000, pp.289~316 ; 김동준, 「해암 류경종의 시문학 연구」, 『한국한문학연구』 25, 한국한문학회, 2000, pp.297~427 ; 강경훈, 「18세기 안산의 풍광과 제영 : 시로 읽는 안산의 옛 노래」, 『한국한문학연구』 25, 한국한문학회, 2000, pp.317~365 ; 정은진, 「강세황의 안산 생활과 문예 활동 - 유경종과의 교유를 중심으로」, 『한국한문학연구』 25, 한국한문학회, 2000, pp.367~396.

79 윤재환, 「玉洞 李漵의 挽詩를 통해 본 朝鮮朝 挽詩의 일양상」, 『韓民族語文學』 65, 한민족어문학회 2013, p.350.

80 소북팔문장의 만시 작시 양상을 확인해 보면, 沈齊는 전체 작품 168題 187首 가운데 76題 87首의 만시를 창작했으며, 姜栢年 역시 전체 작품 1,602題 중 606題의 작품을 만시로 창작했다. 또한 朴守玄은 800題 931首 중 163題 179首를 만시로 구현했으며, 鄭昌胄는 전체 작품 602題 가운데 34題의 만시를 남겼다. 李休徵 역시 142題 170首의 전체 작품 가운데 43題 54首의 만시를 창작했으며, 南翧은 전체 153首의 작품

인물들의 만시가 다수 포착되므로 교유 양상을 파악할 수 있다. 더 나아가 만시는 개인적인 친분을 작시 동기로 삼는 장르인 만큼 교유의 심화 양상과 교유 범주의 확장 양상을 파악하기에 적합하다고 생각된다. 따라서 소북팔문장 간에 창작된 만시는 소북팔문장이 구체적으로 어떤 교유를 이어왔는지 살필 수 있게 하는 실증적 지표 역할을 담당한다고 할 수 있으므로 실제 작품을 살펴보기로 한다.

떠올려보니 일찍이 쌍벽으로 요대를 비췄기에　憶曾雙璧映瑤臺
붕새의 만 리 길 펼쳐지리라 일찍이 기대했었지　早擬鵬程萬里開
시초의 명성 문하성에서 뛰어났고　視草英聲超左掖
화기로 난초 쥐고는 남해를 윤택하게 했네　掬蘭和氣藹南陔
…(중략)…
덕 쌓은 가문이니 남은 경사가 마땅히 있을 테지만　德門餘慶宜如許
친하여 가까이 지냈기에 슬픔 아직 다하지 않았네　親串深悲也未裁
지난날 글 논의하던 것이 이제 한바탕 꿈만 같은데　舊日論文今一夢
만시를 쓰려 하니 눈물이 뺨을 적시는구나　欲題哀挽淚沾顋[81]

이 시는 강백년姜栢年이 소북팔문장小北八文章 중 한 사람인 신유申濡를 애도한 28구의 칠언고시七言古詩 작품 중 일부를 발췌한 것이다. 강백년은 장편 만시를 통해 망자인 신유의 삶 전반을 모두 담아냄으로써 깊은 애도의 정서를 표출했다. 이 시의 1~4구는 신유의 뛰어난 재능을 읊어 웅대한 포부가 펼쳐지길 기대했던 지난날을 반추하는 동시에 요직을 역임했던 행적을 정리한 것이다. 그 밖에도 강백년은 신유가 사행을 갔었던 사실과[82] 그의 문학적 재능을 자세히 언급해 서사적 형태로

중 118首를 만시를 지었고, 申濡는 만시 77首를 남겼음을 확인할 수 있다.

81 姜栢年, 『雪峯遺稿』 16卷, 「城南錄」, 〈申參判濡挽〉.

구성했다. 여기에서 인용한 24~28구에는 망자를 떠나보내는 슬픈 심경이 담겨 있는데, 강백년의 사적 기억이 시상을 지배하면서 비애감이 고조되고 있다. 칭양稱揚에 해당하는 부분이 모두 깊은 친분에서 파생된 상실의 정서로 전환됨에 따라 진정성을 갖추었다고 볼 수 있다. 이 밖에도 강백년은 신유의 어머니를 애도하며 〈신참판유대부인만申參判濡大夫人挽〉[83]을 지은 바 있기에 이들이 가문 차원에서 교분을 맺어왔음을 유추할 수 있다.

이 사람이 떠날 줄 생각이나 했겠는가	不意斯人逝
우리 도가 고단해짐이 안타깝네	祗憐吾道孤
문장으로 거듭 과거에 급제해	文章重擢桂
지방관으로 부임했었고	州府接分符
재주를 갖췄기에 나라에 쓰였으니	材具邦家用
때가 오면 재상이 되리라 기대했는데	時來廊廟趨
어찌하여 하늘은 이리 빨리 빼앗아갔나	如何天奪速
해도 황천길을 비춰주지 않는구나	白日掩泉塗[84]

이 시는 박수현朴守玄이 심제沈儕를 애도한 3수의 오언율시五言律詩 중 1번째 작품이다. 심제는 소북팔문장小北八文章 중 한 사람으로 박수현이 3번째 수에서 "구탁김난결久托金蘭契"라고 한 것과 그와 주고받은 화답시를[85] 통해 그들이 각별한 관계를 유지했음을 알 수 있다. 1~2구

82 申濡는 1639년(인조17) 시강원문학으로 소현세자를 따라 심양에 다녀왔으며, 1643년(인조21) 통신사의 종사관으로 일본에 다녀온 바 있다. 1652년(효종2)에는 청나라에 사행 다녀왔다.

83 姜栢年, 『雪峯遺稿』 19卷, 「城南錄」, 〈申參判濡大夫人挽〉, "葬引遙臨錦水濱, 舊時東閣大夫人. 尙留文駟經過地, 忍想蘭陔奉養辰. 主祀兒孫空泣血, 侍郎昆季已歸眞. 向隅最是年前事, 幾處恩頒慶壽親."

84 朴守玄, 『草亭先生遺稿』, 〈輓沈全州儕〉.

에서 박수현은 갑작스럽게 다가온 심제의 부재에 대한 슬픔과 이로 인해 '오도吾道'가 쇠미해질 것에 대한 염려를 표출하고 있다. 3~6구는 심제 삶의 질곡을 모두 그려놓은 듯한데, 3구는 심제가 1624년부터 1631년까지 7년 동안 수차례 과거에 급제했음을 축약해 놓은 것이다. 실제로 심제는 진사시·별시 문과·증광시·알성 문과·한성시에 급제한 바 있다. 4구는 1642년부터 1649년까지 심제가 처했던 상황을 기록한 것으로 판단된다. 이 시기 심제는 탄핵을 받고 유배 갔으며, 1648년이 되어서야 전주부윤全州府尹을 제수받았고 이후 얼마 안 되는 1649년 1월 9일 전주부윤 재임 중 근무지에서 운명했기 때문이다. 5~6구에서는 심제의 능력을 아까워해 유배 이전 시기처럼 청환직淸宦職에 나아가 다시 정치 활동에 적극적으로 참여하길 기대했음을 볼 수 있다. 7구에 이르면 애도의 감정이 하늘에 대한 원망으로 변용된다. 직접적으로 슬픔을 상징하는 시어를 하나도 두지 않았지만, 비애가 깊어짐을 느낄 수 있다. 8구는 풍경에 이입하여 감정을 드러낸 것으로 작자의 슬픔을 반영하는 역할을 담당한다. 황천길에 '백일白日'이 가려있다고 언급한 부분에서 밝음과 어둠이 극명한 색채 대비를 이루어 죽음의 세계가 더욱 명확히 드러나고 있다.

어젯밤 꿈속에 황천으로 가서	昨夢入地中
평생 친구들을 만나 보았는데	得見平生友
…(중략)…	
깨어도 또렷하게 생각나니	覺來想分明
황천에서 옛 우정을 극진히 나누었지	九原盡交舊
생각 많아 잠은 오지 않고	耿耿度無寐

85 朴守玄,『草亭先生遺稿』,〈酬寄沈司饔子直〉.

망망하여 다시는 찾을 수 없네 茫茫尋不復
우리 도는 어째서 궁해만 지는가 吾道何之窮
홀로 남은 생이 길기만 하구나 餘生獨也久[86]

이 작품은 오언고시五言古詩인 〈을사납월초이일기몽乙巳臘月初二日記夢〉 중 일부를 발췌한 것으로, 박수현朴守玄이 을사년 섣달 초이튿날 밤에 꾼 꿈을 기록한 시이다. 꿈에 언급된 인물은 박수현을 비롯해 총 6명으로 정창주鄭昌胄, 임한백任翰伯, 신유申濡, 남선南銑, 유심柳淰(1608~1667)이다. 이 작품이 1665년 을사년에 지어진 시라는 점에서 망자인 임한백, 신유, 남선을 소환하고, 그들과 친했던 현존 인물인 정창주, 유심을 꿈속으로 불러들인 것으로 보인다. 짙은 그리움과 애틋함이 꿈으로 구현되어, 현실 세계에서 다시는 재현할 수 없는 우정을 가상세계에서 실현시켰다는 점에서 더욱 비감에 잠기게 하는 독특한 작품이다. 주목할 것은 정창주, 임한백, 신유, 남선이 모두 소북팔문장에 속해있는 문인이며, 유심은 소북계열의 영수였던 유영경柳永慶(1550~1608)의 손자라는 점이다. 여타 만시 작품을 통해서도 이들의 교유 양상을 유추할 수 있는데, 박수현은 소북팔문장 중에서도 신유를 각별히 여겼다고 생각된다. 박수현은 그를 위해 오언고시五言古詩 〈만신교리원택輓申校理元澤〉과 〈제신교리문祭申校理文〉이라는 제문을 남겼으며, 다른 이가 신유를 두고 쓴 만시를 보고 슬픔을 감내하지 못해 〈우수재여우해서, 병중도망우신공이옹지의, 작애사이시, 여창회산연루하, 봉수잉간기禹秀才旅于海西 病中悼亡友申公泥翁至矣 作哀詞以示 余愴懷潸然淚下 奉酬仍簡寄〉에 절절한 그리움을 담아낸 바 있기 때문이다.[87]

86 朴守玄, 『草亭先生遺稿』, 〈乙巳臘月初二日記夢〉.
87 朴守玄, 『草亭先生遺稿』, 〈祭申校理文〉 "嗟哉. 吾道之亦窮. 固知詞藻之餘事, 且於時

뜬 세상의 삶과 죽음 티끌 한점 같으니	浮世存亡等一塵
왔다 가는 우리 모두 꿈속의 사람이네	去來俱作夢中人
만년에 부침하니 신세는 붙어사는 듯하고	升沈末路身如寄
평생의 만남과 헤어짐의 자취 이미 지난 일	聚散生平迹已陳
무더운 여름에는 강루에서 한낮에 나란히 누웠었고	炎夏江樓聯榻日
맑은 가을에는 산사에서 밤새 이불 같이 덮었는데	清秋山寺共衾辰
먼저 돌아가 정히 남형이 없는 것 보니	先歸定見南兄否
곡하며 보낸 상여가 한강 나루를 건너는구나	哭送靈輀渡漢津[88]

이 작품은 이휴징李休徵이 소북팔문장小北八文章 중 한 사람인 임한백任翰伯을 애도한 것으로 이휴징의 사적 기억이 시 전반을 관통한다. 수련은 삶과 죽음에 대한 사유가 담겨 있는 부분으로 이휴징이 생사의 간극이 크지 않음을 드러내는 동시에 우리가 모두 꿈속 사람이라고 언급함으로써 삶을 한바탕 꿈으로 처리했음을 볼 수 있다. 함련은 경련 내용으로의 전개를 암시한 것으로 이휴징의 심리적 상태가 내재되어 있다. 이휴징 본인이 만년이라는 시기에 임한백의 죽음을 목도 하였기에 망자에 대한 회고의 행위는 향후 닥칠 자신의 죽음과도 일면 결부되어 더욱 큰 애상감을 자아낸다. 일반적인 만시가 망자의 행적을 재조명하거나 그의 처지를 담아내는데 비중을 두고 있음을 감안한다면, 자신의 상황을 읊어 망자를 떠올리는 수법은 이휴징 만시의 특징적인 기법이라고 볼 수 있다. 다음으로 경련은 실질적 교유 양태가 장면화되어 있어 이들이 공유했던 기억을 함께 나눌 수 있다는 점에서 진정한 애도가 이뤄졌다고 평가할 수 있다. 여름날 강루에 누워 함께 시간을 보내

務而能通. 天之始生也不偶, 人之所期豈止 此. …(중략)… 夫子之卽逝, 窮于吾道, 孰能自有, 甚惜其寶, 烟鎖蝕壁, 火滅埋玉."

88 李休徵, 『厤庵遺稿』 1卷, 〈挽任吉州〉.

고 가을날에는 산사에서 함께 자며 교유했던 기억이 망자를 연상할 수 있게 하는 장치로 구현되어 있다. 미련은 생사의 경계 속에 망자의 부재를 목도한 후 슬픔을 토로한 것으로 죽음 앞에 무력해진 이휴징의 모습을 확인할 수 있다.

其一

문장은 학문의 힘을 바탕으로 하니	文章資學力
수양해야 바로 참된 선비이네	修養是儒眞
아름다운 옥은 단련할수록 좋고	良玉攻逾好
정제한 금은 다듬을수록 진귀하지	精金鍊益珍
시는 성정의 바름을 따랐고	詩由情性正
문장은 조화된 기틀의 신령스러움 징험했네	筆驗化機神
사라지지 않는 명성 아직 남아있으니	不朽名猶在
탄식하지 말게나, 자취 이미 사라진 것	休嗟跡已陳

其三

당시 우수한 인재에 기대어	當年倚玉樹
천륜과 같은 교분을 나눴네	交誼卽天倫
자취가 뛰어나 부침이 달랐으나	涉武昇沉異
괴로움과 즐거움 함께할 것을 마음으로 기약했네	心期苦樂均
조정에서 영예와 수모에 놀랐고	槐隍驚寵辱
파와 산초 질리도록 맛보았네	蔥醋飽酸辛
모든 일 대체로 닳아 없어지는 법이나	萬事都磨滅
살아 있는 이 늙은이를 슬프게 만드는구나	偏傷後死人[89]

89 李休徵, 『麻庵遺稿』 1卷, 〈挽申參判三首〉.

이 작품은 이휴징李休徵이 지은 〈만신참판삼수挽申參判三首〉 중 첫 번째와 세 번째 시이다. 첫 번째 작품에서는 주로 소북팔문장小北八文章 중 한 사람인 신유申濡의 학문적 뛰어남과 자질의 우수함을 예찬하고 있다. 특히 문학적인 측면에서 시와 문장으로 명성을 드날렸음을 언급하여 망자의 넋을 위로하고 있다는 점이 특징적이다. 세 번째 시는 이휴징이 개인적인 관계에서 말미암은 아쉬움과 슬픔을 토로한 것이다. 이에 시를 통해 이휴징과 신유가 당대의 정치적 부침 속에서 깊은 교분을 맺으며 기쁨과 슬픔을 함께 나누는 관계였음을 유추할 수 있다. 시 마지막 부분에 이르면 작자는 비탄의 감정을 가감 없이 드러내고 있는데, 생사의 법칙 속에서도 신유의 죽음을 받아들이지 못하고 있음을 확인할 수 있다.

어린 시절부터 익히 교분을 맺어	契自童年熟
아버지 대부터 친히 정이 깊었네	情因父黨親
동료인 그대에 대해 무슨 말을 할 수 있겠나	何言忝寮寀
혼인을 부탁해 허락받았으니	復許托昏姻
의리가 친밀해 교칠처럼 지냈는데	義密膠投泧
옥이 티끌 속에 버려진 것 슬프구나	悲纏玉委塵
침문에서 끝없이 눈물 흘리며	寢門無限淚
이내 내 몸 거듭 곡하는 구나	重爲哭吾身[90]

이 시는 신유申濡가 지은 〈심부윤제만 오수沈府尹廦挽 五首〉 가운데 다섯 번째 작품이다. 첫 번째부터 네 번째 시는 소북팔문장小北八文章 중 한 사람인 심제의 명성과 문학적 뛰어남을 예찬하는 동시에 그의 재능을 언급함으로써 애도의 정서를 표출한 것이다. 이 시에는 신유와

90 申濡, 『竹堂集』, 「駱亭錄」, 〈沈府尹廦挽 五首〉.

심제의 친분관계 뿐만 아니라 선대로부터 내려온 교분 양상까지 확인할 수 있다. 서로가 교칠膠漆과 같이 두터운 우정을 이어 온 만큼 망자가 된 심제를 애도하는 신유의 마음이 더욱 증폭되면서 슬픈 감정을 토로하며 눈물을 흘리고 있음을 볼 수 있다.

> 중승 뛰어나고 대부 어질지만　中丞矯矯大夫賢
> 지난날 가문의 명성은 여자로 전해지는구나　舊日家聲令女傳
> 현숙한 덕 지녀 일찍이 군자의 배필로 마땅했고　淑德早宜君子配
> 젊을 때부터 남편 집안에 힘쓴 것 보았네　妙譽曾見主家專[91]
> …(후략)…

이 시는 심제沈膺가 소북小北계열 문인인 유심柳淰(1608~1667)의 아내 엄씨嚴氏를 애도한 작품이다. 유념은 소북계열의 영수인 유영경柳永慶(1550~1608)의 증손이니 기본적으로 심제가 소북계열 가문과 맺은 교유관계와 친밀감을 바탕으로 만시를 창작했음을 볼 수 있다. 작품을 살펴보면, 1~2구에는 여성 대상 만시임에도 불구하고 남성을 애도한 만시에서 주로 포착되는 가문의 명성에 대한 언급이[92] 드러남을 확인할 수 있다. 가문의 명성이 여자로 전해졌다는 내용은 전통적 여성상을 내세운 만시에서는 찾아보기 어려운 것이다. 그런데 3~4구에서는 여전히 여타 여성 대상 만시에서 공통적으로 보이는 전통적 여성상이 확인된다. 이 작품을 보았을 때 심제의 만시는 여성 대상 만시가 지니는 보편성을 모두 극복하지 못한 채 보편성과 특수성의 경계에 머물고 있

91 沈膺, 『沙川集草藁』, 〈挽柳太僕正淰內子嚴氏〉.

92 김분청, 「변계량의 輓詩에 나타난 여성의 시적 형상화」, 『민족문화논총』 60, 영남대학교 민족문화연구소, 2015, p.15. 남성을 대상으로 애도한 만시의 경우에는 가문의 명성, 지위, 업적, 청렴하고 근검한 태도, 인품, 관직 수행 능력 등에 관한 언급이 많다.

지만 그가 유념의 부인이 남성과 여성의 덕목을 모두 지녔음을 추앙한 것을 알 수 있다.

(1)

정두경을 곡하고 난 눈물도 거두지 못했는데	纔哭君平淚未收
어찌 갑자기 임유후는 또 영원히 떠났는가	萬休何遽又長休
하늘 위 문성이 한꺼번에 어두워졌으니	文星天上一時晦
시권만 인간 세상에 오래도록 남아 있겠네	詩卷人間千古留
명리는 뜬구름 같아 모두 사라지고 말고	名利浮雲渾已已
생애는 흐르는 물 같아 모두 아득하구나	生涯流水摠悠悠
광능산 몇 곡조 슬프고 처량한데	悲涼數曲廣陵散
동남쪽으로 향하는 외로운 새는 어디서 구하려 하는가	獨鳥東南何處求[93]

(2)

남은 시편과 편지를 상자 속에서 거둬보니	殘篇賸牘篋中收
천고의 문장이 임유후를 우러르네	千古文章仰萬休
후손인 그대 나에게 후한 것 기쁘고	喜有後孫於我厚
남긴 법도 지금껏 남아 있음을 보는구나	尙看遺範至今留
아름다운 이름 함께 선조를 독실히 따르고자 힘쓰고	令名共勉追先篤
교분이 대대로 이어지니 논할 것이 뭐 있겠는가	交誼何論歷世悠
진실되고 소탈한 마음은 속태를 초탈했으니	坦率胸襟超俗態
그대 같은 사람은 옛사람에게서 찾아야 하리	似君宜向古人求[94]

강백년姜栢年이 창작한 작품(1)은 〈임참판유후만任參判有後挽〉으로 임유후任有後(1601~1673)를 애도한 작품이다. 소북팔문장小北八文章이 모두 임숙영任叔英(1576~1623)과 사승관계를 가졌고,[95] 임유후도 임숙

93 姜栢年, 『雪峯遺稿』 21卷, 「城南錄」, 〈任參判有後挽〉.

94 姜世晃, 『豹菴稿』 2卷, 「詩」, 〈敬次文貞公挽萬休任公韻 贈任公後孫景茂尙濂〉.

영 문하에서 수학한 것을 미루어 보았을 때 강백년 가문과 소북계열인 풍천豊川 임씨任氏는 세교世交를 맺어온 것으로 판단된다. 작품(2)는 문정공이 임유후을 떠나보내며 쓴 만시(1)에 차운하여 강백년의 후손 강세황姜世晃(1713~1791)이 임유후의 후손 임상렴任尙濂에게 준 시로 두 가문의 통가通家 양상을 확인할 수 있는 작품이다. 이 작품을 통해 강세황이 문장에 뛰어났던 임유후의 후손인 임상렴과 함께 선조의 명성을 잇고자 했으며, 속태를 넘어서 대대로 진실한 교분을 맺어온 사실을 확인할 수 있다. 본격적으로 만시를 살펴보면, 작품(1)에는 임유후를 애도하는 강백년의 심경이 잘 구현되었는데, 수련은 1673년 정두경이 죽고 같은 해에 임유후가 잇달아 떠난 생경한 상황을 말한 것이다. 함련에서는 문성文星이 어두워졌다고 표현해 임유후의 문학적 재능을 드러냈고, 그의 시권만이 인간 세상에 오래 남아 전할 것임을 언급했다. 경련은 뜬구름 같은 명리의 부질없음과 인간의 유한한 삶 속에서 파생된 비애를 드러낸 것이다. 미련에서 등장하는 광릉산 곡조는 애절함을 배가시키는 청각적 요소로 작용하고 있으며, 강백년은 동남쪽으로 향하는 외로운 새에 자신을 일체화시킴으로써 임유후를 잃은 슬픔을 표출했다.

27 선친 때부터의 교분 이미 다하였으니 先人交已盡
28 소자의 한을 말로 표현하기 어려운데 小子恨難陳
…(중략)…
31 온 나라가 슬픔에 근심할 뿐이니 邦家悲盡瘁
32 우리 도가 침체 될 것 깨닫겠네 吾道覺沈淪
…(중략)…

95 강경훈, 위의 논문, 2001, pp.53~54.

37 만가에 처량히 상여 줄 나부끼고 　　萬里悽飄紼
38 복사꽃 핀 길에 처연히 먼지만 날리는데 　　桃蹊悵聚塵
39 한번 통곡하니 산골짜기 저물어가고 　　一哀三峽暮
40 고개 돌려 보니 눈물이 수건을 흠뻑 적시네 　　回首淚盈巾[96]

박수현朴守玄이 창작한 이 만시는 김시국金蓍國(1577~1655)을 애도하여 20운으로 지은 오언배율五言排律 작품 중 일부를 발췌한 것이다. 만시의 대상인 김시국은 소북칠학사小北七學士 중 한 사람이자 소북정파小北政派가 형성되는 과정에서 가장 큰 영향력을 지녔던 김신국金藎國(1572~1657)의 아우이다. 27~28구를 통해 박수현의 부친 박노朴篰 시절부터 이들 두 가문이 교유해 왔음을 볼 수 있다. 31~32구에서는 박수현이 김시국의 죽음으로 인해 도가 침체할 것을 비통해하며, 그 슬픔의 주체를 개인이 아닌 온 나라로 확장했다. 37~40구는 당시 상례를 치르는 상황을 그대로 장면화하여 환치시킨 것이다. 이 작품을 통해 어느 봄날 상여줄을 붙잡고 곡진한 슬픔을 토해내는 박수현의 모습이 연상된다. 또한 복사꽃 날리는 정경은 박수현의 슬픈 감정 안에서 굴절되어 처연한 먼지로 변용되었고, 복사꽃 일렁이는 봄날과 죽음이 대비를 이루어 비극미가 극대화되고 있다. 마지막 구절에 이르러서는 '누淚'라는 시어를 그대로 노출시켜 비탄의 정서를 표면화했다.

당대에 함께 태어나 뜻도 같이 했는데 　　一世生同志又同
고운 얼굴 서로 마주하다 늙은이가 되었구나 　　紅顏相見到衰翁
패옥 함께 흔들며 궁궐을 다녔고 　　雙搖玉珮趍淸禁
함께 향로 연기 맡으며 궁궐에 가까이 했네 　　共惹爐香近紫宮
지난 반백 년 기쁨 슬픔 다 겪었는데 　　閱盡悲歡百年半

96 朴守玄, 『草亭先生遺稿』, 〈輓金二師後凋蓍國〉.

갑자기 아득히 먼 구천 속에 있어	居然冥漠九原中
아양곡 이제부터 들어줄 이 없는데	峩洋自此無人賞
홀로 거문고 안으니 눈에 눈물 고이는 구나	獨抱瑤琴淚滿瞳[97]

정창주鄭昌胄가 창작한 이 작품은 청송青松 심씨沈氏인 심유행沈儒行(1606~1660)을 애도한 만시로, 동년배인 정창주와 심유행은 실제로 깊은 친분을 유지했던 것으로 생각된다. 수련과 함련을 통해 이들이 젊은 시절부터 조정에 들어가 함께 관직 생활을 했음을 알 수 있다. 이에 정창주는 미련에서 백아伯牙와 종자기鍾子期의 고사를 인용해 지기知己인 심유행의 갑작스러운 죽음에 대한 슬픔을 토로했다. 종자기가 죽자 거문고 소리를 들을 사람이 없다고 하여 다시는 거문고를 타지 않았다는 백아처럼 정창주는 자신의 뜻을 알아주고 이해해주던 이의 죽음 앞에서 곡진한 슬픔을 시에 담아냈다.

영욕일랑 예부터 자연의 이치에 부쳤거니와	榮辱伊來付自然
인자함과 효성에 홀로 전일하였음을 넉넉히 본다네	剩看仁孝獨能專
전현의 공업에 앞장섰으나 물러날 때를 알아	知時斂退先前業
늘그막에 울적하게 거문고 타고 글 읽으며 조용히 완상했네	玩靜琴書慰暮年
아가위 꽃 꽃받침 함께 빛나던 날 떠올리니	仍想棣華聯萼日
문아함으로 어진 두 분을 함께 추앙했지	共推文雅兩公賢
기쁘고 온화함 평생토록 막혔으니	怡愉得似生平否
서글퍼도 구천에 물을 방도가 없구려	惻愴無緣問九泉[98]

이 시는 〈만심승지挽沈丞旨〉로 이휴징李休徵이 소북팔문장小北八文章

97 鄭昌胄, 『晩洲集』 3卷, 「七言四韻 挽詞」, 〈挽沈執義儒行〉.

98 李休徵, 『麻庵遺稿』 1卷, 〈挽沈丞旨〉.

중 한 사람인 심제沈隮의 형 심로沈魯(1590~1664)를 애도한 작품이다. 친분관계를 바탕으로 작시 된 작품이면서도 망자에 대한 접근이 삶의 이치에 대한 논의로부터 시작되는 모습을 보여준다. 이휴징은 삶의 유한성을 인지하고 죽음을 이치에 따르는 행위에 순응하는 것으로 표현하였는데, 이는 죽음이라는 현상을 회피할 수 없는 문제로 받아들였음을 의미한다. 이러한 정조는 칭송으로 이어지면서도 죽음으로 인한 상실감으로 나타나고 있음을 확인할 수 있다.

지금까지 살펴본 것처럼 소북팔문장小北八文章은 서로를 만시 창작 대상으로 삼거나 그들 사이에서 친분 있는 소북小北계열 문인을 시적 대상으로 삼았다. 이에 이들이 창작한 만시는 교유의 심화 양상과 교유 범주의 확장 양상을 확인할 수 있는 실증적 지표 역할을 담당한다는 점에서 여타 문인의 작품과는 다른 의미를 지닌다고 논할 수 있겠다.

3부

소북팔문장小北八文章 시세계에 드러난 정서와 형상화

이 장에서는 소북팔문장小北八文章의 시세계를 자세하게 분석하는 것을 목적으로 한다. 먼저 소북팔문장의 개별적인 시세계를 검토하고 이를 바탕으로 시세계의 종합적인 양상을 살펴보도록 하겠다.[1] 그러나 이들이 지니고 있었던 다양한 공통점의 확인에도 불구하고 소북팔문장 각각의 다기한 시세계를 거시적 시야 안에서 조망하여 공통적인 특징을 추출할 수 있느냐에 대해서는 여전히 의문이 있을 수밖에 없다. 그것은 시문학의 성격상 어떤 문인집단이라고 할지라도 구성원들의 시세계는 동질성과 이질성이라는 양면을 가질 수밖에 없기 때문이다. 특히 개별 문인의 개성적인 시세계를 특정한 주제 아래로 소급시켜 이를 공통적 혹은 차별적인 면모라고 분류하기 어렵다. 따라서 현상을 있는

1 이 장의 일부는 게재된 글에서 발췌해 수정・보완한 것임을 밝힌다. 졸고, 「滄溟 南翻의 挽詩 考察」, 『한민족어문학』 73, 한민족어문학회, 2016 ; 졸고, 「草亭 朴守玄의 삶과 시세계」, 『동방한문학』 72, 동방한문학회, 2017 ; 졸고, 「沙川 沈齊의 시세계 연구」, 『漢文古典硏究』 36, 한국한문고전학회, 2018 ; 졸고, 「설봉(雪峯) 강백년(姜栢年)의 시세계 고찰」, 『용봉인문논총』 53, 전남대학교 인문학연구소, 2018 ; 졸고, 「竹堂 申濡의 일본체험과 지식의 새 지평 - 지식기반과 지식영역의 확대 양상을 중심으로」, 『고전과 해석』 25, 고전문학한문학연구학회, 2018 ; 졸고, 「만주(晩洲) 정창주(鄭昌胄)의 시세계 연구」, 『한국문학연구』 59, 동국대학교 한국문학연구소, 2019.

그대로 적시하여 연구자의 자의성을 최대한 배제하고자 한다.

이 글에서는 소북팔문장 개별 문인의 작품을 분석하여 대표적인 몇 가지 유형을 선정하고 그 유형 아래 해당 문인들을 귀속시켜 그들의 시세계가 지니는 공통적 성격을 설명해 보고자 한다. 이 작업의 결과 이들 모두가 포함되는 공통 유형을 확인할 수 없다고 하더라도 소북팔문장이 다양한 교집합을 형성하고 있었음을 확인한다면, 이들 사이의 문학적 공통점 추출이 가능할 것이다.

따라서 필자는 소북팔문장小北八文章 시세계의 공통분모를 찾아 유형화하고자 하는데, 분류 기준은 크게 세 가지로 대별된다. 첫 번째는 작시 주제의 편중 현상에서 말미암는다. 소북팔문장의 공통적인 시적 특징 중 하나는 특정한 주제에 편향된 창작 활동을 전개했다는 점이다. 만시挽詩와 송별시送別詩가 여기에 해당하는데, 보편적인 현상이라고 판단하기에는 문집 전체 작품 대비 양적 비중이 높다는 점에서 주목할 필요가 있다. 만시와 송별시가 유독 많은 이유는 두 가지 측면에서 해석 가능한데, 우선 문집 수습 과정에서 선별되었을 가능성을 들 수 있다. 소북팔문장의 경우 저자가 생전 자신의 문집을 엮은 것이 아니라, 후대인에 의해 문집이 수습·정리되었기 때문에 그 과정에서 만시와 송별시가 유독 많은 분량을 차지하게 되었다고 볼 수 있다. 그렇다면 후대의 선별 과정에서 왜 이 작품들에 초점을 맞추게 되었는지 논의할 필요가 있는데, 기본적으로 만시와 송별시가 여타 작품에 비해 문학적 성취를 직접적으로 보여주었기 때문이라고 생각된다. 다음으로는 실질적인 소북팔문장의 작시 창작 경향과 관련지어 생각해 볼 수 있다. 소북계열의 경우 정체성을 유지할 목적으로 의도적으로 만시와 송별시를 다수 창작함으로써 관계를 유지하고 결속을 도모함으로써 명맥을 이어 나가고자 했다고 볼 수 있다.

두 번째로는 소북팔문장이 처한 사회적·정치적 배경에서 파생된 시적 특징이다. 17세기는 임진왜란 이후 계속되는 당쟁으로 인해 사회·문화·경제 분야에 걸쳐 큰 변화가 지속되었으며, 당쟁의 현실에 좌절하여 전원에 은거해 시업詩業에 전일하는 문인들이 많은 시기이다.[2] 이에 소북팔문장의 시문학에서도 유사한 현상이 포착되는데 정계에서 멀어짐에 따라 처사형 면모가 짙게 드러나는 동시에 시문학 곳곳에서 혼돈하는 자아가 확인된다. 또한 이들의 작품에는 전란의 상흔을 되새겨 당시 비참한 현실을 회고한 양상이 포착되는데, 소북의 경우 정치 활동에서 일면 벗어나 있었기에 정치적 견해를 피력한 작품이 거의 없는 실정이나, 작품에 전란 속 참상을 기억하는 작자의 태도가 반영되어 있으므로 확인할 필요가 있다. 또한 대외 활동과 관련해 해외 체험을 경험한 문인이 존재하므로 개성적 시세계의 일면을 함께 다루고자 한다.

세 번째는 시 구성 방식에서 확인되는 일상성에 관한 것이다. 17세기는 작시에 있어서 표현의 방법보다는 내용의 진실성을 중시하고, 재도적載道的 성격보다는 일상 속에서 감지되는 천기天機와 자연自然을 중시하고자 하는 움직임이 일어난다.[3] 한시사에서 본격적으로 일상이 화두로 떠오르는 것은 18세기부터라고 볼 수 있으나, 17세기의 한시는 그 변화의 양상과 방향이라는 큰 틀에서 다음 세기를 암시하는 모습을 보여준다고 할 수 있다.[4] 실제로 소북팔문장小北八文章의 시세계를 살

2 김성기, 「기획 : 17세기 한국한시사의 구도 ; 17세기 한국한시사(韓國漢詩史)의 구도(構圖)」, 『韓國漢詩硏究』 14, 한국한시학회, 2006, p.175.

3 김성기, 위의 논문, 2006, p.197.

4 윤재환, 「17세기 漢詩에 수용된 日常的인 것의 意味와 限界 - 梅山 李夏鎭의 詩를 中心으로 」, 『한문교육연구』 24, 한국한문교육학회, 2005, pp.24~25.

펴보면, 영물시詠物詩와 산수시山水詩가 특징적이며 일상성을 중시한 면모가 보이므로 작품을 통해 의미 맥락을 파악하고자 한다.

이와 같은 분류 기준을 기반으로 이 글에서 선정한 소북팔문장小北八文章의 시세계 양상은 세 가지로 정리 가능하다. 첫 번째는 동류의식同類意識의 발현과 시적 형상화 양상으로 소북팔문장에 해당하는 문인 모두에게서 확인된다. 소북팔문장 시세계의 공통적인 특징은 관계를 기반으로 한 작품이 적지 않다는 것이다. 이 유형에 속하는 작품은 양적 비중 자체가 압도적일 뿐만 아니라 이들이 문학적 교유를 이어온 면모가 확인되므로 소북팔문장의 시세계에서 발견되는 독특한 점이라고 할 수 있다. 시의 창작 대상을 살펴보면 대다수가 소북계열 문인에 해당하므로 이들은 문학을 기저로 내부 결속을 이어왔다고 판단된다.

두 번째는 경험의 미적 승화와 심미정서의 표출 양상이다. 이 유형에 해당하는 관조를 통한 미감의 표현 양상의 경우 강백년姜栢年, 박수현朴守玄, 정창주鄭昌胄, 이휴징李休徵의 작품을 통해 확인할 수 있으며, 산수와 명승의 향유와 흥취 토로는 심제沈儕, 강백년姜栢年, 박수현朴守玄, 정창주鄭昌胄, 이휴징李休徵, 신유申濡에게서 드러난다. 이 항목의 경우 해당하지 않는 문인도 있는데 남선南銑의 경우가 그렇다. 남선의 시에서 이와 같은 유형이 보이지 않는 이유는 그가 유독 인간관계를 중시하여 그와 연관된 작품을 창작하고자 한 작시 경향과 관련이 있는 것으로 생각된다.[5] 이 유형은 소북팔문장 뿐만 아니라 보편적인 대다수의 문인에게서 확인되는 특징이라고 볼 수 있으나, 형상화 양상을 분석함으로써 소북팔문장의 문예 능력을 파악할 수 있다.

세 번째는 소외된 문인으로 느끼는 내적 갈등이다. 이 유형은 심제沈

5 남선은 전체 작품 153首 가운데 118首의 挽詩를 창작했으며, 나머지 작품의 경우 送別詩가 대다수를 차지한다.

儕, 강백년姜栢年, 박수현朴守玄, 정창주鄭昌胄, 신유申濡의 작품에서 확인할 수 있는데, 이 글에서는 우선적으로 현실의 질곡과 자기인식의 충돌 양상이 시에 표출되는 모습을 살펴보고자 한다. 당파에서 비롯된 정치적 환난은 개인의 문학세계에도 일정 부분 영향을 미치므로, 정치적 부침 속에서 내적 갈등을 겪었던 이들의 내면의식을 확인할 수 있으리라 본다. 또한 이들의 작품에는 되새겨진 전란의 상흔과 시적 대응 양상이 포착되는데, 소북계열의 경우 정치 활동에서 일면 벗어나 있었기에 정치적 견해를 피력한 작품이 거의 없는 실정이나 전란 속에서 현실적 참상을 기억하는 작자의 태도를 통해 이들의 의식 세계를 엿볼 수 있다. 그 밖에도 소북계열 문인이 지닌 정치적 입지에서 말미암은 해외 체험 양상을 비롯해 가계 계승의 단면을 확인하고자 하는데, 연행을 다녀 온 강백년姜栢年, 신유申濡의 경우 선대의 객수를 답습한 면모를, 사행에 참여했던 신유申濡와 정창주鄭昌胄의 경우 지식의 계승 양태를 살필 수 있으리라 여긴다. 이들은 연행과 사행의 일원으로 관직을 역임했지만, 역시나 정치적으로 소외된 처지였기에 가계 계승과 경험을 통한 지식 습득 욕구가 더 강했으리라 추정된다. 더 나아가 소북팔문장은 경험을 획득하고 기록하는 과정에서 선대의 영향을 받았다는 공통적 특징이 확인되므로 개성적 특징 중 하나로 논의할 수 있겠다.

1. 동류의식同類意識의 발현과 시적 형상화

소북팔문장小北八文章 시세계의 공통적인 특징 중 하나는 동류의식同類意識을 바탕으로 한 작품을 창작했다는 것이다. 특히 만시挽詩와 송별시送別詩에서 이러한 면모가 두드러지게 확인되므로 실제 작품을 중심으로 동류의식의 발현 양상을 확인하도록 하겠다. 보편적인 현상이라고 하기에는 문집 전체 작품 대비 양적 비중이 높으며 소북팔문장 이외의 여타 문인들이 창작한 기존 작품과는 차별적인 면모가 포착되므로 이 유형은 소북팔문장 시세계의 독특한 양상이라고 할 수 있다. 따라서 이 장에서는 내면의식에 초점을 맞춰 사적 기억으로 읊은 상실과 애도의 정서를 살피고, 이별의 서정이 작품에 어떻게 시적으로 형상화되어 있는지 분석하고자 한다.

1) 사적 기억으로 읊은 상실과 애도의 정서

만시挽詩는 망자에 대한 애도를 목적으로 창작되는 일반적인 시 형식이나, 소북팔문장小北八文章의 시적 경향성을 보여주는 대표적인 장르이다. 소북팔문장은 여타 문인에 비해 양적으로 많은 만시를 창작했고,[6] 다채로운 방식을 활용하여 만시를 형상화했다. 만시는 작자와 망자의 관계, 애도의 정도, 표출된 감정 추이에 따라 작자와 망자의 친밀도를 유추할 수 있으며, 작자와 망자가 추구했던 삶의 태도 혹은 특정한 의식 세계까지 파악할 수 있다. 따라서 만시는 단순히 하나의 문학 장르를 넘어 인적 교유와 교분의 정도를 파악하는 하나의 지표로 의미를 지니게 된다.

고려 시대나 조선 전기의 만시에는 관습적으로 쓰이는 표현이나 의

6 표 12. 小北八文章 문집의 挽詩 수록 현황

문집 편제	전체 작품	挽詩 작품	문집 편제	전체 작품	挽詩 작품
『沙川集草藁』	168題	76題	『麻庵遺稿』	142題	43題
『雪峯遺稿』	1,602題	606題	『滄溟遺稿』	135題	112題
『草亭先生遺稿』	800題	163題	『竹堂集』	993題	77題
『晩洲集』	602題	34題			

상을 이용하여 지어진 작품이 많은데,[7] 조선 중기 이후 만시 창작이 본격화되고 관습화되면서부터는 많은 수의 만시가 비탄에서 칭양 위주로 내적 정서를 바꾸어 상투성을 벗어나지 못하는 의례적 문화 양식으로 변모되었다.[8] 조선 후기에 이르러서야 애도의 감정을 개성적으로 표현한 만시가 등장하게 되며,[9] 조선 중기를 살았던 소북팔문장小北八文章의 만시에는 이전 시기의 만시가 지닌 상투성이라는 한계를 극복하고 반성적 작시 활동을 지향하는 모습이 포착된다.

(1) 사적 기억과 애도의 정서

소북팔문장小北八文章의 만시에서 포착되는 가장 큰 특징은 사적 기억을 활용하여 만시를 지었다는 것이다. 그에 따라 이들의 만시는 공적 기억[10]이 가지는 의례성을 탈피했으며, 경험을 전제로 했기에 여러 대상에 중복적으로 활용되는 상투적 전고典故 사용이 적다.[11] 이들의 만시는 망자와 작자가 생전에 맺었던 긴밀한 유대관계가 창작의 전제가 되어, 진정한 의미에서의 만시 창작이 이루어졌다고 볼 수 있다.[12] 만시는 회상과 재생의 장르이므로 그를 애도하는 모든 이의 마음에 특정한 영감을 불러일으킬 때 의미를 획득한다. 그 기억이 설령 작자만의 기억이

---

7 안대회, 「특집 : 한국 한시와 죽음의 문제 - 조선후기 만시의 예술성과 인간미 - 」, 『韓國漢詩研究』 3, 한국한시학회, 1995, p.53.

8 윤재환, 위의 논문, 2013, p. 350.

9 안대회, 위의 논문, 1995, p.57.

10 필자는 공적 기억을 사적 기억과 반대되는 것으로 사회적으로 대상을 평가하는 일반적인 시각을 모두 포괄하는 개념으로 사용하고자 한다. 벼슬에 대한 칭양과 같은 것이 공적 기억 범주에 해당한다고 할 수 있다.

11 김영수 · 김효정, 「錦帶 李家煥 挽詩 研究」, 『동아시아고대학』 36, 동아시아고대학회, 2014, p.154.

12 윤재환, 위의 논문, 2013, p. 350.

어서 다른 이들에게 공유된 기억이 아닐지라도 우리는 살아있는 작자를 통해 망자의 모습을 떠올리고, 작자를 매개로 하여 망자를 자신의 경험으로 옮겨와 자신 안에서 그려진 망자를 다시 소환한다. 그렇게 되었을 때 만시는 비로소 문학적으로 제 역할을 다했다고 볼 수 있다. 우리가 회상할 수 있는 것은 생존했을 당시 망자의 파편화된 모습들뿐이지만, 만시는 그 파편들의 일부로써 기억의 활성화를 촉진하는 역할을 담당한다. 소북팔문장의 만시는 사적 기억이 충분히 구현되어 있다는 점에서 진실성을 구비하고 있으며, 기억의 차원에서 독자들에게 망자의 존재를 일깨워준다.

강백년姜栢年의 경우 기본적으로 전체 작품 중 만시가 차지하는 비중이 높다는 특징을 보인다. 1,602제題 가운데 606제題의 작품을 만시로 창작했으며 비율로 따지자면 38%에 해당한다. 그에 따라 문집 전반에 만시가 산재되어 있는데, 그중에서도 「낙동록駱東錄」, 「성남록城南錄」에 많은 만시 작품이 수록되어 있다.[13] 당맥黨脈과 통가通家의 교분에서 비롯된 애도의 토로가 포착되며, 친분이 강할수록 장편화되는 경향을 보여 서사성을 지닌다는 특징을 보여준다.

1 시서가 세업으로 전해져	詩書傳世業
2 문장으로 문단을 흔들었지	詞翰擅騷壇

13 표 13. 姜栢年의 挽詩 현황

문집 편제	수록 내용	문집 편제	수록 내용	문집 편제	수록 내용
1卷	閑溪錄 2題	7卷	閑溪後錄 11題	12卷	關營錄 12題
2卷	歡城錄 3題	8卷	凝淸錄 28題	13卷	駱東錄 73題
4卷	關東錄 4題	9卷	靜觀後錄 4題	14卷	海營錄 9題
5卷	靜觀錄 6題	10卷	錦營錄 10題	15卷	驪江錄 30題
6卷	臨瀛錄 4題	11卷	愁城錄 1題	16~21卷	城南錄 409題

3 재주는 천구의 윤택함을 간직한 듯했고	器蓄天球潤
4 마음은 넓은 운몽택을 삼킨 듯했네	胸呑夢澤寬
5 단표에도 마음 절로 즐거워하고	簞瓢心自樂
6 누추한 집에서도 분수 편안히 여겼네	圭蓽分猶安
7 서체는 과두체를 따랐고	字畫追科斗
8 시 솜씨는 두보 한유에 견주어졌네	詩功擬杜韓
…(중략)…	
21 성기고 용렬한 주제에 대대로 내려온 교분 탐해	疏慵叨世誼
22 왕래하며 친분을 유지했으니	來往得交驩
23 지친 말발굽 닳은 것 일찍이 알았으나	倦馬諳曾趼
24 종들까지 자주 보는 것 좋아했었지	奚童喜慣看[14]
…(후략)…	

강백년姜栢年이 창작한 이 작품은 소북팔문장小北八文章 중 한 사람인 박수현朴守玄을 애도한 것으로 40구의 오언고시五言古詩 형식이다. 위 인용 시는 전체 시 가운데 1~8구와 21~24구를 발췌해 옮겨둔 것이다. 1~2구는 시서詩書가 대대로 전해 내려오는 가학의 전통과 박수현이 문장에서 특출한 재능을 드러낸 사실을 말한 것이다. 3~4구는 박수현의 인품을 칭양稱揚한 것이고, 5~6구는 청빈한 생활을 강조한 것인데 이러한 태도는 소북小北계열의 행동지침인 팔약조八約條 조항과도 연계된다. 7~8구는 서체와 시 창작 능력을 구체적으로 기술한 것인데 박수현을 두보와 한유의 반열에 올려두었음을 볼 수 있다. 이 외에도 강백년은 박수현을 봉새에 비유해 예찬하고, 옥설玉雪과 지란芝蘭으로 형용함으로써 그의 고결한 인품까지 시에 담아냈다. 인용된 21~24구를 통해서는 강백년과 박수현이 대대로 서로 왕래하며 친분을 유지한

14 姜栢年, 『雪峯遺稿』 21卷, 「城南錄」, 〈朴司藝守玄挽〉.

사실을 확인할 수 있다. 따라서 이 작품은 망자에 대한 깊은 이해를 기반으로 창작되어 체험적 진실성의 측면에서 만시의 상투성을 일면 극복한 것이라고 할 수 있다. 또 긴 호흡을 요구하는 장편 형태를 갖추어 망자의 전반적인 삶 전체를 조망하고 가문・관직・인품・망자와의 관계를 나열해 서사성을 구비했다는 특징을 보인다.[15]

1 해동 삼백 년 동안에	海東三百年
2 문장으로 이름난 선비 몇이나 될까	幾箇文章士
3 그중 총계당 정지승이	其中叢桂堂
4 예전 문인에 견줄 만하여	於古作者比
5 포조와 사령운 무리를 놀라게 하고	絶倒鮑謝流
6 굴원과 가의의 보루를 눌렀는데	高壓屈賈壘
7 걸출하여 이름난 손자가 있어	傑出有聞孫
8 탁월해 아름다운 자취이었네	卓犖能趾美
9 정신은 설학과 같았고	精神雪鶴如
10 기개는 공동산에 기댄 듯해	氣岸崆峒倚
11 태사공과 정신적으로 교유했고	神交太史公
12 장자와 격세의 감회 나누었네	曠感南華子
…(중략)…	
41 갑자기 영중의 바탕을 잃어버렸고	遽失郢中質
42 아양의 탄식조차 사라져버렸으니	峨洋嗟已矣
43 아득한 우주 사이	茫茫宇宙間
44 홀연히 어느 곳에서 머물고 계신가	翛然何所止[16]
…(후략)…	

15 이송희, 「魯西 尹宣擧의 挽詩 硏究」, 『語文硏究』 74, 어문연구학회, 2012, p.328.
16 姜栢年, 『雪峯遺稿』 21卷, 「城南錄」, 〈鄭參判斗卿挽〉.

이 시는 정두경鄭斗卿(1597~1673)을 애도한 작품으로 52구의 오언고시五言古詩 형식으로 구성되어 있으며, 정두경을 향한 애도와 통가通家의 양상을 확인할 수 있는 만시挽詩이다. 1~6구는 정두경의 조부인 정지승鄭之升(1550~1589)의 뛰어남을 칭양稱揚한 부분인데, 이는 정두경을 애도하기 위한 도입부에 해당한다. 강백년은 정지승을 남조南朝 송宋나라 시인인 포조鮑照와 사령운謝靈運을 비롯해 사부辭賦에 뛰어났던 초楚나라 굴원屈原과 한漢나라의 가의賈誼에 비교하면서, 작시 능력이 이들을 능가할 정도라고 평가했다. 7~8구에서는 정두경이 정지승의 뛰어난 점을 계승했다고 언급했는데, 이 같은 내용을 기술할 수 있었던 것은 강백년의 부친 강주姜籀와 정두경의 조부 정지승이 실제로 사승 관계를 맺음으로써[17] 후손까지도 친분관계를 유지했던 것에서 기인한다. 정두경은 강주와도 인연을 맺었는데, 강주의 문집에 정두경의 시를 차운한 작품이 있으며[18] 정두경도 강주의 문집 서문인 「죽창집서竹窓集序」를 지었다. 9~12구에서는 정두경의 맑은 정신과 기개를 그려내는 동시에 태사공과 장자를 들어 그의 학문 경향을 언급했다. 그 외에도 중략된 부분에서 강백년은 정두경이 망자가 되어 문성文星의 광채가 어두워지고, 아름다운 시가 모두 저승에 묻힌 현재 상황에 대한 안타까움을 표출했다. 인용한 41~44구에서는 강백년과 정두경의 관계를 확인할 수 있는데, 영중郢中의 바탕을 잃게 되었다는 구절을 통해 서로가 믿음을 주고받았던 관계였으며, 백아伯牙와 종자기鍾子期처럼 서로를 알아주는 지음知音이었음을 유추할 수 있다. 정두경을 대상으로 한 강

17 鄭斗卿, 『竹窓集』, 「竹窓集序」, "湖西觀察使姜君栢年叔久, 刻先大夫竹窓公遺稿, 旣徵序于溫城鄭斗卿. 以竹窓公受學於余王父叢桂堂故."

18 姜籀, 『竹窓集』 2卷, 〈步鄭評事斗卿韻〉, "山河頻擧目, 天地入搔頭. 一粟身孤露, 千霜水續流. 未成黃白術, 漫作古今愁. 東遊蘇季子, 弊盡黑貂裘."

백년의 이 작품은 세교世交를 바탕으로 창작되었기에 애도의 정서가 강화되어 있으며, 도입부와 전개부가 유기적으로 구성되어 있어 서사성을 지닌다. 강백년과 정두경의 교유 양상은 『종남총지終南叢志』에 담긴 일화를 통해서도 확인 가능한데[19] 서로 시어를 수정하며 완성도를 높이고자 했다는 내용으로 보아 시적 교유를 이어나갔던 것으로 판단된다. 강백년은 〈남정동명시구 감이유작覽鄭東溟詩句 感而有作〉에서도 문성文星으로 대변되는 정두경이 죽음을 맞이한 것에 대한 안타까움을 표출한 바 있다.[20]

박수현朴守玄 역시 양적으로 적지 않은 만시挽詩를 창작하여 문집 전반에 걸쳐 만시가 산견된다.[21] 전체 작품 800제題 931수首 중 163제題 179수首의 작품을 만시로 창작했으며, 비율로 따지자면 19%에 해당한다. 최재남은 애도의 대상에 따라 만시를 도망悼亡・곡자哭子・곡형제哭兄弟・도붕悼朋으로 분류한 바 있는데[22] 이를 토대로 살펴보면 박수현은 주로 도붕悼朋 범주에 포섭되는 선후배・동료・친구를 대상으로 만시를 창작했고, 그 밖에도 자신과 친분 있는 인물이나, 관계를 맺고

---

19 金得臣, 『終南叢志』 제26칙, "姜叔久栢年, 金剛山道中詩曰, "百里無人響, 山深但鳥啼. 逢僧問前路, 僧去路還迷." 世或傳叔久嘗以此作, 誦告於東溟鄭君平, 君平稱善, 仍曰, "但字改以山字, 則尤佳." 叔久歎服云."

20 姜栢年, 『雪峯遺稿』 20卷, 「城南錄」, 〈覽鄭東溟詩句, 感而有作〉, "奎宿精英稟得全, 世間遺什謾流傳. 許多奇氣歸何處, 定作文星更上天."

21 표 14. 朴守玄의 挽詩 현황

문집 편제	수록 내용	문집 편제	수록 내용
1卷	五言古詩 5題 5首, 五言排律 13題 13首, 五言律詩 51題 60首	2卷	七言古詩 26題 26首, 七言排律 2題 2首, 七言絶句 1題 1首, 七言律詩 4題 4首
		3卷	61題68首

22 최재남, 『한국 애도시 연구』, 경남대학교 출판부, 1997, p.42.

있는 부인夫人・대부인大夫人・조모祖母・자제子弟에게 만시를 창작해 주었다. 또한 179수首의 만시 중 대작代作은 3수首에[23] 불과한데, 수적으로 적을 뿐만 아니라 대작임에도 개인적인 감정을 담아 지은 정황을 살필 수 있으므로[24] 박수현이 기본적으로 만시에 진정성을 담아 창작했음을 알 수 있다. 박수현의 만시에 담긴 정서는 비탄悲嘆・진혼鎭魂・칭양稱揚이라는 세 가지 층위 중[25] 비탄悲嘆에 치우쳐졌음을 알 수 있다. 또 만시의 창작 대상을 살펴보면, 소북계열에 해당하는 인물에 대한 만시가 많고 감정 교류 양상이 짙게 포착된다.

난초는 이른 눈서리에 꺾이고	蘭摧早霜雪
꽃은 봄바람 불자 떨어지니	花落度春風
대부분 황천으로 돌아가셨지만	泉下多歸客
공만 홀로 속세에 살아계셨는데	塵間獨寓公
하늘이 버리시려는 것을 한탄하고	嗚呼天欲喪
도가 궁하게 될 것을 통곡하네	痛哭道將窮
침상에 누워 부질없이 눈물 흘리다	枕席空流涕
어렴풋이 꿈속으로 찾아드는구나	依俙入夢中[26]

이 만시는 소북팔문장小北八文章 중 한 사람이자 박수현의 처남인 남선南翧과 소북小北계열 문인인 임중任重(1618~1657)을 애도한 오언율시五言律詩 작품이다. 이 시의 1~2구는 작자의 감정이 투영된 풍경을 읊은 것으로 '최摧', '락落'에 드러나는 하강 이미지가 죽음을 상징하고 있

23 朴守玄, 『草亭先生遺稿』, 〈代輓〉, 〈代輓朴安岳徹〉, 〈代輓金監司振〉.
24 朴守玄, 『草亭先生遺稿』, 〈代輓朴安岳徹〉, "東床哀絶叫, 重復哭吾私."
25 최재남, 위의 책, 1997, p.48.
26 朴守玄, 『草亭先生遺稿』, 〈哀亡友南伯圖任鼎卿〉.

으며, 상실과 부재를 암시하는 시어가 분위기를 지배함으로써 작자의 슬픔이 부각되고 있는 양상이다. 3~4구는 황천과 이승을 말해 망자와 자신의 처지를 대조적으로 그려냈다. '다多'와 '독獨'이라는 시어 역시 선명한 대비를 이루어 박수현의 외로운 정서를 알 수 있게 한다. 5~6구는 박수현이 남선과 임중의 부재로 인해 '도道'가 궁하게 될 것을 걱정하는 염려의 마음을 담은 것인데 이 부분에서 박수현의 좌절감이 드러난다. 7구에는 박수현의 슬픔이 '유체流涕'라는 시어를 통해 직접적으로 표현되어 있다. 8구에 이르면 현실과 꿈이 분명하지 않은 경계로 인식됨을 볼 수 있는데, 현실을 꿈으로 환치시켜 죽음을 부정하고 있는 양상이다.

정창주鄭昌胄의 경우 전체 602제題의 작품 가운데 34제題의 만시를 지었는데, 시제 수로 전체 시의 6%에 해당하는 양의 만시를 창작하였다. 만사挽詞라는 편명이 형식별로 나누어져 각 권의 말미에 부기되어 있다.[27] 작품을 보았을 때 정창주 역시 주변 인물들을 대상으로 삼았으며, 사적 기억을 기저로 진솔한 감정을 표출하여 만시를 지었다.

1 젊었을 때 일찍이 함께 급제했고　　夙歲曾同榜
2 중년에는 또 혼인을 의탁했으니　　中年又托婚
3 친밀한 정은 골육과 같았고　　情親如骨肉
4 넉넉한 시는 연원을 얻었으며　　詞富得淵源
5 가을 달처럼 정신 상쾌했고　　秋月精神爽
6 봄바람처럼 담소 온화해　　春風笑語溫

27 표 15. 鄭昌胄의 挽詩 현황

문집 편제	수록 내용	문집 편제	수록 내용
1卷	五言挽詞 5題	3卷	七言長律挽詞 2題, 五言古詩挽詞 1題
3卷	七言挽詞 24題, 五言長律挽詞 2題		

7 높은 명성은 대안탑을 울렸고	高名動鴈塔
8 남은 힘으로 용문을 뛰어올랐네	餘力躍龍門
…(중략)…	
17 지란옥수 같이 뛰어난 아이들이 있고	蘭玉諸兒稚
18 시문에 옛 자취 그대로 남아있지만	篇章舊跡存
19 우리 집안에서도 애통해하니	吾家亦有慟
20 누구와 함께 다시 이야기하랴	誰與更爲言
21 해로가에 한잔 술로 전송하니	露薤單杯送
22 강바람 자리 가득 불어 드는데	風江一席翻
23 깊은 슬픔 토로하려 해도 다 할 수 없어	深悲寫不盡
24 머리 센 형제 향해 말하는구나	說向白頭昆[28]

이 작품은 오언고시五言古詩 형식으로 구성된 만시로 고령高靈 신씨申氏인 신득홍申得洪(1608~1653)을 애도한 것이다. 도입부에 해당하는 1~2구를 통해 이들이 함께 과거에 급제해 인연을 맺으며 친분을 유지했음을 알 수 있다. 이렇게 본다면 망자와 작자가 생전에 맺었던 긴밀한 유대관계가 작시의 전제가 되었다는 점에서 진정한 의미의 만시 창작이 이루어졌다고 할 수 있다.[29] 또한 정창주가 3~8구에서 신득홍의 문학적 자질과 성품을 읊어 그에 대한 애정을 드러냈음을 볼 수 있는데, 칭양稱揚에 해당하는 내용이지만 이 역시 사적 기억에서 파생된 추모가 주된 동기로 작용하였다. 17~18구는 자식들이 남은 시문을 이을 정도로 뛰어남을 말하여 망자의 넋을 달랜 것이다. 19~20구에는 정창주와 신득홍이 가문 차원에서 친교를 맺은 사실이 드러나며, 정창주의 집안 식구들까지도 슬픔에 잠겨 있다고 언급한 부분에서 비애감을 느낄 수

28 鄭昌胄, 『晩洲集』 3卷, 「五言古詩 挽詞」, 〈挽申玉果〉.
29 윤재환, 위의 논문, 2013, p.350.

있다. 만시의 마지막 부분인 21~24구에서는 신득홍의 죽음으로 인해 그를 떠나보내는 정창주의 비통한 정서가 직접적으로 드러나 있다. 망자에게 자신의 슬픔을 말하고자 해도 전할 수 없으므로 정창주는 유가족으로 대변되는 형제에게 감정을 토로하는 방식으로 비애감을 표출하였다.

이휴징李休徵의 경우 문집의 1권卷에만 만시가 수록되어 있으며 형식 분류 없이 기록되어 있다. 또한 142제題 170수首의 전체 시 가운데 43제題 54수首 즉 33%가 만시이므로 그가 부재의 슬픔을 시로 승화하는 작업에 능했던 것으로 판단된다. 또한 이휴징의 만시에는 대작代作이 존재하지 않으며 자신의 교유관계만을 바탕으로 작시했다는 점에서 만시의 상투성을 일면 벗어난 것으로 판단된다. 생전에 망자와 공유한 부분이 많을수록 만시가 진정성을 지니게 된다는 점에서 회상하는 행위가 실질적 경험에 기반하지 않고서는 만시의 진정성이 제대로 이뤄질 수 없기 때문이다.

其一

예전부터 교유했던 것 한바탕 꿈처럼 덧없으니	夙昔交遊一夢空
십 년 동안 그대의 삼대를 곡하였네	哭君三世十年中
늙은이 마음속 끝없는 아픔을 품고 있으니	老懷忍抱無窮痛
어느 때나 돌아가 그대 같은 이 보겠는가	歸去何時見若翁

其二

친한 벗들 새벽 별처럼 드물어가도	親朋落落似晨星
언제나 그대 보며 전형이라 생각하였네	每向吾君想典刑
재능과 명망으로 나라의 인재로 뽑혀 만년에 기뻐했고	晩喜才名推國器
시와 예로 가정을 이루어 얻은 것 일찍이 어여삐 여겼네	早憐詩禮得家庭

아름다운 자질 세상에 쓰이라 여겼더니 謂言美質方需世
어진 사람 이리 급히 목숨 앗아갈 줄 몰랐네 不道仁人遽促齡
노모 살아계시고 자제들 어리니 老母在堂諸子弱
구천의 그대 영혼 위로할 길 없네 九泉無以慰精靈[30]

이 시는 소북팔문장小北八文章 중 한 사람인 남선南銑의 아들 남성훈南聖薰(1630~?)을 애도한 2수首의 만시이다. 이휴징은 개인적 관계에서 파생된 추모의 정서를 시 전반에 포진시키면서 만시를 전개했다. 칠언절구七言絶句 형식의 첫 번째 시 1~2구는 이휴징이 교유관계에서 비롯된 슬픔을 토로하고 있는 부분이며, 3~4구는 망자를 떠올리며 애상감에 젖어 슬픔을 감내하지 못한 것이다. 칠언율시七言律詩로 구성된 두 번째 시를 살펴보면, 1~2구는 이휴징이 남선의 아들인 남성훈을 통해 남선의 생전 모습을 떠올렸던 사실을 말한 것이다. 남성훈의 몰년이 정확히 확인되지는 않으나 남선 사후인 1657년 이후임을 추정할 수 있다. 3~6구는 남성훈의 재능을 언급하는 동시에 이른 시기에 망자가 된 것을 안타까워한 것이다. 7~8구에서는 노모와 어린 자제들을 언급해 비통한 상황을 강조했는데, 작자가 위안의 정서를 표출하지 못할 정도로 망자가 이른 시기에 죽음을 맞이했음을 확인할 수 있다.

지난해 가을 온창에서 모실 때 陪從溫昌去歲秋
모래톱 언덕에서 즐겁게 한잔 술을 기울였지 一壺青眼素沙頭
인생사에 만났다 헤어지는 것 꿈속 일 같고 征途聚散夢中事
뜬 세상 슬픔과 한탄은 물가 위의 거품 같지만 浮世悲歎波上漚
친한 벗 모두 세상 떠나고 몇 명이나 남았나 親友凋零幾個在
소리 모습 아득하니 황천이 멀구나 聲容緬邈重泉幽

30 李休徵, 『庥庵遺稿』 1卷, 〈挽南都事〉.

이 몸 홀로 있으니 애간장 끊기려 하는데 此身獨立腸堪斷
곡하며 보낸 상여가 한강을 건너네 哭送靈輀過漢洲[31]

이휴징의 이 작품은 소북팔문장小北八文章의 한 사람이자 박수현朴守玄의 형인 박수초朴守初를 애도한 것으로, 1~2구는 박수초를 따르며 함께 지냈던 지난날을 반추한 것이다. 3~4구는 만나고 헤어지는 이치를 설명하면서 사라지는 것들에 대한 안타까움을 말한 것이다. 5~8구에는 죽음을 체감하는 작자의 심경이 그려져 있는데, 주변의 친한 벗들이 세상을 떠나간 상황에서 또 죽음을 맞이하는 애통함이 담겨 있다.

남선南銑의 경우 그의 시 작품 153수首 가운데 118수首가 만시로 전체 시의 77%에 육박하는 비중을 지니고 있다. 우선 남선의 만시는 전개 방식에 있어 경험적 서사를 다채롭게 활용하여 사적 기억을 충실히 구현했는데, 남선이 사적 기억을 충분히 담아냈기 때문에 감정의 진실성이 드러난다는 특징이 보인다. 사적 기억이 배제된 만시는 기본적으로 대상을 회상할 수 있는 범위를 축소시킬 수밖에 없으며, 특히 청탁으로 지어진 만시는 잘 알지 못하는 대상을 일정한 형식에 끼워 넣음으로써 감동의 결여와 문학성의 결핍으로 이어지게 된다는 점을 감안한다면, 남선의 만시는 일반적인 만시와 다른 차원임을 확인할 수 있다. 물론 남선의 만시에서도 23%에 해당하는 대작代作이 확인되나, 남선의 경우에는 시인으로서 자신의 역량을 충분히 발휘하여 청탁한 이의 사적 기억을 함께 나누어 그 감정을 곡진히 담아내는 모습이 대작 만시의 곳곳에서 포착된다. 대작조차 관습적인 서사로 흐르지 않았다는 점은 남선의 문학적 역량을 더욱 잘 보여준다고 생각되기에 함께 논의하도록 하겠다.

31 李休徵, 『庥庵遺稿』 1卷, 〈挽朴生員〉.

젊은 시절부터 서로 돈독하게 지내	結髮偏相識
그대 집을 빌려 사는 은혜를 입은 데다	仍蒙借宅恩
다시 여러 자제와 교유하여	更隨諸子弟
늘 한집안 식구처럼 지냈지	常似一家親
팔십 평생 일이 모두 꿈결 같으나	八袟渾如夢
황천에는 끝내 새벽 오지 않겠지	重泉竟莫晨
가장 서글픈 것은 색동옷 입고 춤추던 때이니	最憐萊舞地
바로 꽃 피는 3월이었었지	花事正三春[32]

이 작품은 첨지僉知 김광익金光翼을 애도한 것으로 김광익의 생몰년이나 구체적인 행적은 알 수 없다. 다만 이 시가 남선의 만시 중 사적 기억으로 점철되어있는 대표적인 작품 중 하나이므로 김광익과 친분이 두터웠음을 유추해 볼 수 있다. 1~2구는 남선이 김광익에게서 입은 후의를 회상하면서 기억을 반추하고 있는 부분이며, 3~4구에서는 남선이 김광익의 여러 자제와도 교유했음이 드러난다. '일가친一家親'이라는 시어에서 그들이 가족과 같이 여기며 지내왔음을 확인할 수 있다. 이처럼 남선은 만시의 서두에 과거를 서사적으로 재현해 두고 있는데, 여기에서 기억은 망자를 기리는 중요한 요소를 담당하고 있다. 또한 남선만이 가진 사적 기억이 서두에 포진되어 있기에 애도의 진실성은 더욱 증폭되고 있다.

5~6구에서는 사적 기억의 회고에서 말미암은 감정을 토로하는데, 김광익의 삶을 '몽夢'으로 처리하는 동시에 황천에는 결코 새벽이 오지 못한다고 함으로써 죽음의 이미지를 그려냈다. 7~8구에서 남선은 상실에서 파생된 아픔을 언급하기보다는 가장 아련하면서도 그리웠던 순

32 南翧, 『滄溟遺稿(乾)』, 「挽金僉知光翼」.

간으로 시상을 이동시키고 있다. 그 시점은 김광익의 회갑 날이며, 김광익이 기뻐했던 바로 그때이다. 남선은 가장 아름다웠던 시간 속 기억과의 조우를 통해 애도의 폭을 확장시키고 있다. 슬픔을 직접적으로 표상하는 시어를 한자도 두지 않고 오히려 그와 상반되는 '화花', '춘春'이라는 풍경을 떠올리고 있지만 아름다운 순간이 현실과 대비됨으로써 비애는 더욱 확장된다.

약관의 나이에 詩壇에서 일찍이 친교를 맺어	弱歲騷壇早結盟
함께 교칠처럼 깊은 정을 나누었으니	共將膠漆托深情
인간세상 과방에서 급제하여 기뻤고	人間榜喜黃金出
천상세계 누각으로 백옥루 만들어 놀랐었지	天上樓驚白玉成
따뜻한 봄날엔 남곽에서 백 수의 시를 읊었고	南郭煙花詩百首
눈보라 치는 동호에서 천잔 술 비웠는데	東湖風雪酒千觥
처량하구나 지나간 일을 누구에게 물어 보리오	凄涼往事憑誰問
들려오는 산양의 피리 소리에 눈물만 주르륵 흐르네	淚洒山陽一笛橫[33]

이 만시는 학유學諭 송헌길宋獻吉(1606~?)을 애도하면서 쓴 칠언율시七言律詩 4수 중 3번째 작품이다. 4수 모두 남선의 사적 기억이 풍부하게 반영되어 있으나, 이 작품에서는 특히 시단에서의 교유 양상이 포착되기에 인용해 보았다. 만시의 대상인 여산礪山 송씨宋氏 송헌길은 소북小北계열 인물로 확인되며, 만시를 통해 보았을 때 아주 가까운 사이였음을 추측할 수 있다. 이 시의 2번째 수[34]에서 남선이 "삼세신교삼세장三世神交三歲長"이라고 하였으니 송헌길은 남선보다 3살 연상이었으

33 南銑, 『滄溟遺稿(乾)』, 「挽宋學諭獻吉」.

34 南銑, 『滄溟遺稿(乾)』, 「挽宋學諭獻吉」, "多君詞藻奪天工, 筆底波瀾浩不窮. 三世神交三歲長, 一時行樂一樽同. 青雲有路官仍薄, 黃壤無情夢已空. 未死餘魂何處託, 亂山衰草自悲風."

며, 몰년은 미상이나 4번째 수[35]의 "수료오생삼십미誰料吾生三十未, 즉간지기반중천卽看知己半重泉."이라는 시구를 통해 볼 때 송헌길이 30세 이전에 세상을 떠난 것으로 추정된다.

인용한 시의 1~2구에서는 어린 시절부터 이어온 교유의 기억과 부레풀과 옻나무의 칠처럼 두터운 우정을 맺어왔음을 말하였다. 사적 기억을 술회함으로써 만시의 대상과의 관계를 밝히고 있는데 이는 만시에 진정성을 부여하는 장치로 작용한다. 3~4구에서는 인간계와 천상계를 대비적으로 표현하면서도, 과거 급제와 백옥루를 언급하여 송헌길의 뛰어난 문학적 재주를 담아내고자 했다. 5~6구에 이르면 사적 기억이 증폭되는데 구체적 장소와 시기 그리고 행위가 구현되어 있어 그때의 추억을 완연하게 떠올리게 한다. 각 구절은 장면화되어 있는데, 5구는 남곽南郭에서 안개 속에 꽃 필 때 봄을 완상하면서 그 아름다운 풍경을 마주하며 시를 읊었던 기억을 떠올린 것이고, 6구 역시 동호東湖에서 눈보라 칠 때 서로 술잔 기울였던 지난날을 한 폭의 그림처럼 옮겨둔 것이다. 7구에는 사적 기억을 반추함에 따라 밀려오는 개인적 슬픔과 결핍이 시상을 지배하고 있는데, 의문형 시구에서 작자의 서글픔이 잘 드러난다. 8구에서는 처연함을 이기지 못한 작자의 정서가 '누쇄淚洒'라는 시어로 직접적으로 표상되어 있다. 또한 향수向秀와 혜강嵇康의 고사가 담긴 '산양山陽의 피리소리'라는 용사用事를 사용하여 벗을 그리워하는 정서를 극화시키고 있는데, 이로 보아 남선은 전고를 차용함에 있어서도 사적 기억과 부합하는 내용을 시에 포진시키고자 했다는 것을 알 수 있다.

35 南翧, 『滄溟遺稿(乾)』, 「挽宋學諭獻吉」, "欲把存亡問彼天, 天胡無語但蒼然. 誰料吾生三十未, 卽看知己半重泉. 淸標在眼尋難見, 遺草盈箱泣更編. 今日哭君君不起, 此生那忍獨生全."

이외에도 남선은 대체로 사적 기억의 서사적 표현을 만시 서두에 안배하고 있으며, 이를 통해 작품 전체의 시작을 알리는 전제의 기능을[36] 하게 한 경우가 많다. 따라서 다음 시에서는 남선의 만시에서 서두 부분만을 발췌하여 특징적 면모를 살펴보도록 하겠다.

(1)
1 승문원에서 일찍부터 함께 지냈고 槐院曾同席
2 도성 서쪽에서 오랫동안 이웃하며 살았지 城西久接隣[37]

(2)
1 선대부터 의가 두터워 厚義從先世
2 서로가 의심 없이 교유하였지 論交兩不疑[38]

(3)
1 어려서부터 좇아 모신지 오래되었으니 夙歲追陪久
2 만날 적마다 함께 술자리를 가졌지 逢場共一樽[39]

먼저 (1)은 지평持平 이극인李克仁(1602~?)을 대상으로 한 오언율시五言律詩 만시 중 1~2구를 발췌한 것이다. 사적관계를 밝히고 사적 기억을 시의 전면에 배치하여 시상을 열고 있음을 볼 수 있다. 이극인은 1635년 33세 무렵 과거에 급제하였고 남선은 1636년 28세에 문과에 급제하였음을 미루어 보았을 때 이들은 승문원에서 함께 교유하였다고 생각된다. 이 시에서는 이들이 처음 만나게 된 연유를 서두에 기록하여

36 전재강, 「寒岡 挽詩의 성격 연구」, 『국어교육연구』, 46, 국어교육학회, 2010, p.254.
37 南銑, 『滄溟遺稿(乾)』, 「挽李持平克仁」.
38 南銑, 『滄溟遺稿(乾)』, 「挽柳奉事廷琦」.
39 南銑, 『滄溟遺稿(乾)』, 「挽李昌平幼洙」.

그 뒤에 읊을 내용에 진실성을 가미하고 있다.

(2)는 봉사奉事 유정기柳廷琦를 대상으로 한 오언율시五言律詩 만시의 1~2구에 해당한다. 유정기에 대해서는 잘 알려져 있지 않으나 조부가 소북의 영수였던 유영경柳永慶(1550~1608)이기에 남선과 같은 소북계열로 이들이 선대부터 교유했음을 알 수 있다. 1구에 드러난 사적관계는 애도를 점층화하기 위한 도입의 역할을 담당하고 있다.

(3)은 이유수李幼洙(1591~1656)를 애도한 만시 오언율시五言律詩 중 1~2구를 옮겨온 것이다. 이 부분은 각인된 기억을 시에 재배열하여 존경의 의미를 담으면서도 함께 했을 때의 추억을 안배한 것이다. 이유수에 대해서는 알려진 바가 없으나 창평현령昌平縣令으로 재임하며 백성을 아꼈기에 남선이 이유수의 죽음을 애달파 했던 것으로 보인다.

지금까지 살펴본 것처럼 남선은 사적 기억의 진술을 중시하여 서사적인 하나의 이야기를 시로 구현하고자 했다. 이러한 양상은 대작代作에서도 동일하게 적용되었는데, 이는 남선이 만시를 대신 써주길 부탁한 이의 사적 사연을 만시 속에 담아내려 애썼기 때문일 것이다. 남선 만시의 또 다른 특징은 사적 기억에서 추출한 망자의 삶을 바탕으로 위안적 종결 방식을 결정하고 다양한 층위를 나누어 만시를 창작했다는 점이다.

전란 때를 떠올릴 때마다	每憶干戈際
서로 목숨 온전하길 바랐는데	相將性命全
공명으로 겨우 벼슬자리 하나 얻어 놓고는	功名纔一宦
쇠약하고 병들어 홀연 중천으로 떠났으니	衰病奄重泉
옛 집에는 가을 풀만 무성하고	舊宅多秋草
새 무덤에는 저녁 안개만 자욱하네	新阡鎖暮烟
집안의 명성을 뛰어난 자제에게 전했으니	家聲傳玉樹

남은 경사 끝없이 이어지겠지 餘慶佇綿綿[40]

이 작품은 참봉參奉 엄가성嚴可誠(1580~?)을 애도한 작품으로 엄가성의 자세한 생애는 알 수 없으나, 본관은 영월寧越로 남선보다 29세가 많으며 1613년 34세로 증광시增廣試 생원 삼등三等 24위로 합격한 인물이다. 이 시의 1~2구는 사적 기억으로 점철되어 있는데, 전란 때를 회상하고 있으며 이 시기 서로의 안위를 걱정해 주던 기억을 떠올림으로써 시상을 열고 있다. 3~4구는 엄가성이 병으로 인해 죽음을 맞이했음을 서술함으로써 그의 삶에 대한 아쉬움을 토로하고 있다. 5~6구는 풍경을 차용해 죽음을 그려내고 있는데, '구택舊宅'과 '신천新阡'이 대조를 이루면서 부재에 대한 비애감이 단적으로 드러난다. 더불어 '추초秋草', '모연暮烟'이 표상하는 이미지는 작자의 슬픔을 반영하는 풍경 그 자체이다. 7~8구에서 남선은 엄가성을 위로하는 것으로 시상을 종결하고, 집안의 명성이 이어질 것임을 말하여 망자의 걱정을 덜어주고 있다. '옥수玉樹'와 '여경餘慶'이라는 부분에서 남선이 긍정적인 앞날을 만시에 담았음을 볼 수 있으며, 이를 통해 망자를 위로하여 슬픔을 극복하려 했음을 알 수 있다.

영외로 나가 삼 년을 헤어져 嶺外三年別
서로에 대한 그리움 아득했는데 悠悠兩地思
어찌 알았으랴 서울로 돌아오던 날 那知還洛日
갑자기 그대를 곡하는 시를 쓰게 될 줄을 遽寫哭君詩
모든 일이 온통 꿈만 같지만 萬事渾如夢
중천으로 간 것만은 다시 되돌릴 수 없으니 重泉更莫追

40 南銑, 『滄溟遺稿(乾)』, 「嚴參奉可誠」.

고인의 어그러짐 위로할 수 있는 것은 故人差可慰
남은 경사가 후손에게 있어서지 餘慶在諸兒[41]

이 만시는 성신구成信耉(1586~1648)를 애도한 대작代作이다. 위안의 종결 방식이 포착되는 동시에 진정한 애도라는 만시의 기능을 온전히 한 작품이다. 성신구에 대해서는 잘 알려져 있지 않으나 본관이 창녕昌寧으로 소론계열 인물이다. 남선의 문집에는 성신구를 애도한 대작과 남선이 지은 만시[42]가 각각 한 편씩 수록되어 있고, 남선이 만시에서 "임사세상평생의臨詞細想平生義, 방초동풍체자휘芳草東風涕自揮."라고 평생의 신의를 말했기에 남선과 친분이 있는 인물이었음을 추정할 수 있다.

이 시는 대작代作임에도 불구하고 사적 기억이 충분히 반영되어 있음을 1~2구를 통해 살펴볼 수 있다. 이별의 원인과 기간까지 구체적으로 표명되어 있으며, 절절한 그리움과 성신구의 죽음을 접하게 된 상황이 그대로 담겨 있다. 이로 보아 남선은 대작代作을 창작할 때에도 청탁한 이의 사정을 충분히 듣고 그 감정을 만시에 곡진히 담아내려 노력했던 것으로 보인다. 시의 종결부에서는 망자에게 위로의 말을 전달하는 동시에 마음의 안식을 제공하고자 했다. 이러한 위로는 성신구의 삶의 질곡을 마주한 작자의 진심 어린 연민이라고도 볼 수 있다. 실제로 남선이 성신구를 위해 쓴 만시에서 남선은 "천여오인호오위天與吾人好惡違, 수재주갑위비미壽纔周甲位卑微." 라고 하였는데, 성신구가 세상일과 잘 어그러져 낮은 지위를 지냈기 때문이다. 성신구가 낮은 지위에만

41 南翧, 『滄溟遺稿(乾)』, 「挽成永平信耉」.

42 南翧, 『滄溟遺稿(乾)』, 「挽成永平信耉」, "天與吾人好惡違, 壽纔周甲位卑微. 去年爭歎荊花折, 今日還驚薤露晞. 堂上凄凉新粉字, 篋中零落舊緋衣. 臨詞細想平生義, 芳草東風涕自揮."

머물렀기에 남선은 그 점을 위로하기 위해 후손이 번창할 것임을 말하여 망자의 넋을 달랜 것이다. 이에 남선은 시의 종결부에 위안의 메시지를 담음으로써 슬픔을 승화키고 비애감을 극복할 수 있는 구조로 만시를 구성한 것이다.

신유申濡의 경우 77수首의 만시 작품을 남겼는데, 신유의 만시 역시 사적 기억이 충분히 구현되어 있다는 점에서 진실성을 구비하고 있다,

其一

웅건한 필치는 강하를 터놓은 듯하고	健筆江河決
맑은 시편은 곱고 아름답기만 하니	淸篇綺麗爲
문단에서는 언제나 독보적이었고	藝場常獨步
고과에도 급제하였으니 문장이 굉장하였지	高第竟宏詞
종이 값 도성에서 귀해졌으니	紙價都城貴
문장 솜씨를 심부름꾼들도 알고 있었지	文章走卒知
비록 다른 일 들지 않더라도	縱敎無別事
천년동안 성대한 이름 전해지리라	千載盛名垂

其五

어린 시절부터 익히 교분을 맺어	契自童年熟
아버지 대부터 친히 정이 깊었네	情因父黨親
동료인 그대에 대해 무슨 말을 할 수 있겠나	何言忝寮寀
혼인을 부탁해 허락받았으니	復許托昏姻
의리가 친밀해 교칠처럼 지냈는데	義密膠投漆
옥이 티끌 속에 버려진 것 슬프구나	悲纏玉委塵
침문에서 끝없이 눈물 흘리며	寢門無限淚
이내 내 몸 거듭 곡하는 구나	重爲哭吾身[43]

이는 심제沈齊를 애도한 5수首의 만시 가운데 첫 번째와 다섯 번째 시이다. 첫 번째 시는 신유申濡가 심제의 뛰어난 문학성을 예찬한 것으로 시문학으로 명성을 날린 사실을 말한 것이다. 일반적인 만시에서 확인할 수 있는 내용이라고도 할 수 있으나 마지막 수를 통해 이 모든 것이 개인적인 친분에서 말미암은 전개임을 알 수 있다. 그것은 이들이 아버지 대부터 오래도록 교분을 이어왔음을 확인할 수 있기 때문이다. 따라서 슬픔이 사적 기억 안에서 극대화되어 진정성을 갖추고 있음을 볼 수 있다.

벼슬길 훨훨 날기는 후진에게 양보하고	雲路飛騰讓後塵
만년에는 글 지으며 홀로 정신 온전히 했으니	暮年詞翰獨全神
한문과 당시는 따라올 자가 없었고	漢文唐律終無敵
예서와 초서는 사뭇 핍진했으니	鍾隷顚章轉逼眞
고결한 성품 참소 입어도 어찌 더럽혀지며	白璧遭讒寧受點
황금을 자손에게 물려주어 가난하지 않았지만	黃金遺子未爲貧
남극성에 이미 동규와 함께 어두워졌으니	南星已與東奎晦
무덤 속에 만고의 보배가 부질없이 묻혔구나	鬱鬱空埋萬古珍[44]

이 만시는 소북팔문장小北八文章 중 한 사람인 강백년姜栢年의 부친 진주晉州 강씨姜氏 강추姜籒(1567~1651)를 애도한 것이다. 1~4구는 강주의 능력을 예찬한 것으로 문장과 당시唐詩, 그리고 글씨에도 재능을 지녔던 사실을 말한 것이다. 실제로 강주는 두보杜甫의 시를 존숭했으므로 당시唐詩 창작에 능했으며, 문장을 잘한 것으로 보인다.[45] 5~6구

43 申濡, 『竹堂集』, 「駱亭錄」, 〈沈府尹齊挽 五首〉.

44 申濡, 『竹堂集』, 「湖行錄」, 〈姜僉知籒挽〉.

45 姜籒, 『竹窓集』, 〈竹窓集序〉, "詩則尙少陵, 所著詩文淸麗奇逸, 覽者當自知矣."

는 강주의 고결한 성품을 강조하는 동시에 자손을 아꼈음을 말한 것이다. 7~8구는 강주의 죽음을 애석하게 여긴 것인데, 우리나라 문장을 맡은 별이 어두워졌다고 표현해 안타까움을 드러냈다.

대대로 명가의 혈통이면서	奕世名家胄
평생 가벼운 수레를 탔고	平生下澤車
자식 없는 것 명일 뿐이라고 하지만	無兒命也已
형제 있는 즐거움은 어떠한가	有弟樂何如
고향에서 장례를 치뤄	鄕里營喪葬
새 무덤을 옛 거처 근처에 두었으나	新阡近故居
우애 있는 형제들 임지를 떠돌아	鴒原遙臨地
눈물도 말라 통곡하니 마른 풀 같구나	淚盡慟仍茹[46]

이 만시는 〈강계년만姜桂年挽〉으로 신유申濡가 소북팔문장小北八文章 중 한 사람인 강백년姜栢年의 형 강계년姜桂年을 애도한 작품이다. 1~4구는 명문가인 진주晉州 강씨姜氏 가문의 위상을 언급하는 동시에 망자인 강계년의 형제들을 중심으로 깊은 애도가 이루어지고 있음을 말한 것이다. 5~6구는 망자가 고향 근처에 매장되어있음을 드러낸 것인데, 형제 모두 눈물이 마를 정도로 통곡했다고 언급해 극진한 슬픔을 토로하였다.

(2) 여성 대상 만시와 비애감의 확장

소북팔문장小北八文章 만시挽詩의 또 다른 특징으로 여성을 대상으로 한 만시의 창작을 들 수 있다. 이에 따라 이 절에서는 여성 대상 만시를

46 申濡, 『竹堂集』, 「養痾錄」, 〈姜桂年挽〉.

통해 여성의 죽음을 시로 형상화한 양상을 살펴보고자 하는데, 두 가지 측면에서 특징적인 면모를 보인다. 첫 번째는 소북팔문장의 만시에 형상화된 여성들이 전통적 여성이 지니고 있었던 보편성과 특수성의 경계에 머물러있다는 것이다. 두 번째는 사후세계 형상화 양상에서 선계에 안착하지 못하는 여성의 모습을 그려냄으로써 비애감을 확장시켰다는 점을 들 수 있다. 여성을 대상으로 한 만시가 여타 문인들의 작품에서 잘 포착되지 않는 독특한 양상이므로,[47] 소북팔문장 시세계의 특징적 면모라고 생각된다.

심제沈齊의 경우 전체 168제題 187수首의 시 작품 가운데 76제題 87수首 즉 47%가 만시에 해당하는데, 아래의 표를 통해 알 수 있듯 여성을 대상으로 많은 수의 만시를 지었다.

표 16 심제沈齊의 만시挽詩 작품 현황

연번	제목	수량	형식	대상
1	昭顯世子挽詞	1	7언율시	소현세자
2	挽李持平克仁	1		이극인
3	挽崔承旨有海	1		최유해
4	挽許樂安崝母夫人趙氏	1		낙안 허쟁 모부인 조씨
5	挽趙持平公淑	1		조공숙
6	挽睦孤石長欽	1		목장흠
7	挽李承旨惟聖	1		이유성
8	挽盧咸平后卨母夫人	1		함평 노후설 모부인
9	挽柳僉正內子宋氏	1		첨정 유씨 아내 송씨

47 김분청, 위의 논문, 2015, p.22. 여타 문인들의 여성 대상 만시 작시 현황을 살펴보면 다음과 같다. 이색은 56題 76首의 작품 중 15題를 여성 대상 만시로 지었으며, 이숭인은 19題 20首 중 2題를 창작했다. 정도전은 9題 중 2題, 권근은 31題 가운데 6題, 이직은 17題 20首 중 4題, 서거정은 40題 중 6題를 여성 대상 만시로 창작했다. 이황은 11題 중 1題, 조식은 15題 중 3題의 작품을 여성을 대상으로 만시를 지었다.

10	挽僉正洪世忠	1		홍세충
11	挽同知姜弘重	1		강홍중
12	挽鄭同志子修之羽	1		정지우
13	挽崔魯望內子李氏	1		최노망 아내 이씨
14	挽金兵使俊龍	2		김준용
15	挽李監役久涵	1		이구함
16	挽參奉李震發	1		이진발
17	挽韓子明女	1		한자명 딸
18	挽柳汝舟	1		유여주
19	挽南僉知啓夏	1		남계하
20	挽再從弟曹漢相	1		조한상
21	挽柳太僕正潝內子嚴氏	1		유심 아내 엄씨
22	挽金主簿璡	1		김진
23	挽天微翁李必行	1		이필행
24	挽洪參判霙	1		홍영
25	挽李監司夫人柳氏	1		이감사 부인 유씨
26	挽人	1		不記名
27	挽洪參奉銑	1		홍선
28	挽申丈	1		신씨 어른
29	挽黃汝和	1		황여화
30	挽德茂令	1		덕무령
31	挽沈叔丈汝始	1		심여시
32	挽尹淳昌	1		윤순창
33	挽權生相夏	1		권상하
34	挽許礪山稊	1		허제
35	挽李尙書溟	4		이명
36	挽金參判榮祖	1		김영조
37	挽韓興君李英男	1		이영남
38	挽宋靈光良賁	1		송양분
39	挽金古阜迪	1		김적
40	挽許僉知	2		허첨지

41	李蔚珍之英挽	1		이지영
42	挽洪掌令	1		홍집
43	成參奉時亮母夫人挽	1		성시량 모부인
44	挽徐永平內子	1		서영평 아내
45	挽許太初肇	1		허조
46	挽任司評誨之	1		임회지
47	挽柳僉知內子李氏	1		유첨지 아내 이씨
48	仁烈王后長陵哀挽	1	7언배율	인열왕후
49	挽沈叔丈闈	3	7언절구	심위
50	挽權文伯母夫人元氏	2		권문백 모부인 원씨
51	挽金公州孝誠女子	2		김효성 딸
52	挽金重胤內子成氏	2		김중윤 아내 성씨
53	挽李生容	1		이용
54	挽金進士士元內子	2		김사원 아내
55	挽李連山信源內子鄭氏	1		이신원 아내 정씨
56	挽申僉知萱	1		신훤
57	挽嚴參奉可誠	1	5언율시	엄가성
58	挽尹起之大人汝徵	1		윤여징 아버지
59	挽金有慶母氏沈氏	1		김유경 어머니 심씨
60	挽金井邑自晦母夫人具氏	1		김자회 모부인 구씨
61	挽羅佐郎茂春乃子	1		나무춘 아내
62	悼朝雲月課	1		조운
63	挽成通禮時憲內子	1		성시헌
64	挽柳星山丈	1		유성산 어른
65	挽尹淳昌	1		윤순창
66	永昌大君挽詞	1		영창대군
67	挽金注書信行改葬	1		김신행
68	挽南參議汝昻內子金氏	1		남여앙 아내 김씨
69	挽李朔寧命達內子	1		이명달 아내
70	挽朴鐵原內子李氏	1		박철원 아내 이씨
71	挽鄭奉事光前	1		정광전

72	挽安延安昶內子兪氏	1	5언배율	안창의 아내 유씨
73	挽申同福起漢	1		신기한
74	挽吳正字添慶	1		오첨경
75	挽尹楊根應之	1	5언고시	윤응지
76	挽尹監司鳴殷	1	5언절구	윤명은

위 표를 토대로 만시의 창작 대상을 살펴보면, 심제가 특히 선후배·동료·친구를 비롯해 여성을 애도하는 작품을 창작했음을 확인할 수 있다. 특히 여성을 대상으로 22제題 26수首의 만시를 지었는데, 전체 만시 작품 대비 30%의 비중을 차지할 정도로 많은 양이다. 특히 여타 문인들이 여성의 범주 안에서도 주로 자신의 아내나 자식에 한정하여 만시를 작시하는 경향을 보였다면, 심제는 창작 대상을 지인知人의 부인夫人·대부인大夫人·조모祖母로까지 넓히고 있음을 확인할 수 있다.

여성을 대상으로 한 심제의 만시에서 주목할 만한 점은 만시에 형상화된 여성들이 전통적 여성상의 보편성과 특수성의 경계에 머물러 있다는 것이다. 보편적으로 여성을 애도한 만시의 경우 아내의 전통적 역할인 부도婦道·부덕婦德을 비롯해 어머니로서 지켜 온 규범을[48] 담아냄으로써 개인적 성격의 칭양稱揚으로 경도된 양상을 보인다.[49] 그러나 심제 만시의 경우에는 전통적인 여성상에 관한 내용이 포착되기도 하지만, 여성이라는 고정된 이념에서 일부 이탈한 면모도 보인다. 더 나아가 심제는 칭양稱揚을 주된 애도 방식으로 삼은 만시의 한계인 진정성의 결여를[50] 극복하고 있다.

48 김분청, 위의 논문, 2015, p.15.

49 최재남, 위의 책, 1997, p.138. 최재남은 애도시의 구성에서 稱揚의 내용을 크게 개인적 성향의 칭양과 사회적 성격의 칭양으로 나누었다. 개인적 성격을 보이는 칭양은 悼亡詩와 哭子詩에서 주로 포착되며 悼亡詩에서는 집안 살림을 맡은 아내의 婦德을 드러낸 경우가 많음을 밝힌 바 있다.

1 한 시대의 영웅호걸 박릉에서 보지만	一世英豪見博陵
2 현숙한 덕으로 집안 꾸린 이로는 이씨 부인을 이야기하지	宜家淑德孺人稱
3 어린 나이에 호해의 풍류 다 사라져 버리고	早年湖海風流盡
4 반쯤 남은 오동나무에는 피눈물만 엉겼으니	半樹梧桐血淚凝[51]

…(후략)…

먼저 여성을 대상으로 한 만시 중 보편성과 특수성의 경계에 머물러 있는 작품을 살펴보면, 위 시는 최노망崔魯望의 아내이자 이경기李慶祺(1554~1632)의 딸[52] 이씨李氏의 칠언율시七言律詩 만시 중 일부를 발췌한 것이다. 1~2구는 현숙한 덕으로 집안을 이끌어간 이씨 부인의 부덕婦德을 강조한 것인데, 중국의 명문가인 박릉 최씨를 들어 영웅호걸로 대변되는 최씨 가문과 여성의 행적을 같은 반열에서 논의하고 있다. 3구에서도 이씨 부인의 호기를 호해의 풍류로 표현한 것을 볼 수 있는데, 기개를 형용했다는 점에서 전통적 여성상과는 일면 다른 부분을 보여준다.

(1)

1 엄숙한 명문가의 맏손녀로	肅靖名家長主孫
2 시집은 또 상공의 가문으로 갔네	于歸又是相公門
3 동관의 기록 자세히 살펴 이전 역사에 통했고	眈看彤管通前史

50 윤재환, 위의 논문, 2013, p.350. 만시 창작이 본격화되고 관습화되면서 칭양을 내적 정서로 삼은 작품의 경우 상투성을 벗어나지 못하며 의례적인 형식으로 변모되었다. 조선 중기 이후 만시는 대체로 유대관계보다는 청탁에 의해 양산되는 현상을 보인다.

51 沈㴭, 『沙川集草藁』, 〈挽崔魯望內子李氏〉.

52 金尙憲, 『淸陰集』 30卷, 「墓碣銘 十四首」, 〈司憲府掌令李公墓碣銘 幷序〉. "生一男五女, 男際可, 卽問銘者. 女適僉知李俔・正郎沈儁・副提學兪伯曾・士人申愼・崔魯望."

4 언제나 곁에 모시며 고매한 말씀 들었네 　每侍芳茵聽至論[53]
…(후략)…

(2)

…(전략)…
17 어찌 아름다운 말만 끊겼겠는가 　可但徽言絶
18 세덕 펼치려 해도 의지할 데가 없으니 　無憑世德陳
19 후생은 눈물만 솟아 　後生唯有淚
20 저물녘 강가에서 눈물 뿌리는구나 　寄洒暮江濱[54]

여성 망자의 살아생전 행의行誼를 칭양稱揚하는 형태를 보이는 심제의 만시를 살펴보면, 인용한 (1)은 첨정僉正 유씨柳氏의 아내인 송씨宋氏의 만시로 칠언율시七言律詩 가운데 수련과 함련을 발췌한 것이다. 칭양稱揚 방식을 사용하여 명문가의 맏손녀임을 강조해 부인의 지위를 격상시키는 동시에 궁중의 정령이나 후비后妃들에 관한 기록인 동관을 언급해 송씨 부인을 그와 같은 반열에 올려두고자 했음을 알 수 있다. 언제나 곁에서 모시며 고매한 말씀을 들었다는 부분에서 망자를 칭양하면서도 사적 기억을 반영한 것을 볼 수 있는데, 이를 통해 심제가 진정성 있는 만시를 창작하고자 했다고 할 수 있다. (2)는 안창安昶(1552~?)의 아내 유씨兪氏를 애도한 작품으로 오언배율五言排律 형식으로 구성되어 있다. 17~18구를 살펴보면, 심제가 '휘언徽言'과 '세덕世德'을 강조해 유씨 부인의 훌륭한 인품과 성품을 높게 평가했음을 알 수 있다. 그러나 심제는 관습적인 칭양稱揚으로 경도되지 않았는데, 19~20구에 드러나듯 비통한 감정을 가미하여 망자를 애도함으로써 진실성을 구비

53 沈䆄, 『沙川集草藁』, 〈挽柳僉正內子宋氏〉.
54 沈䆄, 『沙川集草藁』, 〈挽安延安昶丙子兪氏〉.

하고자 했다.

박수현朴守玄의 경우 800제題 931수首 중 163제題 179수首의 만시를 창작했으며 그 가운데에서도 여성을 대상으로 한 만시는 34제題 34수首, 즉 전체 작품 대비 21%를 차지한다. 여타 문인들의 작품 속에서 여성 대상 만시가 보편적이지 않음을 고려한다면, 이와 같은 현상 역시 특징적이라고 할 수 있다.

표 17 박수현朴守玄의 만시挽詩 작품 현황

연번	제목	수량	형식	대상	연번	제목	수량	형식	대상
1	輓鄭重基妻	1	五言排律	정중기의 아내	18	輓高嶰內相	1	五言律詩	고해의 아내
2	輓鄭參議夫人堂妹	1		정참의의 부인 堂妹	19	輓高嶰母氏	1		고해의 어머니
3	輓亡友申參判 母夫人	1		심참판의 모부인	20	輓花善都正澋夫人	1		화선도정양의 부인
4	輓堂兄光州室內	1		당형의 室內	21	輓李侍直內相	1		李侍直의 아내
5	輓晉陽郡夫人	1	五言律詩	진양군 부인	22	輓李性傳室內	1		이성전의 아내
6	輓榮川倅李河岳母	1		이하악의 어머니	23	仁祖後宮張貴人輓	1		인조의 후궁 張貴人
7	李生振漢母輓	1		이진한의 어머니	24	輓金慶曾室內	1		김경증의 아내
8	故朴同知夫人輓	1		박동지의 부인	25	輓盧生鈺慈堂	1		盧鈺의 자당
9	輓黃道明王大夫人	1		황도명의 할머니	26	輓閔挺桂母夫人	1		민정계의 모부인
10	輓安醴泉興叔內室	1		예천 安興叔의 아내	27	輓李南原女金生妻	1		남원부사 이씨의 딸 김생의 아내
11	輓金慶曾母	1		김경증의 어머니	28	輓進士朴其昌寡妻	1	七言古詩	박기창의 寡妻
12	輓東萊李星徵夫人	1		이성징의 부인	29	輓故任秀才妻禹氏	1		임수재의 아내 禹氏
13	輓鄭生良纘母夫人	1		鄭良纘의 모부인	30	輓柳參判夫人	1	七言律詩	유참판 부인
14	輓金松禾宗沆妻	1		金宗沆의 아내	31	輓李員外廈卿內室李氏	1		이하경의 아내 李氏
15	輓故兵使朴瑺妾	1		박상의 첩	32	輓李聖碧母	1		李聖碧의 어머니
16	輓堂姪緗妻	1		당질 상의 처	33	輓李二相竹泉大夫人	1		李竹泉의 대부인
17	輓趙龍洲大夫人	1		趙龍洲의 어머니	34	輓李通禮朋傳內相	1		이붕전의 內相

화수위가라고 칭해지는 모임이 花樹韋稱會
성 남쪽에서 열려 일가들이 함께했네 城南阮聚宗

3 형님들 모두 어질고 諸昆賢已均
4 막내 누이는 공경했네 季妹敬能恭
…(중략)…
23 감개를 읊자니 센 귀밑머리 가련하여 感吟憐颯鬢
24 슬피 곡 하다 가슴 치며 아파하네 哀哭慘搥胸
25 옥 깨어지니 티끌 먼지 풀에 앉고 折玉塵栖草
26 구슬 묻으니 무덤 소나무가 가렸네 埋珠壙閉松
27 그때 함께 모였던 사람 중 누가 남아있나 同曾誰在世
28 한쪽이 비니 내 마음 곱절이나 상하네 控右倍傷儂[55]

이 작품은 박수현의 〈만정참의부인당매輓鄭參議夫人堂妹〉로 정참의의 부인 당매堂妹를 애도한 시이며, 28구의 오언배율五言排律이다. 1~4구를 보면, 이들이 당唐나라 잠삼岑參의 〈위원외화수가韋員外花樹歌〉라는 시에서 유래한 화수위가花樹韋家의 친족 모임을 가졌던 것을 알 수 있다. 이 시는 여성을 대상으로 하면서도 사적관계에 있는 친척을 애도하여 진정성을 갖추었다. 23~28구는 자신의 심경을 직접적으로 노출해 망자를 떠나보내는 슬픔을 형상화한 것이다. 특히 27~28구에는 모임에 함께했던 이들이 모두 모이지 못한 것에 대한 비통한 심경이 담겨있으며, 그 원인이 정참의 부인의 죽음으로 귀결됨에 따라 애도의 감정이 깊어지고 있음을 볼 수 있다.

금슬이라 나라 안에서 소문나선지 琴瑟稱海內
교칠처럼 연달아 상을 당하니 漆膠繼有喪
뽕나무 숲에 겨우 무덤 덮자마자 桑陰纔閉壟
어머니 돌아가시고 또 무덤을 쓰게 됐네 萱落又封堂

55 朴守玄, 『草亭先生遺稿』, 〈輓鄭參議夫人堂妹〉.

오동과 대나무는 어찌 그리 노쇠했는가마는	桐竹衰何極
지초와 난초는 절로 경사 드러내네	芝蘭慶自彰
집안 사이 대대로 사귄 정 있어	通家存世誼
차마 다시 글을 짓지 못하겠구나	不忍再題章[56]

이 작품은 〈만이성전실내輓李性傳室內〉로 전의全州 이씨李氏인 이성전李性傳(1551~1585)의 아내를 애도한 만시이다. 1~2구는 생전 이성전 내외의 부부금슬을 읊어 부인의 죽음을 부각시키는 동시에 교칠지교膠漆之交로 지칭되는 이성전과의 개인적인 친분을 드러내 슬픈 감정을 토로한 것이다. 3~4구에서는 이성전이 연달아 상을 당한 사실을 확인할 수 있는데, 어머니가 돌아가신 이후 아내가 죽음을 맞이했음을 알 수 있다. 5~6구는 동죽桐竹으로 상징되는 부모의 쇠함과 지란芝蘭으로 명명 가능한 자제들의 번성함을 대조적으로 드러내는 동시에 진혼鎭魂의 측면에서 경사가 이어질 것을 말한 것이다. 7~8구는 이성전 가문과의 세의世誼를 말한 것인데, 사적관계에서 비롯된 친분이 슬픔을 배가시키는 요소로 작용하고 있다.

(1)

7 집안 사이 친분 맺어서	通家仍結分
8 만시를 지으려니 배나 마음 상하네	題輓倍傷神[57]

(2)

7 집안 사이에 오랜 우의가 있어	通家存舊誼
8 만시를 지으려니 눈물 줄줄 흐르네	題輓淚垂頤[58]

56 朴守玄, 『草亭先生遺稿』, 〈輓李性傳室內〉.

57 朴守玄, 『草亭先生遺稿』, 〈李生振漢母輓〉.

58 朴守玄, 『草亭先生遺稿』, 〈故朴同知夫人輓〉.

(3)
7 대대로 친분이 집안 사이에 있어 世誼通家在
8 상여소리 속에 명정을 보내네 薤歌送彩旐[59]

박수현의 여성 대상 만시의 경우 주로 집안의 친분을 기저로 창작된 것으로 보이는데, 앞서 살펴본 작품 외에도 (1)에 해당하는 〈이생진한모만李生振漢母輓〉, (2) 〈고박동지부인만故朴同知夫人輓〉, (3) 〈만황도명왕대부인輓黃道明王大夫人〉 등의 만시에서 이러한 관계를 유추할 수 있다. 각 시의 미련만을 발췌해 살펴보면, 각각 이진한李振漢의 어머니와 박동지朴同知의 부인, 그리고 황도명黃道明의 할머니를 애도하면서 집안의 친분을 강조하고 있음을 볼 수 있기 때문이다.

남선南銑의 만시 가운데 여성을 대상으로 삼은 작품은 남선이 창작한 112제題 117수首의 만시 중 18제題 18수首이다. 표를 통해 살펴보면 다음과 같음을 알 수 있다.

표 18 남선南銑의 만시挽詩 작품 현황

연번	제목	수량	형식	대상/관향
1	挽申秀才澐	3	칠언절구	신운/고령
2	挽李司果文龍	1		이문룡/청안
3	挽韓進士聖與	1		한성여/청주
4	挽鄭直長鳴謙	1		정명겸/초계
5	挽金參議夫人	1	오언율시	김참의의 부인/미상
6	挽慶鳳山信後	1		경신후/미상
7	挽鄭坡州大夫人	1		정파주의 대부인/미상
8	挽李秀才士深	1		이사심/전주
9	挽沈善山夫人	1		심선산의 부인/미상

59 朴守玄, 『草亭先生遺稿』, 〈輓黃道明王大夫人〉.

10	挽趙司諫弟	1		조사간의 아우/미상
11	挽權靈山正中	1		권정중/미상
12	挽宋掌令希進	1		송희진/미상
13	挽徐石城	1		서석성/미상
14	挽李同知樹元	1		이수원/미상
15	挽李監司碩逹夫人	1		이서달/전주/의 부인
16	挽李持平克仁	1		이극인/연안
17	挽柳奉事廷琦	1		유정기/전주
18	挽趙持平公淑	1		조공숙/평양
19	挽嚴參奉可誠	1		엄가성/영월
20	挽梁生員振翮	1		양진핵/미상
21	挽丁奉事彦瑜	1		정언유/미상
22	挽晉陽君柳孝傑夫人	1		유효걸/전주/의 부인
23	挽李司果文龍	1		이문룡/미상
24	挽白進士尙賓	1		백상빈/미상
25	挽兪秀才槩	1		유개/미상
26	挽成永平信耉	1		성신구/창녕
27	挽李參奉四亮	1		이사량/미상
28	挽李瑞興	1		이서흥/미상
29	挽金僉知光翼	1		김광익/미상
30	挽沈察訪	1		심찰방/미상
31	挽李昌平幼洙	1		이유수/미상
32	挽申兵使景珍	1		신경진/미상
33	挽宋學諭獻吉	4	칠언율시	송헌길/여산
34	挽宋學諭內	1		송학유의 아내
35	挽鄭慶州大夫人	1		정경주의 대부인
36	挽南兵使以興大夫人	1		남이홍/의령/의 대부인
37	挽金安岳	1		김안악/미상
38	挽吳監司䎘	1		오숙/해주
39	挽吳龍潭琠	1		오전/동복
40	挽崔秀才瀷	1		최익/미상

41	挽麟城君李佑	1		이우/미상
42	挽李監司	1		이감사/미상
43	挽柳掌令	1		유장령/미상
44	挽朴僉知希賢	1		박희현/밀양
45	挽韓監役振遠	1		한진원/미상
46	挽沈直講魯大夫人	1		심노/풍산/의 대부인
47	挽張都事喚	1		장환/홍성
48	挽吳監司大夫人	1		오감사의 대부인/미상
49	挽挽鄭平海文翼	1		정문익/초계
50	挽羅水使	1		나수사/미상
51	挽朴三宰	1		박동선/미상
52	挽李留守	1		이유수/미상
53	挽宋知事	1		송지사/미상
54	挽朴延安	1		박연안/미상
55	挽安正郎獻規	1		안헌규/광주
56	挽李監司碩達夫人	1		이석달/전주/의 부인
57	挽睦參判	1		목참판/미상
58	挽李承旨	1		이승지/미상
59	挽尹甑山汝徵大人	1		윤여징/풍산/의 대인
60	挽權秀才諧	1		권해/미상
61	挽洪僉知	1		홍첨지/미상
62	挽李佐郎泰運	1		이태운/전주
63	挽李晦叔	1		이회숙/미상
64	挽宋參議駿	1		송준/여산
65	挽淸州大夫人	1		청주의 대부인/미상
66	挽李承旨	1		이승지/미상
67	挽尹判書	1		윤판서/미상
68	挽申同福起漢	1		신기한/미상
69	挽徐知禮	1		서지례/미상
70	挽梁生員振翮	1		양진핵/미상
71	挽丁奉事彦瑜	1		정언유/미상

72	挽朴靈光	1		박영광/미상
73	挽李留守	1		이유수/미상
74	挽李進士鼎至內	1		이정지의 아내/미상
75	挽晉陽君夫人	1		유호결의 부인/미상
76	挽李溫陽	1		이온양/미상
77	挽李二相德洞	1		이녁형/한산
78	挽李密陽	1		이밀양/미상
79	挽鄭錦山復吉	1		정복길/하동
80	挽春城祖母主	1		춘성의 조모/미상
81	挽白進士尙賓	1		백상빈/미상
82	挽吉城君	1		길성군/안동
83	挽任正善伯大夫人	1		임정선의 백대부인/미상
84	挽崔寧越魯詹	1		최노첨/미상
85	挽丁兵使	1		정병사/미상
86	挽睦監司性善	1		목성선/사천
87	挽柳監司恒	1		유항/전주
88	挽成永平信耉	1		성신구/창녕
89	挽成佐郎時亮	1		성시량/창녕
90	挽李天安夫人	1		이천안의 부인/미상
91	挽申兵使景珍	1		신경진/평산
92	挽朴察訪瑍	1		박환/고령
93	挽李知事久澄	1		이구징/전주
94	挽嚴別坐聖耉大夫人	1		엄성구/영월/의 대부인
95	挽兪監司省曾	1		유성증/기계
96	挽李參判民宬	1		이민환/영천
97	挽李進士汝洽	1		이여흡/미상
98	挽朴都事晉	1		박진/미상
99	挽權夫餘	1		권부여/미상
100	挽鄭都事道榮	1		정도영/미상
101	挽韓平山振溟	1		한진명/미상
102	挽吳持平翮	1		오핵/해주

103	挽許參判啓	1		허계/미상
104	挽嚴永興愰	1		엄황/영월
105	挽許持平悅	1		허열/양천
106	挽李佐郎華封	1		이화봉/미상
107	挽黃洪州扈	1		황호/창원
108	挽李密陽惟達十六韻	1	칠언배율	이유달/전주
109	挽尹監司知敬二十韻	1		윤지경/파평
110	挽李監司碩達	1		이석달/미상
111	昭顯世子挽詞	1		소현세자
112	挽朴參判魯二十六韻	1		박노/밀양

남선은 가족 · 친척 · 친지 · 선후배 · 동료 · 친구에서부터 동향同鄕 혹은 타향他鄕의 안면 있는 인물이나 임금을 비롯한 왕족까지를 만시의 창작 대상으로 삼았으며,[60] 이 외에도 지인知人의 부인夫人 · 대부인大夫人 · 조모祖母에 이르기까지 만시의 대상으로 다루고 있다. 일반적으로 여성을 대상으로 삼은 만시의 경우 주로 자신의 아내나 자식에 한정되는 경우가 많은데, 이와 비교해 볼 때 남선의 만시는 창작 대상의 범위가 넓은 편이다.

그에 반해 남선의 만시에는 곡자哭子 · 곡형제哭兄弟 계열의 만시가 보이지 않으며, 도붕悼朋에 해당하는 선후배 · 동료 · 친구를 대상으로 하는 만시가 가장 많은 양을 차지하고 있다. 또한 지인의 청탁으로 지어진 대작代作이 23%에 달하는데, 이 역시 도붕悼朋 계열의 시가 대다수임을 확인할 수 있다.

(1)

1 언젠가 임영 부사가 되었을 때 一忝臨瀛宰

60 윤재환, 위의 논문, 2013, p.348.

2 바닷가에서 자주 술자리 가졌는데 頻開湖海樽
3 부인은 매우 현숙하고 夫人多淑哲
4 규문의 법도가 매우 엄숙하셨지 法則儼閨門[61]
…(후략)…

(2)
1 상투 틀 무렵 시단에서 일찍이 만나 알아본 뒤로 結髮騷壇早識荊
2 흰머리 된 지금까지 깊은 정을 의탁했지 至今頭白托深情[62]
…(후략)…

인용한 (1)은 대작代作 만시인데[63] 김참의金參議의 부인夫人을 애도한 오언율시五言律詩 중 1~4구를 발췌한 것이다. 대작임에도 불구하고 1~4구까지는 사적 기억이 재현되어 있음을 확인할 수 있다. 이러한 양상을 보이는 것은 남선이 작품을 창작하면서 만시를 부탁한 이의 경험담을 활용하였으며, 청탁한 이가 회상한 부인의 이미지를 시로 구현해냈기 때문이다. 현숙함과 법도를 언급하는 것은 여성 대상 만시의 전형적인 면모이지만, 이 시에서는 칭양이 사적 기억과 엮여 진정성이 부가되었다. (2) 역시 대작代作으로 유장령柳掌令이라는 인물을 애도하여 칠언율시七言律詩 만시 2수를 지었는데, 인용한 부분은 1수의 1~2구에 해당한다. 이를 보았을 때 남선은 대작代作을 지을 때에도 사적관

61 南翊, 『滄溟遺稿(乾)』, 「挽金參議夫人」.

62 南翊, 『滄溟遺稿(乾)』, 「挽柳掌令」.

63 代作 작품이 118首 중 28首 즉 23%에 해당함을 확인할 수 있다. 「挽金參議夫人」, 「挽慶鳳山信後」, 「挽沈善山夫人」, 「挽宋掌令希進」, 「挽李同知樹元」, 「挽李司果文龍」, 「挽成永平信者」, 「挽南兵使以興大夫人」, 「挽吳監司翻」, 「挽吳龍潭琠」, 「挽李監司」, 「挽柳掌令」, 「挽韓監役振遠」, 「挽挽鄭平海文翼」, 「挽朴三宰」, 「挽宋知事」, 「挽尹判書」, 「挽丁奉事彦瑜」, 「挽李二相德泂」, 「挽鄭錦山復吉」, 「挽白進士尙賓」, 「挽朴察訪瑍」, 「挽李知事久澄」, 「挽兪監司省曾」, 「挽李參判民窦」, 「挽權夫餘」, 「挽李密陽惟達十六韻」, 「挽李監司碩達」, 「昭顯世子挽詞」.

계 속에서 파생되는 진실함을 중시했음을 알 수 있다.

다음으로는 여성을 대상으로 창작된 남선의 만시 가운데 진혼鎭魂의 내용을 담은 만시를 살펴보도록 한다. 우리나라에서 창작된 만시 중 진혼을 내용으로 한 만시는 찾아보기 어려운데[64] 진혼의 범주에 속하는 작품들이 포착되기에 여기에서는 그 서사적 특징과 애도 양상을 조망해 보고자 한다. 남선은 주로 시의 후반부에 위안의 시상 종결 방식을 사용하여 애도를 형상화함으로써 슬픔을 극복하고 있다. 또한 사적 기억에서 추출한 망자의 삶을 바탕으로 위안의 종결 방식을 결정하고 다양한 층위를 나누어 만시를 창작했다.

(1)

성대한 가문의 삼종지도 아름다운 범절 전해오니	盛閥三從懿範傳
대부인의 덕은 세상에 견줄 이 없고	大夫人德世無肩
반평생의 흥망성쇠 슬픔도 참 많았지만	存亡半世悲歎併
두 아들 출세하여 복록을 갖추었지	簪笏雙珠福祿全
누리신 수 팔십 넘어 정녕 하례 드렸었는데	政賀龜齡踰八袟
쌍룡검이 황천에서 만나는 걸 이제 보네	卽看龍劒會重泉
뜰 가득한 훌륭한 자손 자랑할 만하니	盈庭玉樹還堪詑
남은 경사 이후로 더욱 오래 전할 줄 알겠네	餘慶方知後益綿[65]

(2)

명가의 아름다운 덕 세상에 드문데	高門懿德世無倫
배필 택해 시집와서는 부덕을 갖추었지만	擇配于歸婦道純
군자 먼저 해로하자는 약속을 어겼으니	君子先違偕老約

64 안대회, 『韓國 漢詩의 分析과 視角』, 「한국 한시와 죽음의 소재」, 연세대학교 출판부, 2000, p.60.

65 南鄒, 『滄溟遺稿(乾)』, 「挽任正善伯大夫人」.

남은 생애 되려 죽지 못한 사람일 뿐　餘生還是未亡人
두 아들 잇달아 죽으니 한평생 애통함을 머금었고　雙珠繼隕終含慟
일흔 겨우 넘겨서는 갑자기 세상을 떠났지만　七袟纔踰遽返眞
다행히 효성스러운 손자 선대의 아름다움을 이었으니　賴有孝孫能趾美
남은 경사 천추에 전해지는 것 보겠네　佇看遺慶逮千春[66]

위 시들은 모두 위안의 정서를 담고 있으면서 夫人을 애도했다는 공통점을 지닌다. (1)의 만시는 임정선任正善의 백대부인伯大夫人을 애도한 것으로 대부인의 인품과 덕을 칭송하는 것을 시작으로 두 아들이 모두 출세하였음을 말한 것이다. 또한 전구에서는 여든 살까지 장수하다 생을 마감하여 부부가 합장하였음을 알 수 있다. 이러한 사전 정보를 바탕으로 결구를 보면 이 시는 칭양을 함유하는 위안의 정서를 드러내고 있음을 확인할 수 있다. 반면 (2)는 이천안李天安 부인夫人을 대상으로 지은 것으로, 만시에 드러난 부인의 삶을 반추해 보면 역경과 질곡으로 점철되어있다. 남편을 떠나보내 미망인으로 살았으며 두 아들마저 먼저 생을 마감했다는 부분에서 이천안의 부인이 겪은 어려움을 미루어 짐작할 수 있다. 이에 남선은 위안의 정서로 시상을 종결하고 있는데 이는 망자의 영혼을 편안하게 하는 것이며 대상의 죽음이라는 충격적인 외상外傷에서 망자의 넋을 위로한 것이다.[67] 이렇게 본다면 (2)는 진혼 그 자체로 미래에 초점을 두고 마지막 의지처인 현실을 강조한 것이다.[68]

소북팔문장小北八文章의 여성 대상 만시에서 볼 수 있는 또 다른 특징은 죽음 이후의 세계도 선계가 될 수 없는 여성의 삶의 질곡이 만시

66 南翧, 『滄溟遺稿(乾)』, 「挽李天安夫人」.
67 최재남, 위의 책, 1997, p.105.
68 최재남, 위의 책, 1997, p.111.

에 곡진히 드러나 있다는 점이다. 사후세계를 선계仙界로 상정한 만시가 드문 현상이기도 하지만,[69] 여성의 사후세계를 선계에 안착시키지 않았다는 점에서 특징적이다. 이를 확인하기 위해 심제沈᠎齊가 창작한 여성 대상 만시와 정창주鄭昌冑가 창작한 남성 대상 만시를 비교 검토하고자 한다.

(1)
삼십 년 좋은 시절 흐르는 물처럼 빠른데 卅載春光劇逝川
십주의 신선 길은 아득해 끝이 없네 十洲仙路杳無邊
가련하구나, 슬하의 자식들을 可憐膝下諸兒在
인간세상에 남겨두어 인연 끝맺지 못했으니 遺却人間未了緣[70]

(2)
월궁의 신선 꿈 아득하여 따르기 어려운데 桂宮仙夢渺難追
삼십 즈음의 반악은 귀밑머리 이미 세었네 三十潘郎鬢已衰
수척하고 처량한 상주는 넋 나간 것 같으니 欒棘又悲身似寄
뜰 앞에 아이들 재롱 차마 못 보겠구나 庭前不見小兒嬉[71]

심제沈᠎齊의 여성 대상 만시의 경우 기본적으로 선계仙界가 인간 세계와 구별되는 세계이며, 이상적인 사후세계로 상정되어 있음을 볼 수 있다. 우선 작품 (1)은 공주公州 김효성金孝誠(1585~1651) 딸의 만시로

69 최재남, 위의 책, 1997, p.233. 사후세계를 仙界로 상정한 작품이 잘 포착되지는 않으나, 봉래산을 언급한 만시 확인된다. 李春英(1563~1606)은 만시에서 "蓬島弱水千萬里 再結來回(봉래섬 약수 천만리에 다시 만나자구나)"라고 했으며, 朴允默(1771~1849)은 "何處蓬壺作醉仙(봉래산 어느 곳에서 취한 신선이 되었을까)"라고 만시를 창작한 바 있다.

70 沈᠎齊, 『沙川集草藁』, 〈挽金公州孝誠女子〉 其一.

71 沈᠎齊, 『沙川集草藁』, 〈挽金進士士元內子〉 其一.

2수首 가운데 첫째 수에 해당한다. 1구를 살펴보면, 만시의 대상인 김효성의 딸이 삼십여 년을 끝으로 생을 마감했음을 유추할 수 있으며, 2구에서는 신선이 거주하는 곳으로 팔방의 큰 바다 가운데에 있다는 십주十洲(조주祖洲・영주瀛洲・현주玄洲・염주炎洲・장주長洲・원주元洲・유주流洲・생주生洲・봉린주鳳麟洲・취굴주聚窟洲)의 선경을 시의 공간적 배경으로 제시했음을 알 수 있다. (2)는 진사進士 김사원金士元(1539년~1601) 아내의 만시로 2수首의 작품 가운데 첫 번째 수를 인용한 것인데, 이 시 역시 계수나무가 있는 월궁을 배경으로 신선 꿈을 언급해 선계를 사후세계로 상정하고자 했다는 점에서 앞 시와 공통점을 보인다.

그러나 이 작품에 등장하는 여성이 사후세계로 제시된 선계로도 가지 못하는 상황에 처해있음을 발견할 수 있다는 점에서 또 다른 의미를 지닌다. 선계는 이상적 공간으로 설정되어 있어 동경의 세계로 작용할 뿐 여성의 사후세계로 상정되지 않았는데, 이는 여성의 죽음을 더욱 애처롭게 만드는 장치로 작용하는 동시에 죽음으로도 끝나지 않는 현실의 질곡 많은 삶을 더욱 부각시키는 요소로 작용한다.

다음으로 정창주鄭昌胄의 남성 대상 만시를 살펴보기로 한다. 앞에서 살펴본 심제沈齊의 여성 대상 만시와 마찬가지로 선계仙界가 언급되었으나, 여성과 달리 남성의 사후세계를 선계로 상정해주었다는 점에서 차이를 보인다.

(1)

병으로 왕래 막힌 지 십 년 되었는데	病隔過從垂十年
갑자기 죽었다는 소식 전하니 눈물 배로 흐르네	忽傳凶聞倍潸然
축수 잔 올린다마는 누군들 꿈 같지 않겠나	假令上壽誰非夢
끝내 온전히 돌아가셨으니 분명 신선 되었으리	終得全歸定是仙[72]

…(후략)…

(2)

…(전략)…

오복을 온전히 얻는 것은 모두 덕 때문인데	五福得全都是德
칠십에 세상을 떠났으니 어찌 신선이 안 되었을까	七旬乘化豈非仙
평생 동안 우러러 사모한 끝없는 마음을	平生景仰無窮意
자식들에게 말하니 눈물이 황천에 사무치는구나	說向諸孤淚徹泉[73]

(3)

공이 동쪽으로 가서 신선이라 불리는 것을 보니	見公東邁謂公仙
신선은 이런 일들을 모두 알고 있겠지	仙者方能辦此焉
백옥루 완성될 날 멀지 않았다 들었는데	聽得玉樓成不日
과연 선골이 하늘 높이 솟구쳤네	果然金骨去冲天
정령은 세상 밖 삼천 세계에 있고	精靈世外三千界
은총과 오욕은 인간세계 육십 년이지	寵辱人間六十年
오직 한 가지 보배로운 나무 있으니	惟有一枝珠樹在
선대부터 전해진 유물을 버려두지 않으리라	未應抛却舊青氈[74]

위 작품은 정창주鄭昌胄가 창작한 남성 대상 만시로 仙界가 드러나 있다. (1)은 연안延安 이씨李氏 이여담李汝湛을 애도한 만시로 함련에서 정창주가 신선을 언급하고 있음을 볼 수 있다. 작품 (2) 역시 청송靑松 심씨沈氏 심지원沈之源(1593~1662)을 애도한 것인데 경련의 내용이 앞서 살펴본 (1)과 유사함을 확인할 수 있다. 이에 정창주가 심지원이 오복을 온전히 받고 삶을 영위하다가 운명했으므로 그가 신선이 되었다고 언급하고 있음을 볼 수 있다. (3)은 창녕昌寧 조씨曺氏 조문수曺文秀

72 鄭昌胄, 『晩洲集』 3卷, 「七言四韻 挽詞」, 〈挽李丈汝湛〉.

73 鄭昌胄, 『晩洲集』 3卷, 「七言四韻 挽詞」, 〈挽沈晩沙相公〉.

74 鄭昌胄, 『晩洲集』 3卷, 「七言四韻 挽詞」, 〈挽曺監司卒於關東任所〉.

(1590~1647)를 대상으로 창작한 만시로 수련을 통해 정창주가 망자인 조문수를 신선으로 규정하고 있으며, 함련에서 그가 신선이 상주하는 옥루玉樓에 거처할 것임을 언급했음을 볼 수 있다. 미련은 선경仙境에서 자라며 잎이 모두 구슬이 된다는 전설상의 나무를 포착하고, 선대에서부터 대대로 내려온 귀한 유물을 버려두지 않을 것임을 드러낸 것이다. 이는 후손에 대한 기대를 읊어 망자의 넋을 위로하는 동시에 그를 칭양한 것으로 생각되는데 초월超越적 공간인[75] 선계 이미지를 활용해 종결부를 구성했다는 특징을 보인다.

앞서 사적 기억으로 읊은 상실과 애도의 정서 양상을 살펴보았듯이, 소북팔문장小北八文章은 기본적으로 사적 기억을 활용하여 만시를 창작함으로써 진정성을 구비했음을 알 수 있다. 또한 대상적 측면에서 소북계열을 애도하였기에 문학을 매개로 결속을 도모하였으며, 작시 범위를 넓혀 친분관계를 맺은 이들의 부인夫人·대부인大夫人·조모祖母에 해당하는 여성을 대상으로 만시를 창작했음을 확인하였다. 이렇게 본다면, 소북팔문장은 동류의식同類意識을 바탕으로 작품을 창작했다는 점에서 공통적 특징을 견지하고 있었다고 판단된다.

먼저 사적 기억과 애도의 정서 표출 양상을 살펴보면, 강백년姜栢年의 작품에는 당맥黨脈과 통가通家의 교분 양상이 드러나며 장편 만시가 확인된다. 박수현朴守玄의 경우 비탄悲嘆의 감정을 토로하여 진실한 감정을 담아냈으며, 정창주鄭昌胄는 생전에 맺었던 유대관계가 작시의 전제가 되어 사적 기억이 만시에 잘 구현되어 있다. 이휴징李休徵 역시 자신의 교유 관계를 바탕으로 작시함으로써 만시의 상투성을 벗어나고자 했고, 남선南銑은 경험적 서사를 다채롭게 활용했으며, 신유申濡의

75 임준철, 「조선시대 自挽詩의 類型的 특성」, 『語文研究』 38, 한국어문교육연구회, 2010, p.386.

경우 소북계열 문인들을 대상으로 만시를 창작하는 동시에 슬픈 감정을 진솔하게 담아냈다.

다음으로 여성 대상 만시와 비애감의 확장 면모를 정리해보면, 심제沈儕의 경우 많은 양의 여성 대상 만시를 창작하는 동시에 전통적 여성상에서 강조했던 부분과 일면 다른 여성의 모습을 형상화하였다는 특징을 확인하였다. 또한 칭양稱揚을 위주로 하면서도 진실성 결여 지점을 극복해 비애감을 곡진히 드러냈다. 박수현朴守玄 역시 여성 대상 만시를 다수 창작했는데 주로 집안과의 친분이 작시의 기저가 되었기에 진정성을 확보했으며, 남선南銑은 사적 기억을 활용하면서도 위안의 종결 방식을 사용해 슬픔을 승화시키고자 했다. 그 밖에도 여성 대상 만시에는 사후세계로 상정된 선계에 안착하지 못하는 여성의 모습이 담겨 있어 비애감이 확장되었음을 심제의 작품에서 확인하였다.

2) 교유의 진정으로 엮은 이별의 서정

인간의 가장 기본적인 정서인 이별의 정한을 문학적으로 승화하는 것은 시대에 관계없이 지속된 일반적인 창작 경향이다. 그에 따라 송별·기증寄贈의 과정에서 창작된 작품은 작자 고유의 정한과 슬픔을 대변하는 동시에 이별의 고통이 미적으로 승화되어 미학적 아름다움을 창출한다. 또한 송별시送別詩는 교유交遊를 기저로 완성되는 장르이므로 창작 대상과의 관계에 대한 작자의 정서와 태도를 확인할 수 있다. 소북팔문장小北八文章의 경우 대상과의 관계를 작시의 기반으로 삼았으므로 이 절에서는 송별시에 드러난 감정의 표출 양상을 살펴보고자 한다.

심제沈儕의 송시送詩와 증시贈詩는 작자의 감정이 시상을 지배하고 있어 창작 대상을 대하는 작자의 진실성과 미감을 함유하고 있다. 이러한 면모로 인해 심제의 송시와 증시는 친밀감을 바탕에 둔 교류의 면모가 강하게 드러난다.[76] 그에 따라 심제의 송시 · 증시를 통해 교유관계와 소북팔문장小北八文章의 상호관계를 파악할 수 있다. 그의 송시와 증시는 떠나보내는 대상에 대한 칭양稱揚과 예찬禮讚 형태가 아니므로 형상화 방법에서 정중한 어투를 사용해 경서經書의 구절이나 역사적 전고典故를 차용하는[77] 모습이 보이지 않는다는 특징을 지닌다. 선차적으로 『사천집초고沙川集草藁』 중에서 송시送詩를 추출하고 여기에서 이별의 정한이 담긴 증시贈詩만을 선별해 정리해보면 아래의 표와 같다.

표 19 심제沈𪋸의 송시送詩·증시贈詩 작품 현황

연번	제목	수량	형식	대상/관향/관계
1	送朴士彬守文赴盈德	1	七言律詩	朴守文/密陽/小北
2	奉次伯氏韻 - 送許次山還漢水舊居	1	七言律詩	沈𪋸/豊山/형, 許嵰/陽川
3	長沙送友人任進仕慶翼之湖南節度營	1	七言律詩	任翰伯/豊川/小北八文章
4	走筆贈晉陽柳將軍豪傑道別	1	七言古詩	유장군/미상
5	次柳進士韻贈別任進士慶翼翰伯	1	七言古詩	任翰伯/豊川/小北八文章
6	敬次峨山李尙書韻伏呈伯氏	1	七言古詩	沈𪋸/豊山/형
7	別權叔平	6	七言絶句	權尙準/安東
8	次任進士慶翼贈韻別壺陰	1	七言絶句	壺陰/미상/
9	寄金甑山晦卿	1	七言絶句	金光爀/安東/金尙憲의 조카

76 이남면, 「鄭斗卿의 교유관계와 교유시」, 『고전과 해석』 12, 고전문학한문학연구학회, 2012, p.35, 참조.

77 이광소, 「陽村 權近의 館閣風 送別詩 硏究」, 『고전과 해석』 18, 고전문학한문학연구학회, 2015, p.185.

10	早春送愼哉南遊寄許次山	2	七言絶句	愼哉/미상, 許嵰/陽川
11	走寫便面送申子猷徽赴平安幕府	1	五言律詩	申徽/平山
12	秋城別金族姪倜赴擧入	1	五言律詩	金倜/族姪
13	贈戒晧上人	1	五言律詩	강천사의 戒晧 스님
14	贐別伯氏	1	五言律詩	沈磨/豊山/형
15	贈送權叔平	1	五言律詩	權尙準/安東
16	秋城送金族姪倜赴擧入洛 - 臨別書贈便面	1	五言絶句	金倜/族姪

심제의 송시送詩·증시贈詩를 분석해보면, 총 16제題 22수首로, 전체 작품에서 12%의 비중을 차지한다. 작시 대상은 주로 소북小北계열 인물로 중첩되는데, 주로 친인척이나 각별한 친분이 있는 인물이 많아 개인적인 교유관계를 중심으로 하고 있다.

몇 년 동안 버릇처럼 송별시 지었지만 年來慣作送行詩
그래도 또 오늘 아침 너를 이별하는 때이겠나 況復今朝別爾時
어려서부터 성이 다른 형제처럼 지냈고 異姓天倫從少日
이전부터 기약한 듯 함께 와 땅 모퉁이에서 살았는데 同來地角若前期
가을 기러기는 뜬구름 저 너머로 가고 三秋鴈去浮雲外
천 리에 사람은 장기 서린 바닷가에서 수심 겨워하는데 千里人愁瘴海湄
파교에 이르기도 전에 창자 끊어지려 하니 未到灞橋腸已斷
버들은 누구를 위해 늘어졌는지 모르겠구나 不知楊柳爲誰垂[78]

이 작품은 예전에 살던 한강으로 돌아가는 허겸許嵰(1609~?)을 보내며 쓴 시로 자신의 형인 심로沈磨((1590~1664)의 시에 차운한 것이다. 1~2구는 송시送詩 짓는 작시 행위 자체에 익숙해진 자신이지만, 여전히 허겸을 보내는 일이 쉽지 않음을 언급함으로써 송별 대상과의 애틋

78 沈齊, 『沙川集草藁』, 〈奉次伯氏韻 - 送許次山還漢水舊居〉.

한 마음을 드러낸 것이다. 허겸과의 이별 앞에서 느낀 생경한 감정은 아쉬움을 짙게 만들고 있다. 3~4구에는 허겸에 대한 애정이 드러나 있는데, 성씨가 다르지만 어려서부터 동성의 형제처럼 깊은 우애를 유지해 온 사실을 볼 수 있다. 이 부분에서 심제가 개인적인 관계를 기저로 송시送詩를 창작했음이 단적으로 드러난다. 5~6구는 정경융화情景融化가 이뤄진 부분으로, 뜬구름 너머로 떠나가는 기러기와 장기 서린 바다가 이별의 수심을 더욱 증폭시키는 요소로 작용한다. 7~8구에서는 이별의 공간으로 대변되는 파교灞橋에 이르기도 전에 이미 깊은 이별의 고통과 마주한 심제의 모습을 연상하게 한다. 또한 이별을 상징하는 버들을 언급했는데, 이별할 때 꺾어주는 버들이 누구를 위해 드리웠는지 모르겠다고 말한 부분에서 헤어짐을 거부하고자 하는 심제의 태도를 읽을 수 있다.

안개 자욱한 속 새벽 까마귀 날고	城霧曚朧起曙鴉
가벼운 수레에 멍에 매고 나그네 떠나려 하는데	旅人將發駕輕車
관청 버들가지 온 가지에 비 막 지나고	千絲官柳初經雨
팥배나무 한 그루는 꽃도 피지 않으니	一樹棠梨未放花
바닷가에서 이별한 것 먼 꿈같이 괴로울 것이니	海上別來勞遠夢
강남으로 돌아가서는 누구 집을 그리워하겠는가	江南歸去憶誰家
그대여 봄소식 묻지 마시게나	憑君莫問春消息
홀로 맑은 술 대하여 머리 더욱 희어질 것이니	獨對淸罇鬢慾華[79]

이 시는 장사에서 호남 절도영으로 가는 임한백任翰伯(1605~1664)을 전송하며 쓴 작품이다. 임한백은 소북팔문장小北八文章 중 한 사람으로 심제와 각별한 관계를 유지한 인물이다. 이 작품 외에도 심제가 임한

79 沈齊, 『沙川集草藁』, 〈長沙送友人任進仕慶翼之湖南節度營〉.

백을 대상으로 삼아 쓴 시가 여러 수 포착되는데,[80] 이 작품에서는 특별히 서문을 덧붙여 놓아 작시 과정이나 내용에 대한 풍부한 이해가 가능하다.

> "…(전략)… 임한백은 넓고 큰 바다에서 큰 낚시질하다 잠시 봉래를 떠나왔다. 온갖 학파에 정밀하고 뛰어났으며 문단에서 이름을 날렸다. 전생·이승·저승에서 지상의 신선으로 삼았으니 풍류를 타고 논 것이 운허관 같았다. …(후략)…"[81]

서문은 내용상 크게 세 단락으로 일별 가능한데[82] 위 인용문은 두 번째 단락의 일부로 임한백을 설명한 부분이다. 이를 통해 심제가 임한백의 문학적 성취를 높게 여겼으며, 임한백을 신선의 반열로 올리고자 한 사실을 알 수 있다. 소북팔문장小北八文章 중 한 사람인 임한백의 문집이 남아있지 않아 그의 문학세계를 살펴볼 수 없다는 한계를 감안했을 때, 심제의 이 같은 언급은 중요한 의미를 지닌다.

다음으로 시를 분석해보면, 1~2구에는 안개 자욱한 도성 속 풍경과 길을 떠나려는 나그네의 모습이 시적으로 형상화되어 있어 이별의 시공간이 드러난다. 3~4구에는 이별을 상징하는 버들과 팥배나무가 배경으로 등장해 헤어짐을 암시하는데, 흰 배꽃이 피기도 전에 떠나가는

80 沈//, 『沙川集草藁』, 〈次柳進士韻贈別任進士慶翼翰伯〉, 〈戱任進士重索酒〉, 〈次任進士慶翼贈韻別囊陰〉.

81 沈//, 『沙川集草藁』, 〈春夜醉別任進士慶翼翰伯之湖南節度營詩序〉. "…(전략)… 任公大釣滄海, 少別蓬萊. 九流精華, 擅詞場之妙譽. 三生塵土, 作平地之神仙, 卽度風流如雲虛館. …(후략)…"

82 詩序의 첫 번째 단락은 봄밤에 술을 마시고 취하게 된 경위를 비롯해 이별을 앞둔 계절적 풍경의 아름다움을 설명한 부분이다. 두 번째 단락은 임한백의 뛰어난 문학적 자질과 풍모를 예찬한 것이며, 세 번째 단락은 이별을 앞둔 새벽 풍경과 작별하는 상황을 쓴 것이다.

임한백을 아쉬워하는 심제의 정서가 그려져 있다. 5~6구에서는 이별한 것이 벌써 꿈속의 일 같이 아득해진다고 언급하여 이별하자마자 그를 찾아온 짙은 그리움을 읊고 있다. 7~8구를 통해서는 이별 앞에서 초연하지 못했던 그의 모습을 확인할 수 있다. 8구의 '청준淸罇'은 이별의 정한을 풀기 위한 도구 역할을 하지만, '독대獨對'라는 부분에서 임한백에 대한 애정 섞인 원망이 느껴진다.

(1)

오래 사귄 그대와 이별하는 것 몹시 슬픈데	久客偏傷別
이별할 그때가 하물며 노년이니	臨歧況暮年
두 눈물 흐르는 것을 주체할 수 없으니	不禁雙淚迸
한잔 술로 이별하는 것 어찌 사양하겠는가	寧惜一杯傳[83]
…(후략)…	

(2)

나뭇잎 지는 쓸쓸한 소리에 가을은 깊어지고	落葉寒聲動九秋
저문 하늘에 안개 비 내려 모래톱 어둑하네	暮天烟雨暗沙洲
때를 슬퍼하여 다시 인간세상의 한을 생각하며	傷時更若思人恨
밤 들도록 끝없이 홀로 누각에 기대있네	日夕悠悠獨倚樓[84]

(1)은 심제가 권상준權尙準을 전송하며 준 오언율시五言律詩이다. 1~4구를 통해 심제가 권상준과 긴 세월 동안 깊은 친분을 맺어왔다는 것을 확인할 수 있다. (2)는 칠언절구七言絶句 〈별권숙평別權叔平〉 6수首 중 4번째 작품이다. 심제는 권상준과 이별하며 칠언절구 6수首를 지었

83 沈脩, 『沙川集草藁』, 〈贈送權叔平〉. "久客偏傷別, 臨歧況暮年. 不禁雙淚迸, 寧惜一杯傳. 驛路寒烟外, 城陰積雪邊. 如逢驄馬史, 道我白渾顚."

84 沈脩, 『沙川集草藁』, 〈別權叔平〉 其四.

는데, 특히 이 작품에는 이별의 정한이 서정적으로 형상화되어 있어 시적 여운을 강하게 느낄 수 있다. 이 시에 그려진 시공간은 모두 쓸쓸함과 그리움을 증폭시키는 요소로 작용하고 있으며, 가을이라는 계절적 배경 속에서 들리는 낙엽 소리, 저문 하늘의 안개비, 어둑한 모래톱이 권상준과의 이별을 더욱 애처롭게 만들어주고 있다. 이처럼 심제의 송시送詩는 대체로 개인적인 교유관계를 바탕으로 창작되었기에 감정의 진정성을 기반으로 한다.

강백년姜栢年의 송시送詩・증시贈詩는 대다수의 작품이 임지로 떠나는 이를 전송하는 과정에서 창작되었다.[85]

죽령이 멀리 태백산으로 이어지고	竹嶺遙連太白山
대도호부가 그 사이에 있는데	大都護府在其間
그대 부자가 이어가니	君家父子能相繼

85 姜栢年,『雪峯遺稿』,「閑溪錄」,〈送金亨叔之任泰仁〉.「歡城錄」,〈送柳判官 慶昌 之任鏡城〉,〈送崔德會 繼勳 之任興海〉,〈送宋中立 時吉 之任瑞山〉.「靜觀錄」,〈送尹純夫 鏶 之任咸平〉,〈送元汝盛之任金郊〉,〈送李鎭安 杭 之任〉,〈送李察訪 華封 之任北郵〉,〈送沈成川 澤 之任〉,〈送柳汝遇 昌辰 之任瓮津〉,〈送朴士彬 守文 之任盈德〉,〈送朴仲輝之任嶺幕〉.「閑溪後錄」,〈送李白川 之恒 之任〉,〈送睦行之之任延安〉,〈送李士晦令丈之任南原〉,〈別李扶安 慶億 之任〉,〈送申友君澤之任公州〉.「凝淸錄」,〈別朴永興安孝 之任〉,〈送李濟叔 杭 之任永同〉,〈送鄭原州 知和 之任〉,〈送郭淮陽 希泰 之任〉.「錦營錄」,〈別淳昌李使君 山賚 之任〉,〈別高原李使君 時煥 之任〉.「駱東錄」,〈送李濟叔之任祥雲驛〉,〈送南伯圖 翻 之任安東〉,〈送居山李督郵 華封 之任〉,〈送李子方之任濟州〉,〈送別朴尙州 長遠 之任〉,〈送別成江界 以性 之任〉,〈贈別李順天 球 之任〉,「驪江錄」,〈別吳君瑞 挺緯 之任松都〉,〈送尹咸平 衡聖 之任〉.「城南錄」,〈送趙甲山世煥 之任〉,〈別兪洪川 命胤 之任〉,〈送洪靈光 錫箕 之任〉,〈送吳尙州 始壽 之任〉,〈別金安東 禹錫 之任〉,〈送徐禮山 漢柱 之任〉,〈送李安東 奎齡 之任〉,〈送權興海悅 之任〉,〈送尹參議 飛卿 之任淮陽〉,〈送兪茂朱 櫶 之任〉,〈送朴判官 信圭 之任鏡城〉,〈送李判官 壽慶 之任安州〉,〈送別尹臨陂 源 之任〉,〈送李高城 立中 之任〉,〈送李扶安 沆 之任〉,〈送別姜鍾城 汝㞘 之任〉,〈送李江陵 翊相 之任〉,〈送李永川 萬封 之任〉,〈送金淮陽 宇亨 之任〉,〈送李東萊 馥 之任〉,〈送任恩津 堂 之任〉,〈送吳咸平始復 之任〉,〈送權參奉 偉 之任濬源〉,〈送柳殷山 命賢 之任〉,〈送洪德山 受疇 之任〉.

예전과 지금 풍광이 똑같네	前後風光且一般
일찍이 황해도에서 관찰사를 지냈고	曾是海營觀察使
이제 병조의 참판이 되었으니	今從騎省侍郎班
부모 생각과 대궐 그리는 정이 어찌 끝이 있겠는가	思親戀闕情何極
약주 덜 하고 식사 잘해 일찍 돌아오게나	減飮加飧趁早還[86]

이 작품은 소북팔문장小北八文章 중 한 사람인 남선南銑(1609~1656)이 안동安東으로 부임하게 되자 그를 전송하며 지은 시이다. 1~2구는 안동대도호부安東大都護府로 떠나는 여정을 말한 것이며, 3~4구는 남선이 부친인 남두첨南斗瞻(1590~1656)과 마찬가지로 안동으로 부임해 가게 된 점을 드러냈다. 5~6구에서는 남선이 1651년 황해도관찰사黃海道觀察使를 거쳐 병조참판兵曹參判을 역임하였음을 언급했다. 7~8구에는 건강하게 복무를 마치고 돌아오기를 바라는 염원이 곡진히 담겨 있어 송별의 정서를 잘 보여준다.

몇 년 동안이나 힘써 충성하기로 함께 말했었나	幾年同說力葵誠
머뭇거리는 내가 부끄럽고 가는 그대 부럽네	愧我遲回羨子行
낮은 고을 다스리니 몸은 실로 숨기는 것이지만	補邑差卑身實隱
비록 먼 곳 가더라도 봉양은 되려 좋을걸세	遊方雖遠養還榮
성 모퉁이에서 이별하고자 하니 가을이 가깝고	城隅欲別新秋近
호외에서 그리워할 것이니 조각달만 빛나겠지	湖外相思片月明
누각 이름 청심이니 기다리는 것이 있는 듯하지만	樓號淸心如有待
그대 마음이 본래 맑은 옥병과 같아서 그런 것이겠지	公心元似玉壺淸[87]

이 작품은 소북小北계열 문인인 밀양密陽 박씨朴氏 가문의 박수문朴

86 姜栢年, 『雪峯遺稿』 13卷, 「駱東錄」, 〈送南伯圖翊之任安東〉.

87 姜栢年, 『雪峯遺稿』 5卷, 「靜觀錄」, 〈送朴士彬守文之任盈德〉.

守文이 영덕盈德으로 부임해 가는 것을 전송한 시이다. 1~2구를 통해 강백년이 박수문과 오랜 시간 친분을 맺으며 마음을 함께 해 왔음을 볼 수 있다. 또한 강백년이 영덕으로 부임하는 박수문을 부러워한 것으로 보이는데 구체적인 연유는 3~4구에서 확인할 수 있다. 비루하고 먼 고을인 영덕의 군수라는 외직을 맡았지만 봉양은 되려 좋을 것이라고 하여 그가 가는 길에 대해 부러운 마음을 표출했다. 5~6구는 이별의 상황과 이별 이후의 그리움을 시에 담아내어 자신의 감정을 드러낸 것이다. 가을의 쓸쓸함이 이별의 애처로움을 부각시키고 있으며, 그리움을 품어도 만나지 못하는 현실 속에서 휘영하게 밝은 달빛만이 이들을 내리비출 것이라고 한 것을 볼 수 있다. 7~8구에서는 떠나는 박수문을 맑은 마음이라는 시어로 그려냄으로써 그의 고결한 품성을 집약적으로 드러내고 있다.

박수현朴守玄의 송시送詩와 증시贈詩에서는 배율 형식으로 창작된 작품이 눈에 띈다. 배율이라는 긴 편폭의 형식을 활용한 만큼 송별의 정한이 곡진하게 드러나 있음을 볼 수 있는데, 박수현은 배율에 능해 오언배율五言排律 700운韻을 지었을 뿐만 아니라 17수首[88]의 오언배율五言排律과 7수首[89]의 칠언배율七言排律을 창작하였다. 이를 통해 그의 시적 능력을 엿볼 수 있는데, 이와 같은 양상은 소북팔문장小北八文章이 모두 임숙영任叔英(1576~1623)과 사승관계를 가지는 동시에[90] 두보杜甫의 영

88 朴守玄, 『草亭先生遺稿』, 〈奉別鄭士興佐幕嶺南兼寄興海崔使君盈德倅再從兄士彬〉, 〈贈別申君澤奉使日本〉, 〈昭顯世子輓詞〉, 〈奉別全昌君御命使燕京〉, 〈輓丁公瑾奉事〉, 〈輓李尙書溟〉, 〈輓李參奉四亮〉, 〈輓金二師後凋蓍國〉, 〈孝宗大王輓詞〉, 〈輓全昌君柳廷亮〉, 〈輓鄭重基妻〉, 〈輓鄭參議夫人堂妹〉, 〈輓亡友申參判母夫人〉, 〈寓居苦吟〉, 〈輓永安尉洪桂元〉, 〈輓鄭同知〉, 〈輓堂兄光州室內〉.

89 朴守玄, 『草亭先生遺稿』, 〈孝宗大王輓章〉, 〈日出扶桑〉, 〈習戰昆明池〉, 〈輓巽翁柳參判〉, 〈敬次白軒相國賜几杖酬唱詩〉, 〈輓趙佐郎相漢〉, 〈同流碣石〉.

90 강경훈, 위의 논문, 2001, pp.53~54.

향을 받았다는 것과 어느 정도 관계있는 것이라고 할 수 있다. 김득신金得臣의 『종남총지終南叢志』에서 임숙영이 두보에 비견될 만큼 오언배율을 잘 지어 명성을 떨쳤음을 확인할 수 있기 때문이다.[91] 이에 박수현의 송시・증시 중에서 배율 형식으로 창작된 작품을 살펴 그의 송시와 증시에 드러난 특징을 확인하고자 한다.

1 상서로움은 조정의 봉황으로 드러났고 　瑞表朝端鳳
2 현명함은 산악의 정령이 낸 것으로 일컬어졌는데 　賢稱嶽降申
3 집안 명성 지키기 생각하여 　家聲思哲保
4 침체 된 가업 일으켰으니 　世業振沈淪
5 젊은 나이로 재능 많다 추앙받은 　竗歲推多藝
6 그대 같은 이 몇 사람이나 되겠는가 　如君有幾人
7 풍류는 어찌 그리 뛰어나며 　風流何卓犖
8 문장도 빛이 나는구나 　文彩更班彬
9 일찍이 재능이 탁월하여 　早脫囊中鋭
10 자리 위의 보배가 되었으니 　旋充席上珍
11 하늘 높이 훨훨 나는 새요 　搏霄矯倏翼
12 큰물에서 노니는 물고기라 　縱壑舊遊鱗
13 제일가는 명사로 알려졌고 　第一知名士
14 난리 때 임금을 호종한 신하였네 　艱難扈蹕臣
…(중략)…
41 일개 사신으로 응대 잘하면 　一介能專對

91 金得臣, 『終南叢志』, 제16칙. 五言排律은 初唐 때 비로소 나타났다. 그런데 두보가 一百韻을 지었고, 고려의 이규보도 三百韻을 지었다. 우리나라에 이르러서는 疎庵 任叔英이 七百韻을 지어서 동악 이안눌에게 부쳤다. 그 시는 넓고도 기이해서 정말로 천 년에 한 번 날까 말까한 걸작이었다. 비록 두보와 같은 대가라도 오히려 백운에 그쳤고, 후세의 시인들은 이런 대작이 없는데 소암 임숙영이 그것을 처음으로 지었으니 그의 재주가 많음을 알 수 있었다.

42	사방 오랑캐들과 화친을 맺을 것이니	四夷信結親
43	이번에 사신을 중히 여겨	茲惟重紹介
44	신하들 가운데 그대를 발탁했네	爾乃擢臣隣
45	평소의 절의가 고결하고	素節看孤潔
46	청아한 모습이 남보다 뛰어났으며	清標邁等倫
47	문장이 창끝처럼 날카롭고	詞鋒森似戟
48	글씨는 귀신처럼 늠름하니	筆翰凜如神
49	문덕으로 나라를 빛내고	潤國文爲德
50	오랑캐를 인으로 교화시키리	殊方化服仁
	…(중략)…	
87	교유하며 배우지 못한 것 부끄러운데	交遊愧無取
88	슬픔과 즐거움 서글프게도 서로 잇다르네	哀樂悵相仍
89	예전부터 서로의 마음을 환히 알고 있었으니	宿昔心肝照
90	지금은 골육과 다름없구나	方今骨肉均
91	만날 때면 늘 간곡한 정이 있었는데	每逢情款曲
92	이번의 이별이 한스럽기만 하네	此別恨紛繽
93	창수는 사신 보낼 것을 기약하여	蒼水期追使
94	황하에 배 띄우고자 하는데	黃河欲泛辰
95	이역으로 떠나보내는 것 감당하지 못하겠으니	不堪分異域
96	맑은 이 새벽 안타까워 견디기 어렵네	叵耐惜清晨
97	매화꽃 흰 꽃망울 터뜨리고	白綻梅英細
98	버들 빛은 푸른 움이 싹텄네	青舒柳色匀
99	이별하는 정자에서 고운 꽃 보고 원망하지만	離亭怨芳草
100	되가는 배가 가을 하늘 아래 오네	歸棹揷秋旻
101	백성 구제에 신명의 보우가 있을 것이라	濟物神明佑
102	아득한 바닷물 가로 머리 돌리네	回頭積水濱[92]

92 朴守玄, 『草亭先生遺稿』, 〈贈別申君澤奉使日本〉.

이 시는 일본으로 사신가는 신유申濡와 이별하며 지은 50운 102구의 오언배율五言排律이다. 박수현은 창작이 까다로운 오언배율 형식을 활용해 작품을 구성하면서도 유기적으로 내용을 구성하여 그의 시적 역량을 유감없이 드러냈다. 작품의 1~14구는 도입부에 해당하는 부분으로 신유의 능력을 예찬하면서도 재능이 뛰어나 가문을 비롯해 나라 안에서 명성이 자자했음을 말한 것이다. 41~50구는 신유가 신하들 가운데 뛰어나 사신으로 발탁되었음을 드러낸 것으로, 문덕文德으로 나라를 빛내고 인덕仁德으로 일본에서 인정받기를 기대한 것이다. 87~102구에서는 작자인 박수현朴守玄과 신유의 교분을 파악할 수 있는데, 이들은 골육과 다름없는 깊은 관계를 이어온 것으로 보인다. 또한 풍경조차도 모두 신유를 보내는 이별의 정한으로 환치되어 박수현의 아쉬움을 곡진하게 느낄 수 있다.

아 내가 너희와 함께 지낼 때에는	嗟吾倘寄時
너희를 의지해 먼 곳까지 따라갔지	賴爾遠相隨
타향에서 그리워하다가 만나니	轉見殊方戀
고향 그리는 마음 조금은 잊혀지는 구나	稍忘故國思
과거로 바빠 먼저 보내지만	槐忙先送去
나룻배 유독 더디게 가는 듯한데	梗泛獨委遲
차마 이별하지 못하겠으니 공부에 힘써서	忍別須知勉
연이어 과거에 급제하거라	聯翩折桂枝

너희들 고향으로 되가는 것 전송하니	送爾歸南國
내가 북쪽 변방에 머무는 것 서글프네	憐吾滯北關
변방에서 이별하는 마음 슬프지만	邊庭傷別意
집안 식구가 이별하는 얼굴을 위로하는구나	家室慰離顔
책상에는 거미줄이 처져있고	几案蛛絲裡

책에는 좀 벌레 파고들었을 것이니 圖書蠹篆間
간곡히 이것을 경계로 삼아서 丁寧以此戒
돌아가서는 점검하거라 點檢侯將還[93]

박수현의 송별시送別詩가 지니는 또 다른 특징 중 하나는 자식에 대한 애틋한 감정이 표출된 시가 적지 않다는 점을 들 수 있다. 박수현이 집으로 돌아가는 두 아들을 보내며 지은 〈송양아送兩兒〉는 박수현이 박지朴絬, 박희朴繥, 박치朴緻, 박신朴紳, 박항朴緪 다섯 아들 중 두 명의 아들에게 준 시이다.

인용한 첫 번째 작품은 두 아들이 모두 과거에 급제하기를 바라는 염원을 담은 것으로 과장으로 떠나는 자식들을 송별하는 부모의 마음이 드러나 있다. 시의 내용으로 보아, 두 아들이 변방에서 근무하는 부친 박수현을 만난 이후에 돌아가 과거에 응시할 것임을 짐작할 수 있다. 두 번째 작품은 박수현이 두 아들을 송별하면서 고향에 대한 그리움을 표출한 것인데, 이들과의 만남을 통해 고향을 그리는 마음이 일부 해소되었음을 볼 수 있다. 또한 마지막 부분에서 박수현이 부친으로써 아들들에게 집으로 돌아가 학업에 힘쓰고 항상 경계하기를 당부하고 있음을 알 수 있다.

정창주鄭昌胄 역시 다수의 송별시를 창작했는데,[94] 다양한 형식을 활

93 朴守玄, 『草亭先生遺稿』, 〈送兩兒〉.

94 鄭昌胄, 『晚洲集』, 「七言絶句」, 〈浮碧樓送柳丈 醉次使相韻〉, 〈送柳汝遇 昌辰 之任花山〉, 〈送柳善伯 慶昌 台丈赴淸風〉. 「五言四韻」, 〈弘濟院 送睦書狀行之 行善 赴北京〉, 〈送別荷塘上〉.
「七言四韻」, 〈送姜 栢年叔久 雪峯詞伯知江陵〉, 〈保山 金郊 別鄭子皮 之虎 兄 舟還烏山次韻〉, 〈送金 素 知白令公奉使北京〉, 〈送成 楚客 鳳兮出知吉州〉, 〈嘆別〉, 〈別任南谷慶翼之魚川〉, 〈送睦達夫 兼善 令公出守淸風〉, 〈送書狀宋公 時喆 北京之行〉, 〈送朴士彬 守文 知光州〉, 〈送柳汝重之北關試院〉, 〈送李君瑞令兄出按北關〉, 〈送朴德一代崔德會知興海〉. 「五言長律」, 〈保山別語四十韻〉. 「七言古詩」, 〈高臺行送韓彦直之京〉,

용하여 주로 관직에 부임하는 친분 있는 인물들을 대상으로 송별시를 창작했음을 볼 수 있다. 시 속에 담긴 정서는 떠나는 이에 대한 애처로움과 슬픔을 비롯해 축원의 감정 등이 혼효되어 있다.

지방 장관으로 봉양하기 편해 이미 기쁜데	已喜專城奉養便
여기에 더해 맑은 경치 우리나라의 으뜸이니	更兼淸勝冠東偏
이 고장의 풍월은 시 속의 경지이고	一區風月詩中地
천고의 강산은 그림 속 하늘이며	千古江山畫裡天
예전 살던 붉은 봉황은 숙직 자리에 없지만	丹鳳舊班虛夜直
새로운 은혜에 옥 기린은 고운 봄을 비추네	玉獜新渥照春姸
분명 이번 행차 선계와 속계 다른데	分明此去僊凡阻
속세에 머뭇거리며 사는 내가 홀로 가엽구나	塵土棲遲獨自憐
옥당이 비록 영주와 같다지만	玉堂縱與瀛洲敵
영주 재상으로 지내는 것이 낫다네	未若瀛洲作宰賢
이은을 겸한 까마귀의 효성 깊어	烏鳥深誠兼吏隱
산천에 더해 학과 거북 행차를 안내하네	鶴龜行李復山川
소나무 정자에 달 뜨자 시 읊는 정신 상쾌하고	松亭月上吟魂爽
경수에 봄 돌아오니 만흥이 일어나네	鏡水春回漫興牽
잘 알겠네 이 사이에 신선의 연분이 있고	知道此間仙分在
그동안의 벼슬살이도 하늘에 달려있었던 것을	向來蓮幕亦關天[95]

이 작품은 1643년에 강릉 부사로 가는 소북팔문장小北八文章 중 한 사람인 강백년姜栢年을 전송하며 쓴 시인데, 첫 수는 지방 장관으로 부임하게 된 강백년의 상황을 긍정적 시선에서 조망했다는 특징을 지닌

〈放歌行 送林翊之罷官歸錦山〉.

95 鄭昌胄, 『晩洲集』 2卷, 「七言四韻」, 〈送姜雪峯詞伯知江陵〉.

다. 이 시에서 정창주는 강릉 부사로 부임하여 부모님을 편히 봉양할 수 있으며, 아름다운 풍경이 모두 시 속의 경지라 선경으로 의심될 정도로 뛰어나다고 했다. 두 번째 작품에서도 정창주는 옥당의 직책에서 영주의 재상으로 가는 강백년을 축원하는 동시에 강백년이 부임하는 임지를 신선 세계로 형상화하고 있다.

가을 생각 아득하고 백발은 돋아나는데	秋思迢迢白髮生
어떻게 하면 천 리길 그대 전송하겠나	若爲千里送君行
일찍부터 교유해 정 유독 깊었으니	交仍夙歲情偏重
이별 뒤에 남은 생 눈물이 절로 흐르겠고	別到殘年涕自傾
배 너머의 석양은 패수 언덕에 있으며	帆外夕陽當浿岸
피리 소리 속에 찬 달빛은 변방 성을 비추겠지	笛中寒月是邊城
어느 곳에서 다시 반갑게 만날지 모르겠으나	不知何處開靑眼
말 머리 돌려 본 향산은 한 점 빛으로 밝구나	馬首香山一點明[96]

이 시는 평안도 영변寧邊 어천魚川 지역으로 부임하는 임경익任慶翼과 이별하면서 쓴 〈별임남곡경익지어천 삼수別任南谷慶翼之魚川 三首〉 중 첫 번째 시이다. 앞서 살펴본 작품과 달리 인용한 1수首를 비롯해 2수首와 3수首가 모두 감정적으로 전개되고 있음을 볼 수 있다.[97] 전송하는 시점은 수심을 증폭시키는 가을로, 이들이 일찍부터 교유해 두터운 정을 쌓았다는 점에서 이별의 감정이 배가 되었음을 느낄 수 있다.

96 鄭昌胄, 『晩洲集』 2卷, 「七言四韻」, 〈別任南谷慶翼之魚川 三首〉.

97 鄭昌胄, 『晩洲集』 2卷, 「七言四韻」, 〈別任南谷慶翼之魚川 三首〉. “秋雨蕭蕭秋葉鳴, 秋懷添箇別離情. 自然憀慄傷遲暮, 況乃登臨送遠行. 日落朔風吹鴈急, 天空關月向人明. 應將去馹爲回馹, 不用悲歌出塞聲.”, “淸秋憀慄自生悲, 況復明朝是別離. 蛩語草深烟濕處, 鴈嘶雲冷月斜時. 人情薄薄日千變, 客路悠悠天一涯. 宣室徵還應未遠, 不須憔悴怨江蘺.”

또한 정창주가 다시 만날 기약 없는 이별의 고통 속에 처해 있어, 억제할 수 없는 감정이 시의 표면에 노출되어 있으며 구절마다 슬픔을 상징하는 시어가 직접적으로 드러나 있음을 알 수 있다.

성곽 남쪽 가을빛은 금 술잔에 맴도는데	郭南秋色動金樽
취해서 가는 사람 옷을 잡고 시 한 수를 주네	醉把征衫贈一言
다스리는 이치는 일을 반드시 간결하게 하는 것이고	事必簡要方理劇
시무가 번거로워도 정사 먼저 청정하게 할 것이니	政先淸靜務祛煩
자인을 스스로 마음으로 터득해	慈仁自是中心得
형벌과 은덕을 겸하면 모든 조화가 이어질 것이니	刑德兼爲萬化源
작은 고을 수령되어 태고적처럼 혼돈스러울 것이나	坐使雷封渾太古
대각으로 일찍 돌아가 임금님 은혜에 답하게 되리	早歸臺閣答明恩[98]

이 작품은 정창주鄭昌胄가 광주光州의 수령으로 가게 된 박수문朴守文(1604~?)을 전송하며 지은 시로, 창작 대상인 박수문은 소북팔문장小北八文章 중 한 사람인 박수현朴守玄의 친인척에 해당한다. 이 시는 가을날 술을 마시면서 이별하는 이에게 지어준 시인데, 새로운 곳에 부임해 어려운 환경 속에 처하겠지만, 박수문이 자인慈仁으로 고을을 잘 다스릴 것이라는 기대를 담고 있음을 볼 수 있다. 그러나 마지막 구절에서 정창주가 박수문이 임금님의 부름을 받고 대각에서 다시 일하게 되기를 염원하고 있다는 점에서 다시 조정으로 돌아오기를 희망하고 있음을 알 수 있다.

1 백 척 높은 성 위에서	百尺崇墉上
2 높은 가을 하늘 사방을 둘러보네	高秋四望寬

98 鄭昌胄, 『晩洲集』 2卷, 「七言四韻」, 〈送朴士彬守文知光州〉.

3 산하는 장대하여 띠처럼 두른 것 같고 山河壯襟帶
4 풍토는 기자 단군의 나라임을 알겠네 風壤認箕檀
5 물억새 꽃 막 하얗게 피었고 露荻花初白
6 서리 맞은 단풍잎은 정녕 붉은데 霜楓葉正丹
7 돌아가고 싶은 마음 지는 해에 걸려 있지만 歸心懸日下
8 머나먼 길 구름 끝에 막혀있네 長路隔雲端

…(중략)…

69 가는 사람 남은 사람 삼첩가 불러 去駐歌三疊
70 올라보니 흥취는 매일반이네 登臨興一般
71 가을을 상심하고 또 이별하면 傷秋又分手
72 대궐 그리워 몇 번이나 가슴 무너지겠나 戀闕幾摧肝
73 명을 받아 말달려 가는 길 급한데 復命駸行急
74 무리 떠난 학처럼 그림자 외롭네 離羣鶴影單
75 선경과 세속처럼 높은 하늘 멀리있어 仙凡九霄逈
76 근심과 한으로 눈썹 찡그리니 愁恨八眉攢
77 파리한 얼굴 다 늙어가도록 供給羸容暮
78 약한 힘 다하여 지탱하네 支撑弱力殫
79 어찌하면 거북 도장 인끈을 풀어 何當解龜紐
80 호탕하게 낚싯대나 잡을까 浩蕩把漁竿[99]

이 작품은 정창주鄭昌胄가 1644년 평양 서윤으로 재직할 당시 금교金郊의 보산에서 독운어사督運御史 임선백任善伯(1596~1656)을 송별하며 지은 〈보산별어사십운保山別語四十韻〉 80구 중 일부이다. 임선백은 소북팔문장小北八文章 중 한 사람인 임한백任翰伯의 형이다. 1~8구는 보산에서 바라본 주변 풍경인 단풍과 물억새 그리고 가을철의 높은 하늘을 담고 있으면서도, 임금님이 계신 도성으로 돌아가고 싶으나 가지

99 鄭昌胄, 『晩洲集』 3卷, 「五言長律」, 〈保山別語四十韻〉.

못하는 상황의 안타까움을 말한 것이다. 다음으로 인용한 69~76구에서는 이들이 송별의 노래인 삼첩가三疊歌를 부르면서 슬퍼하고 있음을 볼 수 있는데, 슬픔의 원인이 이별 그 자체에 있는 것이 아니라 대궐로 돌아가고 싶은 염원에서 비롯되었다는 점에서 특이한 양상이라고 할 수 있다. 이 부분에서는 무리에서 떨어져 나와 혼자 멀리 떨어져 있게 된 외로움이 시상을 지배하고 있다. 77~80구에서는 노쇠한 상황 속에서 견디고 있으나 거북 모양의 인장印章을 풀어 놓고 관직에서 물러나 한가로이 낚시하며 지내고 싶다고 하여 한편으로는 은일에 대한 갈망을 드러냄으로써 양가적인 마음을 표출하였다.

이휴징李休徵의 송시送詩는 전체 작품 142제題 170수首 가운데 4제題 6수首 밖에 되지 않아 양적으로 많지 않으며, 송별의 대상도 함께 산수에서 노닐었던 이들과 소북小北계열 문인으로 한정되어 있다.

모두 흩어지면 만날 날 기약 없어	總漫相逢是不期
산 앞에서 손 부여잡으니 이별의 상심 배가 되네	山前摻手倍傷離
풍진에 방랑하는 자취 천 리 구름 속이고	風塵浪跡雲千里
떠도는 세상 삶은 기장밥 한 번 짓는 때 같네	浮世生涯黍一炊
고요한 자리에서 밤을 이어 이야기하며 기뻐했고	靜榻欣成連夜話
고심하며 몇 편의 시를 어렵게 지었지	苦心難作數聯詩
낙양에서의 옛 모임 분명 멀지 않으리	洛中舊會應非遠
천병이 월지를 참했다는 말 이미 들었으니	已道天兵斬月支[100]

이휴징의 시에는 청량산淸凉山 유산시遊山詩가 많은 비중을 차지하는데, 청량산 유산의 과정에서 함께 유람했던 이들을 송별하는 〈별동유제공別同遊諸公〉이라는 작품이 눈에 띈다. 정확히 어떤 인물과 유람했

100 李休徵, 『休庵遺稿』, 〈別同遊諸公〉.

는지가 기재되어 있지 않아 작품의 이해에 한계가 있으나, 이들은 유람하는 과정에서 함께 마음을 나누고 시를 지어 교유를 이어온 것으로 보인다. 이 시에는 이별을 앞에 둔 작자의 심경이 고스란히 드러나는데, 함께 유람했던 이들과 이별하면 앞으로 다시는 만날 기약이 없음을 깨달아 슬픔을 느끼고 더 나아가 삶의 허무까지 마주하게 되었음을 알 수 있다. 그러나 마지막에 이르면, 이휴징이 다시 재회에 대한 기대를 품고 있음을 볼 수 있기에 작자가 송별의 슬픔을 희망으로 환치시켰다고 할 수 있다.

젊은 시절 화려함을 그 누가 좇을 수 있나	妙年華艶孰能追
정신은 추수 같고 자태는 옥설 같은데	秋水精神玉雪姿
도를 펴고 접어 오직 유유자적했고	道在卷舒唯自適
재주는 유자와 관리 겸해 가장 기이했지	才兼儒吏最堪奇
조정에서 시험 두루 거친 것 까닭 없지 않으니	漢庭歷試非無意
조정의 정표 받을 때가 반드시 있을 것이네	魏闕旌褒會有時
성주께서 지금 근심하고 절실하시니	聖主卽今憂轉切
원컨대 그대 반드시 백성 되살리는 의원 되시게	願君須作活民醫

강가에서 이별하지도 못했으면서	未作臨江別
부질없이 꿈속에서 생각하느라 애쓰네	空勞夢想牽
도성 문에서 술 한잔 마시니	都門酒一盞
구름 낀 바다에는 초승달 떠 있네	雲海月三弦
어려움 다스리는 것 관리가 해야 할 것이고	治劇猶堪吏
백성들 친애하는 것 정녕 어진 이 기다려야 하니	親民正待賢
왕교의 오리 그림자 있던 곳 살펴보니	王鳧候影處
편지가 기쁘게 소식 전하네	書札喜相傳[101]

이 시는 외직外職인 임피현령臨陂縣令으로 부임하는 임중任重(1618~1657)과 이별한 후에 지은 2수首의 작품이다. 일수一首와 이수二首의 형식이 상이한데, 2수 연작시 16제題 32수首 가운데 10제題 20수首에서 이와 같은 양상이 확인된다.[102] 이휴징은 2수首 연작시를 창작할 경우, 두 수의 형식을 달리하여 작시하는 방식을 선호한 것으로 보이는데, 이런 모습은 시의 형식을 자유자재로 활용해 창작 양식에 변주를 가미했던 이휴징의 시적 능력을 보여주는 것이라고 생각된다.

첫 번째 시는 소북小北계열 문인인 임중의 뛰어난 문학적 재능과 인품의 훌륭함을 예찬한 동시에 뛰어난 능력을 겸비하고도 외직으로 가게 되었음을 말한 것이다. 그러나 반드시 다시 조정에서 임중을 알아줄 날이 있을 것임을 언급하여, 외직에 나가서도 백성을 위해 일해줄 것을 당부하고 있다. 실제로 임중은 효종 즉위 초 정계에 막 진출한 산림山林이 영의정 김자점金自點을 탄핵할 때 따르지 않아, 그로 인해 임피현령으로 좌천되었기에 이같이 언급한 것으로 보인다. 두 번째 작품에는 이별의 정한이 더욱 곡진하게 담겨 있는데, 임중을 보낸 뒤 꿈속에서도

101 李休徵, 『休庵遺稿』, 〈送任鼎卿赴臨陂別後有作 二首〉.

102 표 20. 李休徵의 연작시 작시 현황

연번	제목	수량	형식	연번	제목	수량	형식
1	挽柳正郎二首	2	一首 七言律詩 二首 七言絶句	6	送任鼎卿赴臨陂別後有作二首	2	一首 七言律詩 二首 五言律詩
2	挽宋進士母夫人二首	2	一首 七言絶句 二首 五言律詩	7	憶親庭二首	2	一首 七言律詩 二首 七言絶句
3	挽全昌尉翁主二首	2	一首 七言律詩 二首 七言絶句	8	又以一絶一律寄尹子壽二首	2	一首 七言絶句 二首 七言律詩
4	和新臣應製	2	一首 七言律詩 二首 五言律詩	9	挽南都事二首	2	一首 七言絶句 二首 七言律詩
5	養鴨二首	2	一首 七言律詩 二首 五言律詩	10	次尹子壽六七言各一絶二首	2	一首 七言絶句 二首 六言絶句

그를 그리워하고 있음을 볼 수 있다. 또한 임중이 백성들의 어려움을 잘 다스려 백성들을 도울 것임을 기술하면서 동시에 왕교王喬가 오리를 타고 매월 초하루와 보름에 조정을 왕래했듯이 임중이 외직에 부임해도 조정과 자주 소통할 것이라는 기대감을 드러냈다는 특징을 보인다.

벗이 마침 봄바람 불 때 행장 꾸리니	故人行李屬春風
역로에 한수 동쪽의 꽃이 나부끼는구나	驛路飛花漢水東
삼신산 산천은 장대한 뜻을 갚아주고	三島山川酬壯志
평생 온갖 역경은 외론 충성 부지하니	百年夷險仗孤忠
어둑한 물결 고약한데 구름 같은 돛 바로 달았지만	雲帆直掛鯨波黑
붉은 신기루 속에 바다 해 가만히 바라보네	海日平看蜃市紅
풍속 자세히 본 뒤 돌아와 설명하면	領略風謠歸細註
아름다운 이름 마땅히 적옹 암옹 이으리라	美名堂繼適庵翁[103]

이 작품은 〈송신군택부일본送申君澤赴日本〉로 소북팔문장小北八文章 중 한 사람인 신유申濡가 1643년 통신사通信使의 종사관으로 일본에 가는 것을 전송한 시이다. 1~2구는 사행을 떠나게 된 당시의 계절적 배경을 담아낸 것이다. 3~4구에서는 전설 속의 삼신산三神山을 언급해 신유의 장대한 뜻을 드러낸 동시에 역경 속에서도 지조를 지키는 신유의 성품을 높게 그려냈다. 5~6구는 사행길의 험난한 풍경을 담아낸 것인데 신유가 겪게 될 고된 여정을 짐작하게 한다. 7~8구는 신유에 대한 기대감을 표출한 것으로, 송별의 아쉬움보다는 이번 사행에서 임무를 잘 수행해 능력을 세상에 알리기를 당부한 것이다.

남선南銑의 송시送詩・증시贈詩는 창작 대상에 따라 두 가지 양상을

103 李休徵, 『休庵遺稿』, 〈送申君澤赴日本〉.

보이고 있는데, 직계가족 및 친인척을 송별한 시와 친분관계를 맺었던 이를 송별한 시로 구분하여 살펴볼 수 있다.

표 21 남선南銑의 송시送詩·증시贈詩 작품 현황

연번	제목	수량	형식	대상
1	謫裡送仲翔	1	五言 絶句	仲翔
2	錦山留別翊甫	1		翊甫
3	海州留別仲翔	1		仲翔
4	送鄭持平晢還洛	1	七言 絶句	鄭晢
5	送聖熏上洛	1		聖熏
6	送景熏上洛 兼示聖熏	1		景熏
7	送茂松沈使君 竝序	1	七言律詩	沈廦
8	送慈仁任使君善伯 竝序	1		任善伯
9	送東萊鄭使君良弼	1		鄭良弼
10	送江陵姜使君栢年	1		姜栢年
11	送錦城宋使君時吉	1		宋時吉
12	送朴員外士彬航海朝天	1		朴士彬

부자간의 정은 끝이 없지만　　父子情無極
인생에는 이별이 있다네　　人生有別離
어지러운 산 가을 풀 속으로　　亂山秋草裡
홀로 돌아갈 때의 심정 어찌 견디리　　那忍獨歸時[104]

먼저 직계가족과 친인척을 대상으로 한 작품을 확인해보고자 하는데, 위 작품은 시제에서 나타나듯 남선南銑이 금산錦山에서 익보翊甫를 이별하며 준 것이다. 이 시에서 익보는 남익南翊(1639~1731)을 지칭하

104 南銑, 『滄溟遺稿(乾)』, 〈錦山留別翊甫〉.

며 남선의 아우로 파악된다. 이 시에서 남선은 인생에는 만나고 헤어지는 이치가 있음을 말하면서, 동시에 가을날 이별한 후 홀로 돌아가는 심정을 읊어 송별의 슬픔과 괴로움을 담아냈다.

(1)
너를 보내며 부모님 생각에 눈물이 술잔에 떨어져　送爾思親淚落盃
가을바람에 억지로 망향대에 올랐는데　秋風强上望鄕臺
세상에 부자간 이별은 참으로 어려우니　人間父子難爲別
부탁하노니 기린마는 다시는 오지 마라　寄語麟兒勿復來[105]

(2)
가을바람 속 네 형을 보낼 때가 떠올라　秋風憶送汝兄時
북각대 높이 올라 술만 한껏 마셨는데　北角臺高酒萬巵
너를 보내는 오늘 아침 끝없이 한 서린 마음은　送爾今朝無限意
금호강만이 알고 있을 것이네　琴湖惟有別人知[106]

위 작품은 남선南銑이 자신의 아들을 송별하며 쓴 것인데, (1)에서 확인되는 이별의 대상은 장자長子이고, (2)는 차자次子이다. 자식이 시의 창작 대상이 됨에 따라 여타 작품과 비교했을 때 더욱 깊고 진한 송별의 정한이 담겨 있다. 첫 번째 시에는 부자간에 느끼는 애틋한 송별의 정서가 잘 구현되어 있는데, 다시는 오지 말라는 당부의 말 속에서 더욱 곡진한 이별의 고통을 유추할 수 있다. 두 번째 시에서는 차자를 전송하면서 장자와 이별할 때의 감정을 소환하였다. 이 시에서는 직접적으로 자신의 감정을 표출하는 대신에 금호강만이 송별의 정한을

105 南銑, 『滄溟遺稿(乾)』, 〈送聖熏上洛〉.
106 南銑, 『滄溟遺稿(乾)』, 〈送景熏上洛兼示聖熏〉.

알고 있다고 언급하여 절제된 감정을 읊었다.

다음으로는 친분관계를 맺었던 인물들을 중심으로 한 송별시를 살펴보고자 한다. 이 유형의 시는 서문을 병기하는 동시에 연구시로 작성해 이별의 정서를 표출했다는 점에서 특징적이다.

> 심사군은 일찍이 蓮桂榜에 올라 薇垣과 栢府 두 부서의 직책을 역임하였으니 茂松 수령으로 좌천되어 가는 것은 부모를 봉양하기 위해 뜻을 굽힌 것이다. …(중략)… 나는 이에 여러 가지로 생각해보니, 무송은 천 리 길이고 수령은 6년이 기약이다. 지금 멀리 이별하게 되니 또한 뜻을 말할 수 있겠는데, 하물며 심제는 우리 집안의 숙부이며, 이웃 어른이고, 게다가 과거 시험에는 선배이며, 문단의 큰 스승이니, 정으로 보아도 친밀하고 의리로 보아도 존중하는 처지인데 배웅하는 시를 달라고 하니 감히 짓지 못한다고 사양할 수 없다. 내가 들은 바로는 옛 고려조에 諫官 李存吾 공이 직언을 하다가 장사로 좌천되자 그 당시 시인들이 시를 짓기를, "가을바람에 애달프게 이 장사를 생각하네."라고 했다. 아, 사군도 일찍이 간관을 역임하였고, 직언을 했으며, 지역도 장사이고 계절도 가을이니 이 어찌 예전과 지금 두 사람의 처지가 이렇게 같은가. 그러나 지금 시에 능한 자들 가운데 이 시를 외우고 있는 자가 있는지 알지 못하겠다. 내가 비록 시를 잘 지을 줄 모르지만 이런 점에 감회를 금할 수 없기에 마침내 거친 시를 엮어 아래에 써서 보내니 이는 잘못이 아닌가. 하지만 모두 잘못이라고 하더라도 그 무엇이 나쁜 것이겠는가.[107]

107 南翧, 『滄溟遺稿(乾)』, 〈送茂松沈使君竝序〉, "沈使君早捷蓮桂榜, 緜薇栢兩府, 左佩茂松竹, 爲親屈也. …(중략)… 吾於此左右思之, 茂松千里程也, 使君六年期也. 今當遠別亦加以言志也, 而況使君之於吾在家叔也, 在隣長也, 重以科場先進, 文苑碩師, 於情密, 於義尊, 旣蒙在索, 固不敢以不能辭. 竊聞在昔高麗朝, 李諫官存吾公, 坐直言, 貶長沙, 一時詩人有句曰, '秋風苦憶李長沙', 噫使君亦嘗諫官矣, 直言矣, 地則長沙矣, 時則秋風矣, 是何古今人所遇, 若是其同乎. 抑未知今世之能乎詩者, 有能誦此句者乎. 僕雖不能詩, 亦不能無感於斯, 遂綴荒律, 錄于左以歸之, 玆不亦左矣乎, 均乎左亦何傷."

이전 사헌부에서의 위력 서늘 엄숙했으니	威稜肅肅舊霜臺
봉양 위한 지방 관직 칼날 여유롭게 놀리겠지	爲養專城刃亦恢
한 고을 떠나면 육씨가 가듯 슬퍼할 것이어서	斂惠一州悲陸去
정사를 잘했다는 노래 들려 비렴과 악래가 온 듯할 것이며	騰歌五袴喜廉來
잣나무처럼 곧은 지조 품어 겨울에도 푸르를 것이고	栢懷貞操經冬翠
매화처럼 인자한 바람 풍겨 섣달 전에 피겠지	梅動仁風未臘開
듣건대 성명한 임금님이 인재를 가까이 두시려 하니	聞說聖明方側席
장사에서 어찌 가의의 재주로 늙어가겠는가	長沙寧老賈生才[108]

이 작품은 〈송심사군 병서送沈使君 竝序〉로 소북팔문장小北八文章 중 한 사람인 심제沈齊를 전송하며 지은 것으로 서문을 함께 병기했다는 형식상의 특징을 보인다. 서문에는 심제가 무송茂松으로 가게 된 연유가 상세히 기록되어 있으며, 남선南銑과 심제의 친분관계를 확인할 수 있는 내용이 담겨 있다. 여기에서는 이존오李存吾(1341~1371)가 신돈辛旽의 전횡을 탄핵하다가 공민왕恭愍王의 노여움을 사서 장사감무長沙監務로 좌천된 것에 심제의 상황을 빗대어 말해 이별의 감회를 드러낸 것이다. 서문에서 시의 창작 과정에서 느낀 모든 감정을 기술하여 작품에 대한 자세한 해설을 개진하였다.

1~2구는 서문에도 드러나 있듯 심제가 과거에 급제해 사간원과 사헌부에 올랐으나, 무송 수령으로 부임하게 된 것을 전성지양專城之養이라고 하여 고을 수령이 되어 녹봉으로 부모를 봉양하게 되었다고 하였다. 3~4구에서는 무송으로 가는 심제를 송별하며 슬퍼하는 동시에 능력을 인정받아 주왕의 총애를 받았던 비렴飛廉과 악래惡來가 온 듯이 모두가 심제의 뛰어난 정치적 능력을 예찬했음을 언급하였다. 5~6구

108 南銑, 『滄溟遺稿(乾)』, 〈送茂松沈使君竝序〉.

는 심제의 지조와 성품을 푸르른 잣나무와 매화에 비유해 강조한 부분이다. 7~8구는 한나라 가의賈誼에 비견될 정도로 뛰어난 재능을 지닌 심제를 높임으로써, 분명 임금님께서 다시 총애하실 것이라고 말한 것이다.

> 嶺南은 그 주가 거의 70개나 되지만 유독 慶州가 큰 고을이다. 경주의 100리 밖에 慈仁이라는 고을이 있는데 자인은 작은 고을이다. …(중략)… 근래 그 고을 백성들이 상소를 올리고 호소하여, 1천 석 녹읍에 2천 석 관리를 보내주길 애원하니, 관찰사에게 묻고 의정부에서 의논하여 상감께서 직분을 내리자 銓衡이 명을 받아 注擬를 잘 가려 員外郎의 任善伯이 선임되었다. …(중략)… 그러나 자인은 외직이고 또 태수는 임선백에게 좌천이다. 원외랑의 명망을 지니고 외직에 좌천되니 남들이 모두 불만을 지녀 부당하다고 말하는 것은 당연한 일이다. 아, 지금 같은 난세에 한 고을 수령으로 가는 행차를 사람들이 바라보길 신선의 행차처럼 하니 임선백의 이번 행차도 영광이라 할 수 있겠다. 또 집에 계시는 노부모님을 모시고 효도하기에 편하니 어머니를 모시고 자인으로 가는 것은 실로 임선백에게 경사로운 일이니 또 어찌 불만을 가질 수 있겠는가. 아마 자인 백성들은 임선백을 얻어서 바라는 바가 적지 않을 것이니 임선백이 임지로 가서 자인 백성들의 소망에 보답해야 하지 않겠는가. …(중략)… 나는 목민의 정치를 비록 확실히 알 수는 없으나 오직 그 大要는 요컨대 慈와 仁 밖에 있지 않으니, 자와 인으로써 자인을 다스리면 어찌 넉넉함이 있지 않겠는가. 글이 비록 졸렬하나 백성을 다스리는데 도움이 될 것이니 다행히 가까운 곳에 남아있는 慈仁이라는 두 글자를 잊지 말길 바란다. …(후략)…[109]

---

109 南翎, 『滄溟遺稿(乾)』, 〈送慈仁任使君善伯竝序〉. "嶺之南, 其州殆七十, 獨慶爲大府. 慶之府百里外, 有縣曰慈仁, 慈仁小邑也. …(중략)… 乃者厥土人懷尺疏籲天, 願以一千石穀, 丐置二千石長吏, 詢于方岳, 議于巖廊, 而聖上頷其分, 銓衡受命, 注擬克簡, 而任員外慶餘氏中其選. …(중략)… 然而慈仁外也, 太守左也. 以員外雅望, 左屈於外, 宜

천년의 가시밭길 그대를 기다려 열렸으니 千年荊棘待君開
작은 고을이지만 큰 재주 있는 인물이라야 하겠네 小邑要須仗大才
가는 길은 높은 추풍령 겹겹의 산 저 너머이고 路指秋風重嶺外
가는 곳은 반월성 묵은 성 모퉁이를 나눈 곳 州分半月古城隈
관아의 맛있는 음식에 어머님 기뻐하실 테고 官廚五鼎慈顔悅
지방 관아의 석 잔 술에 임선백은 취하겠지 鈴閣三杯慶翼頹
아마도 공무 마치고 자주 붓 잡을 것이니 想得公餘頻染翰
좋은 시 쓰거든 죽통에 넣어 부쳐주게나 好詩宜入竹筒來[110]

이 작품은 〈송자인임사군선백 병서送慈仁任使君善伯 竝序〉로 자인慈仁으로 부임하는 임선백任善伯(1596~1656)을 전송한 시와 시의 서문이다. 이별의 대상인 임선백은 소북팔문장小北八文章 중 한 사람인 임한백任翰伯(1605~1664)의 형이다. 자인현慈仁縣은 본래 경주慶州에 속했던 곳인데, 임선백의 생애를 통해 보았을 때 이 고을에 초대 현감으로 부임한 것으로 보인다. 서문에는 외직이라고 할 수 있는 자인에 임선백이 부임하게 된 연유가 기록되어 있다. 남선南銑은 자인으로 가는 임선백을 위로하면서 이번 행차를 영화롭게 여겨 자인의 백성들이 바라는 바에 보답해주기를 권고하고 있다.

시의 1~2구에서는 작은 고을이지만 백성들이 모두 큰 인물인 임선백을 기다리고 있음을 언급하였다. 3~4구는 경주까지 가는 여정을 담아낸 것으로 추풍령을 넘어 가야함을 드러낸 부분이다. 5~6구는 자인

乎人之歉之, 咸以爲不當去也. 吁, 今日亂世矣, 一麾行色人望之, 若登仙, 則任侯此去, 亦云榮矣. 矧又鶴髮在堂, 牲養實便, 奉慈闈適慈縣. 吾實爲慶餘氏慶, 又焉用歉. 第恐慈民之得任侯, 所望者非淺, 任侯之之任將底, 而答慈民之望也. …(중략)… 吾於莅民之政, 雖不能知之, 而惟其大要, 要不外於慈仁, 以慈仁治慈仁, 豈不綽然有裕. 文雖拙矣, 亦不爲無助, 幸留諸左右, 毋負二字爲也. …(후략)…"

110 南銑, 『滄溟遺稿(乾)』, 〈送慈仁任使君善伯竝序〉.

이 부모님을 봉양하는데 넉넉하며, 그 곳에서 임선백의 삶 또한 여유로울 것임을 읊은 것이다. 7~8구에서는 남선이 임선백의 시문을 기대하고 있으며, 시적 교유를 지속하기를 원했음을 확인할 수 있다.

세상 사람 다 내 형제라고	海內吾兄弟
시단에서 일찍이 약속하였네	詩壇早結盟 [眞卿]
시 읊으며 술 마셨으니	由來文字飮
누가 복파장군의 명성 독차지하랴	誰擅伏波名 [草亭]
서성에서 잠깐 만났는데	西省纔相訪
또 남쪽 고을로 보내게 되었구나	南州又送行 [滄溟]
지금부터 만나지 못하리니	從玆雲樹隔
헤어지는 정 견디기 어렵네	叵耐去留情 [眞卿]
소매 잡고 서로 놓지 못하고	動袂牽相惜
송별의 잔을 다시 기울이네	離盃醉更傾 [草亭]
마음은 휘날리는 눈같이 어지러운데	心將飛雪亂
혼은 저문 구름을 좇아가네	魂逐暮雲征 [滄溟][111]
…(후략)…	

마지막으로는 남선의 송별시에서 연구의 형태를 보이고 있는 작품을 살펴보고자 한다. 인용한 시는 〈별이옹남관別泥翁南觀〉으로 소북팔문장小北八文章 중 한 사람인 신유申濡를 전송한 시로, 창명滄溟 남선南銑과 초정草亭 박수현朴守玄을 비롯해 진경眞卿이라는 인물이 함께 창작한 시이다. 이 시의 1~2구를 통해 이들이 시단詩壇에서 함께 교유했음을 볼 수 있으며, 3~4구에는 평생 술 마시며 시와 문장을 논했던 신유가 어찌 후한後漢의 복파장군伏波將軍과 서로 우열을 가릴 수 있겠냐는

111 南銑, 『滄溟遺稿(乾)』, 〈別泥翁南觀〉.

내용이 담겨 있다. 복파장군伏波將軍 마원馬援은 지금의 월남越南에 해당하는 교지국交趾國을 원정한 뒤에, 두 개의 동주를 세워서 한漢나라와 남방 외국의 경계선을 표시한 인물이다. 5~6구는 다시 만난지 얼마 되지도 않아 재차 이별해야 하는 상황을 말한 것이다. 7~12구에는 이별을 마주한 괴로움과 송별의 감정이 곡진하게 잘 드러나 있는데, 어지러이 흩날리는 눈처럼 갈피를 잡지 못하는 슬픈 마음이 시적으로 잘 그려져 있다.

신유申濡의 송시送詩・증시贈詩는 문집의 각 편에 포진되어 있는데,[112] 1643년 일본에 다녀오면서 쓴 『해사록海槎錄』과[113] 1652년 중국 연행 시 작성한 『연대록燕臺錄』 안에서도 송시送詩・증시贈詩가 보인다.[114] 대상별로 살펴보면, 임지에 부임하는 문인을 대상으로 창작한 송별시가 가장 풍부하므로 이를 중심으로 논의를 진행하고자 한다. 이 시들은 대체로 임지에 부임하는 이에 대한 축하보다는 좌천되어 가는 현실적 상황에 대한 안타까움과 이별의 아쉬움이 시의 정조를 구성하고 있다.

112 申濡, 『竹堂集』, 「駒城錄」, 〈送柳澄甫謫興海〉, 〈送朴重輝瑍赴嶺南幕〉. 「玉堂錄」, 〈送柳汝一道三赴任〉, 〈送李濟叔杭之鎭安任〉. 「錦江錄」, 〈別沈獻納廜自南海北遷富寧〉, 〈石城酒席別都事〉. 「駱亭錄」, 〈送成鎭岑玧赴任〉. 申濡, 『竹堂集』, 「駱亭後錄」, 〈送鄭尙書世規出按北關〉, 〈送睦參知行善出守洪州以下庚寅〉, 〈送任慶翼之星山任〉, 〈送眞卿赴殷栗任〉. 「湖行錄」, 〈再從弟淵自淳鄉追至鴻山臨別書贈〉. 「駱亭續錄」, 〈送南都憲銑出按嶺南幷序〉, 〈送金承宣素出守淸風〉, 〈送李石城敦臨赴任〉. 「駱居錄」, 〈送南伯圖赴韓山任〉. 「駱居後錄」, 〈送具次山赴湖南幕〉. 「松都錄」, 〈送洪經歷承召還憲府〉. 「養痾錄」, 〈送李百初行源赴通川任〉, 〈送李大玉郎中球赴昇州任〉, 〈贈別吳上舍始謙寧覲松都因棲寺〉, 〈送吳君瑞方伯按湖西〉. 「交州錄」, 〈送趙督郵相漢赴輪城〉.

113 申濡, 『竹堂集』, 「海槎錄」, 〈鄭都事士興來別釜山舘信宿將行走筆題扇〉, 〈次考槃薖長句贈別〉.

114 申濡, 『竹堂集』, 「燕臺錄」, 〈金溝客舍別元澤〉, 〈送朴士彬守文赴光州任〉, 〈奉送沈令丈廜赴鍾城任〉, 〈吳東牀始謙爲省西伯公同行至箕城留別〉.

좌천되어 도리어 변방으로 가니	謫宦還窮塞
매서운 서리 속에 쫓겨난 신하되었네	嚴霜舊逐臣
길 청해 따라 다하고	路從青海盡
근심은 흰 머리 본받아 새로워질 것이니	愁校白頭新
초나라의 곡조는 오랑캐 노래와 어울리고	楚調夷歌和
유자의 옷 나른 풍속과 가까워지겠구나	儒衣異俗親
명성으로 간의에 발탁되었으니	名聲推諫議
은택이 변방 백성에게 깃들겠네	惠澤入邊民
먼 수자리에 구름은 말을 따를 것이고	戍遠雲隨馬
찬 모래에 기러기는 사람 등지겠지	沙寒鴈背人
종군함에 저술 많을 텐데	從軍多述作
모두 도성으로 돌아가고자 하는 생각이겠지	摠爲憶歸秦[115]

이 작품은 〈봉송심령장로 종성임奉送沈令丈㬚赴鍾城任〉으로 함경도에 위치한 종성鍾城으로 부임해 가는 심로沈㬚(1590~1664)를 송별한 작품인데, 창작 대상인 심로는 소북팔문장小北八文章 중 한 사람인 심제沈齊의 형이다. 전반부에는 심로가 언관의 자리에서 남쪽 변방으로 유배갔다가[116] 다시 종성으로 쫓겨나가게 된 상황이 그려져 있다. 또한 임지로 가는 여정을 기술해 중국 서부지역에 해당하는 청해로 이어진 길목 속에서 세월의 흐름을 한스러워 할 것임을 드러냈으며, 오랑캐 노래를 듣고 다른 풍속을 접하게 될 상황을 시에 담았다. 그러나 신유는 심로의 명성을 말하고 변방 백성에게도 은택이 미칠 것이라고 하여 그의 재능을 높이고 있음을 볼 수 있다. 그럼에도 신유는 변방에서 창작한 심로의 작품이 모두 도성을 그리워하는 마음으로 점철될 것임을 미뤄

115 申濡, 『竹堂集』, 「燕臺錄」, 〈奉送沈令丈㬚赴鍾城任〉.
116 『仁祖實錄』 48卷, 仁祖 25年 10月 18日 2번째 기사.

짐작하였는데, 이를 통해 신유가 떠나는 이에 대한 깊은 이해를 바탕으로 송별시를 지었음을 알 수 있다.

갈림길에서 잘못을 탄식할 것 없는 것은　不用臨歧枉歎嗟
그대의 이번 행차 잘못되지 않음을 알아서지　知君此去未蹉跎
부모님 집 백 리 떨어져 수레로 통하고　鯉庭百里通車蓋
어촌 일천 촌락에 조개와 소라면 족할 것이니　蜒戶千村足蚌螺
아침술에 취해 관아에 일찍 출근하는 것 그만두고　卯酒欲醺衙早放
찬 매화 막 피어나 시구 자주 읊조리겠네　寒梅初動句頻哦
장안의 벼슬과 높낮이를 비교해봐도　若還較負長安米
근심과 즐거움 서로 이어 있으니 정녕 어찌하겠나　憂樂相懸定奈何

매일 아침 성곽에 나가 석양 이를 때까지　連朝出郭到殘陽
왁자지껄한 시장의 두 동이 술 어찌 싫어하겠나　朋酒何嫌鬧擾場
멀리 떠나 두 소매 헤지는 것 견디기 어려운데　去遠不堪分兩袂
정 깊으니 권하는 석 잔의 술 어찌 마다하겠는가　情深豈止侑三觴
서신에는 항상 가난하고 병 있는 것 걱정하겠지만　書回定念常貧病
임기가 다 되면 다시 젊어지는 것 같아 분명 놀라리　官滿應驚更老蒼
오직 동쪽 낙산 아래에서 문 닫아 걸었으니　唯是閉門東駱下
설령 말 탄다 해도 누가 집으로 찾아오겠나　縱令騎馬向誰坊[117]

이 작품은 〈송남백도부한산임送南伯圖赴韓山任〉 2수首로 소북팔문장小北八文章 중 한 사람인 남선南銑이 한산韓山으로 부임해 가는 것을 송별한 시이다. 첫 번째 시는 신유가 남선을 위로하는 동시에 근심과 즐거움은 본래 교차 되는 법이니 한산에 있더라도 다시 서울에 올라와 벼슬을 구할 것을 염려하지 말라는 당부의 말을 전한 것이다. 두 번째

117 申濡, 『竹堂集』, 「駱居錄」, 〈送南伯圖赴韓山任〉.

시는 이별의 정한을 담아낸 것으로 먼 길 가는 남선을 떠나보내며 술로 괴로운 심경을 달랜 것이다. 한산으로 부임해 가면 늘 병과 가난을 걱정하겠지만 훗날 임기를 마치면 모든 상황이 좋아질 것을 말한 것이다.

앞에서 살펴보았듯이 소북팔문장小北八文章은 송시送詩와 증시贈詩를 창작함에 있어 교유의 진정으로 이별의 서정을 엮었음을 알 수 있다. 이를 통해 기본적으로 작품에 자신의 정서와 내면의식을 진술하게 담아냈다는 점에서 소북팔문장이 시에 뛰어났음을 짐작할 수 있다. 또한 송시送詩와 증시贈詩가 시세계의 많은 부분을 차지한다는 것은 소북팔문장이 교유관계를 중시했으며 주변 인물에 대한 애정을 견지하고 있었음을 말해준다. 이와 같은 특징은 동류의식同類意識의 발현과도 일맥상통하는 부분으로, 이들이 시문학을 매개체로 삼아 내부 결속을 이어왔으며 공통적인 시세계를 추구했음을 확인할 수 있다는 점에서 의미를 지닌다.

개별 문인별로 드러난 양상을 정리해보면, 심제沈脐는 소북계열 문인들을 창작 대상으로 삼아 교유의 차원에서 송시送詩와 증시贈詩를 창작하였으며, 강백년姜栢年은 임지로 부임하는 이를 전송하는 과정에서 시를 지어 송별의 정한을 담아냈다. 박수현朴守玄은 배율 형식을 활용해 곡진한 송별의 정한을 구현했으며, 정창주鄭昌胄는 관직에 부임하면서도 친분관계를 맺고 있는 인물을 대상으로 하되 축원을 비롯해 애처로운 감정을 다양하게 표출했다. 이휴징李休徵은 소북계열 문인이자 함께 산수 유람했던 인물들에 한정해 송별시를 창작했으며, 남선南銑은 직계가족·친인척 및 친분관계를 맺었던 인물을 대상으로 감정을 읊었다. 신유申濡는 주로 임지에 부임하는 문인을 송별했는데, 축원보다는 현실적 상황에 대한 안타까움이 시의 정조를 지배하고 있다는 특징을 보인다.

2. 소외된 문인으로 느끼는 내적 갈등

이 장에서는 소외된 문인으로 소북팔문장 구성원들이 지녔던 내적 갈등과 그 갈등에 대한 현실 대응의 양상을 살펴보고자 한다. 이 글에서는 먼저 심제沈𪐴, 강백년姜栢年, 박수현朴守玄, 신유申濡의 작품을 통해 현실의 다양한 모순에 의해 충돌하는 자기인식의 표출 양상을 살펴보고자 한다. 당파에서 비롯된 정치적 환난은 개인의 문학세계에도 일정 부분 영향을 미치므로, 이 부분의 분석을 통해 정치적 부침 속에서 갈등을 겪었던 이들의 내면의식을 확인할 수 있을 것이다. 다음으로는 전란의 상흔을 되새기며 당시 비참했던 현실을 회고한 양상을 확인하기 위한 일환으로 심제沈𪐴, 강백년姜栢年, 박수현朴守玄, 신유申濡의 작품을 분석하고자 한다. 소북계열의 경우 정치 활동에서 일면 벗어나 있었기에 정치적 견해를 피력한 작품이 거의 없는 실정이나, 전란 속에서 현실적 참상을 기억하는 작자의 태도를 통해 이들의 의식 세계를 엿볼 수 있으리라 생각된다. 마지막으로는 강백년姜栢年, 박수현朴守玄, 신유申濡를 중심으로 이들의 해외 체험 기록과 그 기록 속에 나타나는 가계 계승의 일면을 살펴보고자 한다. 이들은 관직을 역임했지만 역시나 정치적으로 소외된 처지였기에 가계 계승과 경험을 통한 지식 습득 욕구가 더 강했으리라 추정할 수 있다.

1) 현실의 질곡과 자기인식의 충돌

이 부분에서는 소북팔문장小北八文章의 작품 속에 드러나는 자기인식 양상을 비롯해 현실과 이상의 간극에서 갈등했던 그들의 의식 세계가 드러난 시문학 작품을 살펴보고자 한다. 특히 당파에서 비롯된 정치적 부침 속에서 내적 갈등을 겪었던 소북小北계열 문인의 경우 자기인식의 양상을 확인해 볼 필요가 있다.

심제沈𪏮의 경우 정신적 갈등을 해소하기 위한 방편으로 탈속적 세계에 진입하여 속세의 갈등에서 초탈하고자 하는 면모가 시 속에 드러나며, 이와 함께 자연에 동화되어 한가한 탈속적 세계를 갈망하는 양상도 보인다.

옛 도는 끝내 행해지지 않고	古道竟不行
인생은 또 끝이 있는데	人生亦有涯
어찌하여 명예와 이익 좇는 이들은	奈何名利子
분주하게 화려함만을 다투는가	紛繽競奢華
하려는 것은 날이 모자라	所欲日不足
밤들어도 잠 못 이루어	夜枕不成寐
억장 무너져 깊은 한 하소연 하려 했지만	搥心訴深冤
혀 놀릴 적엔 성대함만을 말했네	嘖舌道盛美
기쁨과 노여움 나뉘는 이유는	喜慍所由分
다만 작은 차이 속에 있을 뿐이니	只在銖兩裏
푸른 시냇가 구름에 누운 은자는	靑溪雲臥翁
머리 풀어 대낮에 졸고 있지만	散髮眠白日
온종일 사람 보이지 않으니	終朝不見人
무슨 이유로 득실을 따지겠나	何由較得失[118]

이 시는 〈우회寓懷〉라는 제목에 드러나듯 자신의 심회를 풀어낸 작품으로, 형식적 제약에서 비교적 자유로운 오언고시五言古詩로 구성되어 있다. 이 시에는 심제의 자기인식이 선명하게 담겨 있어 심제의 의식 세계를 확인할 수 있다. 1~4구는 성현의 도를 실천하지도 못한 상

118 沈𪏮, 『沙川集草藁』, 〈寓懷〉.

태에서 명예와 이익만을 추구하던 자신의 지난 삶을 반성적으로 고찰하고 있는 부분이다. 2번째 구에서 언급한 인생의 유한함은 심제가 자신의 삶을 반추할 수 있게 하는 촉매제로 작용하고 있다. 5~8구에는 이상과 현실의 간극 속에서 끊임없이 갈등하고 있는 심제의 모습이 묘사되어 있다. 현실과 이상 사이에서 대립하는 자아로 인해 정신적 갈등을 겪으면서도 자신의 감정을 외부로 표출하지 못하는 상황은 마치 자기 분열의 양상처럼 점차 확장되고 있다. 9~10구는 현실적 장벽에 직면한 자신의 깨달음을 개진한 것으로 기쁨과 노여움으로 대변되는 상반된 감정이 작은 차이로 인해 나누어짐을 언급한 것이다. 11~14구에서는 시상이 전환됨을 볼 수 있는데, 맑은 시냇가 구름 속에 한가롭게 누워있는 은자의 모습이 형상화되어 있다. 현실의 속박에서 벗어난 은자는 심제가 추구하는 이상적 모습으로, 그와 같이 되고자 하는 자신을 말한다. 은자가 위치한 자연은 속세를 벗어난 신선 세계로 구현되어 있는데, 이런 모습은 심제가 자신을 선경仙境 안에 위치시킴으로써 세속적 번뇌에서 탈피하고자 하는 것이라고 할 수 있다.

위태로운 바위 꼭대기에 집을 얽어두고도	結構危岩頂
부처는 편안히 거처했는데	金仙是處安
올라 보니 오히려 너무 시끄러워	試登猶太躁
바라봐도 긴 탄식만 나올 뿐인데	遠望但長嘆
평생의 꿈을 하나하나 떠올려 보고서야	細憶平生夢
세상이 넓음을 알겠으니	方知世界寬
푸른 하늘은 두 손으로 받칠 듯하고	碧天雙手捧
푸른 바다는 술잔 하나처럼 보이네	滄海一杯看
참 신선 있다고 믿지 않았는데	未信眞仙在
이로부터 이 생각 굳어졌으니	從玆此理團

진시황의 회계산 작아 보이고 　　嬴皇會稽小
주 목왕의 벽대도 허물어져 버렸으니 　　周穆璧臺殘
하루 종일 풍진 세상 잊고서 　　竟日忘塵土
바람결에 깃털을 가다듬으니 　　因風整羽翰
인간 세상 그 누가 기댈 수 있나 　　人間誰可托
벼슬은 영원히 버렸다네 　　簪紱永相拌[119]

이 작품은 〈등절정登絶頂〉으로 높은 산에 올라 눈 앞에 펼쳐진 광경을 읊은 후 신선의 존재와 그들이 거처하는 세계를 묘사한 것이다. 심제는 이 같은 일련의 과정을 통해 이상적 세계인 선경仙境으로 들어가 자신의 내적 갈등을 모두 극복하고자 하였다. 이 시의 1~4구는 높게 깎아지른 산에서 금빛 신선으로 대변되는 석가모니를 마주한 후 위태로운 이곳이 어찌 편안한지에 대해 의문을 던지고 있는 부분이다. 5~8구는 높은 곳에 올라 자신이 평생토록 바랐던 꿈을 떠올리다 세상이 넓음을 깨달은 것이다. 9~12구는 신선의 존재에 대한 물음을 던진 후 신선 세계를 동경했던 이들의 흔적을 반추하며 자신의 감회를 개진한 부분이다. 이를 통해 보았을 때 심제는 탈속적 세계로 대변되는 선경을 선망했을 뿐이지 신선이 되기를 갈망한 것은 아니라고 생각된다. 13~16구에서는 현실 세계에서 벗어나 탈속적 공간인 선경을 통해 안식을 추구하려 했던 심제의 모습을 확인할 수 있다. 심제는 현실의 속박에서 자유롭기 위한 방편으로 선경을 택했는데, 이는 현실과 이상의 괴리 속에서 갈등하며 자신이 원하는 뜻을 제대로 펼칠 수 없었던 심제의 내적 고통을 말해준다. 이처럼 자기인식 과정은 내적 갈망과 외적 현실의 부조화가 심화될수록 치열해질 수밖에 없는 것이다.

119 沈廥, 『沙川集草藁』, 〈登絶頂〉.

덧없는 세상은 상전벽해를 몇 번이나 되풀이 했겠냐마는 浮世滄桑閱幾迴
나는 지금 수운향 굽이에 한가롭게 누워있으니 我今閑臥水雲隈
겨울 소리 성곽을 에워싸 파도 높고 寒聲繞郭海濤立
서늘한 기운 주렴에 스미니 산 비 내려서지 爽氣入簾山雨來
붉은 바위 주변에는 봄 든 계수나무 늙어가고 丹石橫邊春桂老
흰 모래 밝은 곳에 들 팥배 꽃 피었네 白沙明處野棠開
가만히 읊조리며 티끌 묻은 문미의 글자 닦으니 沉吟拂拭塵楣字
천고의 시정이 달 아래서 드는 한잔 술에 담겨 있네 千古詩情月一杯[120]

이 작품은 〈관거만영官居漫咏〉이라는 제목에서 확인할 수 있듯 관청에 머물며 본인의 생각을 마음대로 읊은 시이다. 시의 1~2구에는 부귀공명의 허무함을 깨닫고 자연에 동화되어 한가한 정취를 느끼고 있는 심제의 모습이 담겨 있다. 은자가 사는 곳으로 대변되는 탈속 공간인 수운향 굽이에 누워 현실 세계에서 초탈한 면모를 보인다. 3~6구는 은자가 머무는 곳의 풍경을 그려낸 것으로 자연 그 자체에서 탈속의 정취를 느낀 것이라고 할 수 있다. 은일의 풍류적 면모는 7~8구에서 고조되는 양상인데, 탈속적 세계인 자연 속에서 술을 기울이며 자신의 심미 취향을 드러내고 있다. 심제에게 있어서 탈속 공간은 자연 그 자체라고도 판단되며, 자연은 심제에게 시정詩情을 발휘하게 하는 기저를 제공하고 있다고 할 수 있다.

태어나 고관대작이 되어 不願生作靑雲客
금 인장 붉은 인끈 다투어 쫓길 원하지 않았고 金章赤紱競相逐
태어나 권세가가 되어 不願生作五侯客
아첨하고 굽히며 다투어 얽매이길 원하지 않았으니 奴顔婢膝爭局促

120 沈齊, 『沙川集草藁』, 〈官居漫咏〉.

아름다운 산수 안개 노을 지는 골짜기에서	只愛佳山美水煙霞窟
술잔 들고 노래하며 떠도는 삶을 사랑할 뿐이었는데	對酒長歌自浪跡
지난해 잠시 전라북도 고창에서 벼슬을 할 때	去年作尉古長沙
바로 전쟁 일어나 남국이 암담하였으니	正値兵塵暗南國
지척 거리 신선 산의 선경 감상조차 막히고	仙山咫尺阻仙賞
군서에 적힌 과세가 날마나 날 얽매였지	鹽課軍書日羈束[121]
…(후략)…	

이 시는 소북팔문장小北八文章 중 한 사람인 임한백任翰伯에게 준 칠언고시七言古詩로, 이 글에서는 그 일부를 발췌한 것이다. 이 시의 1~4구에는 심제의 자기인식 과정이 담겨 있어 주목할 필요가 있다. 심제는 인생을 계획하면서 애초에 고관대작이나 권세가가 되기를 추구한 것은 아니었지만, 그의 행적을 통해 보았을 때 늘 현실 속에서 고군분투하는 인생을 살아왔으며, 자신이 상정한 이상과 현실 사이에서 끊임없이 갈등한 것을 알 수 있는데, 이는 심화된 내적 갈등을 대변한다. 5~6구에서는 심제가 음주飮酒와 악곡樂曲이 어우러진 자연 속에서 탈속적인 풍류를 추구했음을 볼 수 있다. 앞서 살펴본 작품들과 마찬가지로 심제는 자연 그 자체를 탈속적 공간으로 인식했던 것으로 판단된다. 7~8구는 심제가 1636년 전라북도 고창에서 무장현령茂長縣令을 역임할 때 병자호란丙子胡亂으로 암담했던 지난날을 반추한 것이다. 9~10구를 통해서는 심제가 전쟁으로 인해 선산仙山의 선경仙境 감상조차 자유롭지 않음을 한탄하고 있음을 볼 수 있다. 이처럼 심제는 자신의 이상 공간이라고도 할 수 있는 자연 속에서 탈속적 풍류를 즐기며 현실과 이상의 간극을 극복하고자 한 것이다.

121 沈齊, 『沙川集草藁』, 〈次柳進士韻贈別任進士慶翼翰伯〉.

시인이 추구하는 시적 지향 세계는 자신의 내적 세계와 긴밀히 연결되어 있으므로 특정한 전범을 설정하고 그것을 수용하는 일련의 작시 과정은 작자의 인식 세계와 밀접한 상관관계를 지닌다. 강백년姜栢年의 경우 그의 작품에서 확인할 수 있는 특징 중 하나는 두보杜甫와의 관련성으로 강백년은 두보의 시세계를 지향한 것으로 생각된다.

낚싯대 잡고 온종일 찬물 굽어보는 것은	携竿竟日俯寒流
고기를 탐한 게 아니라 그윽함을 사랑해서였으니	非是耽魚只愛幽
밤들어도 되가는 것 잊으니 달 떠오르고	入夜忘歸猶待月
사람 만나도 말 없는 것은 갈매기 놀랄까해서지	逢人無語爲驚鷗
강촌의 섣달 술은 얼어붙었지만	江村臘酒仍含凍
매화 언덕 성긴 발 반쯤 걷어 올리니	梅塢疏簾半上鉤
저절로 한가한 가운데 맑은 흥취 풍족한데	自在閑中淸興足
뜻밖의 고관 벼슬 다시 어찌 바라겠는가	倘來靑紫更何求[122]

이 작품은 강백년姜栢年의 〈차노두운 영한중즉사次老杜韻 詠閑中卽事〉로 두보의 시 〈강촌江村〉에[123] 차운한 시이다. 두 작품은 모두 강촌江村의 한정閑靜을 주제로 삼았기에 평화로움이 시상을 지배하고 있다는 공통점이 있다. 이 두 편의 시는 모두 운치나 기운이 맑고 속됨이 없는 특징을 보이므로 '정淸'이라는 풍격과도 연계된다.[124] 그러나 두보의 원운시가 병약한 몸을 치료할 약만 있다면 더 바랄 것이 없는 자족적 삶을 그렸다면, 강백년의 시는 자연의 맑은 정취를 만끽하는 은자隱

122 姜栢年, 『雪峯遺稿』 1卷, 「閑溪錄」, 〈次老杜韻 詠閑中卽事〉.

123 杜甫, 『杜詩詳註』 9卷, 〈江村〉, "淸江一曲抱村流, 長夏江村事事幽. 自去自來梁上燕, 相親相近水中鷗. 老妻畵紙爲棋局, 稚子敲針作釣鉤. 多病所須唯藥物, 微軀此外更何求."

124 정요일 · 박성규 · 이연세, 『고전비평 용어 연구』, 태학사, 1998, p.287.

者의 한가로움을 동경했다는 차이를 보인다. 그에 따라 강백년 시의 공간적 배경인 강촌은 탈속 공간으로 형상화되어 있다. 인용한 시의 1~2구에는 낚싯대를 드리우는 모습이 한 폭의 그림으로 환치되어있는 동시에 자연과 동화되고자 하는 시인의 정서가 담겨있다. 3~4구 역시 청정한 분위기 속에서 펼쳐지는 시인의 행위가 청신함을 배가시키고 있는데, 자연과 합일된 모습으로 그려져 있다. 5~6구에는 계절적 배경이 담겨있으며 맑은 이미지를 상징하는 매화가 등장해 시적 분위기를 고취시키고 있다. 7~8구는 자연 속에서 '청淸'한 정취의 넉넉함을 느끼며, 뜻밖의 고관 벼슬을 어찌 다시 바라겠느냐고 말한 것이다. 그러나 현실에서 강백년은 벼슬에서 물러난 적이 거의 없으므로 완전한 은일隱逸을 통한 탈속을 갈망하기보다는 심은心隱을 택해 자연의 정취를 만끽하고 은자의 즐거움을 추구한 것이라고 판단된다. 두보 역시 은일을 추구하는 심리가 잠재되어 있었으나, 실천하지 못한 인물이기에[125] 강백년은 두보의 시를 차운하여 은일隱逸을 동경했으며, 심은心隱의 형태를 택하여 이러한 자신의 의지를 표출했다고도 볼 수 있다.

세 갈래 길 맑고 그윽한 곳 방 하나면 넉넉하니	三徑淸幽一室寬
뜬구름 같은 인생에서 잠깐의 기쁨을 얻었네	浮生聊得暫時歡
노쇠함 털어내니 안석 버려도 괜찮고	撥衰自可抛烏几
흠뻑 취해 갈관 거꾸로 쓴들 무슨 상관 있겠는가	盡醉何妨倒鶡冠
옥루산 높아 하늘에 닿을 듯 하고	玉壘山高天爲近
금관성 외져 땅은 추워 먼저 오네	錦官城僻地先寒
좋은 절기 내년에 또 올 것 알건만	亦知佳節明年又
남은 꽃 아껴서 촛불 쥐고 바라보네	猶愛殘花把燭看[126]

125 고진아, 「문학: 두보와 은일 사상」, 『中國硏究』, 27, 한국외국어대학교 중국연구소, 2001, p.127.

이 시는 〈차두공부구일남전최씨장次杜工部九日藍田崔氏莊〉으로 두보의 〈구일남전최씨장九日藍田崔氏莊〉에[127] 차운한 것이다. 이 시의 1~2구에 드러난 세 갈래 길 펼쳐진 맑고 그윽한 곳은 은자隱者의 거처를 상징하는데, 강백년이 덧없는 인생이지만 자족하며 영위하는 청빈한 삶을 중시했음을 볼 수 있다. 3~4구는 노쇠함을 털어내자 기대어 앉는 안석도 버릴만하고, 은자의 상징인 갈조鶡鳥의 깃으로 장식한 관이 거꾸러져도 거리낄 것이 없음을 말한 것이다. 이를 통해 자연 속에서 호방한 정취를 만끽하는 시인의 모습을 그려볼 수 있다. 5~6구에서는 강백년의 거처가 옥루산玉壘山과 금관성錦官城이 하늘에 닿을 듯하고 찬 기운이 먼저 당도하는 은미한 곳으로 그려져 있음을 볼 수 있다. 금관성은 실제로 두보가 은거했던 장소이므로, 강백년이 완화계浣花溪 초당草堂에서 우거했던 두보의 삶을[128] 지향한 것으로도 설명할 수 있다. 7~8구는 강백년이 자연에서 은일하는 한가로운 정취를 읊어 자연의 순환을 조망하면서 꽃을 완상한 것이다. 두보가 원운시의 미련에서 "내년 이 모임 누가 건강할지 어찌 알겠나, 취해선 수유 쥐고 뚫어져라 바라보네[明年此會知誰健, 醉把茱萸仔細看]"라고 하여 삶의 유한함에서 파생된 안타까움을 말했다면, 강백년은 계절의 순환 속에서 소멸하는 꽃에 대한 아쉬움을 드러냈다는 점에서 시적 정조가 다르다. 이런 모습은 강백년이 두보의 시에 차운하면서도 원운시의 시적 정조를 일면 변형해 자신이 추구하는 이상향을 투영시킴으로써 심은心隱의 정신을 표출

126 姜栢年, 『雪峯遺稿』 5卷, 「靜觀錄」, 〈次杜工部九日藍田崔氏莊 辛巳秋 月課魁〉.

127 杜甫, 『杜詩詳註』 6卷, 〈九日藍田崔氏莊〉, "老去悲秋强自寬, 興來今日盡君歡. 羞將短髮還吹帽, 笑倩傍人爲正冠. 藍水遠從千澗落, 玉山高竝兩峯寒. 明年此會知誰健, 醉把茱萸仔細看."

128 姜栢年, 『雪峯遺稿』 23卷, 「序」, 〈逍遙圖序〉, "抑將歸臥浣溪草堂, 件濁鵝而詠春草, 以閱閑中日月耶."

한 것이라고 할 수 있다.

강백년 시에서 확인할 수 있는 두 번째 특징은 장자莊子의 수용 및 비판적 해석을 통한 도가적 탈속 세계 추구이다. 기본적으로 강백년은 장자를 수용한 것으로 보이는데, 실제로 시 작품 안에서 『장자莊子』 「달생편達生篇」의 이치를 설명해 자신의 깨달음을 읊은 바 있으며,[129] 「소요유편逍遙遊篇」에 나오는 안붕鷃鵬을 언급해 현우대소賢愚大小 분별의 의미를 반추하고자 했다.[130] 그 밖에도 「추수편秋水篇」과 「소요유편逍遙遊篇」의 구절을 차용해 서문序文의 논지를 개진한 사실은 강백년의 장자 수용 양상을 구체적으로 보여주는 것이다.[131] 이에 강백년의 시문학 세계에서 『장자莊子』 관련 언급이 다수 나타나는 연유를 본격적으로 분석해보도록 하겠다.

> 公은 재주가 매우 뛰어나 諸子百家에 정통했는데, 특히 秦漢의 글을 좋아했으며, 진한 중에서도 『莊子』와 사마천의 『史記』를 더욱 좋아했다.[132]

129 姜栢年, 『雪峯遺稿』 20卷, 「城南錄」, 〈夜吟〉.

130 姜栢年, 『雪峯遺稿』 8卷, 「凝淸錄」, 〈淸曉無眠 誦中庸首章若大學大文若莊子逍遙篇若馬史伯夷傳若論語曾點言志章若韓碑馬繼祖碑銘 此等諸書 雖有許多議論 而要其歸則不過賢愚大小之辨 而至於貧富死生 不足以動吾心 苟能分明辨得公私義利境界 則隨時隨處 無非至樂 而散樗犁牛之自適其適 與沂水詠歸之樂 亦何異哉 擧茲以旆中和位育之功 心廣體胖之效 亦靡不在於其中矣 噫 莊固荒唐之說也 馬亦鬧熱之書也 固不宜竝論於聖賢經傳 而吾所以隨意率爾而書之者 只論其從容自得之趣而已 固非欲强雜薰蕕氷炭於一器之中也 只在覽之者恕之耳〉, “人間萬事摠須臾, 一理還無動靜殊. 斥鷃溟鵬爭小大, 顔回盜跖異賢愚. 只將存省爲吾事, 苟辨公私卽聖徒. 最是冠童同樂處, 分明氣象見唐虞.”

131 姜栢年, 『雪峯遺稿』 23卷, 「序」, 〈逍遙圖序〉, “抑將觀濠上之魚, 逍遙乎散樗之下, 以全吾樸拙之性, 而且竊比於沂上之興, 安樂之趣乎.”

132 姜鑄, 『竹窓集』, 〈竹窓集序〉, “故公才力絶倫, 貫穿百家語, 尤耆秦漢, 於秦漢尤耆莊馬.”

기본적으로 부친 강주姜籒(1567~1651)의 영향과 연계하여 강백년의 『장자莊子』 수용과 그 근원을 파악할 수 있다. 위 인용문은 강백년의 부친 강주의 〈죽창집서竹窓集序〉이다. 이 인용문에서 볼 수 있듯 강백년의 부친 강주는 제자백가諸子百家에 정통했는데, 그중에서도 『장자莊子』를 선호했던 사실을 확인할 수 있다. 강백년이 부친의 훌륭한 점을 이어받았다고 평가받은 바 있으므로[133] 부자간의 문학적 상호 영향 관계 속에서 강백년의 『장자莊子』 선호 양상을 이해할 필요가 있다.

(1)

마음대로 소요하며 가고 또 오니	隨意逍遙去復還
이 몸 편안하고 한가롭지 않은 곳이 없다네	此身無處不安閑
장부의 가슴 속이 어찌 좁겠는가	丈夫胸次何須窄
사해와 건곤의 넓음을 소유했다네	四海乾坤有許寬
아지랑이와 먼지는 만물의 원기 밖의 것이고	野馬塵埃一氣外
산림과 하천 늪은 천지 사이에 있으니	山林臯壤兩儀間
돌아오는 길에 맑은 흥취 많은 것 잘 아는데	歸程最覺多淸興
초승달 맑은 물에 비쳐 아름답구나	新月娟娟映漾灣[134]

(2)

"저 물고기와 새는 동물이요 풀과 꽃은 식물인데 각각 자신에게 알맞은 것을 얻어 천성을 온전히 할 수 있다면 모두 소요유인 것이다. 하물며 사람이 자신에게 알맞은 것을 즐기는 것이겠는가. 이 책에 있는 사람들은 모두 동식물에 자신의 흥을 기탁하였는데 어떤 사람은 물고기와 새로써, 어떤 사람은 매화와 학으로써, 어떤 사람은 소와 나귀로써, 어떤 사람은

133 趙相禹, 『時庵集』 5卷, 〈竹窓集序〉, "二郎栢年克趾其美, 自按湖節, 志切顯敭, 以圖不朽於無窮."

134 姜栢年, 『雪峯遺稿』 2卷, 「歡城錄」, 〈出野〉.

> 소나무와 대나무로써 하였으니, 소요하는 즐거움이라는 것은 사람과 동식물이 같은 것이다. 그 나머지 눈, 달, 물, 바위에서 흥취를 얻는 것 또한 모두 소요유다."[135]

강백년의 시문에서 '소요逍遙' 혹은 '소요유逍遙遊'에 관한 언급이 자주 확인된다는 점에서[136] 강백년이 장자의 사상 가운데서도 특히 소요유 의식을 주로 수용한 것으로 보인다. (1)은 강백년의 〈출야出野〉라는 작품으로, 이 시를 통해 강백년이 소요하는 과정 속에서 자연의 풍취를 중시했음을 확인할 수 있다. 이 시의 1~2구는 얽매임 없이 자유롭게 소요하는 삶의 편안함과 한적함을 읊은 것이며, 3~4구에서는 장부가 온 세상과 함께 해 천지 만물과 조화를 이루는 모습을 표현한 것이다. 5~6구는 『장자莊子』에 기록된 특정 시어를 발췌해 시적으로 변형한 것이다. 야마野馬와 진애塵埃는 살아 있는 생물들이 입김을 서로 내뿜는 현상을 말한 것이고[137], 산림山林과 고양皐壤는 "산림과 못가에 가면

135 姜栢年,『雪峯遺稿』23卷,「序」,〈逍遙圖序〉, "夫魚鳥動物也, 草卉植物也, 而能各得其適, 以全其天, 則莫非逍遙遊也. 況人之自適其適者乎. 惟此卷中諸人, 莫不托興於動植之物, 或以魚鳥, 或以梅鶴, 或以牛驢, 或以松竹, 而其逍遙之樂則人與物同之. 其餘得雪月水石之趣者, 亦莫非逍遙遊也."

136 姜栢年,『雪峯遺稿』1卷,「閑溪錄」,〈無題〉. 2卷,「歡城錄」,〈出野〉,〈出郊〉. 4卷,「關東錄」,〈臥雪圖〉. 5卷,「靜觀錄」,〈臥龍菴〉. 7卷,「閑溪後錄」,〈閑川〉. 8卷,「凝淸錄」,〈贈李進士〉,〈淸曉無眠 誦中庸首章若大學大文若莊子逍遙篇若馬史伯夷傳若論語曾點言志章若韓碑馬繼祖碑銘 …(후략)…〉,〈有僧自嶺南大乘寺而來 其名曰義賢明於地術 論山脈遠近巨細 無毫末遺漏 …(후략)…〉 9卷,「靜觀後錄」,〈寶山院近處暫住有吟〉. 10卷,「錦營錄」,〈朴處士善應挽〉,〈遊俗離山次處能上人韻〉,〈別淳昌李使君山賚 之任〉. 13卷,「駱東錄」,〈贈別李順天球之任〉,〈喜雨堂詩〉. 16卷,「城南錄」,〈李永平轂挽〉. 19卷,「城南錄」,〈次朴太玄韻〉,〈偶吟〉. 20卷,「城南錄」,〈次南秋江題釣臺韻〉,〈李正長英挽〉. 21卷,「城南錄」,〈河生潤達挽〉,〈金生孝述挽〉. 22卷,〈玉溪菴海暻上人勸善文〉. 23卷,〈鳳棲臺序〉,〈逍遙圖序〉,〈送別三山李使君碩寬大隱序〉,〈逍遙遊說〉,〈鷗友說〉,〈遊寒碧樓說〉,〈空中樓閣記〉,〈泉谷精舍記〉,〈羲皇上人傳〉. 24卷,〈掌令堂兄祭文〉. 29卷,〈崇政大夫判敦寧府事尹公諡狀〉.

나도 몰래 마음이 상쾌해지면서 즐거워진다."[138]라는 『장자莊子』에 담긴 즐거움을 읊은 것으로 이 구절을 통해 강백년이 추구했던 본연의 소요유를 볼 수 있다. 7~8구는 맑은 홍취 속에서 소요하는 즐거움을 재차 언급한 것으로, 8구에 드러나 있는 맑은 물에 비친 초승달은 강백년이 담아낸 소요유의 정수라고도 생각된다. 인용한 (2)는 〈소요도서逍遙圖序〉로, 이 글에는 강백년이 지향했던 소요유가 더욱 자세히 서술되어 있는데, 각기 모두가 즐거움을 얻어 본연의 천성을 온전히 하는 것을 의미한다. 결과적으로 강백년은 모든 외적 얽매임에서 자유로울 수 있는 탈속적 소요유를 추구함으로써 지극한 편안함과 즐거움을 통해 천성을 보존하고자 한 것으로 파악된다. 이렇게 본다면 강백년은 세속을 완전히 떠난 은자隱者의 삶을 동경한 것이 아니라, 공간에 구애됨 없이 외적인 시비에서 자유로운 심은心隱을 택한 것으로 생각된다.[139] 실제로 강백년은 산야山野와 천택川澤에 은거할 뿐인 자들은 세상을 잊는 데에 과감하므로 자신이 따르기 어렵다는[140] 생각을 개진한 바 있다. 이렇게 본다면 강백년은 현실과 이상의 간극에서 갈등하며 심은心隱의 세계를 추구한 것이라고 할 수 있다.

개인은 시대적 요인과 정치적 상황의 영향에서 자유로울 수 없으며, 작품은 개인의 정치적 부침 혹은 시대 인식의 태도를 반영한다는 점에서 현실과 자기인식은 깊은 상관관계를 지닌다. 박수현朴守玄의 경우

137 莊子, 『莊子』, 「逍遙遊」, "野馬也, 塵埃也, 生物之以息, 相吹也."

138 莊子, 『莊子』, 「知北游」, "山林與, 皐壤與, 使我欣欣然而樂與."

139 조민환, 「道家的 隱士의 삶과 웰빙 : 莊子 心隱的 삶의 태도를 중심으로」, 『東洋哲學研究』 53, 동양철학연구회, 2008, p.102. 장자는 세속을 떠난 形隱적 은사보다는 세속에 살면서 세속의 외물로부터 자유로운 心隱적 은사를 말한다.

140 姜栢年, 『雪峯遺稿』 23卷, 「序」, 〈逍遙圖序〉, "彼其林藪山澤而已者, 果於忘世, 固難追矣."

현실 정치에서 소외당해 자신의 포부와 뜻을 펼 수 없는 환경 속에 머물렀으며,[141] 실제로 정치적으로 환난을 겪었던 인물이다.[142] 특히 박수현은 학해學海와 환로宦路 안에서 가치 충돌을 겪었던 인물로 파악되는데, 그의 글 곳곳에서 대상을 바라보는 양가적 태도가 드러난다. 따라서 여기에서는 박수현이 시적 주체 역할을 담당하면서도 시의 지배적 정조가 자아 성찰과 고뇌로 귀결되는 작품을 검토해보고자 한다. 이 글에서는 시 작품의 검토에 앞서 그의 서문을 중심으로 박수현이 어떤 인식 세계를 갖추고 있었는지 먼저 살펴보도록 하겠다.

(1) 지금 우리 형이 이미 宦海에 있으면서 배를 갖추어 또 푸른 바다를 건너려 한다. …(중략)… 나라는 사람은 學海의 물결 위에 떠 있으면서 宦海에 이르기를 구하고 있으니, 나와 형은 모두 風波中에 있는 사람이다. 두 사람이 각각 힘쓴다면 우리 종족의 流波가 넘쳐나서 한 시대에 충만하게 성대하지 않겠는가.[143]

(2) 예전에 博學宏詞한 사람이 公車에 오르더라도 실패하는 경우가 있었으니, 어찌 부끄러울 것이 있겠는가? 어쩌면 "준마의 헛디딘 발굽은 허물이 되지 않는다[蹔蹶霜蹄未爲失]"라는 것이 이런 것이 아니겠는가. …(중략)… 여러 차례 차질을 빚고 있는 나는 준마가 잠시 발을 헛디딘 정도일 뿐만 아니라 갈수록 더욱 시름겹고 노둔해지는 자여서 만나면 마음이

141 朴守玄, 『草亭先生遺稿』, 〈草亭公墓碑〉, "少負重望, 卒爲世路兩擠, 不克展布."

142 『孝宗實錄』 15卷, 「효종 6년 1655년 12월 25일 乙亥 1번째 기사」, "諫院啓曰, "朝家乏人, 未有甚於今日. 別薦之擧, 實是明揚之美意, 在廷諸臣, 所當絶去私意, 務循公正, 以副聖上側席之求. 而被薦之人, 未免冗雜, 苟非幼學之見格仕路, 類皆前銜之難於復職. …(중략)… 禮曹參議沈磨所薦六人, 而崔繼勳, 以貪汚見敗, 朴守玄素稱不治, 李後老・李汝淳, 俱凡庸無名稱. …(후략)…"

143 朴守玄, 『草亭先生遺稿』, 「奉贐堂兄禮部員外郞 以節使書狀官兼殿中 航海朝天詩序」, "今吾兄, 旣在宦海, 有舟楫之具, 又蹈蒼海. …(중략)… 若余者泛學海之波瀾, 以求至乎宦海, 則余與兄, 皆在風波中人. 二人者各自勉, 吾宗流波之漫漫, 得不爲滔一世盛乎."

울컥하여 달리고 싶은 마음을 스스로 억제하지 못한다.[144]

위 인용문을 통해 박수현이 자신의 현실적 처지를 적확하게 인지하고 있는 인물이었음을 확인할 수 있으며, 특히 (1)을 통해 그의 자아인식 태도 분석이 가능하다. 이 글은 당형堂兄인 예조좌랑禮曹佐郎 박수문朴守文(1604~?)이 절사節使의 서장관겸전중書狀官兼殿中이 되어 배를 타고 중국에 갈 때 지은 전별시 서문序文의 일부다. 박수현은 자신을 학해學海의 물결 위에 떠 있으면서 환해宦海에 이르기를 갈망하는 존재로 표현했으며, 자신과 처지는 다르지만 외과嵬科에 급제 후 좌천되었다가 중국으로 떠나는 당형 박수문 역시 환해宦海에 머물며 바다를 건너려하므로 그 또한 풍파를 겪는 인물로 그려냈다. 이 글에서 당형의 풍파가 현실에서의 고난을 상징한다면, 박수현의 풍파는 현실과 지향 세계의 괴리에서 빚어진 충돌적 고난을 말한다. 박수현은 자기 자신을 인식함에 있어 융화될 수 없는 절망적인 간극을 깨달은 것으로 보이는데, 이는 박수현이 모순적이고 갈등적인 세계관을 가졌음을 암시한다.

인용문 (2)는 윤후로尹後老가 낙방하여 영남嶺南으로 돌아갈 때 전송한 시의 서문이다. 윤후로尹後老는 소북계열인 윤매尹梅(1623~?)의 자제 중 한 사람으로 추정된다. 이 글을 통해 박수현이 남원南原 윤씨尹氏 가문과 두터운 친분을 유지해 왔음을[145] 확인할 수 있는데, 이 글은 두보의 〈취가행醉歌行〉을 인용하여 과거에 낙방한 윤후로尹後老를 위로하기 위한 글이지만, 박수현의 자기인식 양상이 드러나 있다. 이 글에

144 朴守玄, 『草亭先生遺稿』, 「送尹督郵後老下第歸嶺南序」, "古有能博學宏詞者, 雖或上公車, 有所北, 何所醜乎. 倘所謂霜蹄未爲失者是耶. …(중략) … 而顧余累躓, 不但霜蹄蹔蹶, 轉益愁向駑駘者, 接而感于心, 趍舉時不自已."

145 南原 尹氏 가문인 尹松(1628~?)의 아들인 尹胄祥을 애도한 작품 〈輓尹督郵松獨子胄祥〉이 보인다.

서 박수현은 자신을 현실적으로 여러 차례 차질을 빚어 시름에 겨워하는 인물로 서술하면서도 한편으로는 한 세상에 크게 떨칠 수 있는 준마駿馬가 되고자 하는 의지를 가진 존재임을 밝혔다. 선비를 준마에 비유하여 윤후로尹後老를 독려하며, 한 시대를 풍미하지 못했던 자신에 대한 아쉬움과 여전히 버릴 수 없는 이상에 대한 욕망을 함께 드러낸 것이다.

고인은 스스로 와유의 즐거움을 본떴는데	高人自擬臥遊戲
공자는 어찌하여 노쇠함을 탄식했나	夫子如何歎甚衰
가소롭구나 시체 꿈꾸다 갑자기 깬 것	可笑夢尸俄自覺
벼슬할 때나 들리는 시끄러운 소리 때문인 것이	仕途時聽錯呼聲[146]

이 작품은 〈몽사도夢仕途〉라는 제목에서 알 수 있듯 박수현이 벼슬하는 꿈을 꾸고 난 후 쓴 시이다. 시의 1~2구에서 박수현은 고인이 와유를 즐긴다고 자처했음에도 불구하고, 공자가 무슨 이유로 노쇠해서도 주공周公의 도道를 행하고자 했는지 의문을 제기하며 시상을 열었다. 공자를 언급한 것은 늙어서까지 벼슬살이를 통해 도道를 펼치려했던 공자와 자신을 동일시하고자 했기 때문이라고 생각된다. 특히 시의 3~4구에서는 박수현이 여전히 시체 꿈으로 대변되는 벼슬하는 꿈을 꾸는 인물임이 단적으로 드러나는데, 박수현이 현실적으로 관직에 나아갈 수 없는 처지였음에도 불구하고 여전히 벼슬살이를 갈망했음을 추론할 수 있다. 그러면서도 박수현은 지금까지도 벼슬을 추구하는 자신의 모습을 가소롭다고 평가했는데 이 부분에서 그의 자기인식 태도가 명확히 포착된다. 박수현이 내적 갈망과 현실의 질곡 속에서 옳고

146 朴守玄, 『草亭先生遺稿』, 〈夢仕途〉.

그름을 스스로 확정하고 이성적 잣대로 자신을 평가했음을 볼 수 있다. 현실에 대한 철저한 자각과 그로 인해 파생된 내적 괴리는 그의 창작 활동과 문학 세계에 영향을 미쳤으며, 이는 그가 자신과 동일시한 집단의 특징과도 연계된다고 볼 수 있다.

"이름 쓸 줄 알면 충분하니 다섯 수레 책은 어디에 쓸 것인가	何用五車足記名
검 하나만으로도 멋대로 다닌다"고 누가 말했는가	誰稱一劍但橫行
젊어서는 고결하여 세상과 조화되기 어려운 줄 알았지만	少知落落爲難合
늙어서는 평범하여 성공하기 쉽지 않았다는 것을 깨달았네	晩覺平平未易成
곧은 도가 나오는 것이 곧은 뜻 때문이 아니니	直道由來無直意
한가로이 자적하며 한가로운 마음을 견뎠으나	閑居自適任閑情
곤궁하고 꽉 막혀도 늙어 건장한 지금 오히려 생각해보니	窮堅老壯今猶想
힘들게 살고 있지만 끝내 다시 형통함을 만나리라	處困終能復遇亨[147]

이 시는 〈자석自釋〉으로 박수현이 자신의 삶의 질곡을 칠언율시七言律詩로 풀어 둔 작품이다. 시의 1~2구는 항우項羽의 일화를 기술해 자신의 재능을 읊은 동시에 스스로 때를 만나지 못했음을 드러낸 것이다. 항우는 글은 성명을 기록할 줄만 알면 충분하고 검은 한 사람만을 상대하는 것이니 배울 가치가 없다고 말한 바 있으나, 실제로 그는 글과 무술에 모두 능통했다. 다만 때를 만나지 못해 유방劉邦과의 대결에서 패하고 자결할 수밖에 없게 된 것인데, 박수현은 항우를 거론하여 자신의 상황을 비유적으로 표현한 것이다. 3~4구는 박수현이 스스로 자신의 문제점을 분석한 부분으로, 젊었을 때는 고고하여 세상에 조화되기 어려운 줄 알았으나 늙어서는 평범해 정계에 진출하지 못했음을 밝힌 것이다. 5~6구에서는 세상에 대한 비판적 시선이 가미된 부분으로 '직

147 朴守玄, 『草亭先生遺稿』, 〈自釋〉.

도直道'가 본래 '직의直意'와 무관한 것임을 말했다. 이로 보아 박수현은 개인적 문제라기보다는 당파적인 문제로 세상과 멀어질 수밖에 없었으며, 내적으로 힘든 날들을 견뎌온 것으로 보인다. 7~8구에는 박수현의 현실적 상황과 이상적 신념이 뒤섞여 있어 충돌적인 자아 인식이 드러난다. 또 박수현이 다시 형통하게 될 것임을 희망적으로 언급한 부분에서 그가 늘그막에도 명리名利에 대한 미련을 버리지 못했음을 확인할 수 있다.

은거하면 복잡한 세상에서 벗어날 수 있으니	休居可去世逶迤
누가 명리의 굴레에 이끌려 벼슬길에 나아가리	誰引名韁强被羈
지혜로워도 어리석다 말하는 것은 온전히 시장에 숨어서이고	智巧道蒙全在市
은총을 잃고 욕을 당하는 것은 대부분 시속을 따라서지	寵忘身辱衆趨時
봉황이 먹이 탐내지 않는데 솔개는 도리어 성을 내고	鳳非甘嗜鴟還嚇
큰기러기 하늘 높이 나는 뜻을 제비가 어찌 알리오	鴻自冥飛燕豈知
큰 꿈에서 먼저 깨어나는 이 누구인가	大夢何人先有覺
초당에서 봄잠 자며 풍광을 상상하네	草堂春睡想風期[148]

이 시는 〈자조自嘲〉라는 작품으로 칠언율시七言律詩 3수首로 구성되어 있다. 이 시의 1번째 수로[149] 미루어 볼 때 이 시는 박수현이 산직에 머물렀던 시절 창작된 것으로 추정된다. 박수현이 제목에서 표명한 바 있듯 시 전체의 내용이 자신의 처지에 집중되어 있으므로 박수현의 자기인식과 그의 내적 갈등을 잘 보여주는 작품이다.

인용한 작품은 시의 2번째 수로 1~2구는 박수현이 명리名利에서 벗

148 朴守玄, 『草亭先生遺稿』, 〈自嘲〉, 其二.

149 朴守玄, 『草亭先生遺稿』, 〈自嘲〉, 其一. "幾度太行涉大河, 向來行路險頻過. 美如白玉工雕琢, 直似朱絃巧織羅. 春在膜中因酒暈, 秋從鬓上着霜皤. 伊優自是無名好, 少日經營枉了多."

어나려는 마음을 드러낸 것으로 보이는데, 3~6구에 이르면 세상사를 버리려 한 이유가 간접적으로 제시되어있다. 박수현은 혼탁해진 사회상을 비판적으로 제시하는 동시에 은거하는 삶을 택하고자 하는 뜻을 드러냈다. 이를 위해 시의 3~4구에서 시장에 숨어도 환경에 구애받지 않고 은자의 정신을 실현할 수 있는 대은大隱과 시류와 시속에 영합하는 이들을 대조적으로 제시했다. 또한 5구에서는 고상한 현자로 상징되는 봉황과 작은 이욕에 휘둘리는 솔개를 비교했으며, 6구에서는 큰 기러기를 언급해 난세亂世와 떨어져 살려는 자신의 뜻을 은연중에 드러낸 것이다. 이렇게 박수현은 이 시에서 상징적인 시어를 활용하여 본인이 추구하는 삶의 모습을 그려내는 동시에 현자와 시속에 영합하려는 자의 간극을 더욱 벌려두었다. 7~8구에서는 『장자莊子』의 〈제물론齊物論〉에 나오는 '대몽大夢'에 관한 전고를 차용해 우리 인생이 큰 꿈이라는 것을 누가 먼저 알게 될 것인지 묻고 있는데, 이는 곧 자신의 깨달음과도 직결되어 있다. 또 이 시의 마지막 구절을 통해 박수현이 은거하고 있는 처지에서 창작했음을 짐작할 수 있다.

박처럼 매달릴 줄 어찌 처음부터 생각이나 했겠는가	匏瓜俱繫豈初期
감춰둔 옥은 반드시 때를 기다려야 하는데	韞玉將沽固待時
당로에서의 칼날 날카롭지 않다고 하지 말라	莫謂當塗刀未利
세상 길에 역량 모두 펼친 것 보아야 하리니	須看行路弩皆施
젊어서는 말을 소유하고도 뭐하나 할 줄 몰랐는데	少年得馬無何夫
늙어서는 양 잃어 아무 일도 하지 못하는 구나	暮年亡羊不復爲
초췌한 얼굴로 독서하며 스스로 괴로워할 뿐이니	顑頷讀書徒自苦
이 세상 그 누가 이 마음 알아주겠는가	世間誰有此心知[150]

150 朴守玄, 『草亭先生遺稿』, 〈自嘲〉, 其三.

앞서 확인한 2번째 수가 자신의 처지와 혼탁한 사회상에 대한 비판적 조망이었던 반면 지금 살펴볼 〈자조自嘲〉의 3번째 수는 자신의 심정만을 곡진히 다루었다는 점에서 차이를 보인다. 1구는 한군데 매여 있어 세상에 쓰이지 못한 자신의 처지를 스스로 비꼬아 표현한 것이다. 2구에서는 좋은 값을 구하여 옥을 팔고자 상자에 감춰두었다고 언급했는데, 이는 자신을 옥에 빗대어 말하면서 탁월한 재능을 지니고 있음을 비유적으로 드러낸 것이다. 3~4구는 당로자가 우둔하다고 버려둘 것이 아니라 세상에 등용되어 재능이 펼쳐졌을 때의 상황으로 그의 능력을 판단해야 함을 말한 것이다. 5~6구에서는 젊은 시절에 범했던 잘못을 언급하는 동시에 자신의 포부를 펼칠 수도 없게 된 노년의 현실을 드러냈다. 7~8구는 자신의 처지에 대한 괴로움을 읊은 것으로 이 부분에서 박수현의 극한 내적 갈등을 느낄 수 있다. 〈자조自嘲〉 3번째 수에 해당하는 이 작품을 통해 여전히 박수현이 정계 진출에 대한 미련을 버리지 못한 것을 확인할 수 있다. 그에 따라 박수현은 자신의 이런 모습이 조소할 만하다고 여겨 〈자조自嘲〉라는 제목을 부여한 것으로 보인다. 이 밖에도 동일 제목으로 구성된 〈자조自嘲〉 시[151] 한 수가 문집에 더 수록되어 있는데, 이 작품에서도 '허명虛名', '공로空老'라는 시어를 통해 끝내 이상을 성취하지 못한 박수현의 공허감과 좌절된 욕구를 읽어낼 수 있다. 박수현은 뜻하는 세상을 만나지 못하는 이치가 있음을 깨닫고[152] 세상과의 어긋남 속에서 점차 세상을 잊고자 하면서도[153] 여전히 그 안에서 갈등하는 인물이었다.

151 朴守玄, 『草亭先生遺稿』, 〈自嘲〉, "干祿羞先輩, 爲貧從大夫. 虛名耽小技, 空老棄窮塗. 望斷乘軒鶴, 愁纒伏軛駒. 暮年將致仕, 終奈負江湖."

152 朴守玄, 『草亭先生遺稿』, 〈坐忘堂記〉 "少有志, 窃自奇, 謂抱負可以施設, 功名可以指取. …(중략)… 每與世若相背馳, 至有時動遭顚頓, 因被躪籍然後, 乃知遇不遇有名也."

지금까지 살펴본 바에서 알 수 있듯 박수현은 현실에 대한 문제의식만을 제기할 뿐 해결책이나 방안을 찾지 못하고 있음을 볼 수 있다. 그의 시가 막연한 기대감을 제시하는 것으로 시상을 종료하는 경우가 대부분인 이유도 여기에 기인한다. 기대감으로 종결할 수밖에 없었던 박수현은 그와 같은 내용의 시를 〈자해自解〉 혹은 〈자조自嘲〉라는 제목으로 처리하였는데, 이런 시는 박수현의 객관적 자기인식 과정이 생략되지 않았음을 보여주는 것이다. 또한 감성적 긍정과 이성적 부정이 교차되어 비극미를 고조시키는데, 이는 그의 내면을 우회적으로 드러내기 위한 방안으로 생각된다. 박수현은 자아실현의 욕구 좌절로 인해 현실 속에서 겪는 갈등을 울분鬱憤으로 표출하는 것에 그치지 않고 객관적 자기인식의 과정을 동반해 현실과 이상의 간극을 좁힐 수 없음을 스스로 분석하고 조소했다는 특징을 지닌다.

신유申濡의 시에서는 현실과 이상의 간극이 고조된 시점에 창작된 작품에서 자기인식의 면모가 드러난다.

산골 침상에 누우니 눈물이 절로 흐르는데	伏枕山齋淚自滂
오래된 이 슬픔 누가 위로하리오	長年誰慰此悲傷
풀 시린 연못에서 사람들 꿈 놀라 깨고	池塘草冷人驚夢
바람 높은 강 골짜기 기러기도 끊겼네	江峽風高鴈斷行
세상사 이제 즐거운 일 하나 없으니	世事只今無一樂
한평생이 원래 타향살이였다네	生涯元是寄他鄕
창주에서 서로 알고 지내던 것 생각나는데	滄洲相識如相憶
외로운 나그네 눈 내리는 배에서 노를 젓는구나	肯爲羈孤棹雪航[154]

153 朴守玄, 『草亭先生遺稿』, 〈坐忘堂記〉 "昔嚴君平, 藏於蜀肆, 以求其道, 而君平棄世, 世亦棄君平, 則吾之忘世, 世亦忘吾矣."

154 申濡, 『竹堂集』, 「拾遺」, 〈福川官齋寄楊和彦汝梅〉.

이 작품은 〈복천관재기양화언여매福川官齋寄楊和彦汝梅〉로 「습유拾遺」에 편재된 것을 보았을 때 시기상 1644~1647년 사이에 지어진 것으로 판단된다. 시제에 드러나 있듯 복천관재福川官齋에 머물렀다는 점에서 당시 전라남도 화순 지방에서 거처했다고 생각된다. 이후 창작된 「옥천록玉川錄」에 1647년 벼슬에서 물러나 전라남도 순천 일대인 옥천玉川에서 거처하던 3월에서 5월 사이에 지은 시들이 수록되어 있는 것을 감안한다면, 옥천으로 가는 여정 중에 창작된 것으로 작시 시점을 좁힐 수 있다. 인용한 이 시를 통해 신유의 자기인식의 면모를 엿볼 수 있는데, 벼슬에서 물러나 타향살이 하는 신유의 고뇌를 느낄 수 있다. 전반적인 시적 정조가 비애감으로 물들어 있으며, 삶에 대한 그 어떤 즐거움도 남아 있지 않음을 보았을 때 현실과 괴리된 상황에 처해있던 신유의 내적 갈등을 알 수 있다.

신세는 변방 천리요	身事極邊千里
생애는 막걸리 한 잔	生涯薄酒一甌
어느 곳에 세상 명리가 있는가	何處世間名利
어느 때에나 호수 너머에서 조각배 탈까	幾時湖外扁舟[155]

이 작품은 「청원록清源錄」에 수록되어 있는 〈육언六言〉으로, 편제상 1657년 4월 대사간으로 상소를 올리다 유배된 후 10월 천안天安으로 이배移配될 시점에 창작된 것으로 보인다. 이 시에는 신유가 극한 상황에 처해있으며 느꼈던 절망적인 정서가 투영되어 있는데, 세상의 명예와 이익에서 멀어져 호외의 조각배를 그리는 시인의 모습에서 충돌된 자아의 실상을 엿볼 수 있다.

155 申濡, 『竹堂集』, 「清源錄」, 〈六言〉.

붉은 것 주워 놓고 검지 않다고 한 것 부끄러운데　經慙拾紫賦非玄
누가 유배 온 신선 신세라 말하는가　身世誰言謫降仙
우습구나 늘그막에야 간직 버린 것이　自笑暮年叨諫職
우연히 문자 때문에 변방에 떨어졌는데　偶因文字落窮邊
원숭이 울음에 눈물 흘러 창자 이미 끊어졌으니　回腸已斷三聲淚
백 번 단련한 강철이 손가락 감는 것 말해 무엇하랴　繞指寧論百鍊堅
다만 벗이 수고롭게 안부를 물어 오는 것이　獨有故人勞問訊
은근하여 시린 이불을 주는 것보다 낫네　慇懃不翅贈寒氈[156]

이 시는 〈차운징보방백견기次韻澄甫方伯見寄〉로 앞서 살펴본 작품과 마찬가지로 「청원록淸源錄」에 수록되어 있다. 시적 정조 역시 유사한데, 감정적인 측면에서 본다면 더욱 격정적임을 알 수 있다. 1~4구는 대사간으로 상소를 올리다 유배된 경위를 드러낸 것으로 자조적인 태도가 엿보인다. 5~6구에서는 작자가 자신의 슬픈 심경을 그대로 노출시키는 동시에 연약해진 자신의 모습을 백련百鍊에 빗대어 그려냈음을 볼 수 있다. 이는 시인이 자기 자신을 인식함에 있어 융화될 수 없는 절망적인 간극의 존재를 매 순간 깨닫고 있음을 의미하는데, 이상과 현실의 괴리가 그로 하여금 대립적 세계의 자아를 탄생하게 한 것이라고 생각된다. 특히 신유의 경우 단순한 좌절이 아니라 개인이 스스로의 힘으로는 해결할 수 없는 문제에 의한 좌절이라는 점에서 그의 좌절은 자아의 세계관을 지배하는 커다란 고통이었을 것이라고 할 수 있다.

앞서 살펴본 바 있듯 현실의 질곡과 자기인식의 충돌 양상은 심제沈脣, 강백년姜栢年, 박수현朴守玄, 신유申濡에게서 확인된다. 당대의 정치적 상황에서 소외된 이들은 현실적 제약 속에서 좌절을 거듭한 것으로

156 申濡, 『竹堂集』, 「淸源錄」, 〈次韻澄甫方伯見寄〉.

보인다. 작자가 접한 현실의 다양한 모순이 삶에 깊숙이 투영되면서 이들이 느꼈던 감정이 시에 그대로 담겨 있다. 갈등을 겪었던 이들의 내면의식은 각자의 처지에 따라 조금씩 다른 양상을 보이는데, 심제沈膂는 정신적 갈등을 해소하기 위한 방편으로 탈속적 세계에 진입해 속세의 갈등에서 초탈하고자 했으며, 강백년姜栢年은 두보杜甫의 시세계를 지향해 심은心隱을 추구하면서 장자莊子를 수용해 도가적 탈속 세계를 동경함으로써 번민을 극복하고자 했다. 박수현朴守玄과 신유申濡는 현실과 이상의 괴리 속에서 갈등적 세계관을 견지했는데, 박수현의 경우 현실의 질곡과 자기인식의 충돌 과정에서 자조적인 모습을 보인다면, 신유는 절망의 과정 속에서 비애감과 격정적인 감정을 토로하였다. 이러한 특징은 동질한 현실적 배경 아래서 활동했던 소북팔문장小北八文章의 고뇌와 삶의 자세를 보여준다는 점에서 의미를 지닌다.

2) 되새겨진 전란의 상흔과 시적 대응

17세기의 시문학 작품 속에는 임진왜란壬辰倭亂과 병자호란丙子胡亂이라는 일련의 사건에서 파생된 혼돈과 상처가 담겨 있다. 따라서 여기에서는 소북팔문장의 시 작품에 녹아있는 전란의 상흔과 그에 대한 시적 대응의 양상을 확인하고자 한다. 소북계열의 경우 정치 활동의 중심에서 일면 벗어나 있었기에 정치적 견해를 피력한 작품이 거의 없는 실정이나, 전란 속에서 현실적 참상을 기억하는 작자의 태도를 통해 당대를 바라보는 그들의 의식 세계를 엿볼 수 있으리라 생각된다. 소북팔문장의 문인들은 직접 전란을 체험하면서 전란이 조선 사회에 끼친 정치적·사회적 파장을[157] 목도했기에 이들이 창작한 작품은 더욱 의

157 한명기, 「병자호란 패전의 정치적 파장」, 『동방학지』 119, 연세대학교 국학연구원,

미가 있다고 하겠다. 정창주鄭昌胄, 이휴징李休徵, 남선南銑의 문집에는 이와 관련된 작품이 나타나지 않으므로 심제沈齊, 강백년姜栢年, 박수현朴守玄, 신유申濡의 시를 통해 이들의 특징을 확인해보고자 한다.

병자호란丙子胡亂에 관한 심제沈齊의 시는 크게 두 가지로 대별되는데, 첫 번째는 전란으로 인한 상심의 토로를 들 수 있다. 신분과 지위, 개인적 성향에 따라 어느 정도 차이를 보이지만, 전란을 겪은 뒤 창작한 작품에는 대체로 상심傷心을 있는 그대로 노출 시킨 경우가 많은데,[158] 심제의 경우 역시 자신의 비참한 심경을 시에 담아내 당시 전란의 상흔을 보여주고 있다.

숲 지나고 물 건너 산언덕에 이르니	穿林涉水到山阿
난리 뒤라 쓸쓸하게 여덟아홉 집만 남아있는데	亂後蕭條八九家
소나무와 가래나무 옛 빛깔 그대로인 건 기쁘지만	却喜松楸依舊色
사람 만나도 삶에 대해 다시 물을 수 없네	逢人不復問生涯[159]

이 시는 〈개화開花〉라는 작품으로 작시 시점은 병자호란丙子胡亂이 끝난 이후로 추정된다. 심제는 1636년 40세에 무장현령茂長縣令을 역임해 병자호란 당시 전라북도 고창에서 머물고 있었기에, 그의 시는 주로 병자호란이 끝난 후의 참상을 목도하고 지은 것으로 보인다. 1~2구는 난리 뒤에 퇴락한 마을의 모습을 조망한 것으로 쓸쓸한 풍경을 담아낸 것이다. 3~4구는 자연과 반대되는 인간의 삶이 유한함과 불완전함을

2003. 1636년 12월 청군의 조선 침입으로 시작된 병자호란은 이듬해 1월 말 인조가 삼전도로 내려와 청 태종 앞에서 三拜九叩頭의 굴욕적 降禮를 하는 것으로 끝이 난다. 전란 기간은 50여일 밖에 되지 않았지만 병자호란이 끼친 영향력은 매우 컸다.

158 이남면, 「병자호란의 기억, 그 시적 형상화」, 『東方漢文學』 68, 동방한문학회, 2016, p.153.

159 沈齊, 『沙川集草藁』, 〈開花〉.

내포하고 있다고 하여 병자호란의 참상을 드러내는 동시에 시의 범주를 더욱 넓혀 삶의 본질에 대한 거시적 사유로까지 시선을 확장시켰음을 볼 수 있다.

난리 지난 뒤에 일마다 놀랍고	亂後經過觸事驚
잘못된 시절에 부질없이 우리 삶을 근심하는데	不辰空自悶吾生
애통한 과부는 성이 무너져라 통곡하고	哀哀寡婦崩城哭
곳곳마다 장군의 번듯한 집은 기울어졌네	處處將軍甲第傾
석양 띠고 까마귀는 정원 나무로 돌아가고	鴉帶夕陽歸苑樹
서리 소식에 기러기는 강성을 지나가네	鴈傳霜信過江城
서교의 길 위에서 가장 마음 아프니	傷心最是西郊路
지난해에 중국 사신을 이곳에서 맞이했었지	去歲皇華此地迎[160]

이 시는 난리 후에 서교西郊에 이르러 참담한 광경을 마주한 뒤 쓴 것으로 보인다. 시의 1~2구에서는 눈에 닿는 곳곳이 모두 슬픔으로 환치되는 과정을 묘사하면서 동시에 전란의 상실감이 삶에 대한 허무로까지 이어지고 있음을 말했다. 3~4구에서는 전란의 비참함을 과부의 통곡이라는 청각적 요소를 활용해 강조했으며, 전란이라는 과정에서 무너진 장군의 집을 시에 담아냄으로써 상실감을 배가시켰다. 5~6구에서는 까마귀와 기러기를 창작 대상으로 삼아 이전처럼 때에 맞춰 움직이는 변함없는 사물의 모습을 드러내고자 하였다. 7~8구를 통해 저자가 사신을 전송하고 맞이하는 길목인 서교라는 공간에서 전란 전후에 달라진 광경을 목도함으로써 상실감을 느끼고 있음을 볼 수 있다.

두 번째는 현실을 비판적 시각으로 조명하고자 했다는 점이다. 병자호란을 겪은 문인들이 대체로 격정적 어조로 다양한 감정을 피력하였

160 沈磨, 『沙川集草藁』, 〈西郊〉.

다면,[161] 심제는 병자호란이 발생하게 된 원인을 시에 담아냈다는 특징을 보인다.

천 리 임금님 땅 끝없이 절로 슬픈 것은　千里王畿極自悲
백년 문물이 연기 따라 흩날려서고　百年文物逐煙飛
밤새 근심해도 이익 없음을 일찍이 알았으니　早知宵旰憂無益
화친한 일이 도리어 잘못되었다고 말하지 말게　莫道和親事却非
궁궐의 물은 멀리 한강으로 이어 흐르고　宮水遠連江漢去
대궐의 성은 부질없이 아름다운 산이 둘러쌓네　禁城空遶華山圍
막막하게 펼쳐진 모래벌판에 행인이 적어　平沙漠漠行人少
청문에 해 떨어지자 말에 맡기고 돌아가네　落日靑門信馬歸[162]

이 시는 〈난후과동교亂後過東郊〉라는 작품으로 현실에 대한 비판적인 태도가 보인다. 특히 3~4구를 통해 전란의 근본적 원인을 분석하고자 한 심제의 태도를 확인할 수 있는데, 병자호란 발발의 원인을 화친한 일에서 찾고는 있으나 따져 물어도 돌이킬 수 없다고 언급해 무력한 현실을 탄식한 것으로 보인다. 그 외에도 1~2구에는 전란의 상흔을 목도한 심제의 상실감이 담겨 있으므로 이 시에는 복합적인 감정이 혼재되어 있다.

향당에서 멀리서 온 손님 기쁘게 맞이하여　鄕黨欣逢遠客來
시골 주점 술 가지고 높은 누대 올라 보니　爲指村酒上高臺
강가의 늙은이는 이제 막 뼈 묻혔고　江邊野老初埋骨
골짜기 어귀 민가는 모두 잿더미 되었네　谷口民家盡就灰
도만 다투다가 이 나라에 난리가 극에 달했으니　爭道此邦離亂極

161 이남면, 위의 논문, 2016, p.159.
162 沈㱓, 『沙川集草藁』, 〈亂後過東郊〉.

모르겠구나 어느 날에나 태평한 운이 돌아올지　　不知何日泰運回
놀라 소리치니 나도 모르게 장이 뜨거워져　　驚呼不覺中腸熱
눈물 훔치면서 되려 한 잔 술 권하네　　拭淚還將勸一盃[163]

이 작품은 〈난후입파릉장亂後入巴陵庄〉으로 심제의 현실 비판적 태도가 잘 드러나 있는 시이다. 5~6구를 통해 도道만 다투다 이 지경까지 이른 상황을 심제가 개탄하고 있음을 알 수 있다. 이 시에서 말하는 도는 당시 청나라와의 외교 방법인 주화와 척화에 대한 논쟁으로 판단된다. 이는 앞서 살펴본 시에서 심제가 병자호란의 원인을 찾고 분석적인 의견을 개진한 것과 동일한 맥락이다. 그러나 이 작품에서도 마지막 7~8구에 이르면 심제는 현실 앞에서 상심한 마음을 감추지 못한 채 슬픈 감정을 토해내고 있다는 점에서 혼효된 감정 상태를 확인할 수 있다.

강백년姜栢年의 경우 전란에 대한 언급이 시 구절에 삽입된 경우는 종종 있으나, 전란을 시제에 표명한 작품은 한 수에 불과하다. 또 전란을 시제로 삼아 창작한 시에서도 직접적으로 상심을 토로하거나 비판의식을 뚜렷하게 표면화하기보다는 간접적으로 감정을 토로하고 있다.

난리 뒤라 마을은 온통 가시덤불에 덮였고　　亂後民居摠棘榛
닭 울음도 오히려 또 새벽에 안 들리니　　翰音猶且失司晨
깃털은 연달아 진나라 칼날에 쪼개어지고　　羽毛連入秦刀割
푸른 단청 부질없이 촉 땅 신에게 전해졌네　　金碧空傳蜀地神
새벽 전에 먼저 울어도 상객이 없으니　　未曉先鳴無上客
한밤중에 일어나 춤추는 사람 다시 누가 있겠는가　　中宵起舞更何人
세상 만물이 태평하기를 기다리니　　佇看群動成咸若

163 沈齊, 『沙川集草藁』, 〈亂後入巴陵庄〉.

붉은 두건 시끄러운 게 집집마다 봄이구나　　赤幘爭喧萬戶春[164]

이 작품은 〈난후절미문계성 감이유작亂後絶未聞鷄聲 感而有作〉으로 난리 후에 닭 울음소리가 들리지 않는 상황 속에서 느낀 감회를 시로 형상화한 것으로, 황폐해진 마을을 목도한 상실감과 고요한 마을이 주는 적막감이 잘 드러나 있다. 그러나 마지막 구절에 이르면 희망적 기대를 품어 현실이 회복되기를 바라고 있다는 점에서 심제와 다른 모습을 보여준다.

박수현朴守玄의 시에서는 두 가지 특징적인 모습을 볼 수 있는데, 첫 번째는 전란으로 인한 개인적 슬픔을 토로한 경우가 확인된다는 것이다. 이는 평소 친분 있는 이들과의 이별 및 재회를 시적으로 형상화한 작품에서 주로 볼 수 있다. 두 번째는 고시古詩를 활용해 서사적 전개를 진행했다는 점을 들 수 있는데, 장편 고시로 창작하여 다양한 내용이 시에 포진되어 있다. 특히 병자호란의 원인과 결과를 분석적으로 개진하면서도 개인적인 아픔과 상실감을 토로했다는 특징을 보인다.

(1)

난리 뒤에 흩어져 다른 곳을 떠돌았으니　　亂後飄零各異方
벗은 어느 고장에서 살았는가　　故人何處是居鄕
생사를 묻고자 해도 탄식만 할 뿐이고　　生死相問嗟歎得
소식을 전한 뒤에는 미칠 듯이 기뻤네　　消息眞傳喜欲狂
오랑캐 피해 지금까지 짐승을 놀라게 했고　　避寇至今驚鳥獸
집 돌아올 방법 있으나 이리 떼 무서웠네　　還家有路畏豺狼
아름다운 기약 무르익었으니 훗날 만나면　　佳期爛熳他時會
촛불 밝히고 밤새도록 이야기 나누리　　秉燭應須話夜床[165]

164 姜栢年, 『雪峯遺稿』, 「海西錄」, 〈亂後絶未聞鷄聲 感而有作〉.

(2)

난리 나던 당일 교외에서	干戈當日莽蒼囊
뜻밖에도 이 사람 전장에 떨어져	不意斯人落戰場
참으로 지하로 돌아간 혼백이 애석한데	實惜離魂歸地下
차마 길가에 흩어진 뼈 모은다는 말을 듣겠는가	忍聞收骨在途傍
원한 끝이 없어 천 길 깊은 바다를 메우고	千尋塡海寃無極
통곡도 길어서 백 장 산이 무너지네	百丈崩陀慟亦長
흩어져 함께 죽지 못하고	相散未能同就死
세상에 한만 남기는 가장 심한 이는 그대 형이라네	世間遺恨最元方[166]

(1)은 〈난후환경 시문제우소식 감화략서亂後還京 始聞諸友消息 感懷略叙〉로 난리 후에 서울로 돌아와 친구의 소식을 들은 감회를 적은 시이다. 1~4구를 통해 각각 외지로 떠돌며 피난했던 처지와 소식조차 차단되었던 상황을 살필 수 있으며, 5~6구에서 당시 현장의 느낌과 전란에서 파생된 두려운 감정을 볼 수 있다. 7~8구는 개인적 감회를 읊은 것으로 전란 중에 이별했던 벗과의 재회를 기대하고 있는 부분이다.

(2)는 난리에서 죽은 윤증尹增(1603~?)을 애도한 작품이다. 시제를 통해 윤증의 형인 윤감尹堪이 윤증을 선산에 장례를 지내면서 만시를 지어주기를 부탁했으며, 박수현이 실제로 이들 형제와 세의世誼가 깊었음을 확인할 수 있다. 이 작품 역시 전란의 상흔을 되새기는 동시에 개인적인 감정을 시로 형상화한 것이다.

오랑캐가 걸핏하면 떼를 지어	高鼻動成群

165 朴守玄, 『草亭先生遺稿』, 〈亂後還京 始聞諸友消息 感懷略叙〉.

166 朴守玄, 『草亭先生遺稿』, 〈尹上舍增 字子誰 亂離中遇賊被害 其兄堪字勉甫 將卜日而葬故山索挽于余 余與尹上舍兄弟 以世誼托深契者也 無子但有女云〉.

눈 흘기며 멋대로 나라 씹어 삼키려고	睢盱恣呑噬
으르렁거리며 중국을 넘보아	狺然窺中國
몰래 군사 내어 요동과 계주 함락했네	竊發陷遼薊
추장을 외람되이 황제라 일컬으며	孤塗僭皇號
천자의 지위를 빼앗아 차지하더니만	神器攘而提
남쪽으로 우리나라를 넘보아	南面視東土
천 리 길을 하루아침에 연달아 오니	千里朝連袂
예의를 중시하는 우리 소중화는	冠帶我小華
천왕의 제사에 공물을 바쳤으니	包茅供王祭
노 나라가 스스로 예의를 지켜서	魯自守禮義
추 나라에 핍박받은 형세였네	鄒將逼形勢
…(중략)…	
조정에서는 화친만 믿었으니	朝廷但恃和
변방의 관문을 어찌 굳게 지켰으랴	邊門豈深閉
밥 싸들고 서울까지 이르러	荷食及上都
창을 잡고 성난 눈으로 노려보았네	荷戟憤睥睨
…(중략)…	
온 성이 전쟁터 되고	干戈動滿城
바다와 호수 막혀 배를 돌리지 못했네	湖海阻歸枻
깊이 생각해보니 무릉도원의	緬思桃源內
내가 어쩌다 이런 진흙탕에 더럽혀져	此身汚何泥
각기 동쪽 서쪽으로 떠돌아	東西各漂轉
골육들이 뿔뿔이 흩어지고	骨肉別姨姊
형제가 함께 붙잡고 다니면서	兄弟共提携
어려움에 당체시를 읊조렸나	艱難詠棠棣
…(중략)…	
누가 나라의 계책을 세웠길래	誰爲廟堂畫
나라의 불행을 재촉했는가	乃速邦家戾

당시 높은 관직에 있던 이들은　當時居高位
피난하며 후회하고 후회하는구나　奔避悔咋臍
…(중략)…
사막으로 두 왕자 포로로 잡혀가고　沙漠兩宮俘
끝없는 탐욕으로 사방이 피폐해졌는데　谿壑四方弊
천신이 남몰래 도와주심에 힘입어　天神賴陰騭
해와 달이 다시 밝게 빛났네　日月喜重揭
…(중략)…
살아남은 사람들은 소생하기를 기다리고　餘存待蘇息
다친 사람들은 좋은 약으로 치료하여　瘡病合良劑
나라를 다시 수립하고　王業在樹立
나라를 굳게 세워서　邦本固結締
근심하고 부지런히 큰 명을 맞아야 하니　憂勤迓鴻命
이 말을 잊지 말기를 바라네　斯言願勿替[167]

이 작품은 226구의 장편 오언고시五言古詩로 난리가 일어나게 된 과정을 분석적인 시각에서 그려낸 시이다. 이 시의 주요 부분만 살펴보면, 1~12구는 청군이 조선을 침략하게 된 경위를 말한 것인데, 청나라에 대한 반감이 시어 곳곳에 잘 드러나 있다. 25~28구는 화친만을 믿고 있다가 대비책을 마련하지도 못한 채 침입을 당한 당시 상황을 분석적으로 기술한 것이다. 45~49구에서 박수현은 여기저기 시체들이 즐비한 광경을 목도한 뒤 온 성안이 전쟁터로 변해버렸음을 시에 담아내는 동시에 피난으로 인해 가족들이 모두 뿔뿔이 흩어진 비참한 상황을 말했다. 117~120구는 인조와 고관대작들이 남한산성으로 들어가 피난한 사실을 읊은 것으로 당시 상황을 담담하게 그려내고 있는 부분이다.

167 朴守玄, 『草亭先生遺稿』, 〈經亂離〉.

181~184구는 병자호란 발발 후 심양에 인질로 간 소현세자와 봉림대군을 거론하여 온 나라가 피폐해졌음을 드러낸 동시에 임금님이 다시 궁궐로 돌아오게 된 경위를 서사적으로 그려낸 것이다. 마지막 부분에 해당하는 221~226구에는 부지런히 노력해 나라를 재정립하여 국운을 회복하기를 기원하는 내용이 담겨 있다.

신유申濡의 작품에는 전란의 흔적이 남아있는 지역을 지나가는 도중에 그때의 일을 반추함으로써 상실감을 토로한 시가 보인다. 하지만 해당 지역을 방문하여 전란의 참상을 목도한 것이 아니라, 여정 가운데 마주한 광경을 시로 읊었다는 점에서 적극성을 띤 작품으로 보기는 어렵다.

평평한 숲이 저녁 빛을 띠니	平林帶暮色
앞길은 도리어 아득해지는데	前路轉茫然
새는 연기 끊긴 절로 날아들고	鳥入無烟寺
까마귀는 눈 내리려는 하늘로 날며	鴉翻欲雪天
난리의 전쟁터는	亂離餘戰地
기근 들어 황량한 밭만 남았네	饑饉但荒田
백성들 일에 흐르는 눈물 참을 수 있겠나	民事堪流涕
오랑캐 먼지 또 북변에서 이니	胡塵又北邊[168]

이 작품은 시제에 드러나듯 길 가는 도중에 작시한 것으로, 「구성록駒城錄」에 실려 있어 창작 시점을 1640~1643년 사이로 추정할 수 있다. 1~4구는 시의 배경을 읊은 것인데, 눈이 내릴 듯한 어둑한 겨울밤임을 볼 수 있다. 5~8구는 전쟁터의 참혹함 속에서 느끼는 감회를 서술한 것으로 황량하게 남아있는 밭이 당시 상황을 대변해주고 있다. 또한

168 申濡, 『竹堂集』, 「駒城錄」, 〈途中作〉.

신유가 백성들을 떠올리며 애통한 마음에 눈물을 흘리고 있음을 볼 수 있다.

변방 땅 어양 길은	塞堠漁陽道
변방 성 계주 북쪽 저 너머이니	關城薊北天
한겨울의 동짓날을 만났지만	寒冬逢子月
사신이 어찌 정정한 나이이겠나	使節豈丁年
해는 짧아 근심이 노정에 쌓이고	短日愁行磧
얼음 쌓여 강 건너기 두려운데	層氷畏涉川
떠도는 갈대 날리는 눈발이	飄蓬與飛雪
함께 들어 귀밑머리 빛나네	俱入鬢根鮮
바닷가 너른 황무지도 다하고	際海平蕪盡
산을 이은 묵은 보루가 무너졌으며	連山古壘殘
외로운 구름은 흰 물 위를 감돌고	孤雲汾水白
지는 해는 차가운 정자를 비추며	落日督亭寒
귀신의 곡소리 여우 굴에 전해지고	鬼哭傳狐窟
오랑캐 노래 말 안장과 어우러지니	夷歌和馬鞍
난리 뒤에 전쟁터 많기도 하지만	亂來多戰地
나그네 되어 배나 더 슬프구나	爲客倍悲酸[169]

이 작품은 〈십일월일일 계주도중작十一月一日 薊州途中作〉 이수二首로 「연대록燕臺錄」에 수록되어 있어 1652년 6월 4일 사은부사謝恩副使에 선발되어 연행을 가는 여정 가운데 11월 1일 계주薊州 지역을 지나며 느낀 감회를 담아낸 것이다. 첫 번째 작품에서 사신의 임무를 맡아 계주 지역을 지나가는 나그네의 회한을 주로 담아냈다면, 두 번째 작품은

169 申濡, 『竹堂集』, 「燕臺錄」, 〈十一月一日薊州途中作 二首〉.

전쟁터에서 느낀 작자의 슬픔이 담겨 있다는 차이가 보인다. 일정을 수행하는 가운데 전쟁의 흔적을 목도한 뒤 창작한 시이므로 당시 상황을 적극적으로 분석한 부분은 보이지 않으며, 감정에 치우친 양상을 띠고 있다.

앞서 살펴본 바 있듯 전란의 상흔을 되새기며 당시 비참했던 현실을 회고한 양상은 심제沈齊, 강백년姜栢年, 박수현朴守玄, 신유申濡에게서 확인된다. 전란을 기억하는 이들의 모습은 각기 다른 양상을 보이는데, 심제의 경우 전란의 상심을 그대로 토로하였으며 현실을 비판적 시각으로 조명하였다. 강백년은 상심을 토로하거나 비판 의식을 뚜렷하게 표명하기보다는 간접적인 감정을 시에 담아냈다. 박수현은 전란에서 파생된 개인적 슬픔을 드러냈으며 장편 고시를 활용해 서사적 전개를 개진했다. 신유의 경우 적극적으로 전란의 참상을 목도한 것이 아니라 여정 중에 해당 광경을 마주했기에 감정에 치우친 면모를 보인다. 소북팔문장小北八文章의 경우 정치 활동에서 일면 벗어나 있었기에 정치적 견해를 피력한 작품은 거의 없는 실정이나, 전란에서 비롯된 현실적 참상을 기억하는 작자의 태도를 통해 이들의 의식 세계를 확인하였다.

3) 해외 체험 기록 속에 나타난 가계 계승의 단면

이 장에서는 해외 체험을 바탕으로 이루어진 소북팔문장小北八文章의 시문학을 중점적으로 다루고자 한다. 이에 먼저 강백년姜栢年이 연행에서 선대의 객수를 답습한 양상을 포착하고, 정창주鄭昌胄가 소북계열 문인과 함께 연행을 다녀왔던 당시를 회고하고 있음을 살펴보도록 하겠다. 다음으로는 사행에 참여했던 신유申濡의 작품에서 가계 계승 및 지식의 범주 확장 양태가[170] 드러남을 확인하고자 한다. 소북팔문장의 경우 경험을 획득하고 기록하는 과정에서 선대의 영향을 받은 면모가 확인되기 때문에 가계 계승의 한 양상을 살펴보고자 하는 것이다. 이를 통해 우선 소북계열 문인이 처한 정치적 입지에서 말미암은 해외 체험 양상을 파악할 수 있으리라 생각된다. 이들은 연행과 사행의 일원으로 관직을 역임했지만, 역시나 정치적으로 소외된 처지였기에 가계 계승과 경험을 통한 지식 습득 욕구가 더 강했으리라 추정할 수 있기 때문이다. 다음으로는 소북계열 문인의 해외 체험 문학이 당대 문학사에 미치는 영향을 파악할 수 있으리라 여긴다. 당시의 문학교류의 양상과[171] 해외 체험 기록은 소북계열 문인을 비롯해 소북팔문장의 문학사적 위상을 설명할 수 있는 자료가 될 것이라 본다.[172]

여기에서는 소북팔문장 중 강백년姜栢年, 정창주鄭昌胄, 신유申濡를 중심으로 이들의 해외 체험 기록과 그 기록 속에 나타나는 가계 계승의 일면을 살펴보고자 한다. 강백년姜栢年의 경우 진주晉州 강씨姜氏로 이

170 해외체험과 지식의 관련성을 밝히는 연구 성과는 다음과 같다. 정훈식·남송우, 「조선후기 일본지식의 생성과 통신사행록」, 『동양한문학연구』 29, 동양한문학회, 2009, pp.391~422; 진재교, 「18~19세기 초 지식, 정보의 유통 메커니즘과 중간계층」, 『大東文化研究』 68, 성균관대학교 대동문화연구원, 2009, pp.81~112; 진재교, 「동아시아 文化交流와 韓國漢文學; 18,19세기 동아시아와 知識, 情報의 메신저, 譯官」, 『韓國漢文學研究』 47, 한국한문학회, 2011, pp.105~137; 진재교, 「17~19세기 使行과 지식, 정보의 유통 방식 - 複數의 한문학, 하나인 동아시아 - 」, 『한문교육연구』 40, 한국한문교육학회, 2013, pp.381~419; 진재교, 「18세기 조선통신사와 지식, 정보의 교류」, 『韓國漢文學研究』 56, 한국한문학회, 2014, pp.359~392; 진재교, 「燕行錄과 知識·情報 - 지식·정보의 수집과 기록방식」, 『大東文化研究』 97, 성균관대학교 대동문화연구원, 2017, pp.45~80.

171 노경희, 『17세기 전반기 한중 문학교류』, 태학사, 2015, p.33. 17세기는 역사적 요인으로 인해 양국 문인들이 서로의 문화에 관심을 갖고 적극적으로 교유하고자 하는 의지를 보여준 때이다.

172 김현미, 「해외 체험 시문의 연구 동향과 전망」, 『한국문화연구』 9, 이화여자대학교 한국문화연구원, 2005, p.313.

가문의 문인들이 대대로 연경에 다녀왔다는 점을 통해 가계 계승의 한 양상을 확인할 수 있다. 진주 강씨 가문은 지속적으로 연행에 참여할 기회를 얻어 해외 체험 활동을 이어나갔는데, 아래 표를 통해 확인 가능하다. 서장관書狀官 강주姜籒,[173] 부사副使 강선姜銑, 정사正使 강현姜鋧, 부사副使 강세황姜世晃이 4대에 걸쳐 연행에 임했으며, 강준흠姜浚欽, 강시영姜時永 부자를 비롯해 강장환姜長煥, 강위姜瑋, 강난형姜蘭馨이 연행 활동을 지속했다는 점에서 진주 강씨 가문의 해외 체험 현황은 특징적 현상이다.

표 22 진주晉州 강씨姜氏 가문의 연행체험 현황

晉州 姜氏 연행 참여 인물		연행시기	晉州 姜氏 연행 참여 인물		연행 시기
1	姜籒(1566～1650)	1600年	6	姜浚欽(1768～?)	1805年
2	姜栢年(1603～1681)	1660年	7	姜時永(1788～?)	1829, 1848, 1853年
3	姜銑(1645～1710)	1699年	8	姜長煥(1806～?)	1855年
4	姜鋧(1650～1733)	1701年	9	姜瑋(1820～1884)	1873年
5	姜世晃(1713～1791)	1784年	10	姜蘭馨(1813～?)	1875年

사세조천지가四世朝天之家인 진주 강씨 가문의 인물 중에서 강선의 『연행록燕行錄』이 연구되었으며,[174] 강세황의 연행체험과 문예활동 양상이 구체적으로 밝혀진 바 있다.[175] 그러나 그에 반해 강백년의 연행체

173 姜籒, 『竹窓集』, 〈贈大匡輔國崇祿大夫 議政府左議政 兼領經筵監春秋館事 世子傅 行折衝將軍 僉知中樞副使 知製敎 竹窓姜公神道碑銘 幷序〉, "庚子以奏請使書狀官, 朝京師."

174 졸고, 「姜銑의 『燕行錄』 연구」, 『한국문학연구』 50, 동국대학교 한국문학연구소, 2016, pp.103～138. 姜鋧의 형제였던 姜銑의 경우 국립중앙도서관 총서 발간 과정에서 『燕行錄』의 저자로 밝혀짐에 따라, 그의 연행록이 본격적으로 연구되었다. 이에 四世朝天之家에 강선이 포함되었음을 확인할 수 있다.

175 정은진, 「표암 강세황의 연행체험과 문예활동」, 『漢文學報』 25, 우리한문학회, 2011,

험 관련 연구는 이제 시작이라고 할 수 있다.

강백년은 1660년에 동지사冬至使 부사副使의 직책으로 정치화鄭致和(1609~1677), 권격權格(1620~1671)과 함께 연행을 다녀오며[176] 「연행록燕京錄」에 51수首의 한시 작품을 남긴 바 있다. 강백년의 연행시는 형식적으로 작품 대다수가 '~감회感懷', '~유감有感', '~우음偶吟' '~유음有吟'과 같은 유형의 제목으로 구성되어 있으며, 강백년이 자기 자신을 '旅'와 '客'으로 명명해 '여수旅愁, 여회旅懷'라는 수심과 정회를 풀어내고, '병객病客, 고객孤客, 원객遠客'으로 느끼는 행역의 어려움을 '객난客難, 행난行難, 득난得難, 접난接難', '질병전疾病纏, 첨병添病'이라고 읊었다는 내용적 특징을 보인다. 그 밖에도 '고간苦艱, 신고辛苦, 신고身苦'라는 시어를 사용해 자신의 처지를 말했으며, '상정傷情, 상신傷神', '비감悲感, 비음悲吟'이라고 하여 본인의 감정을 표출했다는 것을 확인할 수 있다.

강백년의 연행시는 객수客愁의 표출 양상이 지배적인데,[177] 표출된 객수는 크게 세 유형으로 구분할 수 있다. 첫 번째는 연행이라는 여정의 험로함에서 파생된 객수의 표출인데, 계절적 배경에서 파생된 객수[178], 노쇠한 기운과 병[179] 또는 행역의 고단함[180] 등에서 비롯된 객수

pp.337~382.

176 『顯宗實錄』 3卷, 〈현종 1년 6월 21일 갑진 1번째 기사〉. "鄭致和爲, 姜栢年爲副使, 權格爲."

177 客愁는 客地에서 느끼는 愁心을 지칭한다고 할 수 있다. 그에 따라 청나라에 대한 의식이나 悲感 혹은 명나라에 대한 그리움을 토로한 작품은 客愁의 범주에서 제외시켰다. 다만 외부적 상황이 개인의 客愁를 불러일으키는 동기로 작용한 경우에 한해서는 客愁의 범주 안에서 논의가 가능하다고 여겨 客愁 표출 양상으로 분류했다.

178 姜栢年, 『雪峯遺稿』 14卷, 「燕京錄」, 〈坡州途中〉, 〈逢坡州倅金公夜話〉, 〈過蔥秀山〉, 〈過寶山〉, 〈次書狀官韻〉, 〈馬上偶吟〉, 〈途中偶吟〉.

179 姜栢年, 『雪峯遺稿』 14卷, 「燕京錄」, 〈曉發黃州〉, 〈關西節度金敦美贐以一襦一靴〉, 〈路中偶吟〉, 〈安市城途中偶吟〉, 〈次上使韻〉.

180 姜栢年, 『雪峯遺稿』 14卷, 「燕京錄」, 〈途中偶吟〉, 〈到山海關偶吟〉, 〈客夜無聊强疾

가 이 유형에 포함된다. 두 번째는 특정 대상에 대한 그리움에서 파생된 객수이다. 연행으로 인해 발생한 이별의 상황에서 파생된 객수,[181] 고향에 대한 그리움[182] 혹은 고국에 대한 그리움에서 파생된 객수,[183] 조정과 임금을 그리는 마음에서 비롯된 객수가[184] 대표적이다. 세 번째는 외부 환경에서 비롯된 감정의 촉발 양상이다. 청나라의 번성함을 확인한 후 나그네로 느끼는 수심이 깊어지거나[185] 고사古寺의 쇠락함을 확인한 후 촉발된 객수가 이에 해당한다.[186] 그 외에도 일상적인 풍경 속에서 발생한 나그네의 수심이[187] 보이는데, 이처럼 강백년의 연행시는 개인적 심사를 읊는데 경도됨으로써 객수로 대표되는 다양한 감정들이 시상을 지배하고 있다는 특징을 보인다. 강백년은 자신의 연행시 약 43%를 객수를 표출하는데 할애한 것으로 확인되는데,[188] 이렇게 개

有吟〉, 〈次上使韻〉, 〈玉田途中偶吟〉, 〈杏山途中有吟〉.

181 姜栢年, 『雪峯遺稿』 14卷, 「燕京錄」, 〈逢別中和李使君〉, 〈到順安別江西李使君及趙生〉, 〈過雲興站懷亡友沈監司〉.

182 姜栢年, 『雪峯遺稿』 14卷, 「燕京錄」, 〈馬上偶吟〉.

183 姜栢年, 『雪峯遺稿』 14卷, 「燕京錄」, 〈途中偶吟〉, 〈過平安堡有吟〉.

184 姜栢年, 『雪峯遺稿』 14卷, 「燕京錄」, 〈次上使韻〉, 〈出鳳凰城日有吟〉.

185 姜栢年, 『雪峯遺稿』 14卷, 「燕京錄」, 〈馬上偶吟〉.

186 姜栢年, 『雪峯遺稿』 14卷, 「燕京錄」, 〈過七嶺寺有感〉.

187 姜栢年, 『雪峯遺稿』 14卷, 「燕京錄」, 〈次上使韻〉, 〈過十三山偶吟〉.

188 姜栢年, 『雪峯遺稿』 14卷, 「燕京錄」, 〈坡州途中〉, 〈逢坡州倅金公 夜話〉, 〈過葱秀山〉, 〈過寶山〉, 〈曉發黃州〉, 〈逢別中和李使君〉, 〈到順安 別江西李使君及趙生〉, 〈途中偶吟〉, 〈關西節度金敦美 贐以一襦一靴〉, 〈過雲興站懷亡友沈監司〉, 〈路中偶吟〉, 〈安市城途中偶吟〉, 〈次上使韻〉, 〈次上使韻〉, 〈次書狀官韻〉, 〈次上使韻〉, 〈過十三山偶吟〉, 〈到山海關偶吟〉, 〈途中偶吟〉, 〈馬上偶吟〉, 〈客夜無聊 强疾有吟〉, 〈遣悶有吟〉, 〈夜坐無聊 復用前韻〉, 〈次上使韻〉, 〈途中偶吟〉, 〈玉田途中偶吟〉, 〈杏山途中有吟〉, 〈馬上偶吟〉, 〈過平安堡有吟〉, 〈過七嶺寺有感〉, 〈馬上偶吟〉, 〈出鳳凰城日有吟〉, 〈到雲興站有感〉. 客愁는 客地에서 느끼는 愁心을 지칭한다고 할 수 있다. 그에 따라 청나라에 대한 의식이나 悲感 혹은 명나라에 대한 그리움을 토로한 작품은 客愁의 범주에서 제외시켰다. 다만 외부적 상황이 개인의 客愁를 불러일으키는 동기로 작

인적 감상이 주된 작시 동기로 작용하는 객수의 토로는 연행시 본연의 전통적 현상이라고 할 수 있다.

(1)

머리 세고 몸 야위어 밤바람 겁나는데	頭白形羸怯夜風
닭 소리 듣고 역마 치달려 다시 바삐 떠나니	聞鷄驅傳吏悤悤
삼동의 나그네 길에 갖옷 모두 해졌고	三冬客路裘全敝
천 리 길에 양식 반쯤 동났네	千里行廚橐半空[189]
…(후략)…	

(2)

연경까지 만 리 길 다 지나도	行盡燕京萬里程
오늘 아침 비로소 봉황성을 나서니	今朝始出鳳凰城
등불 앞에서 그 얼마나 고향 꿈을 꾸었던가	燈前幾結思鄕夢
태양 아래서 임금님 그리는 마음을 멀리 부치네	日下遙懸戀闕情[190]
…(후략)…	

(1)은 산해관에 이르러 우연히 읊은 작품으로 행역의 고단함에서 오는 객수가 드러난다. 1구에서 강백년이 연행 길에 오른 자신을 늙고 야윈 상태로 표현했음을 알 수 있는데, 이와 같은 양상은 "병든 객 추위 겁내는데 머리 전부 세었네[病客怯寒頭最白]"[191] "오늘 다시 올 때는 이미 머리 세었다네[今日重來已白頭]"[192]라는 구절을 비롯해 강백년의 여타 연

용한 경우에 한해서는 客愁의 범주 안에서 논의가 가능하다고 여겨 客愁 표출 양상으로 분류했다.

189 姜栢年, 『雪峯遺稿』 14卷, 「燕京錄」, 〈到山海關偶吟〉.

190 姜栢年, 『雪峯遺稿』 14卷, 「燕京錄」, 〈出鳳凰城日有吟〉.

191 姜栢年, 『雪峯遺稿』 14卷, 「燕京錄」, 〈過蔥秀山〉.

192 姜栢年, 『雪峯遺稿』 14卷, 「燕京錄」, 〈過寶山〉.

행 시에서도 자주 볼 수 있는 것이다. 2구에는 새벽에 다시 행역을 이어가야 하는 일정이 담겨 있으며, 3~4구에는 행역의 고단함을 더욱 배가시키는 겨울이라는 계절과 식량이 부족한 상황에서 일어난 심화된 객수가 보인다. 이와 함께 강백년이 의태어인 '총총悤悤'을 사용해 바쁜 일정을 그려냈다는 표현상의 특징도 보이는데, 이는 강백년이 시어를 통해 생동감 있는 현장 재현을 시도한 것이라고 할 수 있다. 그의 다른 연행시에서도 '비비霏霏, 유유悠悠, 맥맥脈脈, 분분紛紛, 망망茫茫, 요요寥寥, 묘묘杳杳, 득득得得' 등 다채로운 의태어가 확인된다.

(2)는 봉황성을 나서는 날 읊은 작품으로, 특정한 행로 도중에 감회가 촉발된 경우에 해당한다. 고향에 대한 그리움과 임금을 그리는 객수가 혼용되어 있는데, 1~2구는 우리나라에서 출발하여 연경까지 이르렀던 지난날의 행적을 반추하며, 봉황성을 나서는 오늘의 여정을 읊은 것이다. 3~4구에는 고향 꿈을 꾸는 모습과 연군의 정이 드러나 있는데, 강백년은 여타 연행 시에서도 "구름 막힌 삼강에 고향 소식 끊겼네[雲隔三江鄕信斷]"[193]라고 하여 고향에 대한 짙은 그리움을 표현했다. 이러한 객수의 원인 묘사는 연행문학에서 주로 나타나는 보편적인 양상인 동시에 관습적 전통의 연장이라고 할 수 있다.

위대하구나 중국 물화의 성대함이여	大哉中國物華盛
모두 우리나라에서는 일찍이 본 적이 없는 것이니	皆我東方看未曾
마을마다 늘어선 저자 온갖 재화가 쌓여있고	市列村村堆百貨
사찰마다 높다란 누각 천 층이나 솟았으며	樓高寺寺聳千層
거리 어귀에는 구걸하는 가련한 아이 있고	街頭乞米可憐子
문밖의 경쇠 소리 어느 곳의 스님이신가	門外擊鍾何處僧

193 姜栢年, 『雪峯遺稿』 14卷, 「燕京錄」, 〈次上使韻〉.

계찰이 주나라를 살핀 것은 내 일 아니지만 季札觀周非我事
배회하자니 나그네의 시름만 더할 뿐이네 遲回只益旅愁凝[194]

이 시는 〈마상우음馬上偶吟〉이라는 작품으로 앞서 확인한 보편적인 객수와는 조금 다른 양상을 보인다. 1~4구는 중국 물화物華의 성대함을 읊은 부분으로 번성한 저자와 사찰의 모습을 담아낸 것이다. 이와 같은 표현은 다른 연행록에서도 쉽게 볼 수 있는데 당시 청나라에서 불교가 전성기를 맞았기 때문이다. 7~8구는 노魯나라에 사신 가서 간접적으로 천자의 음악을 듣고 주周나라 덕의 성대함을 보았던 인물인 계찰季札의 일화를 차용한 것이다. 강백년은 자신의 처지가 계찰과는 다르다고 하면서 '여수旅愁' 즉 개인적인 수심을 토로하는 것으로 시를 마무리했다. 이렇게 본다면 이 시의 객수는 외부 환경에서 파생된 객수에 해당하는데, 이와 같은 객수가 나타나는 것은 청나라 문물에 대한 인식적 측면이 모두 개인의 감정 안으로 수렴되었기 때문이다.

강백년의 연행시에서 볼 수 있는 객수는 그의 아들 강선姜銑(1645~1710)의 연행록에서 그대로 계승되는 양상을 보인다. 강선은 연행 길에서 강백년의 작품에 차운해 객수를 읊었는데, 그로 보아 강선과 강백년의 감정선이 맞닿아 있었다고 할 수 있다.[195]

(1)
어째서 바다 동쪽 그 멀리서 왔는가 胡爲遠自海東來
경수 위수 지나 수심 겨운 얼굴 아직 걷히지 않네 涇渭愁容尙未開
구름 막힌 삼강에 고향 소식 끊겨 雲隔三江鄕信斷
해 지는 외로운 객관에서 객수 일어나니 日斜孤館旅愁催

194 姜栢年, 『雪峯遺稿』 14卷, 「燕京錄」, 〈馬上偶吟〉.
195 졸고, 위의 논문, 2016, pp.103~138.

쇠한 용모 점점 청동 거울 속에 늙어가는데 衰容漸向青銅老
봄빛은 되려 채승따라 빙빙 도네 春色還隨綵勝廻
돌아다니며 겪은 고생 괴롭겠다는 말은 접어두시게 跋履辛勤休說苦
장부의 애간장이 이미 모두 꺾였으니 丈夫心膽已全摧[196]

(2)
접역 사람이 바다 건너서 왔으니 鰈域人從海外來
객지에서의 회포를 누구에게 펼쳐 보이리오 客中懷抱向誰開
가을 서리 멋대로 들어 머리 가에 씨 뿌리고 秋霜謾入頭邊種
봄빛 다시 보니 눈 속에서도 재촉하네 春色還看雪裏催
함곡관은 진의 닭이 울어도 날 새지 않고 函谷秦鷄鳴未曉
요양에는 화표주의 학이 돌아오지 않으니 遼陽華鶴去無迴
천하의 기이한 유람 해봤다고 말하지 말게 莫言天下奇遊辨
남자의 애간장이 반이나 꺾여 버렸으니 男子心肝半已摧[197]

(1)은 강백년의 〈차상사운次上使韻〉 중 기이其二이고, (2)는 강선이 강백년의 시에 차운한 〈경차경자운敬次庚子韻〉이다. 이처럼 강선은 강백년 연행시의 가장 주된 정서인 객수를 활용해 연행 길에 오른 자신의 처지를 투영한 것으로 확인되며, 위에서 인용한 시를 통해 볼 수 있듯이 (1), (2)의 시상이 거의 일치한다. 두 시의 1~2구는 멀리서부터 객지로 연행 오게 되어 수심에 겨워짐을 말한 것이다. 3~6구는 객수의 원인을 토로한 부분으로, (1)에는 외로운 객관에서 고향을 그리는 동시에 노쇠함을 탄식하고 있는 시인의 모습이 형상화되어 있다. 또한 봄 든 계절의 풍경이 자신의 현재 상황과 대비됨으로써 객수가 심화되는 양상이다. (2) 역시 늙어가는 자신의 처지를 읊은 동시에 이와 무관하게

196 姜栢年, 『雪峯遺稿』 권14, 「燕京錄」, 〈次上使韻〉 其二.
197 姜銑, 『燕行錄』, 「庚辰年, 1700, 정월 27일 辛酉」, 〈敬次庚子韻〉.

변화하는 계절 순환의 이치를 담아냄으로써 인간의 유한함에서 파생된 깊은 수심을 말한 것이다. 또한 고사를 차용해 고향에 대한 그리움에서 파생된 객수를 드러냈음을 볼 수 있다. (1), (2)의 7~8구는 시어의 치환이 이루어졌을 뿐 거의 유사한 형태로 구성되었는데, 연행으로 인해 애간장이 모두 끊어진 극한 상황임을 말한 것이다. 이를 통해 보았을 때 강선은 시간을 초월해 공간적으로 동일 장소로 연행 갔던 부친 작품에 차운하여, 객수를 읊음으로써 심리적 위안을 받은 것으로 보인다.

이 외에도 강선은 강백년의 〈차상사운次上使韻〉에[198] 차운해 〈경차경자년가친운敬次庚子年家親韻〉[199]이라는 시를 창작했다. 전반적으로 강선은 부친 강백년이 느낀 행역의 험난함과 고단함에서 파생된 객수를 동일하게 체험하면서 차운시를 남겼다. 그에 따라 강선의 연행시에는 그가 연행 길에서 느꼈던 개인적 감정이 잘 드러나 있으며, 자신의 처지를 회고하며 얻게 된 객수가 시적으로 형상화되어 있다. 또한 시어를 안배하는 과정에서 강백년의 작품에서 볼 수 있는 감정의 틀을 유지하되 다채로운 표현을 가미해 시적 분위기를 환치시켰다. 강선은 강백년의 〈지산해관우음到山海關偶吟〉에[200] 차운해 〈경차가존운敬次家尊韻〉[201] 이라는 시도 지었는데, 이질적인 청나라 풍속 자체가 고향과

198 姜栢年, 『雪峯遺稿』 14卷, 「燕京錄」, 〈次上使韻〉. "歸夢頻尋玉筍班, 此身猶滯野人間. 肯嫌關路驅馳苦, 只怕殊方應接難. 觸冷疑經永氏室, 茹酸如對木瓜山. 論心賴有行臺在, 時把瓊篇破旅顔.", "卿月初升八座班, 使星仍出五雲間. 紫泥誥疊擎來重, 白雪詞高和得難. 已泛仙槎凌碧海, 更驅飛傳踏天山. 微姿附驥眞堪愧, 欲策駑疲奈暮顔."

199 姜銑, 『燕行錄』, 「己卯年, 1699, 12월 초9일 癸酉」, 〈敬次庚子年家親韻〉, "二品猶爲次月班, 多身還在俗僧間. 吾生歷落眞堪笑, 世路崎嶇轉覺難. 鏡裏偏驚新白髮, 夢中空踏舊青山. 絶知排悶元無術, 强把詩篇慰旅顔."

200 姜栢年, 『雪峯遺稿』 14卷, 「燕京錄」, 〈到山海關偶吟〉. "頭白形羸怯夜風, 聞鷄驅傳更悤悤. 三冬客路裘全敝, 千里行廚橐半空. 閱器元非秦相國, 棄繻還愧漢終童. 丸泥旣乏東封策, 謾遣青萍吼匣中."

201 姜銑, 『燕行錄』, 「1699(己卯年), 12월 18일 壬午」, 〈敬次家尊韻〉, "朔漠胡天竟日風,

의 단절을 명확하게 인식시키는 주요 원인으로 작용함으로써 결국 수심을 불러일으키는 촉매제가 되었다는 점에서 강백년 시의 객수客愁 표출의 한 양상으로 귀결된다.

정창주鄭昌胄의 시를 살펴보면 정창주가 연행에 임했던 당시를 회고하고 있음을 알 수 있는데, 정창주는 벽 위에 남겨진 시를 기반으로 소북계열 문인과 조우하기도 했다.

(1)

천 척 높은 누대 하늘 반쯤 날듯한데	高樓千尺半天飛
아로새긴 난간에 기대니 해가 막 지려하네	徙倚雕欄欲落暉
관청 나루의 저녁 물결 성 저 너머에서 크기도 하지만	官渡暮潮城外濶
약산의 가을빛은 그림처럼 희미하네	藥山秋色畫中微
가인은 깊은 정이 있어 잔 멈추고 말하는데	佳人有意停杯語
지친 새는 무심히 물을 차며 돌아오네	倦鳥無心掠水歸
선경 감상 끝나지 않았건만 인간세상으로 오니	仙賞未終翻下界
백옥경 고개 돌려보면 꿈속인 듯 아련하리	玉京回首夢依依

(1)″

이 땅에서 일찍이 20여 년을 지냈으니	此地曾經二十年
산천은 변화 없으나 귀밑머리는 듬성듬성	山川無改鬢毛鮮
이전 놀던 곳 고개 돌려보니 공연히 봄 꿈 같고	舊遊回首空春夢
먼 길 마음에 걸리는데 또 날 저물려 하는구나	長路關心又暮天
남곽의 풍류는 예로부터 적었으나	南郭風流從古少
김시국의 시는 지금까지도 전해지네	東村詩律至今傳
가련하구나 황학은 언제쯤 돌아오련가	可憐黃鶴何時返

冒寒征旆轉匆匆. 冬裘敝盡仍成鞹, 廚橐蕭然已告空. 蠻子剃頭難辨髮, 唐姬裹足却疑童. 孤吟不耐鴒原別, 縮地何緣返洛中."

홀로 높은 누각에 오르니 생각이 아득해지네　　　獨上高樓思杳然[202]

위 작품은 〈백상루百祥樓〉 2首로 정창주가 1642년 37세에 서장관으로 연행 갔을 때 소북계열 문인인 정사 남이웅南以雄, 부사 김시국金蓍國과 함께 왔던 누대에 20년이 지난 후 홀로 올라 바라본 자연 풍경을 담아내면서 자신의 감회를 읊은 것이다.[203] 따라서 선경으로 대변되는 백상루가 (1)의 공간적 분위기를 지배하고 있다면, (1)″의 백상루는 지난날을 반추할 수 있는 회고의 공간 역할을 담당하고 있다. 정창주는 (1)에서 인간 세상과 대비적인 공간으로 백상루를 상정해 선경의 반열로까지 끌어올려 아름다운 경관을 시적으로 구현했으며, (1)″에서는 자연의 무한함과 인간의 유한함을 대조적으로 그려냈다. 위에서 인용한 (1)″의 시에서 정창주가 누정을 통해 자신이 경험했던 20년 전 지난 과거를 회상하고 있음을 볼 수 있기에 누정은 장소성을 강하게 지닌다고 할 수 있다. 하지만 일반적으로 누정은 선현들의 자취를 확인할 수 있기에 회상의 매개체가 되지만, 백상루라는 공간의 경우 정창주의 개인적 경험이 기저가 된다는 점에서 차이를 보여준다. 이렇게 본다면 정창주는 해외 체험 과정에서 누정을 소통의 공간으로 활용함에 따라 지난 연행의 자취를 밟는 동시에 소북계열 문인들에 대한 그리움까지도 시에 담아낸 것으로 생각된다.

신유申濡의 경우 해외 체험 기록에서 가계 계승 및 지식의 범주 확장 양태가 드러나므로 살펴보고자 한다. 우선 신유는 문학적 재능을 바탕으로 해외 체험의 기회를 획득한 것으로 보이는데, 아래 인용문을 통해

202 鄭昌胄, 『晩洲集』 2卷, 「七言四韻」, 〈百祥樓 二首〉.

203 鄭昌胄, 『晩洲集』 2卷, 「七言四韻」, 〈百祥樓 二首〉. 又 - 壬午同南春城金東村赴瀋時暫登, 廿年後獨來, 故感而書之.

자세한 내용을 확인할 수 있다.

> 그 뒤에 太學士 尹溟滓과 趙龍洲 어른과 吏部의 申君澤 泥翁이 모두 문장으로 자부해 人望을 받았다. 세 사람이 한때에 선발되어 日本으로 使臣이 되어 갔으니 그의 재능을 헤아려 문장과 시를 타국에서 시험할 수 있었다.[204]

신유는 세 차례의 해외 체험을 하였는데,[205] 일본 체험은 종사관從事官으로 임한 1643년에 이루어졌다. 당시 통신사 파견은 1641년 9월 도쿠가와 이에미쓰[德川家光]가 후계자를 낳자 그 소식을 알리면서 조선에 통신사 파견을 요청하여, 인조반정·정묘호란·병자호란을 겪은 조선은 안정적 외교를 위해 수락하여 이루어졌다.[206] 신유는 통신사행 기간 동안 150제題 206수首의 작품을 창작했으며 이 작품들은 「해사록海槎錄」에 수록되어 있다. 1643년 통신사행에 동행한 구성원을 비롯해

---

204 朴守玄, 『草亭先生遺稿』, 「螺山集詩序」, "然後太學士尹溟滓, 趙龍洲丈人, 與吏部申君澤泥翁, 皆望負文章. 三人選一時, 奉使于日本, 度其才詞翰, 可試於殊邦."

205 표 23. 申濡의 연행체험 현황

문집 편제		시기	수록 내용
1卷	瀋館錄	1639년 (인조17)	시강원문학으로 소현세자를 따라 심양에 다녀올 때 지은 시가 수록됨
2~3卷	海槎錄	1643년 (인조21)	통신사의 종사관으로 일본에 다녀올 때 지은 시가 수록됨
6卷	燕臺錄	1652년 (효종2)	金溝·金川 등 남쪽을 여행하면서 지은 시를 비롯해 평양·압록강·鳳凰山城 등 노정마다 지은 시가 일정에 따라 순차적으로 수록됨

206 한명기, 『정묘·병자호란과 동아시아』, 푸른역사, 2009, p.333. 三宅英利는 1643년 통신사를 '아시아의 안정을 굳힌 사행'으로 평가한 바 있다. 조선은 일본과 깊은 우호관계를 맺어 청나라를 견제하였고, 일본은 德川幕府의 체제가 강화되는 때 조선의 축하사절로 인해 국제적 인정을 획득하였기에, 이 통신사행은 조선과 일본 양국의 안정과 동아시아 세력의 균형에 일조하였다고 할 수 있다.

남아있는 기록을 정리해보면 다음과 같다.

표 24 1643년 통신사행록 개관

통신사행 시기	통신사행 관련 기록	저자	형식
1643년	「海槎錄」	從事官 申濡	한시 형식
	「東槎錄」	副使 趙絅	한시 형식
	『涬溟齋詩集』 3卷	正使 尹順之	한시 형식
	「癸未東槎日記」	미상	일기 형식
	『韓使贈答日錄』	林羅山·林鵞峰·林讀耕齋 편저	한시 형식

위 표에서 특기할 만한 자료는 일본의 하야시 라잔[林羅山]·하야시 가호[林鵞峰]·하야시 돗코사이[林讀耕齋]가 편저한 『한사증답일록韓使贈答日錄』으로, 신유를 비롯한 조선 통신사 일원과 일본 문인들이 주고받은 시가 수록되어 있다.[207]

통신사행록은 일본을 직접 체험할 기회를 가졌던 통신사들 중에서도 정사·부사·종사관에 의해 주로 기록되고, 가문을 중심으로 대대로 열람되어 계승된다. 그에 따라 후대 통신사행록에서는 전대 통신사행록에 담긴 특정한 지식이 재차 언급되는 현상을 확인할 수 있다.[208] 고령高靈 신씨申氏 가문에서 일본체험으로 비조가 되는 인물로는 신숙주申叔舟(1417~1475)를 들 수 있다. 그의 뛰어난 외교적 능력은[209] 후손들

207 『韓使贈答日錄』은 필사본으로 9행 21자, 61장 122면으로 구성되어 있다. 수록 작품의 저자를 개관해보면, 조선 문인으로는 종사관 申濡, 정사 尹順之, 부사 趙絅, 독축관 朴安期, 자제군관 尹龍祥, 사자관 劉義立이 보이며, 일본 문인으로는 가토 야스오키(加藤泰興), 오카베 노부카쓰(岡部宣勝), 하야시 라잔(林羅山), 하야시 가호(林鵞峰), 하야시 돗코사이(林讀耕齋)가 있다.

208 김현미, 「연행록의 계보적 독해: 18세기 전반 노론 사대신 전주이씨 집안 연행기록의 개관과 관심지향 분석」, 『東洋古典硏究』 62, 동양고전학회, 2016, p.41, 참조.

209 김남이, 「15世紀 朝鮮 文士와 明 使臣의 詩文 酬唱과 그 의미」, 『東洋古典硏究』

에게 막대한 파급력을 미쳤다고 할 수 있는데, 신숙주를 중심으로 일본 관련 활동을 했던 고령 신씨 가문 인물들의 행적과 영향 관계를 정리해 보면 다음과 같다.

표 25 고령高靈 신씨申氏 가문의 일본 관련 활동 현황

성명	가계관계	일본 관련 활동
申叔舟 (1417~1475)		1443년 통신사행/書狀官/『海東諸國記』 저술
申從濩 (1456~1497)	申叔舟 손자	① 廣原君 李克墩이 『海東諸國記』에 실려 있는 禁約을 토대로 倭人들의 행태를 아뢰었으며, 申從濩는 浦所에 왜인이 머무르는 폐단과 倭船의 크기를 재는 것이 冒濫된 폐단을 함께 의논함[210] ② 弘文館副提學 宋軼 등이 倭人의 죄에 관해 箚子를 올리자, 申從濩는 薺浦의 왜인이 魚梁을 강탈 점거하고 官差까지 구타한 사실에 대해 함께 의논함[211]
申用漑 (1463~1519)	申叔舟 손자	① 申用漑 등이 別例로 보내어 오는 일본 使者 盛種이 가져온 동철과 관련해서 外交文書 만들기를 아룀[212] ② 申用漑 등이 가두어 둔 倭人의 거취 문제에 대해 의논함[213] ③ 日本國王이 弸中을 시켜 和親을 청하게 하자 申用漑 등이 이 일을 의논함[214] ④ 申用漑는 나라 잔치의 관리를 맡는 押宴官의 직분으로 일본 사신을 위한 잔치를 치름[215]
申光漢 (1484~1555)	申叔舟 손자	① 申光漢 등이 倭銀을 사는 문제에 대해 의논함[216] ② 申光漢 등이 일본에 표류한 중국인의 일에 대해 의논함[217] ③ 申光漢 등이 일본과의 강화에 대해 의논함[218] ④ 申光漢이 지난번 倭船이 통신사일지도 모른다고 아룀[219] ⑤ 申光漢이 倭人의 적선을 대비하는 일에 대해 아룀[220] ⑥ 申光漢이 일본 사신의 서계에 관한 일을 아룀[221]

16, 동양고전학회, 2002, p.35. 집현전 학사들은 전문적인 경서 연구와 외교 문서 및 시문 창작 수련 과정을 거쳤다. 집현전 학자였던 신숙주가 외교 문서 작성을 전담한 것은 주지의 사실이며, 국정의 실무에 대한 지식과 능력을 갖추고 외교 현장에서 조선의 문화적 수준을 대표하며 외교 임무를 수행하였다.

申景沂 (1582~1635)		1617년 통신사행/軍官
申濡 (1610~1665)	申叔舟 7대손	1643년 통신사행/從事官/「海槎錄」저술
申泰海 (?~?)	부친 申大源	1643년 통신사행/申濡의 子弟軍官

『실록實錄』과 통신사행 관련 기록을 확인한 결과, 신숙주申叔舟 이래로 신종호申從濩, 신용개申用漑, 신광한申光漢, 신경기申景沂, 신유申濡, 신태해申泰海가 일본 관련 활동을 지속적으로 해 온 사실을 알 수 있는데, 통신사행에 직접적으로 참여한 인물은 신유가 대표적이다.

우리 가문 대대로 벼슬이 청백한 집안　　　淸門冠冕屬吾曹
두 어른은 명성으로 당세의 호걸이었으니　　　二丈聲華並世豪

210 『成宗實錄』 278卷, 成宗 24年 5月 8日 3번째 기사.

211 『成宗實錄』 287卷, 成宗 25年 2月 27日 4번째 기사.

212 『中宗實錄』 6卷, 中宗 3年 8月 11日 2번째 기사.

213 『中宗實錄』 11卷, 中宗 5年 6月 11日 9번째 기사, 『中宗實錄』 11卷, 中宗 5年 6月 28日 4번째 기사.

214 『中宗實錄』 16卷, 中宗 7年 5月 1日 1번째 기사, 『中宗實錄』 16卷, 中宗 7年 5月 27日 1번째 기사, 『中宗實錄』 16卷, 中宗 7年 6月 25日 1번째 기사.

215 『中宗實錄』 29卷, 中宗 12年 8月 14日 3번째 기사.

216 『中宗實錄』 98卷, 中宗 37年 5月 15日 3번째 기사, 『中宗實錄』 98卷, 中宗 37年 6月 10日 1번째 기사, 『中宗實錄』 98卷, 中宗 37年 7月 16日 3번째 기사.

217 『中宗實錄』 102卷, 中宗 39年 3月 29日 1번째 기사, 『中宗實錄』 102卷, 中宗 39年 4月 6日 2번째 기사.

218 『明宗實錄』 1卷, 明宗 즉위年 7月 26日 2번째 기사, 『明宗實錄』 1卷, 明宗 즉위年 7月 27日 1번째 기사, 『明宗實錄』 1卷, 明宗 즉위年 7月 27日 2번째 기사.

219 『明宗實錄』 4卷, 明宗 1年 9月 26日 1번째 기사.

220 『明宗實錄』 9卷, 明宗 4年 8月 12日 1번째 기사.

221 『明宗實錄』 10卷, 明宗 5年 7月 11日 1번째 기사.

태복으로 관직 옮겨져 마정을 겸하셨고	太僕遷官仍馬政
낭관으로 군수 되어 큰 재주로 작은 고을 다스리셨네	星郎出宰試牛刀
먼 곳으로 사신 가니 누가 생각해주겠나	天邊行役誰相念
영외에서 단란한 자리 가지기 쉽지 않았으리라	嶺外團圓不易遭
보한재 신숙주의 서방사부를 읽어보니	況讀保閑芳寺賦
뛰어난 작품에 어찌 감탄하지 않을 수 있겠는가	那堪擊節挹風騷[222]

신유申濡의 이 작품은 풍산참豐山站에서 영천榮川 신사군申使君을 만나 읊은 것으로, 영천榮川 신속申涑(1600~1661)이 신숙주의 문집인 『보한재집保閑齋集』 한 질을 가지고 와서 신유에게 준 경위가 담겨 있다. 수련은 신유가 신숙주와 신속의 명성과 가문의 청백함을 예찬한 부분이다. 함련은 신유의 선조가 국왕의 명을 출납하는 벼슬을 맡았던 사실과 성랑 군수라는 직무를 역임한 행적에 대해 서술한 것이며, 경련은 영외에서 이와 같은 모임을 가지기 어려움을 말한 것이다. 미련에서는 신유가 일본에 사행 갔을 때 신숙주가 지은 작품인 〈서방사부栖芳寺賦〉[223]를 열람했음을 볼 수 있다. 이를 통해 신유가 일본으로 가기 전 선대의 기록을 숙독하였다는 사실을 확인할 수 있다.

> 올해 봄, 나는 통신사 종사관으로서 일본으로 사행 가면서 안동의 풍산 지역을 들렀는데, 풍산에는 역참이 있다. 영천 사군 申涑, 안기 督郵 申瀅이 와서 宿食과 車馬를 제공해주었다. 두 사람이 모두 같은 가문인데, 공식 연회가 끝나고 함께 들어가 개인적인 이야기를 나누었다. …(중략)… 술자리 중에 申涑이 소매에서 책 한 권을 꺼냈는데, 문충공 申叔舟가 일본 서방사(栖芳寺)에서 읊은 작품이었다. 나에게 말하길, "우리 조상이 일

222 申濡, 『竹堂集』, 「海槎錄」, 〈豐山站遇榮川申使君賦長律一首〉.
223 申叔舟, 『保閑齋集』 1卷, 〈日本國栖芳寺遇眞記 幷賦〉.

> 본에 사신 갔을 때 매우 유명하여, 일본 사람들이 지금까지도 이 작품을 읽고 있다네. 지금 그대도 젊은 나이에 뛰어난 재주로 선발되어 사행 가게 되었으니, 선조의 사적을 이어줄 수 있는 사람은 자네라네. 자네가 어찌 이 시문들을 열람하지 않을 수 있겠는가."라고 했다. 나는 이 말을 듣고 일어나 절하며 말하길, "형님의 말씀이 과찬이십니다. 제가 어찌 감당할 수 있겠습니까. 그러나 우리 가문이 쇠미해지면서 벼슬하는 사람도 적어졌는데, 제가 다행히 선대를 계승하여 이 사행에 임하게 되었습니다."[224]

이 글은 〈풍산족회도서豊山族會圖序〉의 일부를 발췌한 것으로 신유申濡가 통신사행 중에 풍산 역참에 들러 고령高靈 신씨申氏 가문 인물인 신속申洬(1600~1661)과 신형申瀅을 만났으며, 선조 신숙주申叔舟의 문집 가운데 일본 사이호지에서 읊은 작품 〈서방사부栖芳寺賦〉에 대해 이야기했던 사실을 알 수 있다. 고령高靈 신씨申氏 가문 인물들은 1443년 서장관으로 일본에 다녀온 선조 신숙주가 남긴 작품의 우수성을 언급하며, 일본 사람들도 지금까지 그의 시문을 열람하고 있다고 했다. 또 더 나아가 고령高靈 신씨申氏 가문 인물들이 신유가 선조 신숙주의 사적을 이어주는 역할을 담당하길 바라고 있음을 볼 수 있다. 실제로 신숙주의 기록 가운데 『해동제국기海東諸國記』는 조선후기까지 통신사의 핵심 지침서 역할을 담당했기에,[225] 가문 내부적으로 신유에게 거는 기

224 申濡, 『竹堂集』, 「序記」, 〈豊山族會圖序〉, "今年春, 某以通信從事使日東, 路出安東之豊山, 豊住站也. 榮川申使君洬, 安奇申督郵瀅氏, 來供廚傳. 二人皆同宗也, 公饗已, 並入私敍. …(중략)… 酒半榮川袖出一冊, 卽文忠公所爲日本栖芳寺賦者也. 謂某曰, "吾祖使日域甚有聲, 倭人誦之至今. 今子又以盛年才譽, 與是選而行, 能繼先蹟者子也. 子盍於是篇觀之." 某受言起拜曰, "兄言奬太過. 小子何敢當焉. 然以吾門之衰而人鮮宦稀也, 某幸踵先世忝是役."

225 정훈식 · 남송우, 「朝鮮後期 通信使行錄 所在 見聞錄의 展開 樣相」, 『한국문학논총』 50, 한국문학회, 2008, p.238. 『海東諸國記』는 조선 초기 일본에 대한 정보와 자료를 총합하여 가장 잘 정리한 聞見錄으로 일본 지식 그 자체라고 할 수 있으며,

대가 컸으리라 짐작된다. 그에 따라 신유 역시 일본 통신사행이 고령高靈 신씨申氏 가계의 전통 계승이라는 측면에서 큰 의미가 있었다고 할 수 있다.

화각 부는 맑은 소리 곡조는 아직 끝나지 않았고	畫角晴吹曲未終
봄날 사신들의 행차는 성 동쪽에서 빛나네	行春冠蓋耀城東
정사 맑은 변방 고을에 해될 것 없을 것이고	政淸邊郡應無害
위엄에 일본인이 따를 테니 어찌 분쟁이 있겠는가	威服夷人敢自訌
한가한 날이 많아 봄 보내며 시 짓고	送春題詩多暇日
선대의 여풍 남아있어 투호하며 술잔을 드네	投壺對酒有餘風
합포의 구슬 다시 돌아온 것 이미 들어	已聞合浦珠還盡
조정에서 이 늙은이 부르시길 기다렸다네	佇見朝廷召弱翁
역사에 아직도 사절로 갔던 일 전해지니	史閣猶傳上漢廻
우리 가문에 예로부터 훌륭한 인재 계셨는데	吾家舊有濟川才
세업 잇지 못한 채 시경만 외웠으니	箕裘未繼周詩誦
선비의 의관이 도리어 일본인의 시기만 초래할까 하네	章甫還招越俗猜
대마도는 창해의 해를 토했다 삼켰다 하고	馬島吐呑滄海日
경파가 출렁이니 벽공에 뇌성이 이는 듯	鯨波鼓怒碧空雷
이번 사행길 오직 왕령만 믿고 떠나니	玆行只仗王靈去
가벼운 배의 잠깐 사이 일 두렵지 않네	不怕輕帆造次間[226]

이 작품은 신유가 동래東萊 정유성鄭維城(1596~1664)의 시에 차운하여 화답한 것이다. "정유성 작품 첫 구에 범노泛老 신숙주가 당시 이 길을 왕복했는데, 후손이 이제 또 기특한 재주를 시험하는구나[東萊詩首句云, 泛老當年此路廻, 後孫今復試奇才]"[227]라고 되어있다고 한 것을 보았

영향력이 조선후기까지 이어졌다.

226 申濡, 『竹堂集』, 「海槎錄」, 〈次韻奉酬東萊鄭使君維城〉.

을 때, 신유의 통신사행을 고령高靈 신씨申氏 선조 신숙주의 가계를 계승하는 것으로 여겼음을 알 수 있다. 이 작품은 정유성의 선조인 정몽주鄭夢周(1337~1392)와도 관계가 있는데, 6구의 말미에 "정몽주 선생의 투호가 정유성 집에 있다[圃隱先生投壺, 在東萊家]"라는 주석이 부기된 것을 보았을 때 신유는 정유성의 시를 차운하면서 그의 선조인 정몽주까지 끌어온 것으로 생각된다. 영일迎日 정씨鄭氏 가계를 살펴보면, 정유성이 정몽주의 9대손인데, 정몽주는 1377년 통신사행을 갔던 인물이다. 신유가 차운시次韻詩를 통해 정유성과 교유를 이어가면서 그와 동질감을 기저로 시상을 구상했음을 알 수 있다. 9~10구는 역사에 아직도 신숙주의 통신사행이 전해짐을 말하여 그 위상을 드러낸 것이다. 11~12구는 "훌륭한 대장장이 아들은 반드시 갖옷 만들기를 배우고, 훌륭한 궁사의 아들은 반드시 키 만들기를 배운다[良冶之子, 必學爲裘, 良弓之子, 必學爲箕]"라는 말에서 유래한 것이다."라는 『예기禮記』의 전고를 활용한 것으로 이를 통해 신유가 통신사행을 세업世業으로 인지하고 있었음을 알 수 있다.

족보에서 선조의 자취를 상고하니	譜牒曾稽先世蹟
문충공 신숙주가 일본통신사로 갔는데	文忠奉使日本來
풍랑에도 단정히 앉았으니 배가 무사했었고	風濤正坐舟無恙
자녀들 온전히 돌아오고 은택이 孕婦에 미쳤었네	子女全還澤及胎
어찌 문장만 이역을 놀라게 했겠는가	何但文章驚異俗
응대하는 말이 저들을 감복시킨 것 알 수 있네	也知辭令服渠魁
양국 간에 병화가 그쳐 암운이 사라지고	休兵海嶠氛祲靜
국교 맺어져 배 위에 옥백이 쌓였다네	款塞舟航玉帛堆

227 申濡, 『竹堂集』, 「海槎錄」, 〈次韻奉酬東萊鄭使君維城〉, "東萊詩首句云, 泛老當年此路廻, 後孫今復試奇才."

그 당시 훈업에 누가 견줄 수 있겠는가　勳業異時誰比擬
가문의 명성이 오늘날 끝내 쇠퇴하였으니　家聲今日遂陵頹
경서의 껍데기만 들은 것이 스스로 부끄러운데　傳經自媿聞糟粕
쓸모없는 재목에 사절의 임무 부여될 줄 어찌 알았으리　選价何知及散材[228]

이 작품은 패가대覇家臺에서 옛일에 느꺼워 지은 시의 일부로, 문충공文忠公 신숙주가 일본통신사로 왔을 때 이곳을 다녀갔기에 감회가 일어 시를 창작한 것이다. 1~8구는 신숙주와 관련된 일화와 업적을 읊은 것이다. 1~2구에는 신유가 통신사행을 떠나기 전 조상의 자취를 상고한 사실이 드러나며, 3~4구는 시구에 부기 된 주석에 드러나듯 신숙주가 일본에서 돌아올 때 풍랑을 만났으나 태연하게 처신해 잉부孕婦의 목숨을 구한 일화를 배경으로 한다.[229] 5~8구는 신숙주의 문장과 외교적 역량이 뛰어났음을 언급한 것이다. 9~12구는 신숙주의 훈업을 이어야 하는 신유 자신의 임무를 언급하는 동시에 자신의 부족함을 읊은 것이다. 신유는 이 작품 말미에 주석을 달아 "외로운 혼이 만 리 밖에서 해를 떨치네"라는 시구와 "최송원崔松原 아래 십 리 모래", "남은 흥을 돌아와서도 거둘 수 없네"[230]라는 신숙주의 시 구절을 옮겨 두었다. 이를 통해 신유가 선조의 통신사행록을 통해 간접 지식을 획득한 후, 동일 장소에 당도해서 통신사행의 의미와 가계 계승에 대한 견해를 표출했음을 볼 수 있다.

패가대는 저자 미상의 1643년 통신사행 기록인 「계미동사일기癸未東

228 申濡, 『竹堂集』, 「海槎錄」, 〈覇家臺感舊 文忠公奉使時歷遊此地〉.

229 申濡, 『竹堂集』, 「海槎錄」, 〈覇家臺感舊 文忠公奉使時歷遊此地〉, "文忠自日本還遇風浪舟幾覆, 公端坐自如. 時舟中有刷還孕婦, 舟人欲下之, 公曰, "殺人求活吾不忍爲." 俄而風定, 舟亦無恙."

230 申濡, 『竹堂集』, 「海槎錄」, 〈覇家臺感舊 文忠公奉使時歷遊此地〉, "文忠公詩云, "孤魂萬里拂析木." 又"崔松原下十里沙." 又 "餘興歸來不可收" 十里松卽覇家臺也."

槎日記」에서도 언급되는데, 신숙주에 대한 기록은 없고 단지 1377년 통신사행을 다녀왔던 정몽주鄭夢周가 다녀갔던 장소로 거론되어 있다.[231] 이 기록에는 패가대의 명칭에 대한 의문과 지리 비정의 문제를 거론하는 동시에 전해들은 내용을 바탕으로 패가대가 박다주博多州와 일본어 발음이 같기 때문에 박다주가 와전된 것일 수도 있다고 하였는데,[232] 이는 같은 시기에 이루어진 기록이라고 할지라도 통신사행록 속의 내용이 다를 수 있음을 보여주는 자료다. 신유는 신숙주에게서 확보한 지식을 그대로 차용한 것으로 보이는데, 선대의 기록을 신뢰하여 고증과정을 생략한 것으로 생각된다. 패가대에 대한 논의는 이후 1719년 신유한申維翰(1681~1752)의 통신사행록에서도 확인되는데, 신유한은 아메노모리 호슈[雨森芳洲](1668~1755)에게서 받은 시 중 "웅장한 관문에 뜬 달 패가대를 비추네[雄關月照覇家臺]"라는 구절의 내용을 문제시하여, 패가대의 위치에 대해 되물은 바 있다. 이에 아메노모리 호슈는 이곳의 정확한 명칭은 박다진博多津이며 화가다和家多로 읽는 것이 옳으나, 신숙주가 언급한 패가대는 음역音譯이 잘못되었음에도 뜻이 아름다워 그대로 차용하였다고 밝혔다.[233] 이를 통해 오인된 지식이 개인적 취향에 의해 취사선택되는 특이한 양상을 포착할 수 있으며, 전대 통신사행록에서 확보한 지식이 이후 실제 일본체험을 통해 재정립되고 최신 지식으로 수정·보완·재설정됨을 확인할 수 있다.

231 著者未詳, 『海行摠載』, 「癸未東槎日記」, 〈5월 18일(庚戌)〉, "高麗文忠公鄭夢周, 奉使所到之處."

232 著者未詳, 『海行摠載』, 「癸未東槎日記」, 〈5월 18일(庚戌)〉, "或云, 霸家臺與博多州倭音相似, 以此訛傳, 而本無霸家臺之名云, 未知其然否."

233 申維翰, 『海行摠載』, 「海游錄」, 〈8월 1일(辛丑)〉, "雨森東在藍島, 贈我詩有 "雄關月照霸家臺"之句, 霸家臺在何許, 東曰, "是博多津, 倭音和家多. 貴國申文忠叔舟奉使時, 筆錄乃曰, 霸家臺, 此因音譯之訛, 而其義便佳, 至今呼以爲名."

신유의 통신사행시에서는 교유 인물군이 확장되었음을 확인할 수 있다. 신유의 시에 차운하거나 창수한 일본인을 도표화 해보면 문인, 다이묘, 승려, 번주로 대별된다. 1590년 통신사행단과 교유한 일본인이 대부분 승려에 한정되었다면,[234] 이후 시기 통신사행부터는 교유한 인물이 다양해졌음을 볼 수 있다.

표 26 신유申濡와 창수한 일본인 개관

<table>
<tr><th>통신사행 시기</th><th colspan="2">竹堂 申濡와 창수한 일본 문인</th><th>문집</th></tr>
<tr><td rowspan="5">1643년</td><td>문인</td><td>하야시 라잔(林羅山), 하야시 가호(林鵞峰), 하야시 돗코사이(林讀耕齋)</td><td rowspan="2">『韓使贈答日錄』</td></tr>
<tr><td>다이묘</td><td>가토 야스오키(加藤泰興), 오카베 노부카쓰(岡部宣勝)</td></tr>
<tr><td>승려</td><td>기텐 에이코(釣天永洪, 洪長老), 슈난 엔단(周南圓旦), 엔 장로(圓長老), 슈난 장로(周南長老), 단 장로(段長老), 비샤몬도(毗沙門堂), 주 상인(住上人), 묘 상인(妙上人)</td><td rowspan="3">「海槎錄」</td></tr>
<tr><td>문인</td><td>하야시 돗코사이(林讀耕齋), 노마 산치쿠(野間三竹, 埜三竹)</td></tr>
<tr><td>번주</td><td>소 요시나리(宗義成)</td></tr>
</table>

여기에서 주목할 부분은 일본 문인과의 교유 양상이라고 할 수 있는데, 주로 하야시[林] 가문과 교유한 것을 확인할 수 있다. 당시 일본에서는 막부幕府가 성리학을 관학官學으로 삼으면서 하야시 라잔 가문이 세운 임사숙林私塾을 통해 수많은 유학자가 배출되었으므로[235] 이들의 영향력을 짐작할 수 있다. 통신사행단과 하야시 라잔[林羅山](1583~1657) 가문 간의 교유는 기본적으로 일본에서 이들이 가지는 파급력을 근간

234 한태문, 「庚寅通信使(1590)의 文化使節로서의 성격」, 『동양한문학연구』 36, 동양한문학회, 2013, p.320.

235 정은영, 「조선후기 통신사행록의 글쓰기 방식과 일본담론 연구」, 부산대학교 대학원 박사학위논문, 2014, p.119.

으로 하지만, 연속성 측면에서 전대 통신사의 교유 양상이 답습된 것이라 보인다. 1643년 신유와 동행한 독축관讀祝官 박안기朴安期(1608~?)가 하야시 라잔의 명성을 이전부터 들어왔다고 했으며, 실제로 그의 시를 직접 보고 높게 평가했다는 것에서[236] 전대 통신사의 경험이 지니는 영향력을 유추할 수 있다. 하야시 라잔과 조선 통신사의 교유를 시기별로 살펴보면, 3차 1624년 통신사행에서 시작해 4차 1636년, 5차 1643년, 6차 1655년으로 이어진 것을 확인할 수 있다. 하야시 라잔과 창수가 가장 활발했던 시기는 신유가 통신사행을 떠났던 1643년으로[237] 상호간에 창작한 시 작품 수가 가장 많을뿐더러 4차 사행에서 삼사에게 일방적으로 시를 지어주었던 것과는 달리, 상호교유한 면모가 보이기 때문이다.[238]

신유가 일본의 문인들과 교유하게 된 기저는 성리학에서 연원을 찾을 수 있다. 1636년 통신사행의 부사副使 김세렴金世濂(1593~1646)의 기록을 살펴보면, 하야시 라잔이 주희의 학설인 이기理氣에 대해 묻는 동시에 1377년에 일본으로 통신사행 왔던 정몽주鄭夢周(1337~1392)를 언급하며 성리학의 사종師宗이라고 평한 내용이 보인다.[239] 이는 성리학을 기저로 한 교유가 통신사 초기부터 존재했으며, 전대 통신사행단의

236 林羅山, 『林羅山詩集』, "朴進士見此詩曰, 不佞聞公高名已久, 落句所及非偶然語也."

237 허경진 · 김성은, 「하야시 라잔(林羅山)의 창수시를 통해 본 한일문사 초기교류의 양상」, 『동악어문학』 53, 동악어문학회, 2009, p.174, 참조. 3차 통신사행에서 하야시 라잔(林羅山)과 창수한 시는 18수이며, 4차 사행은 18수, 신유가 임했던 5차 사행에서는 35수가 포착되는데, 이 가운데서도 신유는 12수를 창수한 바 있다. 6차 사행에서는 19수가 보인다.

238 허경진 · 김성은, 위의 논문, 2009, p.183.

239 金世濂, 『東溟集』 10卷, 「海槎錄」下, 〈12월 13일(丙子)〉, "是日道春至, 拈出經史中難解處六十餘條, 以問字畫, 文辭燦然可觀, 遂答之, 又論理氣先後四端七情之分, 往復三四, 辨論不已, 辭若小屈. 乃曰, "李退溪奇高峯所論儘好, 高峯之說較勝." 又曰, "圃隱, 曾奉命到此, 旣是理學師宗. 王者殺一不辜, 得天下不爲, 圃隱不得其死何歟."

교유 내력이 후대까지 이어져 온 것을 보여주는 것이다. 실제로 하야시 라잔이 통신사와 지속적으로 교유해온 일본 문인으로, 성리학을 수용한 대표 인물이라는 점을 감안한다면, 조선의 통신사행단은 사상적 기저를 전파하거나 지식기반을 확충하기 위해 이들과 교유를 지속한 것으로 판단된다. 앞서 표에서 확인할 수 있듯 신유는 하야시 라잔의 아들인 하야시 가호[林鵞峰](1618~1680)와도 직접 교유했는데, 그 역시 주자학자로 에도 막부의 공식 서한을 작성하는 일을 담당한 문인이었다. 그 밖에도 신유는 노마 산치쿠[野間三竹](1608~1676)와도 관계를 맺었는데, 그는 에도시대 주자학파인 마츠나가 세키고[松永尺五](1592~1657)와 하야시 라잔[林羅山](1583~1657)에게 경의經義를 수학하여 시와 하이카이[俳諧]에 능하였다고 알려진 인물이다.[240]

이렇게 본다면, 신유는 일본체험을 통해 문학적 교유가 가능한 일본 문인들을 접했으며 특히 성리학 측면에서 사상적 기반의 동질성을 확보한 일본 문인과 지속적으로 교유했다고 생각된다.

일본 동무에 문사가 많은데	日東東武盛文士
하야시 가문 자제 재주가 남보다 뛰어나네	林氏之子才出人
피부는 옥설 같고 마음은 비단결 같은데	玉雪肥膚繡心肝
민머리에 짧은 옷도 몸에 걸치지 않았네	胡纓短衣不掛身
약관의 나이에 붓을 놀려 장구를 지었는데	弱冠弄翰爲長句
시의 자태 깨끗해 티끌조차 없구나	詩態皭然無泥塵
화류마가 번개처럼 달리는 듯하고	驊騮歷塊電滅沒
상어와 악어 솟구쳐 물결이 출렁이는 듯	鮫鰐出水波潾淪
…(중략)…	

240 성해준, 「野間三竹의 『北溪含豪』와 『明心寶鑑』」, 『일어일문학』 41, 대한일어일문학회, 2009, p.339.

그대 가문 형제들 막에서 나와 절했는데　君家兄弟出幕拜
그 자리에서 지은 시 더욱 청신했네　席上賦詩逾清新
날 위해 눈썹 치켜 올리고 사기를 토하니　爲我揚眉吐辭氣
내가 천진에서 나온 재주를 사랑하는 줄 알아서지　知我愛才出天眞
연성과 바꾼 백옥 구슬 같은 시로 명성 높은데　白璧連城動高價
하루아침에 지기로서 나와 친교 맺었네　一朝知己傾交親[241]

이 작품은 신유가 하야시 돗코사이[林讀耕齋]의 증별시贈別詩 장구長句를 차운한 시로, 총 32구로 구성되어 있는 장편시의 일부이다. 이 시의 1~2구는 신유가 동무東武의 성대한 문인들 가운데서도 하야시[林] 가문의 자제가 우수한 문학적 역량을 지니고 있음을 예찬한 부분이다. 이런 내용은 하야시 돗코사이의 문재文才를 언급한 신유의 여타 시에서도 확인된다.[242] 3~4구는 하야시 돗코사이의 외적인 모습을 묘사하면서 내적인 아름다움을 같이 언급한 것이다. 여기서 주목할 점은 외향적 특징인 민머리에 대한 신유의 중립적 시선이라고 할 수 있다. 동시기 통신사행의 일원이었던 부사副使 조경趙絅의 「동사록東槎錄」을 보면, 하야시 라잔[林羅山]의 두 자제가 민머리인 것을 본 후 관례冠禮에 맞지 않음을 지적하며, 이로 인해 하야시 라잔의 학문에 대한 의심까지 품은 사실을 확인할 수 있는데,[243] 신유는 동시기 일본 통신사행임에도 불구하고 인식적 측면에서 상반된 견해를 개진한 것이다. 신유의 중립적 인식 태도는 신숙주에게서도 볼 수 있는 것인데, 신숙주 역시 일본의

241 申濡, 『竹堂集』, 「海槎錄」, 〈次考槃邁長句贈別〉.

242 林羅山·林鵞峰·林讀耕齋, 『韓使贈答日錄』, 〈次酬考槃秀才〉, "弱冠才如錦, 淸文動座隅. 聞名吾已久, 會面未曾圖. 脩竹元高臥, 扶桑亦別區. 使華非到此, 那得識潛夫."

243 趙絅, 『龍洲遺稿』, 「東槎錄」, 〈重答林道春書〉, "今足下卓然自樹立, 篤信程朱, 爲一國倡, 而觀足下二郎, 則兀然頭角, 不留一髮, 冠禮十九, 於何所施身體髮膚受之父母不敢毁傷之訓. 不佞不能無疑於足下之學也."

이질적 현상을 비판하기보다 다름을 이해하는데 초점을 맞췄다. 신숙주는 풍속이 다른 나라 사람을 안무安撫하기 위해서는 그 실정을 깊이 이해한 뒤에야 예절을 갖출 수 있고 또 마음을 다할 수 있다는[244] 태도를 견지하였다. 5~8구는 문학적 측면에서 하야시 돗코사이를 깊이 인정한 것으로 시의 맑은 기운을 높이 여기고, 시의 기세를 화류마와 상어・악어에 비유해 예찬한 것이다. 13~18구에서는 신유가 하야시[林] 가문의 여러 문인과 교유한 사실을 드러내는 동시에 그들의 시를 청신하다고 평한 것을 볼 수 있다. '지기知己'라는 시어를 활용한 것을 보았을 때 이들이 서로 깊은 친교를 맺은 것으로 확인되며, 이렇게 신유가 일본 문인들의 시문을 높이 평한 것은 성리학에 대한 동질성을 근간으로 한 것이라고 생각된다.

신숙주의 문장이 한 시대를 울렸으니	閑老文章一代鳴
이웃 나라에서도 사신의 이름을 외우네	隣邦猶誦使乎名
어여쁘구나 그대가 우리 가문의 일을 말하니	憐君解說吾家事
새 시로 화운하려다 다시 정이 일어나네	欲和新詩更有情[245]

위 작품 역시 하야시 돗코사이[林讀耕齋]의 운에 차운한 것으로, 신유의 「해사록海槎錄」에는 누락되어 있으나, 『한사증답일록韓使贈答日錄』에서 확인되는 시이다. 작품 끝에 설명이 부기되어 있는데, 신유가 자신이 신숙주의 7대손임을 밝히는 동시에 항상 가계 족보를 열람해 선조의 사적을 익히 습득했다고 하였다. 특이한 점은 신유가 하야시 돗코사이의 시를 보고 난 후 그가 『해동제국기海東諸國記』에 대해 아는 것이

244 申叔舟, 『保閑齋集』 15卷, 「海東諸國記序」, "夫交隣聘問, 撫接殊俗, 必知其情, 然後可以盡其禮, 盡其禮然後可以盡其心矣."

245 林羅山・林鵞峰・林讀耕齋, 『韓使贈答日錄』, 〈次考槃秀才韻〉.

많고 지식이 해박하다고 평한 부분인데,[246] 이를 통해 신유와 교유한 일본 문인이 신유와 공통된 지식을 향유했음을 알 수 있다. 그 밖에도 조선통신사에 대한 일본 문인의 시선을 파악할 수 있다.

…(전략)…

그대 오늘 밤 선방에서 잔다는 얘기 들었는데	聞君此夜宿禪旁
원숭이 울어대고 서리 내린 시내에는 밝은 달빛 휘영하니	猿嘯霜溪素月光
취한 후에는 도연명의 시구 읊으면서	酒後但吟陶令句
맑은 바람에 두건을 비낀 채 그윽한 대숲에 앉았으리	淸風岸幘坐幽篁[247]

이 시는 노마 산치쿠[野間三竹](1608~1676)와 신유의 교유가 확인되는 작품으로 칠언율시에서 경련과 미련을 발췌한 것이다. 시제에서 노마 산치쿠가 묘법원妙法院으로 찾아와 시를 주었으며, 그가 오늘 저녁에 압천정사鴨川精舍에서 잔다고 하자 신유가 차운시를 지어 보냈음을 확인할 수 있다. 미련과 작품 말미에 "삼죽호독도시三竹好讀陶詩"라는 설명이 적시되어 있어 노마 산치쿠의 문학적 성향을 살펴볼 수 있다. 이를 통해 신유가 노마 산치쿠를 문인으로 여겨 교유를 지속했으며, 이러한 관계 속에서 노마 산치쿠는 신유에게 연령단延齡丹을 보내 줄 정도로 깊은 친교를 맺었음을 알 수 있다.[248] 시문을 통한 교유는 일본 문인들의 작품에 대한 단편적 선호이기도 하지만 당시 통신사행원들과 일

246 林羅山·林鵞峰·林讀耕齋, 『韓使贈答日錄』, 〈次考槃秀才韻〉, "我於保閑齋文忠公, 七代旁孫也. 常於家牒慣見日東奉使之蹟. 今見君詩卽已諳海東紀耳多. 君年少識博, 彼此和復."

247 申濡, 『竹堂集』, 「海槎錄」, 〈埜三竹見訪竗法院投詩二絶聞今夕宿鴨川精舍次韻却寄〉.

248 申濡, 『竹堂集』, 「海槎錄」, 〈埜法眼三竹見惠延齡丹一封題此寄謝 二首〉, "客鬢逢秋變, 愁顔帶睡低. 忽驚丹竈藥, 來自白雲溪. 色暎金絲繫, 香濃玉字題. 延齡非偶爾, 仙籍始同稽.", "法眼憐吾病, 刀圭遠寄將. 若非三世業, 能有萬金良. 本自期生得, 眞知不死方. 蓬瀛非浪到, 持此詑還鄕."

본 문인들이 동질적 세계를 구축하고 있었음을 보여주는 것이기도 하다. 전대 통신사행록을 통해 보았을 때도 일본 문인들의 시문에 대한 호불호를 논의할 때는 늘 성리학적 기반에 대한 검토가[249] 연이어졌기 때문이다.

이와 함께 당시 조선에서 성행했던 박물학博物學으로 인해 통신사행단은 일본의 사소한 일상과 잡다한 기물들에 관심을 기울였는데,[250] 신유는 일본 현지 문인들에게 직접 요청해 이들에 대한 지식을 획득하거나, 실제로 하야시 가호[林鵞峰]와 하야시 돗코사이[林讀耕齋]에게 직접 일본의 인물, 산천, 초목, 짐승, 명절, 관혼상제 등에 대해 서술해 줄 것을 부탁한 것으로 확인된다.[251] 또한 신유의 증손자인 신경준申景濬(1712~1781)이 지은 신도비명에 따르면,[252] 신유가 하야시 가문 사람들에게 직접 3권의 책을 받은 사실을 알 수 있다.[253] 또 신유는 본인의 경험을 바탕으로 일본에 대한 새로운 지식을 얻게 되었다. 주로 일본에서 처음 보는 경물을 시로 구현하기도 했다. 신유의 시에서 일본의 특정 장소에서 마주한 다채로운 자연경관을 형상화 한 시가 많은 것은

249 金世濂, 『東溟集』 10卷, 「海槎錄」下, 〈3월 9일(戊申)〉, ""臣世濂對曰, "召長老璘西堂行文儘好. 國中惟道春之文爲最. 沿路及江戶, 多有來問者. 皆以理氣性情等語爲問, 不可以蠻人而忽之.""

250 정은영, 위의 논문, 2014, p.119.

251 林羅山・林鵞峰・林讀耕齋, 『韓使贈答日錄』, 〈奉寄竹堂君〉, "君以譯舌問本邦之事, 且以人物・山川・草木・禽獸・節日・冠昏喪祭, 目錄示阿兄及余. 曰 "歸期旣蹩, 李知事暫留滯, 比其還也, 請粗書投之." …(중략)… 夫人物・山川・節日等, 皆事跡繁多者也, 本朝之群書備矣. 表抄豈容易乎. 雖然君之所請深矣. 我不可不以報也. 遂告君之意于我翁, 我翁亦嘉歎之. 於是記其事歷, 題其標目, 奉呈李知事. 旣早歸裝, 故不能詳書, 然是亦可以知其大槩."

252 申濡, 『竹堂集』, 「附錄」, 〈嘉善大夫禮曹參判兼同知 經筵春秋館義禁府事五衛都揚府副揚管竹堂申公神道碑銘〉, "公要聞其國事蹟人物山川物産儀節謠俗, 道春與其二子恕守勝, 撰三卷書以進, 此國之大禁, 而深得其心故然."

253 허경진・조혜, 위의 논문, 2017, pp.325~366.

통신사행록의 보편적 면모라고 할 수 있다.

(1)

내가 일찍이 촉도부를 읽어 보니	嘗讀蜀都賦
능금과 비파가 등장하는데	林檎與枇杷
능금은 진기한 열매가 아니어서	林檎非異果
복숭아나 오얏과 다를 것이 없으나	桃李無等差
비파란 어떤 물건인지 몰라서	枇杷是何物
문견이 좁은 것을 탄식했는데	坐井良可嗟
이제 외국에 와보니	今來海外國
마침 비파가 익을 때이네	正値枇杷熟[254]

(2)

바다 섬에 진기한 나무 많다지만	海島多異樹
그 중에도 이름난 것은 비파라네	知名是枇杷
막상 보니 전에 듣던 것과 같고	覽玆符夙聆
옛 기록을 상고해도 틀림이 없네	按志固無差
좋은 맛을 누가 사랑하지 않겠는가	美味誰不愛
진기한 경물 홀로 감탄하네	奇品竊獨嗟
추운 겨울에 꽃이 피고	開花在玄冬
여름 되어야 익는다고 하네	朱夏方始熟[255]

위 작품은 모두 비파枇杷를 소재로 읊은 것으로 (2)의 시가 신유의 차운시이며, (1)은 원운에 해당하는 부사副使 조경趙絅의 시이다. 두 작품 모두 진晉나라 좌사左思의 〈촉도부蜀都賦〉와 같이 서적에서나 볼 수 있는 비파를 실제로 본 후 서식 환경과 모양 및 맛에 대해 자세히 기록

254 趙絅, 『龍洲遺稿』, 「東槎錄」, 〈枇杷篇〉.

255 申濡, 『竹堂集』, 「海槎錄」, 〈枇杷篇次龍翁韻〉.

한 것이다. 이 시를 통해 서적에서 정립한 지식을 토대로 실제 경험 속에서 지식을 확충하는 과정을 볼 수 있다. 또 기존의 기록과 대조해 상고하는 절차를 거친 후 현지의 지식을 획득하고 있다는 점에서 지식의 검증 과정 역시 확인할 수 있다. 실제로 통신사행단은 비파를 일본의 기이한 화초로 여겼기에[256] 이후 통신사행록에서도 비파는 지속적으로 시의 소재로 채택되었다. 이 작품에서 볼 수 있는 또 하나의 특징은 삼사三使의 교유 양상이라고 할 수 있는데[257] 통신사행단에서는 지식을 수용할 때 동행한 이들의 시선 혹은 관심사가 공유되고 있음을 알 수 있다. 또 이를 위해 시詩, 그 중에서도 차운시次韻詩가 큰 역할을 담당하고 있음도 알 수 있다.

고량진미와 석수는 맛보지도 못했는데	瓊膏石髓不曾嘗
단맛이 수수와 엿을 합쳐도 이보다는 못할 듯하네	未若甘飴合蔗糖
구부리면 금세 은가락지가 되고	屈曲便成銀繞指
쟁쟁 악기 소리 도리어 옥이 울리는 듯	鏗鏘還似玉垂璫
소반에 오르면 섣달 눈이 평지에 쌓인 듯하고	等盤臘雪堆平地
입에 넣으면 봄 얼음이 태양을 본 듯하네	入口春氷見太陽
귀국하는 날 주머니 속에 몇 조각 넣어 가면	歸日橐中留數片
귤을 품어 가져간 陸郎보다도 훨씬 나을 것이네	定勝懷橘陸家郎[258]

이 작품은 일본에서 이당飴糖을 맛본 후 그 느낌을 시로 형상화한

256 許穆, 『記言』, 「記言別集」 8卷, 〈東溟海槎錄序〉, "其嘉木異卉盧橘椶櫚枇杷.". 金世濂, 『東溟集』 10卷, 「海槎錄」, 〈聞見雜錄〉, "花卉則以絲櫻茶花枇杷蘇鐵椶櫚等物爲第一異卉."

257 졸고, 「1697년 三使 연행시의 교류성 연구 ; 崔錫鼎·宋相琦·崔奎瑞의 작품을 중심으로」, 『韓民族語文學』 78, 한민족어문학회, 2017, pp.181~212.

258 申濡, 『竹堂集』, 「海槎錄」, 〈食飴糖〉.

것이다. 설탕은 일본에서 흔히 접할 수 있지만 생산지는 일본이 아닌 남만南蠻이므로[259] 남만무역南蠻貿易의 실체를 확인할 수 있는 자료이다. 시를 통해 확인할 수 있듯 실제로 통신사행단 일원들은 조선에서 볼 수 없었던 사탕수수로 만든 과자를 맛보면서 서양문화를 접했다.[260] 남만무역의 영향으로 17세기 후반에는 일본에 과자가 유입되었는데, 특히 통신사의 접대에 사용된 과자류는 남만무역을 통해 습득한 최신 지식과 제과기술을 기반으로 한다는 점에서 특기할 만하다.[261] 이렇게 본다면 신유는 일본에서 일본이 축적한 또 다른 서양 지식까지도 접한 것으로 파악된다.

위에서 해외 체험 기록 속에 나타난 가계 계승의 단면을 강백년姜栢年, 정창주鄭昌胄, 신유申濡의 작품을 통해 살펴보았다. 이들은 연행과 사행의 일원으로 참가했으나 정치적 입지가 약한 상태였기에 더욱 강한 가계 계승과 지식 습득 욕구를 견지했다고 판단된다. 그로 인해 강백년姜栢年의 연행 기록에서는 진주晉州 강씨姜氏 가문이 지닌 연행의 전통과 선대의 객수를 답습한 양상이 뚜렷하게 드러나며, 정창주鄭昌胄의 작품에서는 소북계열 문인과의 연행을 반추하는 면모가 일부 확인된다. 신유申濡의 경우 고령高靈 신씨申氏 가계 계승 및 지식의 범주 확장 양태를 살펴보았는데, 교유 인물군의 확장과 지적 교유 확장을 비롯해 지식영역의 확대 양상이 특징적임을 볼 수 있다. 해외 체험 자

259 金世濂, 〈聞見雜錄〉, 「海槎錄」, 『東溟集』 10卷, 『韓國文集叢刊』 95, 민족문화추진회, 1737, p.333. "如胡椒丹木南草雪糖孔雀羽等物, 皆是日本賤物, 而亦非日本所産, 皆自南蠻出, 只南草因成所産."

260 김상원 · 김명주, 「1643년 조선통신사 해로 여정 고찰」, 『우리文學硏究』 56, 우리문학회, 2017, p.30.

261 高正晴子, 「조선통신사의 饗應에 관해서」, 『조선통신사연구』 3, 조선통신사학회, 2006, p.117.

체가 소북팔문장 전체가 아닌 일부 문인에게서 확인되는 면모라는 점에서 일반화하여 논의하기에는 한계가 있으나, 시문학에 담긴 가계 계승 양상은 정치적·지역적·혈연적 동질성을 매개로 활동했던 소북계열 문인이 지닌 특징 중 하나임을 짐작할 수 있다.

3. 경험의 미적 승화와 심미 정서의 표출

영물시와 산수시는 작자의 서정적 내면의식을 확인할 수 있는 지표이자 시적 역량을 보여주는 대표적인 양식이므로 이 시들을 통해 작자의 시세계가 지니는 특징적인 모습들을 확인할 수 있다. 특히 소북계열 문인들은 당파적 속성으로 인해 현실에서 일면 벗어나 있었기에 속세를 벗어나 자연 속에서 심리적 안정을 얻은 것으로 보인다. 이들은 현실에 대한 기대와 좌절이 반복될수록 속세와 상반된 자연으로의 회귀 양상이 강하게 보이는데, 이 같은 현상은 남선南銑을 제외한 소북팔문장에게서 공통적으로 확인된다. 관조를 통한 미감의 표현 양상은 강백년姜栢年, 박수현朴守玄, 정창주鄭昌胄, 이휴징李休徵, 신유申濡의 작품을 통해 확인할 수 있으며, 이휴징李休徵, 박수현朴守玄, 심제沈曆, 정창주鄭昌胄, 강백년姜栢年, 신유申濡의 작품에서 산수와 명승의 향유와 홍취토로의 면모가 포착된다.

1) 관조를 통한 미감의 표현

영물시詠物詩는 창작 대상을 바라보는 작자의 시선이 잘 드러나 있어 심미의식이 잘 반영된 양식이다. 영물시에 내재된 특징을 포착하는 작업은 이들의 시적 재능을 확인하고, 영물에 투영된 감정까지 읽을 수 있다는 점에서 의미를 지닌다. 기본적으로 영물시는 물物이라는 특정한 대상을 읊은 작품이다. 그러나 물物에 대한 정의 자체가 모호하므로 개념을 확인하고 범주를 구획해 주어야 한다. 『논어論語』「양화陽貨」편의 기록을 통해 보았을 때 『시경詩經』에서 영물시가 시작되었으며 소재가 확대되었음을 알 수 있다.[262] 청대淸代 『패문재영물시선佩文齋詠物詩選』에는 상고시대부터 원명에 이르기까지 14,690의 영물시가 수록되어 있어 제재 파악이 가능하며, 천상天象(24류類), 세시歲時(25류類), 지물地物(65류類), 건물建物(21류類), 인사人事(35류類), 기물器物(78류類), 식물食物(15류類), 식물植物(161류類), 동물動物(105류類), 기타(6류類)로 분류했음을 볼 수 있다. 또한 유염兪琰(1258~1327)은 『영물시선詠物詩選』에서 천부天部, 세시부歲時部, 지부地部, 산부山部, 수부水部, 거처부居處部, 사관부寺觀部, 인부人部, 여인부麗人部, 문부文部, 무부武部, 악부樂部, 교예부巧藝部, 기용부器用部, 잡완부雜玩部, 옥백부玉帛部, 관복부冠服部, 음식부飮食部, 과부果部, 곡부穀部, 소부蔬部, 화부花部, 목부木部, 초부草部, 금부禽部, 수부獸部, 인개부鱗介部, 昆蟲部 항목으로 영물을 나누었다.[263] 다음으로 유재건劉在建(1793~1880)이 분류한 『고금영물근체시古今詠物近體詩』를 살펴보면, 사물을 409류類로 나누어 구분하고[264] 자연물·인공물·동식물 등을 모두 포괄하여 계절과 기후, 절기 등을 소재로 한 작품들까지 모두 영물시로 명명했다.[265] 이렇게 본다면 물物의 범주는 자연시自然詩·산수시山水詩·경물시景物詩·풍월시風月詩·전원시田

262 『論語』, 「陽貨」, "小子, 何莫學夫詩. … 多識於鳥獸草木之名."

263 金萬源, 「中國詠物詩試論 : 六朝를 中心」, 『中國文學』 16, 韓國中國語文學會, 1988, pp.55~56.

264 劉在建, 『古今詠物近體詩』, 아세아 문화사, 1861, pp.2~3.

265 김재욱, 『목은 이색의 영물시』, 도서출판 다운샘, 2009, pp.27~29.

園詩・목가시牧歌詩 등과 같은 다른 많은 유형의 시에서 대상으로 하는 물物과 범주의 중복을 피하기 어렵다.[266] 따라서 이 글에서는 범주를 좁혀 시제에 명확히 물物의 명칭이 표명된 것만을 영물시로 규정하고 그에 해당하는 시만을 분석 대상으로 삼고자 한다.[267] 심제沈䶵와 남선南銑의 경우 영물시가 없으므로 이 절에서는 강백년姜栢年, 박수현朴守玄, 정창주鄭昌胄, 이휴징李休徵의 문집에 보이는 영물시를 논의 대상으로 삼고, 신유申濡의 경우 특징적이지는 않지만, 작품 몇 수가 포착되므로 함께 다루고자 한다.

강백년姜栢年은 자연물을 비롯해 곤충, 식물, 인공물을 대상으로 삼아 다채로운 영물시를 창작하고 있다. 그 현황을 살펴보면 다음의 표와 같다.

표 27 강백년姜栢年의 영물시詠物詩 현황

대분류	소분류	시제
자연물	바람	大風
	눈	詠雪次老杜韻, 詠雪, 詠雪, 詠雪, 詠雪
동물/곤충	잠자리	詠蜓蜻
	개구리	詠蛙
	매미	次前韻詠蟬
식물	감나무	詠柿
	대나무와 국화	詠竹與菊
	국화	詠吳生家菊花, 次韻詠柳監司恒盆菊, 詠菊
	단풍	詠楓葉
	배꽃	詠梨花, 詠梨花
인공물	등불	詠燈花

266 윤재환, 「玉洞 李漵의 詠物詩 硏究」, 『漢文學論集』 40, 근역한문학회, 2015, p.86.
267 졸고, 「藥泉 南九萬의 連作詠物詩 고찰 - 「詠柚詩」 20수를 중심으로 - 」, 『고전과 해석』 22, 고전문학한문학연구학회, 2017, p.300.

강백년의 영물시가 지닌 특징을 살펴보면, 일차적으로는 주변에서 흔히 마주할 수 있는 사물을 시의 창작 대상으로 삼고 있다. 더 나아가 하나의 소재를 반복적으로 활용하고 있어 눈을 읊은 작품을 주요 논의의 대상으로 삼아 분석해보고자 한다.

물 끓여 누가 눈송이를 만들었나	煎水誰裁六出花
버들개지보다 가볍고 모래보다 작은 것이	輕於柳絮細於沙
온 골짜기를 고루 덮어 옥빛 굴을 만들었고	平分萬壑成瑤窟
온 숲에 가만히 내려 옥가루를 이뤘으니	暗着千林作玉華
놀랍게도 선경이 인간세상에 온 듯하고	眞境忽驚移下界
손쉽게 봉해주어 가난한 집 윤택하네	素封容易潤寒家
밤들자 얼어 터진 동문 땅에서	夜來凍裂青門地
봄빛 새어 나오는 것이 오이 심기를 재촉하는 듯하네	似洩春光促種瓜[268]

이 작품은 눈을 읊은 것으로, 강백년이 두보杜甫의 시에 차운하는 방식을 사용해 그가 두보를 수용했다는 사실을 실증해 준다. 강백년의 문집에는 형식적 측면에서 두보 시의 운자를 따라 쓴 화운시和韻詩·차운시次韻詩를 비롯해 두보의 시구를 모아서 지은 집구시集句詩가 수록되어 있어 그가 두보의 수용과 학습에 주목했음을 확인할 수 있다.[269]

---

268 姜栢年,『雪峯遺稿』1卷,「閑溪錄」,〈詠雪 次老杜韻〉.

269 姜栢年,『雪峯遺稿』1卷,「閑溪錄」,〈次老杜韻 詠閑中卽事〉,〈病齒〉,〈詠雪 次老杜韻〉,〈讀李杜〉,〈偶吟〉,〈大風〉,〈溫陽道中〉.『雪峯遺稿』2卷,「歡城錄」,〈次老杜韻〉.『雪峯遺稿』4卷,「關東錄」,〈陽德院滯雨〉.『雪峯遺稿』5卷,「靜觀錄」,〈次杜工部九日藍田崔氏莊〉,〈次杜工部端午賜衣〉,〈和杜詩秋興八首〉.『雪峯遺稿』7卷,「閑溪後錄」,〈癸丑年間, 家親抵趙參議書, 舟姪還爲持來, 而趙令已作泉下人, 感而有作〉.『雪峯遺稿』8卷,「凝淸錄」,〈用前韻 集杜句〉,〈至日〉,〈覽鏡〉.『雪峯遺稿』9卷,「靜觀後錄」,〈仲冬〉.『雪峯遺稿』11卷,「愁城錄」,〈贈擇瓊上人〉,〈詠愁城集句〉.『雪峯遺稿』16~21卷,「城南錄」,〈禹生, 乃故申參判君澤門生也, 寄書求詩, 集杜句以贈之〉,〈金生起海挽〉,〈別鄭東萊晳白也集古句以贈〉,〈李判書慶徽挽〉,〈次朴太玄韻〉,〈沈靈光玖

이 시의 1~2구는 서설瑞雪을 지칭하는 육각형의 설화雪花 즉 육출화六出花를 언급하여 눈송이의 모양을 시적으로 형용하였는데, 이는 버들개지보다 가볍고 모래보다 미세한 눈의 입자를 말한 것이다. 3~4구에는 온 골짜기와 숲에 뒤덮인 눈의 형상이 그려져 있으며, 옥처럼 빛나는 눈의 모습이 담겨 있다. 5~6구는 눈 내린 풍경을 선경에 비유한 것으로 인간세상이 아닌 듯하다고 표현하고 있다. 7~8구에는 겨울의 끝자락에서 새어 나오는 봄을 느낀 작자의 감정이 토로되어 있다. 이 부분에서는 동릉후東陵侯에 봉해졌던 소평召平이 진秦나라 멸망 이후 포의布衣가 되어 장안성長安城의 동문 밖에서 오이를 가꾸며 조용히 은거하였다는 고사를 인용하여, 봄이 오려는 시기에 작자가 은일隱逸을 갈망하게 되었음을 보여준다.

순식간에 흩날려 한 척 넘게 쌓이니 頃刻飄颻一尺强
하얗게 쌓인 들판이 아득하네 素封原野浩茫茫
이로 보면 온 천하 당연히 이와 같으리니 擧隅天下應猶是
널리 베푸는 조물주의 공 황급하기만 施博神工爲底忙
찬 옥가루 뜰에 흩어져 울리는 소리에 놀라고 寒玉散庭驚有響
날리는 꽃가루 나무에 붙어도 향기 없어 괴이하네 飛花着樹怪無香
지금 어찌하면 맑은 흥을 타고서 此時安得乘清興
만 길 여러 산을 두루 다닐까 遍踏離山萬仞岡[270]

이 작품 역시 〈영설詠雪〉로 눈의 외적 이미지를 핍진하게 드러내면서 동시에 개인적인 흥취를 담아낸 것이다. 1~2구는 한 자가 넘을 정

挽〉, 〈韓生枋挽〉, 〈池生性淵挽〉, 〈南尼山挽〉, 〈朴佐郎秠挽〉, 〈朴司藝守玄挽〉, 〈李陽川斗煥挽〉.

270 姜栢年, 『雪峯遺稿』 1卷, 「閑溪錄」, 〈詠雪〉.

도로 온 들판에 눈이 쌓여있는 풍경을 그려낸 것이며, 3~4구는 조물주의 능력을 예찬함으로써 눈이 내리게 된 근원적인 연유를 탐색한 것이다. 5~6구는 한옥寒玉과 비화飛花에 빗대어 눈을 형용하면서 동시에 청각과 후각적 심상을 활용해 눈을 읊은 것이다. 이 부분에서는 차가운 구슬 소리를 내며 쏟아지는 눈의 모습과 나무에 착 붙어 꽃인가 의심스러운 눈의 면모를 시적으로 형용했다. 눈의 외적 이미지가 잘 그려져 있으며 눈을 완상하는 강백년의 섬세한 시선이 드러나 있다. 마지막 7~8구에서는, 맑은 풍경에서 비롯된 고조된 흥취를 엿볼 수 있으며, 여러 산을 두루 유람하고 싶은 작자의 정서를 읽을 수 있다.

시흥에 주흥을 겸해 더한 뒤	詩興能兼酒興添
솜처럼 날리다 소금처럼 떨어지는 모습 언뜻 보니	纔看飛絮更飄鹽
조물주는 텅 빈 세상 장식하려 하지만	天公有意粧虛室
봄빛은 저녁 주렴에 끝없이 드는구나	春色無端襲夜簾
은빛 바다 얼음 호리병이 서로 엉겨 비치고	銀海氷壺相掩映
옥 같은 숲 고운 나무는 온통 스산하기만	玉林珠樹共蕭森
오늘 아침의 화려한 경치를 혼자 다 가지니	今朝占盡繁華事
한가한 사람이면서도 청렴치 못함이 스스로 우습구나	自笑閑人也不廉

눈가루 날리더니 밤들자 쏟아져	豆灰飛屑夜來添
온 고개가 온통 소금 더미 되었는데	萬嶺俱爲蜀白鹽
아이 종이 쓸어서 작은 길을 열어주고	僮僕掃除開小逕
은자는 일어나 겹겹 주렴 걷고 보니	幽人睡起捲重簾
봄 머금은 매화는 단장한 듯 곱고	梅含春態紅粧嫩
바람과 싸우는 대나무는 갑옷 입은 듯 꼿꼿하네	竹戰嚴風介胄森
온종일 넋 놓고 보니 그대는 비웃지 말게나	竟日貪看君莫笑
너무 청렴한 것은 예전부터 청렴이 아니라 했다고	大廉從古似非廉

봄들자 묵은 병 심해져 견디지 못하겠는데	春來不耐舊痾添
청빈하고 가난한 생활에 식량도 비었네	生事淸寒罄米鹽
바람결에 대나무 그림자 낡은 벽에 스며들고	竹影帶風侵敗壁
달빛 머금은 솔바람 소리 성긴 주렴에 들며	松濤和月透疏簾
나그네 시름이 술잔 속에 사라지길 기다리니	羈愁待酒杯中破
시경이 눈앞에 가득 보이네	詩景尋人眼底森
하늘이 빌려준 물화를 내가 모두 가지고 있지만	天借物華吾盡取
은혜도 해칠 수 없는데 어찌 청렴을 해치겠나	旣無傷惠豈傷廉[271]

이 시는 〈영설詠雪〉 3수首로 동일한 운자를 사용했다는 점에서 세 작품은 유기적으로 이어져 있으며, 비슷한 정조를 공유하고 있는 것으로 판단된다.

첫 번째 작품은 시적 흥취 속에서 술잔을 기울이며 눈 내리는 풍경을 완상하며 지은 것이다. 한겨울 추위 속 눈 덮인 광경은 스산함을 자아내기보다, 조물주가 치장해준 듯한 화려함을 뽐내고 있다. 아름다운 경치 속에서 강백년은 한가히 노닐고 있는 것이다.

두 번째 작품에서는 한밤중에 큰 눈이 내려 온 사방이 소금 더미처럼 변모했다고 하여 눈 내린 아침 풍경을 장면화하였다. 이 속에서 하인은 눈을 쓸어 오솔길을 만들고 은자로 대변되는 자신은 주렴을 걷으며 바깥 풍경을 응시하고 있다. 또 강백년은 눈 내린 경치를 읊기 위해 주변에 있는 매화와 대나무를 묘사하였는데, 봄의 자태를 머금은 연약한 매화와 갑옷 및 투구로 무장한 듯한 굳건한 대나무를 대조적으로 그려냈다. 마지막 구에서는 작자가 넋을 놓고 아름다운 눈앞의 풍경을 완상하고 있음을 확인할 수 있는데 이 같은 면모는 앞서 살펴본 첫 번째

271 姜栢年, 『雪峯遺稿』 2卷, 「歡城錄」, 〈詠雪〉.

시와 동일하다.

세 번째 작품은 영물을 읊으면서도 자신의 심회를 담아내는 데 더 치중한 시이다. 이런 모습은 작자가 처한 처지에서 파생된 고뇌에 의한 것으로 판단되는데, 시 속에서 병이 심해지고 극심한 추위에 식량이 비었음을 확인할 수 있기 때문이다. 그에 따라 이 시에서는 주변 경물이 모두 수심을 배가시키는 요소로 작용하고 있다. 그러나 경련에서 작자는 술 한 잔에 시름을 털어내고, 시 속 경치와 같은 주변의 모습을 마주함에 따라 하늘의 물화를 자신이 모두 지니고 있음을 깨달으면서 완상의 경지를 느꼈다고 생각된다.

이 작품은 눈의 외적 이미지를 잘 구현하면서도 강백년의 진솔한 심회가 융화된 시라고 생각된다. 어떤 대상을 사실적으로 묘사했다고 하더라도 그 속에는 직관이나 관조를 통한 주관성이 개입될 수밖에 없다는 점을[272] 감안한다면 이 작품은 강백년만의 대상을 완상하는 태도가 곡진히 담겨 있는 시이다.

시월의 노란 국화가 눈 속에서 피어나니	十月黃花帶雪開
몰래 훔친 가을빛이 서늘한 뺨에 뚜렷하네	暗偸秋色著氷顋
주인은 피어난 꽃 오래 간다고 자랑마오	主人莫詑留花久
꽃의 뜻은 분명 내가 오기를 기다리는 것이리니	花意惟應待我來[273]

위 시는 〈영오생가국화詠吳生家菊花〉로 오생吳生 집에 핀 국화를 대상으로 삼아 창작한 작품이다. 1~2구는 눈을 맞으며 피어나는 국화의 외형을 담아낸 것으로 가을빛이 국화의 서늘한 뺨에 뚜렷하다고 표현

272 김원준, 「芝峰 梅花詩 考察」, 『한민족어문학』 39, 한민족어문학회, 2001, p.3.
273 姜栢年, 『雪峯遺稿』 2卷, 「歡城錄」, 〈詠吳生家菊花〉.

하여 국화를 의인화하고 있음을 볼 수 있다. 3~4구 역시 국화에게 마음을 부여하여, 강백년이 도착할 때까지 국화가 떨어지지 않고 머물러 있을 것임을 드러낸 것이다. 이 시는 창작 대상인 국화의 내면을 작자의 시각에서 의인화하여 독창적으로 기술한 시이다.

박수현朴守玄의 문집에서는 대략 전체 작품의 2/3에 해당하는 시가 자연 경관을 읊은 시로 확인된다. 그러나 자연시라는 범주가 너무 포괄적이어서 세분화하여 그 특징을 논의할 필요가 있다. 따라서 이 글에서는 박수현의 심미 정서가 가장 잘 응집된 영물시를 중심으로 논의를 진행하고자 한다. 주제 측면에서 영물을 다룬 것으로 판단하기 모호한 작품은 제외하고 구체적인 대상을 시화한 작품만을 분류해 표로 정리해 보도록 하겠다.

표 28 박수현朴守玄의 영물시詠物詩 현황

대분류	소분류	시제
물	바다	海, 觀海濤
	호수	龍湖觀漲酬唱韻
	강	春江
자연물	비	春雨, 淫雨, 炎雨, 苦雨
	달	新月呼韻, 養鶴亭賞月呼韻, 雨後見月呼韻, 重陽過後對月呼韻
	눈	詠雪
동물/곤충	기러기	新鴈, 歸雁喜靑天
	물새(백로, 오리)	呼韻詠養水禽
	매미	蟬
	벌레	蟲
	물고기	松亭觀魚
식물	모란, 계화	春盡桃李後牧丹桂花事可翫吟一節
	접시꽃	辛卯夏旱 祈雨于紺嶽 祭罷 歷其寺見階蜀葵盛開 取其子歸 落于惠民堂右小池邊葡萄架側 惟數株挺生 發花熳

		爛 絶色甚玩 亦足供賞 雨中詠一律
	두견화	賞杜鵑, 賞杜鵑
	소나무	撫孤松
	꽃, 버들	暮春花柳
	버드나무, 버들	江邊柳
광물	괴석	庭前怪石, 怪石
인공물	담배	詠南草

박수현이 대상 그 자체를 시의 주제로 삼은 작품들을 살펴보면, 비일상적이고 의도적인 상황에서 발견한 대상보다 일상적이고 우연한 삶의 범주 내에서 마주한 것들을 시로 구현해냈음을 알 수 있다. 또한 작품 속에서 그의 눈길이 머문 곳들을 살펴보면, 대상을 응시하는 박수현의 시선이 객관적인 관찰을 유지하고 있음을 확인할 수 있다. 이는 그가 대상을 자신의 감정 표출의 수단으로 삼지 않은 동시에 감정 안에서 대상을 왜곡시키지 않으려 했음을 말해준다. 이렇게 본다면 일상적으로 마주하는 대상과 객관적 거리두기를 통해 대상의 완상 그 자체에 집중했다고 할 수 있다.

절기 바뀌어 따뜻한 기운 막 돌아와 葭管初回暖
얼음 서리의 냉기를 깨뜨리려 하니 氷霜欲破寒
산은 추위를 거두려 하고 山衡威可斂
매화는 힘을 다해 남은 추위 견디는데 梅放力能殘
분칠한 비단 같은 봉오리는 바람 불자 벌어지고 絹粉臨風碎
붉은 밀랍 같은 매화에 덮인 눈 녹아가네 蠟紅帶雪乾
정교한 조각 알고자 하니 欲知工剪刻
봄소식이 가지 끝에서 새어 나오네 春信漏枝端[274]

274 朴守玄, 『草亭先生遺稿』, 〈山意衝寒欲放梅〉.

이 작품은 〈산의충한욕방매山意衝寒欲放梅〉로 제목에서 알 수 있듯이 산에서 추위를 무릅쓰고 피어나는 매화의 모습을 묘사한 것이다. 박수현은 매화 그 자체에 주목하면서도 절기라는 거시적인 환경 안에서 변화하고 생동하는 매화를 조망했다. 1~2구는 절기의 변화를 드러내면서 동시에 얼음과 서리의 냉기가 점차 사라지고 있음을 시적으로 표현한 것이다. 3~4구는 산속의 매서운 추위가 수그러들고 있음을 언급한 것으로 산속 추위의 위세와 함께 환경적 요소를 이겨내고 본연의 모습을 갖추기 위해 애쓰는 매화의 모습을 담아내 약동감을 부여했다. 앞서 살펴본 1~4구가 원경을 담아낸 것이라면, 5~6구는 근경을 묘사한 것으로 시선의 이동이 엿보인다. 5구는 매화의 얇고 부드러운 봉오리를 묘사한 것으로 외적 환경인 바람의 영향을 받아 갑자기 벌어지는 그 찰나를 읊은 것이다. 6구는 눈이 살짝 덮여있던 매화의 표면이 봄기운으로 인해 눈이 녹아 빛나는 모습을 비유적으로 표현한 것이다. 7~8구에서는 봄소식을 전달하는 주체를 나뭇가지로 표현해 자연의 경이로움을 극대화시켰다. 이 구절에서는 정교하게 조각하는 기술을 아주 미세한 가지 끝에서부터 확인한 시인의 깨달음과도 연관시켰다.

한기가 바람 타고 세모의 눈발 흩날리고	朔氣從風暮雪零
음산한 구름 밤낮으로 푸른 하늘 뒤덮으니	陰雲昏晝失蒼冥
망망한 바다를 건너도 자취 전혀 없고	茫茫渡海渾無迹
아득한 산에 내려서 형상 교묘하게 만드네	漠漠沉山巧造形
맑은 빛 지닌 관산의 달 환하게 도와주되	能助清光關月白
굳센 지조 가진 시냇가 소나무 푸르름 꺾지 말게	莫摧勁操澗松青
밤 든 여관 온통 쓸쓸해지는데	夜來旅館偏蕭瑟
흩뿌려대니 때로 슬며시 처마에 내리는 소리 들리는 듯하네	亂洒時聞暗着欞[275]

275 朴守玄, 『草亭先生遺稿』, 〈詠雪〉.

이 시는 눈을 읊은 것으로, 영물을 완상하는 박수현의 섬세한 시선과 이를 시적으로 형용해 내는 방식을 엿볼 수 있는 작품이다. 1~2구는 눈이 흩날리는 시점에 변화하기 시작하는 자연 경관을 포착한 것이다. 촉각적 이미지와 시각적 이미지가 혼융되어 시인이 보고 느끼는 그 모든 것이 생생하게 전달된다. 3~4구는 눈을 의인화시켜 내리는 눈의 여정을 시구에 담아 놓은 듯한 양상이다. 시인의 눈길이 머문 곳을 따라 다양하게 변이된 눈의 형상이 펼쳐지는데, 바다를 건넌 눈은 흔적 없이 사라져 버리기도 하고, 산에 앉은 눈은 산의 형세를 따라 장관을 연출한다. 5~6구에서는 박수현이 눈을 생명을 지닌 대상으로 인지하여 눈의 속성을 적확하게 파악했음을 알 수 있다. 7~8구에서는 박수현이 자연 현상의 외적 이미지를 구현하면서도 완상하는 자신을 한 폭의 그림 같은 경관 안에 담아냈음을 볼 수 있다. 그에 따라 대상을 완상하는 박수현의 심회가 미세하게 혼효되어 있는 양상이다. 그러나 '소슬蕭瑟'이라는 표현이 박수현의 심리적 정서를 드러내주는 유일한 단서로 작용할 뿐이라는 점에서 박수현이 대상을 관조함에 있어 자신의 감정 표현을 절제하여 객관적 거리를 유지하고자 했음을 알 수 있다. 8구에는 공감각적 이미지가 잘 반영되어 있어 시의 미감을 배가시킨다. 흩날리는 눈이 밤을 하얗게 뒤덮고 있는 모습을 시각적으로 떠올리게 하면서도 처마 끝에 내려앉는 눈송이의 작은 몸짓이 청각적으로 들리는 것만 같은 환상을 불러일으킨다.

지난번 감악사를 찾아갔다가	向尋紺嶽寺
접시꽃을 옮겨다가 심으니	移種蜀葵花
고운 꽃은 깊은 땅에 만발하고	芳草深地暎
포도는 시렁을 가득 가렸으며	葡萄滿架遮
이슬 내려 푸른 잎을 덮었고	露垂青覆葉

햇살이 옮겨가 붉은 꽃 기우네	日轉紫傾葩
그 중에서도 가장 자태 고울 때는	最是鮮顏色
바람 불고 빗발 뿌릴 때라네	風吹雨脚斜[276]

신묘년 여름에 가물어 감악산에서 기우제를 지내고, 제사가 끝난 후 그곳 절을 두루 구경하다가 계단 아래에 접시꽃이 만발해 있어 그 씨를 받아 돌아와 혜민당 오른쪽 작은 연못 가 포도나무 시렁 옆에 심었더니 몇 가지에서 싹이 터 만발했다. 그 붉은 색이 감상할 만하기에 빗속에 한 수를 읊는다.

이 작품은 박수현이 접시꽃을 시로 표현한 것이다. 접시꽃의 붉은 자태를 완상하면서 접시꽃을 감상할 수 있게 된 경황을 시제에 기술해 두었는데, 제목 자체가 해설 역할을 담당하고 있어 창작의도가 더욱 선명히 드러난다. 1~2구는 접시꽃을 심게 된 경위를 함축적으로 밝혀 둔 것인데, 박수현은 완상 결과뿐만 아니라 과정을 중시한 것으로 보인다. 감악산에서 기우제를 마친 후 우연히 접시꽃을 만나게 되었고, 그 아름다움에 매료되어 씨를 받아왔음을 확인할 수 있다. 시는 한 편이지만 두 가지의 스토리가 중첩되어있는 양상이다. 3~4구는 피어난 접시꽃이 핀 주변 환경을 함께 그려낸 것으로 박수현의 눈에 포착된 모습이 고스란히 전해져온다. 특정 부분을 부각시키지 않고 전체적인 광경의 조망이 가능하도록 묘사하였다는 점에서 객관성과 사실성이 돋보인다. 5~6구에서는 박수현의 시선이 접시꽃으로 이동했음을 볼 수 있다. 내려앉은 이슬과 붉은 꽃을 비추는 햇살이 접시꽃의 아름다움을 배가시

276 朴守玄, 『草亭先生遺稿』, 〈辛卯夏旱 祈雨于紺嶽 祭罷 歷其寺 見階下蜀葵盛開 取其子歸 落于惠民堂右小池邊葡萄架側 惟數株挺生 發花熳爛 絳色甚玩 亦足供賞 雨中詠一律〉.

키고 있다. 7~8구는 박수현의 개인적인 심미관이 발현된 부분이다. 이는 꽃을 관조하는 여러 시인의 공통적인 감수성과도 상통하는 지점이라고도 할 수 있는데, 비 내릴 때 마주한 영물의 모습을 아름다움의 경지로 보는 경우가 많기 때문이다.

지금까지 살펴본 바에 따르면 박수현은 절기의 변화 속에서 포착되는 사물의 변모 양상을 세밀히 관찰해 시로 옮겨 둔 것으로 파악된다. 전고를 사용해 기이한 기교를 추구한 흔적도 찾아볼 수 없으므로 그의 시는 더욱 진솔하고 사실적으로 다가온다. 자신의 감정을 배제하고 대상의 구체적인 모습을 전해주는 것에만 전일하고 있기에 독자는 박수현이 직접 보고 그려둔 한 폭의 그림 안으로 초대되기는 하지만, 그의 감정에 의해 풍경의 감상이 방해받지 않는다. 그의 영물시에는 주관적 감정을 형상화하기 위해 허황된 경관을 구성하는 경우가 그리 보이지 않는데, 그의 영물시에서 볼 수 있는 주관적 시선은 자연 경관과 영물을 포착하고 형상화 한 시인의 눈으로만 기능하고 있다. 이러한 면모는 박수현이 시를 창작함에 있어 눈길 닿는 대로 포착되는 자연의 아름다움을 바탕으로 했을 때, 기발하려고 하지 않아도 기발해지고 아름답기를 추구하지 않아도 자연히 아름다운 경지에 다다를 수 있음을 인지하고 있었기 때문이라고 생각된다.[277] 더 나아가 기본적으로 그가 자연에서 얻은 청아함을 사랑했으며,[278] 그 청아함이 자신을 수양할 수 있는 기반이 됨을[279] 알았기 때문이라고 판단된다.

---

277 朴守玄, 『草亭先生遺稿』, 「四美堂記」, "逍遙乎寄興, 吟詠乎逐賞, 奇麗自資乎回轉, 遐睎任縱乎逢迎, 或滲漉其精, 或採掇其英藻, 仍以藻飾其思, 摸寫其景, 彫琢結句, 鋪張載編, 不期奇而自奇, 不期美而自美."

278 朴守玄, 『草亭先生遺稿』, 「雙淸亭記」, "彼僕於軒衙之廷, 輿衛於宴座者, 山與水, 風與月, 霏霏而起, 淡淡而流, 豈自中導其淸."

279 朴守玄, 『草亭先生遺稿』, 「雙淸亭記」, "夫人之處大間淸自牧者鮮矣. 盖虛心物我, 浪

정창주鄭昌冑의 영물시는 전체 602제題의 작품 가운데 66제題 68수首가 영물시여서, 비율로 환산해보면 11%에 해당함을 알 수 있다.

표 29 정창주鄭昌冑의 영물시詠物詩 현황

대분류	소분류	시제
자연물	달	見月, 月, 低月, 落月, 宿安康縣詠月, 月 二首, 松月, 宿安康縣詠月, 宿安康縣詠月, 五月十五夜看月, 霽後得新月詠懷,
	눈	詠雪, 詠雪, 雪景, 山雪, 雪, 臘月初一日雪
	석양	夕景 二首, 夕景
	노을	朝霞六韻
	비	聽雨, 久雨, 春雨, 雨, 秋雨, 交河大雨
	바람	臨津遇風
동물	말	快馬
	기러기	聞鴈, 籠鴈, 聞鴈, 聞鴈
	제비	詠飛燕
	황학	聞黃鸝
	학	鶴
	매미	晩蟬
	꾀꼬리	黃鸎, 新鸎, 聞黃鸝, 聞黃鸝
	파리	憎蠅
	뻐꾸기	聞布穀
	갈매기	白鷗
식물	꽃	歎花, 雪中過開花隅
	꽃, 버들	花柳
	연꽃	賞荷, 新荷
	매화	黃梅, 梅花, 梅南里, 賞梅
	석류꽃	石榴花
	석류	石榴
	나무	種樹
	버드나무	溪柳

迹江湖, 不以得失累其靈符, 不以芬華撓其覬覦, 無蹶超風塵之間, 但盤桓靜散之地, 伴奐而已, 燕息而已, 使心與跡相符, 其於世, 不數數然, 獨不得爲淸乎."

	배나무	栽梨, 栽梨
	감나무	柿浦發紅
	대나무	栽竹
	소나무	嶺底澗松
	잎	霜華, 詠新蝶 , 以考官赴德川路見楓葉
	망우초	萱
광물	돌	回瀾石

위 표를 통해 확인할 수 있듯 정창주는 자연 현상을 비롯해 동물・식물・광물에 해당하는 다양한 대상을 소재로 시를 창작했다. 자연 현상으로는 달, 눈, 석양, 노을, 비, 바람을 소재로 삼았으며, 동물로는 기러기, 제비, 황학, 매미, 꾀꼬리, 파리, 뻐꾸기, 갈매기를 대상으로 했다. 식물로는 꽃, 연꽃, 석류꽃, 매화를 비롯해 버드나무, 배나무, 대나무, 감나무, 소나무, 잎, 단풍, 망우초에 이르기까지 다양한 대상을 소재로 사용하였다. 형식적 측면에서 살펴보면, 오언절구五言絶句 6제題, 칠언절구七言絶句 18제題, 오언장율五言長律 1제題, 오언사운五言四韻 12제題, 칠언사운七言四韻 24제題, 오언고시五言古詩 2제題, 칠언고시七言古詩 3제題인데, 창작된 시의 양으로 볼 때 칠언七言을 선호하면서도 절구絶句보다는 율시律詩 형식을 주로 사용했음을 알 수 있다.

이와 함께 특정 대상을 소재로 한 반복적인 작시 경향도 살펴볼 수 있다. 달을 소재로 하면서도 달의 다양한 모습인 "월月, 견월見月, 저월低月, 낙월落月, 송월松月"을 읊었으며, 비를 대상으로 하면서도 "청우聽雨, 구우久雨, 춘우春雨, 추우秋雨, 교하대우交河大雨"를 읊었다. 그 밖에도 눈, 기러기, 꾀꼬리 등 동일 소재를 활용한 다수의 영물시가 확인된다. 그에 따라 정창주의 영물시는 영물의 다채로운 면모를 담아낸 것으로 확인되는데, 이러한 작품을 통해 정창주의 섬세한 시선과 감수성을 겸비한 시인의 자질을 볼 수 있다.

(1)

밤도 아니건만 봉우리마다 달 떴고	不夜千峯月
봄도 아니건만 나무마다 꽃 피었네	非春萬樹花
천지에 오직 검은 하나의 점	乾坤一點黑
저물녘 성 위에 돌아가는 까마귀 한 마리	城上暮歸鴉[280]

(2)

온 산 한 빛 되어 밤 되자 밝아지고	千巖一色夜還明
사람은 신선 세상 그곳에 있는 듯하니	人在瓊瑤界上行
학 둥지를 살짝 덮어 흰빛을 다투고	輕襯鶴巢爭尙白
달그림자와 차갑게 어울려 맑기가 그지없네	冷和蟾影不勝淸
화공이 어찌 진면목을 그려낼까	畫工豈寫眞顔出
시상은 온통 상쾌한 기운 따라 일어나네	詩思偏從爽氣生
우습구나 산승이 일 많아져서	可笑山僧亦多事
새벽 되자 고생스럽게 나무할 것이	曉來辛苦斫樵程[281]

정창주는 눈을 소재로 삼아 다채로운 영물시를 지었는데, 그 중에서도 (1)은 〈영설詠雪〉로 10세가 채 되지 않은 시기에 창작한 것이다. 이 시는 실제로 세상에 많이 알려진 작품으로[282] 정창주의 시적 재능을 가장 잘 보여준다고 할 수 있다. 이 시는 시 안에 눈을 표상하는 글자를 한자도 두지 않고 절묘하게 눈 내린 광경을 옮겨 둔 작품이다. 기구와 승구는 도처에 눈 내린 풍경을 밤도 아니건만 봉우리마다 달 뜬 듯 환하고, 봄도 아니건만 꽃이 화려하게 핀 것 같다고 그려낸 것이다. 눈길 닿는 곳마다 전부 하얗게 치장된 광경을 목도한 어린아이의 순수한 시

280 鄭昌胄, 『晩洲集』 1卷, 「五言絶句」, 〈詠雪〉.

281 鄭昌胄, 『晩洲集』 2卷, 「七言四韻」, 〈山雪〉.

282 鄭昌胄, 『晩洲集』, 「晩洲先生集序」. "季未十歲, 嘗詠雪曰, "不夜千峰月, 非春萬樹花. 乾坤一點黑, 城上暮歸鴉." 一時傳誦焉."

선이 묻어있다. 전구와 결구는 흰 세상에서 딱 하나 보이는 검은 점을 포착한 것으로, 대상인 까마귀만 문면에 남긴 채 나머지 모든 부분을 파내는 양각의 기법을 사용해 온 세상에 덮인 눈을 더욱 선명하게 담아냈다.[283] 너무 핍진하지도 또 불분명하지도 않은 형상으로 눈을 형용함으로써 여운을 증폭시키고 있다. 영물시는 대상을 분명하게 다 말하기보다는 비슷하게 형용해야 묘처妙處를 얻을 수 있는데[284] 이러한 점에서 정창주의 시는 탁월한 성취를 이루었다고 할 수 있다.

(2)는 〈산설山雪〉로 산에 내린 눈을 그려내면서 동시에 대상을 통해 일어난 자신의 시흥을 담아낸 시라고 할 수 있다. 수련은 설경을 경요에 비유한 것으로 눈 덮인 산봉우리가 모두 흰 빛이라 밝게 보임을 말한 것이다. 함련에서는 학 둥지에 덮여 학과 흼을 다투고 있다고 읊어 눈의 흰 빛깔을 강조하는 동시에 차가운 달그림자를 드러내 눈의 청정함을 배가시켰다. 경련은 화공이 베껴낼 수 없는 아름다운 풍경 속에서 시상이 흥기되었음을 드러낸 것이다. 미련은 스님이 눈 쌓인 산에서 고생스럽게 나무를 마련하는 상황을 읊은 것인데, 이 작품에서도 정창주는 중심 소재인 산에 내린 눈을 드러내기 위해 그 주변을 묘사하는데 전일하고 있음을 볼 수 있다.

(1)

구름 속 달 희미하게 동산 위에 떠올라	朧朧雲月上東山
높은 소나무로 옮겨가 숨었다 나타났다 하니	影轉高松掩映間
항아가 분명 영약 훔친 것을 후회해서	應是嫦娥悔偸藥
사람들 향해 얼굴 맘껏 펴지도 못하는 것 같네	向人猶未快開顔[285]

283 안대회, 『(아동 한시 선집) 내 생애 첫 번째 시』, 보림, 2016, pp.114~115.

284 魏慶之, 「詠物詩造語」, 『詩人玉屑』 6卷. "詠物詩, 不待分明說盡, 只髣髴形容, 便見妙處."

(2)

其一

씻은 듯한 고운 달에 바다 빛 열리니	洗出氷輪海色開
고운 모습 정녕 아름다운 여인 온 듯하여	嬋姸正似玉人來
열두 경루 위와 같으니	依然十二瓊樓上
황홀하여 꿈속에서 임금님 뵙는 듯하네	怳惚天顔夢裡陪

其二

지는 것 빨라 한스럽고 뜨는 것 더뎌 한스러운데	去恨匆匆來恨遲
언뜻 보니 둥글던 모습 곧 다시 이지러져	纔看圓處便成虧
높은 누대에서 탄식하며 밤 깊도록 앉아서	高樓歎息夜深坐
아는지 모르는지 항아에게 물어보네	爲問嫦娥知不知[286]

정창주는 달을 대상으로 11제題의 작품을 창작했는데, 달의 다양한 모습을 포착해 시로 형상화했다. (1)은 〈송월松月〉로 기구와 승구에서 드러나 있듯 달이 구름에 가려졌다가 또 소나무에 걸려 소나무 사이에서 빛을 비추고 있는 모습을 읊은 것이다. 정창주는 이 같은 달의 다양한 양태를 항아姮娥가 남편이 서왕모西王母에게서 구한 불사약을 훔쳐 월궁月宮으로 달아났다는 고사와 연결하여 해석하고자 했다. 이에 전구와 결구에서 달이 사람들을 향해 온전한 모습을 보여주지 못하는 연유를 항아가 영약을 훔친 것을 후회했다는 것과 연계시켰다. 이 작품에서 대상의 독특한 모습을 포착한 정창주의 섬세한 시선을 엿볼 수 있는데, 그에 대한 해석의 독창성이 돋보인다. (2)는 〈월月〉이라는 제목의 2수 연작시인데, 기일其一이 달의 아름다운 모습을 그려낸 것이라면 기

285 鄭昌胄, 『晩洲集』 1卷, 「七言絶句」, 〈松月〉.

286 鄭昌胄, 『晩洲集』 1卷, 「七言絶句」, 〈月 二首〉.

이其二는 달에서 홍기된 개인적 감정을 술회했다고 할 수 있다. 정창주는 기일其一에서 달을 아름다운 여인에 비유하고 선경仙境에 있는 열두 개의 누대가 방불한 것 같다고 읊었으며, 대궐에서 임금님을 만나는 황홀한 감정에 빗대어 달에 대한 정서를 표출했다면, 기이其二에서는 주로 인생의 이치와 자연의 섭리를 병렬시킴으로써 달을 통해 자신의 감정을 담아냈다. 이 작품은 달의 외면 묘사와 개인적인 감회를 투영하는 감정의 기탁 현상이 두 수의 시에 나누어 실려 있다는 특징을 보여 준다.

(1)

모진 바람 날마다 불어 늘 괴로웠는데	常苦獰風日日吹
갑자기 처마 아래로 올올히 내리는 소리 들려오니	忽聞簷角下絲絲
자연히 만물을 적셔 마른 것 되살아나	自然潤物能蘇槁
비록 사심 없지만 또한 때를 만났으니	雖是無私亦解時
우뚝 솟은 산의 모습은 새로운 뜻을 얻은 듯하겠고	立立山容新得意
졸졸 흐르는 시내 어귀에는 이제 물결 일렁이겠지	涓涓澗口始生漪
아침 들어 문에 기대 드리운 버들 보니	朝來倚戶看垂柳
한 가닥 봄빛이 이미 가지에 내렸네	一陣春光已上枝[287]

(2)

쓸쓸한 찬비는 개려하지 않고	冷雨蕭蕭不肯晴
무성한 구름 온종일 산 옆에 떠 있으니	洩雲終日傍山行
정자 언덕 해지려는 때에 들 빛은 희미하고	亭皐欲暮野光薄
잠자리 서늘해져 가을 기운 성대하며	枕簟生涼秋意成
잎 아래 벌레는 한해를 재촉하고	葉下陰虫催歲律
하늘 가 되가는 기러기는 찬 소리와 함께 가네	天邊歸鴈帶寒聲

287 鄭昌胄, 『晩洲集』 2卷, 「七言四韻」, 〈春雨〉.

아득한 세상사 어느 때에 끝나려나　　悠悠世故何時了
백발이 끝도 없이 거울 속에서 자라네　　華髮無端鏡裡生[288]

정창주는 비를 대상으로 해서도 다양한 시를 지었는데, 여기에서는 계절적인 배경과 결부된 비에 관한 두 수를 살펴보고자 한다. (1)은 〈춘우春雨〉로 봄에 마주한 비를 읊은 것이며, (2)는 〈추우秋雨〉로 가을에 내린 비를 소재로 삼은 것이다. (1)에서는 봄비를 읊으면서도 이를 통해 생동하는 만물의 모습을 담아내는 것에 주력했으며 (2)에서는 가을비와 함께 성대해지는 가을 기운을 시적으로 형용하는 동시에 시름겨운 자신의 정서를 토로해 시상을 마무리했다. 두 수의 시에서는 동일한 대상을 시의 소재로 삼았지만 분위기와 정서가 상이함을 볼 수 있는데 이를 통해 대상을 감상하는 정창주의 다채로운 시선을 느낄 수 있다.

이휴징李休徵은 주로 율시律詩 형식의 영물시를 창작했으며, 동물, 식물, 광물, 인공물에 이르기까지 다양한 대상을 시의 제재로 삼았다.

표 30 이휴징李休徵의 영물시詠物詩 현황

대분류	소분류	시제	대분류	소분류	시제
동물	제비	鷰, 詠新燕	식물	봉오리	遊山後詠十二峯
	누에	蠶			
	오리	養鴨二首		사계화	詠四季花, 四季花
				목란	詠呂江舊宅白牧丹
광물	굴	詠東湖龍窟	인공물	등불	雨夜詠燈
	괴석	詠怪石			

288 鄭昌胄, 『晩洲集』 2卷, 「七言四韻」, 〈秋雨〉.

(1)

둥글둥글 여린 잎에 푸른 빛도 성긴 채　　嫩葉團團綠影疎
한 자쯤 된 몇 줄기가 섬돌 앞에 기댔으니　　數莖盈尺倚前除
고운 자태로 부질없이 나그네를 머물게 하고　　空將絶豔能留客
기나긴 봄 넉넉하게 홀로 나를 짝하였는데　　剩帶長春獨伴余
이슬 막 걷히고 아침 비가 내린 뒤에　　珠露乍收朝雨後
연지 떨어지고 석양 막 깔리네　　臙脂欲落夕陽初
이름난 정원에 시로 읊을 것 많기도 하겠지만　　名園題品知多少
이 정원에서도 시정은 절로 넉넉하다네　　一院詩情自有餘[289]

(2)

질항아리에 사계화를 꺾어　　瓦盆栽四季
책상 곁을 비호하게 하니　　動護傍書床
여린 가시 도리어 짧은 것 아쉽고　　嫩刺猶嫌短
성긴 가지 일부러 길게 자르지 않으니　　疎枝故不長
정기가 월등하게 뛰어난 것 알겠고　　精華知絶品
품위는 꽃들 가운데 으뜸이네　　標格擅羣芳
여름 내내 봄의 자태 남아있어　　經夏留春豔
다정하게 나와 술잔 함께하네　　多情伴我觴[290]

(1)은 〈영사계화詠四季花〉이며 (2)는 〈사계화四季花〉로 모두 사계절 꽃을 읊은 것이다. (1)의 1~2구는 앞뜰에 핀 사계화四季花의 잎과 줄기를 읊은 것이며, 3~4구는 아름다운 모습에 빠져 사계화를 완상하게 된 경위를 말한 것이다. 5~6구는 시간별 다채로운 사계화의 면모를 묘사한 것인데, 아침 비를 맞은 모습이 옥구슬 같으며 석양이 질 무렵

289 李休徵,『麻庵遺稿』1卷, 〈詠四季花〉.
290 李休徵,『麻庵遺稿』1卷, 〈四季花〉.

에는 붉은 연지분을 바른 듯하다고 표현함으로써 사계화의 모습을 그림처럼 제시하였다. 7~8구는 사계화의 모습이 시인의 시정을 유발하고 있음을 드러낸 것이다.

(2)는 질항아리에 심은 사계화를 책상 옆에 두고 완상하며 창작한 작품이다. 여리고 성긴 가시와 가지를 포착하는 작자의 시선에서 사계화를 아끼는 마음을 확인할 수 있다. 또한 작자는 사계화의 정기와 품위를 읊어 여타 꽃들보다 뛰어남을 강조함으로써 완상의 깊이를 드러냈다. 마지막 연에서는 봄의 자태까지 머금은 사계화가 여름 동안 작자의 술벗이 되어주었다고 하였는데, 사계화가 완상의 대상에서 그치지 않고 심리적 안식처이자 벗의 역할까지 수행하고 있음을 알 수 있다.

작약꽃 핀 뜰 꽃 소식은 모두 한순간이어서	藥階花事摠須臾
몇 송이 마주하니 자질 몹시 빼어나	數朶當前品絶殊
채가는 벌 더럽히는 쉬파리를 항상 싫어하고	蠭掠常嫌蠅點玉
시린 달과 드리우는 이슬을 유독 아끼니	兎寒偏愛露垂珠
영아가 씻고서 막 고루 단장한 듯하고	嬴娥淡洗初均粉
항아가 화장하고 연지 바르지 않은 듯하네	羿妾新粧不用朱
두견새 곡하는 속 시름겹게 홀로 서서	哭盡山鵑愁獨立
부질없이 눈물 흘리니 귀밑머리에 향기 스미네	漫將哀淚濺香鬚[291]

이 작품의 제목은 〈영여강구택백목단詠呂江舊宅白牧丹〉으로 흰 모란꽃을 읊은 것이다. 1~2구는 순식간에 지나가는 봄날 빼어난 품위를 지닌 모란꽃을 완상하는 감회를 담아낸 것이다. 3~4구에는 옥 같은 모습을 지닌 모란꽃에 대한 작자의 애정 어린 시선이 담겨 있는데, 모란을 위협하는 벌과 꽃잎을 더럽히는 쉬파리에 대한 작자의 부정적인

291 李休徵, 『麻庵遺稿』 1卷, 〈詠呂江舊宅白牧丹〉.

감정과 함께 이슬이 어린 모란의 모습을 가장 아름답다고 표현했다. 5~6구는 흰 모란꽃의 아름다움을 언급하기 위해 영아嬴娥와 항아姮娥를 인용한 것으로, 연지를 쓰지도 않은 듯한데 그 모습 자체가 영롱함을 강조한 것이다. 7~8구는 개인적 감회를 토로한 것으로, 이휴징의 섬세한 감정이 담겨 있다. 그런데 미련에서 갑자기 시상이 슬픈 정조로 전환되었음을 볼 수 있는데, 이는 모란에서 촉발된 감정이라기보다는 여강구택呂江舊宅이라는 장소에서 파생된 수심이라 생각된다. 다만 마지막 구절을 보면 눈물이 흐르는 와중에 향기가 귀밑머리에 스며들었음을 알 수 있으므로, 여기에서 모란꽃은 작자에게 위로를 전하는 매개체 역할을 담당하고 있다고 할 수 있다.

방 가득한 누에가 여자 일 재촉하니	虞蠶滿室女工催
쌍쌍이 광주리 들고 오가기를 반복하는데	兩兩攜筐去復回
세 번 잠잔 뒤에 자라는 것 보고	惟度三眠時見熟
온 나무 비어가니 나뭇잎은 쌓여가며	漸空千樹葉成堆
고치실 켜 토해내니 누가 재주 있는지 알겠고	繰絲解吐知誰巧
삶을 솥 갖추니 끝내 재앙 되었네	烹鼎方具竟是災
어쩔 수 없구나 곱디 고운 실 되어	豔綿蒽蘢無柰爾
실어 보내니 부질없이 부자의 재물 되는 것이	委輸空作富人財[292]

이 작품은 잠蠶을 대상으로 읊은 것으로 일상 생활에 대한 작자의 관심을 엿볼 수 있는 시이다. 1~2구에는 누에고치에서 실을 뽑는 여인들의 분주한 모습이 담겨 있으며, 3~4구는 누에가 세 번 잠을 잔 뒤 섶에 올라 고치를 짓는 과정을 서술 한 것이다. 5~6구는 실켜기의 준비공정으로 고치를 삶는 광경을 읊은 것이고, 7~8구는 완성된 누에고

292 李休徵, 『厤庵遺稿』 1卷, 〈蠶〉.

치를 수송해서 옮기는 모습을 말한 것이다. 이 작품은 누에를 대상으로 하여 누에 공정의 전 과정을 모두 담아낸 시이다.

신유申濡의 영물시는 인공물을 대상으로 하여 연작 형태로 창작했다는 특징을 보인다. 신유의 연작영물시는 작품의 제재가 모두 다른 개별형 연작시와 제재가 모두 동일한 일체형 연작시[293]로 대별된다. 시를 살펴보면 다음과 같다.

木書棚

두 겹 책시렁 세 자쯤 되는데	二疊書棚三尺纔
가죽나무로 만들어 재목 중에서 뛰어나네	由來椵木絶群材
촛불에 어린 모습 저녁 창에 고요하니	影交樺燭宵窓靜
서책에 빛이 비치자 새벽 장막을 여는구나	色暎牙籤曉帳開

白硯匣

흰 벼루 갑 애초에는 밝고 깨끗했는데	白匣初來光皎潔
사람 따라 더럽혀져 점차 검어지는데	從人點汚漸成烏
본래 성질이 견고한 돌 같지 않으니	自非性質堅同石
먹칠을 어찌하면 맑게 씻을 수 있나	塗墨那能一洗無

木燈檠

간단하여 원래 깎아 만든 것 아니니	簡易元非刻削成

293 이정은, 「백거이 연작영물시 연구」, 성균관대학교 대학원 석사학위논문, 2007, pp.93~94. 이정은은 연작시에 속하는 개별 작품의 제재가 연작구성에 있어서 일관적으로 사용되었는지 아닌지에 따라 백거이 연작영물시를 '일체형', '개별형', '혼합형'으로 나누어 두었다. 일체형은 개별 작품에 쓰인 제재가 모두 동일 한 것이며, 개별형은 개별 작품에 쓰인 제재가 모두 다른 경우, 혼합형은 둘 이상의 제재를 가진 경우로 분류하였다.

선생 이르는 곳마다 나무등잔걸이 있는데　　先生到處木燈檠
강가 성의 비바람 세차게 부는 밤에　　江城風雨翛翛夜
외로운 방에 있어서 등잔을 밝히네　　留得孤房一盞明

陶甁

돼지 배 같은 둘레가 목은 자라처럼 줄어들어　　豕腹經圍鼈項縮
따를 때마다 방울져 늘 없는지 의심스럽지만　　當杯涓滴每疑無
만약 날마다 서 되의 술을 담아둘 수 있다면　　若教日貯三升酒
술집의 백옥 술병이 부럽지 않네　　未羨壚頭白玉壺

書屛風

면마다 줄마다 글자체 둥글어　　面面行行字體圓
지렁이 뱀을 따른 듯 속절없이 꾸불꾸불　　從他蛇蚓謾蜿蜒
강산의 빛깔을 그린 것 아니지만　　不如畫作江山色
가을 물과 갈대꽃이 낚싯배에 닿은 듯하네　　秋水蘆花着釣船

扇窓

비바람 엇갈려 드는 것을 막고　　縱防風雨交吹入
아침 볕 따뜻해지는 것 물리치지만　　却欠朝陽向暖開
맑은 밤 사람 머무는 곳에　　也有淸宵可人處
동산 개인 뒤 달빛이 배회하는구나　　東山霽後月徘徊[294]

이 작품은 〈객거영육물客居詠六物〉로 객지 생활을 하며 6가지 인공물을 대상으로 읊은 것이다. 이 작품은 문집 가운데 「청원록淸源錄」에 수록되어 있는데, 청원淸源은 강계江界를 지칭한다. 「청원록淸源錄」에는 1657년 4월 대사간으로 상소를 올리다 배소流配되어 10월에 천안天

294 申濡, 『竹堂集』, 「淸源錄」, 〈客居詠六物〉.

安으로 이배移配될 때까지 지은 시가 담겨 있으므로 이 작품 역시 이 시기에 창작된 것으로 추정된다. 신유는 주변의 자연물뿐만 아니라 일상생활에서 마주하는 사물을 제재로 삼아 창작했는데, 이 작품은 하나의 제목 아래 6개의 제재를 담아낸 연작 영물시이다.

첫 번째 수는 목서붕木書棚을 읊은 것으로 책상의 외형적인 크기와 재질을 그려내는 동시에 시간대별로 펼쳐지는 장면을 한 폭의 그림처럼 형용했다. 그에 따라 새벽 무렵 서책에 빛이 스며드는 광경이 시에 담겨 있다. 두 번째 수는 백연갑白硯匣을 대상으로 작시한 것인데 본래의 모습을 잃고 여러 사람에게 사용됨에 따라 먹으로 뒤덮인 벼루의 외면을 묘사한 것이다. 세 번째 수는 목등경木燈檠을 읊은 것으로 간단하게 깎아서 만들 수 없는 나무 등잔걸이가 도처에 있어 거센 바람 몰아치는 밤을 밝게 비춰주었음을 말한 것이다. 네 번째 수는 도병陶甁을 형용했는데 도병의 외면을 핍진하게 그려냈다는 점에서 신유의 섬세한 시선을 확인할 수 있다. 다섯 번째 수는 서병풍書屛風을 묘사한 것으로, 병풍에 적힌 글씨체를 형용하는 동시에 함께 담겨 있는 그림의 풍경을 말한 것이다. 여섯 번째 수는 선창扇窓을 묘사한 것인데 주변 풍경을 읊어 선창의 특징을 드러내었다.

관목은 봄기운 머금었고	灌木含春氣
높은 가지에도 나뭇잎 다 났는데	高柯葉盡生
깃을 떨치는 한 쌍 새는 어디에서 와	何來雙拂翮
맑은 날 정답게 지저귀는가	款款喚新晴
대 숲에 쌍으로 깃들어 즐거운데	竹裡雙栖樂
왜 저리도 바쁘게 서로 부르나	相呼爲底忙
천보 연간의 일 반드시 전해질 것이니	應傳天寶事

흰 앵무새를 불러보네　　喚作雪衣娘

고운 날개 붉은빛 막 어리고　　錦翼紅初軟
어린 깃털은 세찬 여울에 시달리지만　　㶉鷘困急湍
물결 따라 수초를 쪼아 먹는데　　隨波唼水草
부평초 꽃은 푸르고 무성하네　　萍芡綠蔓蔓

어느 곳에서 짝을 잃었나　　何處忽相失
아득한 물 구름처럼 희미하니　　蒼茫迷水雲
붉은 여뀌 핀 물가에 날아들어　　飛來紅蓼渚
옛날 헤어진 무리를 부르는구나　　叫取舊離群

갈대꽃 핀 물가 가까이에서　　故近蘆花渚
서로 의지하며 곤히 잠을 자는데　　相依睡正酣
밤 들자 서리 급히 불어　　夜來霜吹急
강남 갈 꿈 못 이뤘구나　　不得夢江南

비 지나가니 깃털 빛깔 깨끗하고　　雨過衣色淨
바람 고요하니 머리 깃 잠잠하지만　　風靜頂絲閑
다만 물고기 옆에서 지나가니　　只爲魚經寸
기심이 얕은 물가에 있구나　　機心淺水間[295]

이 작품은 〈영화병 육절詠畫屛 六絶〉로 병풍 속에 담긴 여러 폭의 그림을 6首의 절구에 담아낸 것이다. 하나의 소재를 대상으로 했기에 일체형 연작시로 분류할 수 있으나, 각각의 시에 다양한 풍경이 담겨 있다는 점에서 변주를 구사했다고도 할 수 있다. 이 작품은 「양아록養痾

295 申濡, 『竹堂集』, 「養痾錄」, 〈詠畫屛 六絶〉.

錄」에 수록되어 있으므로 창작 시기는 1661년 봄 이후로 추정된다.

첫 번째 수는 잎이 무성한 떨기나무에 한 쌍의 새가 앉아있는 병풍의 그림을 묘사한 것이며, 두 번째 수는 대나무 숲에 깃든 새의 그림을 시로 그려낸 것이다. 신유는 당나라 현종 때 광남廣南에서 흰 앵무새를 진상한 일화를 인용해 병풍 속 그림을 시로 형용했다. 세 번째 수는 세찬 여울을 가르는 새의 그림을 담아낸 것이며, 네 번째 수는 붉은 여뀌 핀 물가를 그린 그림을 묘사한 것이다. 다섯 번째 수에는 갈대꽃 핀 물가에 앉아있는 한 쌍의 새 그림을 담아냈으며, 여섯 번째 수는 물가에 있는 물고기 그림을 시로 형용한 것이다.

이 작품은 그림을 읊었다는 점에서 영물시로 분류할 수 있으나, 제화시題畫詩와 비슷한 정감을 자아낸다고 할 수 있다. 그러나 이와 같은 형식은 제화시와 별도로 영화시詠畫詩 또는 논화시論畫詩로 분류 가능하다는 점에서 일면 차이가 있다. 그럼에도 이 시는 영물시의 전통이 그림으로까지 이어졌으며, 점차 제재를 넓혀갔음을 확인할 수 있게 한다는 점에서 또 다른 의미를 지닌다.[296]

지금까지 살펴본 바 있듯 관조를 통한 미감의 표현 양상은 강백년姜栢年, 박수현朴守玄, 정창주鄭昌胄, 이휴징李休徵, 신유申濡의 작품을 통해 확인할 수 있다. 강백년은 주변 소재를 활용해 반복적으로 작시했으며, 섬세한 시선을 가미해 대상을 완상하였다. 박수현은 영물과 객관적 거리두기를 실현해 대상을 완상하는데 집중한 것으로 확인된다. 정창주는 영물의 다채로운 모습을 시로 구현하였으며, 대상의 외적 묘사를 비롯해 감정을 기탁해 자신의 정서까지도 담아냈다. 이휴징은 영물을 완상 대상으로 여기는데 그치지 않고 심리적 안식처로 여겼다는 특징

296 李南鍾,「宋代 題畫詩의 類型과 意境에 관한 考察: -〈聲畫集〉의 美人題畫詩를 중심으로-」,『中國文學』35, 한국중국어문학회, 2001, p.78.

을 보인다. 신유는 연작 형태로 대상을 핍진하게 묘사하고자 했다. 이와 같은 영물시詠物詩 창작 양상은 일상에서 마주하는 사물로까지 관심이 확장되었음을 보여주면서 동시에 일상생활 속에서도 작시 행위를 지속했음을 말해준다. 또한 영물시는 경험의 미적 승화와 심미 정서의 표출 양상 중 일부로 작자의 서정적 내면의식을 확인할 수 있는 지표이자 이들의 시적 역량을 짐작 가능하게 한다는 점에서 의미가 있다.

2) 산수와 명승의 향유와 흥취 토로

이 절에서는 소북팔문장小北八文章의 산수시山水詩를 대상으로 하여 그들이 산을 유람하며 향유하는 방식과 승경을 문학적으로 승화시킨 방식을 검토하고자 한다. 실제로 존재하는 자연물을 마주하고 시로 구현하는 일련의 과정에 대한 검토는 시인의 시적 기교와 미의식을 파악하는 중요한 방법이다. 소북팔문장은 산수경물을 경험적, 심미적 대상으로 인식하여 산수경물 본연의 아름다움을 탐구하고자 한 것으로 보인다. 산수경물을 철리적, 목적적으로 인식할 경우 대상 자체보다는 그 이면에 흐르고 있는 철학적, 근원적 원리에 더욱 주목하게 되는데[297] 소북팔문장에게서는 이와 같은 면모가 확인되지 않는다. 따라서 소북팔문장의 산수시는 이理의 관점에서 접근해 사유 세계를 파악하기보다는 특정 공간에서 말미암은 미적 인식 양상이나 표현의 기법적 측면에 주목하는 것이 타당해 보인다. 또한 연행·사행의 과정에서 창작한 산수시의 경우 새로운 공간 경험에서 비롯된 체험 의식과 현지 풍토의 인식을 보여준다. 산수시의 경우, 남선南銑을 제외하고는 소북팔문장

297 김형술, 「조선후기 山水 認識의 변화와 山水詩 창작의 새 양상 - 17C말~18C초 農淵그룹 문인들을 중심으로 - 」, 『韓國漢詩研究』 16, 한국한시학회, 2008, p.20.

모든 문인의 문집에서 확인할 수 있다. 그 중에서도 이휴징李休徵의 산수시가 양적으로나 구성적 측면에서 특징적이며, 강백년姜栢年, 신유申濡의 문집에는 해외 체험 때 창작한 산수시가 포착된다.

이휴징李休徵의 산수시는 여러 장소에 산견되어 있는 산수보다 청량산淸凉山을 중심으로 작시되었다는 특징을 보여준다. 그의 청량산淸凉山 유산시遊山詩는 37수首의 작품이 유기적으로 연결되어 있어 목록을 개관하는 작업을 필두로 논의를 진행하고자 한다.

표 31 이휴징李休徵의 청량산淸凉山 유산시遊山詩 현황

연번	제목	수량	형식	연번	제목	수량	형식
1	遊淸凉路經洪上舍寓居	1	七言律詩	20	滿月臺	1	七言律詩
2	暮入淸凉宿臺奉化倅適來	1	七言律詩	21	喚仙臺	1	七言律詩
3	宿望仙亭與金洪同入淸凉	1	七言律詩	22	松風臺	1	七言律詩
4	白龍潭	1	七言律詩	23	風穴臺	1	七言律詩
5	淸凉洞口逢姜洪兩友來待	1	七言律詩	24	致遠庵	1	七言律詩
6	暮入蓮臺寺	1	七言律詩	25	瑤草臺	1	七言律詩
7	蓮臺寺	1	七言律詩	26	金生窟	1	七言律詩
8	蓮花峯	1	七言律詩	27	安中老媼	1	七言律詩
9	仙鶴峯	1	七言律詩	28	文殊石泉	1	七言律詩
10	金塔峯	1	七言律詩	29	別同遊諸公	1	七言律詩
11	擎日峯	1	七言律詩	30	山中懷周李先生	1	七言律詩
12	卓筆峯	1	七言律詩	31	淸凉山城	1	七言律詩
13	硯滴峯	1	七言律詩	32	贈僧元惠	1	七言律詩
14	香爐峯	1	七言律詩	33	贈僧雪花	1	七言律詩
15	祝融峯	1	七言律詩	34	悶旱	1	七言律詩
16	內外丈人峯	1	七言律詩	35	山寺懷諸弟	1	七言律詩
17	紫鸞峯	1	七言律詩	36	山中雨	1	七言律詩
18	紫霄峯	1	七言律詩	37	別淸凉山	1	七言律詩
19	遊山後詠十二峯	1	七言律詩				

위의 목록을 기반으로 이휴징의 청량산 유산시의 특징적인 면모를 살펴보면, 시제를 통해 시간의 흐름에 따른 유람의 과정을 유추할 수 있으며 유람을 마친 감회까지 확인이 가능하다는 점을 들 수 있다. 1~5번 작품은 청량산으로 향하는 여정을 담은 것으로 도입부에 해당하는 부분이다. 6~7번은 연대사蓮臺寺를, 8~19번은 청량산의 봉우리를 읊은 것인데 19번 시의 경우 봉우리 유람을 마친 뒤 12개의 봉우리를 총괄해서 작시한 것이다. 20~23번, 25번은 대臺를 대상으로 한 작품이며, 26번은 김생굴金生窟, 31번은 청량산성淸凉山城을 읊은 것이다. 32~33번은 스님에게 준 증시贈詩이며, 34번, 36번은 기후를 읊은 것이다. 35번은 山寺에서 동생들을 떠올리며 읊은 것이고, 37번은 〈별청량산別淸凉山〉으로 청량산을 떠나며 유람을 마친 후의 감회를 담아냈다는 점에서 결어 역할을 담당하고 있다. 유산기遊山記가 시간적 기록의 총칭이라면, 유산시는 유람 경로를 확인하고 장소 이동의 추이에 따른 감정을 유추할 수 없다는 점에서 연구 범위가 제한적이나,[298] 이휴징의 유산시는 일반적인 유산시가 지니는 이러한 한계점을 뛰어넘었다고 할 수 있다.

이휴징이 시의 대상으로 삼은 청량산은 경상북도 봉화군 명호면 북공리에 위치한 대표적인 명산으로 12개 암봉인 장인봉, 선학봉, 자란봉, 자소봉, 탁필봉, 연적봉, 연화봉, 향로봉, 경일봉, 탁립봉, 금탑봉, 축융봉과 12대인 독서대, 어풍대, 밀성대, 풍혈대, 학소대, 금강대, 원효대, 반야대, 만월대, 자비대, 청풍대, 송풍대, 의상대를 비롯해 8굴인 김생굴, 금강굴, 원효굴, 의상굴, 반야굴, 방장굴, 고운굴, 감생굴로 이름나 있는 곳이다.

---

298 강정화, 「智異山 遊山詩에 나타난 名勝의 文學的 形象化」, 『동방한문학』 41, 동방한문학회, 2009, p.365.

남기는 나무 덮고 보리 바람 가벼운데	嵐烟匝樹麥風輕
날 저문 산속 집은 기상이 화평하네	暮入山家氣像平
짧은 풀 자란 열 이랑 위 제비 새끼 날고	十畝短莎飛乳燕
버들 늘어진 온 마을에 앵무새 소리 들리며	一村垂柳聽啼鸎
병란 먼지 가득 차도 사람들 생업에 편안하고	兵塵漲塞人安業
기근 연이어져도 술이 단지에 가득하네	飢饉連年酒滿罌
비로소 남쪽 고을 진실로 낙토인 줄 알겠으니	始信南鄕眞樂土
거처를 정해 나의 여생을 보내고자 하네	卜居吾欲送餘生[299]

이 시는 〈유청량로경홍상사우거遊淸凉路經洪上舍寓居〉로 청량산으로 가는 여정 중에서도 가장 처음에 해당하여 도입부 역할을 담당하고 있다. 1~4구는 홍상사洪上舍 집에서 마주한 풍경을 담아낸 것인데, 맥풍麥風이라는 시어를 통해 보리 익는 계절인 맥추麥秋에 청량산에 가게 된 것으로 추정할 수 있다. 5~8구는 당시의 현실 세계와 낙원으로 대변되는 자연 공간을 대비적으로 그려낸 것이다. 이 부분에는 병란과 기근 속에서도 사람들이 편안하고 술이 가득한 낙토로 대변되는 청량산 고을에서 여생을 보내고 싶다는 작자의 의지가 표명되어 있다. 이를 통해 이휴징이 청량산을 세속을 초탈한 공간으로 만드는 동시에 산수자연을 감상하는데 그치지 않고 본인의 일상적 생활권으로 변모시키고자 했음을 알 수 있다. 이렇게 본다면, 이휴징에게 있어 산수는 더이상 객관적 상관물이 아니라 주관적인 대상이라고 할 수 있다.

맑은 안개 막 개어 달이 휘영청 둥그니	晴靄初收月正團
백련대에 올라서 홀로 난간에 기대보네	白蓮臺上獨憑闌
옥 술잔의 맑은 술을 누구와 함께 할까	瓊杯綠液誰相勸

299 李休徵, 『麻庵遺稿』 1卷, 〈遊淸凉路經洪上舍寓居〉.

옥동의 붉은 노을도 함께 먹을 만하구나　　玉洞丹霞倘可餐
수레 잠깐 멈추니 유정한 산이 위로하고　　山尉有情傾皀蓋
화려한 난새가 둘러싸니 나그네 홍취 끝이 없네　　客興無端繞彩鸞
인간세상 백 년 동안 속세 속에 사니　　人世百年煙火鬧
오늘 밤 꿈속 혼이 시린들 무슨 상관있으리오　　不妨今夜夢魂寒[300]

이 작품 역시 도입부에 해당하는 시로 〈모입청량숙대봉화졸적래暮入清涼宿臺奉化倅適來〉이다. 저물녘 청량산에 들어가 투숙하는 과정에서 창작한 것인데, 1~2구는 백련대 위에서 조망한 풍경을 읊은 것으로 시를 창작할 때가 둥근 달이 뜬 저녁 무렵임을 알 수 있다. 3~4구에서는 신선이 마신다는 붉은 노을도 먹을 만하다고 언급하였는데, 이를 통해 이휴징이 자신이 머물고 있는 공간을 신선화시키고 있음을 알 수 있다. 5~6구는 경물인 산을 의인화시켜 마음을 알아주는 대상으로 형상화하는 동시에 신선 세계 안에서 느낀 홍취를 말한 것이며, 7~8구 역시 속세의 생활에서 벗어나 오늘 이 밤 나그네로 머물러도 괜찮음을 드러낸 것이다. 이 작품에서도 볼 수 있듯 이휴징은 산수를 신선 세계로 만들어 세속을 초탈한 공간으로 인식하고자 했음을 알 수 있다.

열두 산봉우리 모두 거쳐 오니　　十二峯巒領略來
숲 가득 안개비는 꿈속에서 지난 듯　　滿林烟雨夢徘徊
천황 형제가 대를 이어 즉위하고　　天皇兄弟聯翩立
신선 누대는 차례로 열렸으며　　仙子樓臺次第開
유마힐의 기이한 자취를 매번 찾고　　奇蹤每訪維摩老
최학사의 기이한 일 많이도 전해지지만　　異事多傳學士崔
무엇보다 주희가 놀며 감상하던 곳이라　　最是周侯遊賞處

300 李休徵, 『麻庵遺稿』 1卷, 〈暮入清涼宿臺奉化倅適來〉.

꽃다운 이름 흰 구름 가에 걸려있구나 芳名留揭白雲隈[301]

이 시는 〈유산후영십이봉遊山後詠十二峯〉으로 12개의 봉우리를 모두 유람한 후에 지은 작품이다. 이휴징李休徵의 청량산清凉山 유산시遊山詩는 지리정보가 시제에 표명되어 있어 여정을 확인하는데 용이하다. 이 시의 1~4구에는 봉우리를 감상한 감회가 담겨 있는데, 이 작품 역시 청량산을 신선 세계에 견주고 있음을 알 수 있다. 5~8구는 유마힐 거사를 들어 기이한 자취를 찾아다니며 유람한 정황을 말하는 동시에 명현名賢들이 다녀갔던 이름난 산이기에 그들의 흔적이 남아있음을 드러낸 것이다.

안개 노을 속에서 이별하려 짐짓 배회하는데 烟霞欲別故徘徊
늙은 스님 은근히 석대에서 내려오네 老衲慇懃下石臺
어젯밤 비에 먼 폭포 소리 들리고 遠瀑聲傳昨夜雨
앞 시내 이끼는 되가는 길에 밟는데 歸程踏破前溪苔
골짜기에 핀 그윽한 난초는 누굴 위해 푸르른가 幽蘭生谷爲誰綠
숲을 울리는 새소리 나를 향해 구슬픈데 啼鳥穿林向我哀
산신령에게 아뢰어 훗날을 기약하여 更報山靈留後約
늦가을 단풍 속에 지팡이 짚고 오고자 하네 九秋楓葉一筇來[302]

이 작품은 결어에 해당하는 〈별청량산別清凉山〉으로 청량산을 떠나며 느낀 감회를 담아낸 것이다. 1~2구는 청량산 유람을 마친 후 아쉬운 마음에 그 자리를 떠나지 못하며 배회하고 있음을 말한 것인데, 석대를 내려오는 스님의 모습이 원경처럼 멀리 보임을 알 수 있다. 3~4

301 李休徵, 『麻庵遺稿』 1卷, 〈遊山後詠十二峯〉.
302 李休徵, 『麻庵遺稿』 1卷, 〈別清凉山〉.

구는 이별하는 때의 산속 광경을 읊은 것으로 청각적 심상을 활용해 비에 불어난 폭포 소리를 형상화하는 동시에 시내에 낀 푸른 이끼를 담아낸 것이다. 5~6구에서는 푸르른 난초가 자신을 위해 핀 듯하고 새가 이별에 임한 자신을 위해 슬퍼하는 듯하다고 말해 주변 경물을 의인화하여 자신의 감정을 기탁했다. 7~8구는 산신령에게 아뢰어 늦가을 청량산을 다시 유람할 것을 기약한 것이다.

박수현朴守玄의 산수시는 산수의 정경을 묘사하는 동시에 유람의 흥취를 담아냈다는 특징을 보이며, 풍경을 섬세한 시선으로 포착하면서도 산수를 신선 세계로 격상시켜 순수한 미적 아름다움을 그려내는데 전일했음을 알 수 있다.

남산 아래는 맑은 호수 거울 같고	南山之下鏡淸潭
남산 위에는 기암이 솟았는데	南山之上聳奇巖
단풍나무를 보니 때는 구월이라	楓樹正看時屬九
두견화 감상은 삼월이나 되어야지	杜鵑宜賞序維三
좋은 경치 끝내 버려둘 수 없음을 알아	終知勝境思難捨
좋은 철이면 흥을 주체하지 못해 늘 오네	每到佳辰興不堪
뒤늦게 서리 내린 숲이 좋아 수레를 멈추니	晩愛霜林停皂蓋
지는 구름과 석양이 산을 반쯤 머금었구나	落雲殘日半山啣[303]

이 작품은 〈구월초령제아만유남산연九月初領諸兒晩遊南山淵〉으로 제목에 표명되어 있듯이 구월 초순에 자제들을 데리고 남산연을 유람하며 지은 시이다. 박수현은 직繶, 희繥, 치緻, 신紳, 긍緪의 다섯 아들을 두었기에 실제로 그 가운데 몇 명과 동행한 것으로 추정된다. 1~4구는 남산에서 조망한 풍경을 시에 담아낸 것으로 단풍나무로 대표되는 가

303 朴守玄, 『草亭先生遺稿』, 〈九月初領諸兒晩遊南山淵〉.

을의 경치를 만끽한 것으로 보인다. 5~8구에서는 박수현의 산수 감상 태도를 엿볼 수 있는데, 사시사철마다 아름다운 풍경을 찾아 나설 수밖에 없는 작자의 흥취가 담겨 있다. 또한 미련을 통해 만년에 이르러 작자의 이와 같은 산수 애호 취향이 더욱 강해졌음을 확인할 수 있다.

한 모퉁이를 보듯이 온 산 짙푸르고	一丘叢蔚若觀隅
둘러싼 사방 들이 그림 같으니	四野紆餘是按圖
온 산 잠깐 사이 한눈에 다 들고	指顧千山無遠近
만 리 유람도 순식간에 이뤄지며	心遊萬里不須臾
솔숲은 거문고를 연주하듯 울어대고	松林咽似歌絃奏
향기로운 대는 자리 깐 듯 펼쳐져 있네	芳竹連如坐席鋪
스쳐 가는 풍광이 눈앞에 펼쳐지니	掃蕩風烟供眼界
한강에 이르러 선경으로 드는구나	到來江漢納神區

又

앉아서 사방을 둘러보니	坐使睚眦塞四隅
솔숲 높이 북풍이 불어대네	松林高掛北風圖
멀리 노니는 자취 없어 신선을 생각하고	遐遊無迹思仙侶
음악 소리 들려오는 듯해 선인을 떠올리며	曠樂如聆憶鬼叟
온 산에 가득한 가을빛은 모두 내 차지이니	秋色滿山皆我有
이어진 강물에 떠 있는 빛은 누굴 위해 펼쳐졌나	曠光連水爲誰鋪
장안으로 가는 길 손바닥처럼 평평하니	平臨掌樣長安道
수많은 집이 장안에 늘어서 있구나	萬戶千門列肆區[304]

이 작품은 〈남산등조南山登眺〉로 남산에 올라 전망을 조망한 뒤 지은 시인데, 2수로 구성되어 있다. 첫 번째 시의 1~2구는 온 산이 울창하고

304 朴守玄, 『草亭先生遺稿』, 〈南山登眺〉.

푸르르며, 한 폭의 그림처럼 광활한 들판이 펼쳐져 있음을 묘사한 것이다. 3~4구는 시야에 포착되는 먼 산과 가까운 산을 모두 조망한 것으로 순식간에 만 리를 유람할 정도라고 표현했음을 볼 수 있다. 5~8구는 남산과 한강의 풍경을 선경으로 묘사한 것인데, 소나무 숲에 부는 바람 소리를 거문고 연주에 빗대어 청각적 심상을 활용하고 향기로운 대나무가 펼쳐진 광경을 그려두었다. 두 번째 수 역시 남산에 신선 세계의 이미지를 부여한 것인데, 특히 1~4구에 그러한 면모가 두드러진다. 5~8구는 주변 경물을 자신의 시선 속에서 굴절시킨 것으로, 온 산에 물든 가을빛과 넘실넘실 흐르는 강물에 떠 있는 빛이 마치 자신을 위해 펼쳐진 것 같다고 말한 것이다. 또한 마지막 7~8구에서 박수현이 유람을 마친 후 장안으로 가는 노정을 그려냄으로써 유람의 여정을 모두 시 안에 담아내고자 했음을 볼 수 있다.

나무 바위 무더기로 수레와 말 따랐으니　車馬相隨木石群
그 누가 들판으로 미녀를 데려왔는가　誰令野次引紅裙
지팡이 울리는 골짜기 어귀에 산길은 희미하고　笳鳴谷口微山路
경쇠 울리는 꼭대기 절문은 가깝네　磬響峯頭近寺門
구름 깔린 늘어선 산을 잠깐 사이에 지나니　雲獻列巒唯指顧
바람이 전하는 시냇물 소리 실컷 듣네　風傳落澗飫聽聞
새로운 시가 눈에 가득하여 끝이 없으니　新詩滿眼供無極
다섯 명의 좋은 벗과 즐겨 나누네　參伍佳朋喜與分[305]

이 작품은 대표적으로 지칭되는 명산인 묘향산妙香山을 유람하며 지은 시이다. 1~4구는 묘향산으로 향하는 여정을 그려낸 것인데, 특히 3~4구의 경우 청각적 심상을 사용하여 산수 유람의 정취를 배가시켰

305 朴守玄, 『草亭先生遺稿』, 〈妙香山〉.

는데, 산길을 오르는 이의 지팡이 소리와 풍경 소리만이 공간을 채우고 있음을 알 수 있다. 5~6구는 묘향산의 장관을 포착한 것인데, 이는 7~8구와 이어져 묘향산이 작시의 소재로 활용되기 충분한 경관임을 볼 수 있다. 마지막 구절에 드러나듯 박수현은 다섯 명의 벗들과 함께 유람한 것으로 보이는데 구체적인 인물은 확인하기 어렵다.

심제沈膂의 경우 산수시의 범주 안에서 논의할 수 있는 시가 한 수밖에 확인되지 않는다. 이는 앞 절에서 살펴본 영물시와도 맥락을 같이하는데, 심제의 작품 가운데에는 자연을 소재로 창작된 시가 거의 없음을 알 수 있다.

땅이 동쪽으로 뻗어 있으니 여기 어찌 비었겠나	坤輿東走此焉空
서쪽으로 바라본 곤륜산과 맥락이 이어지네	西望崑崙脈絡通
고을에는 선경 있어 예로부터 전해지지만	洞有仙京傳自古
세상에 훌륭한 사관 없으니 공교로움을 누가 다시 하랴	世無良史更誰工
뜬구름 너머에 산봉우리 보일 듯 말 듯하고	峯巒隱顯浮雲外
쌓인 기 속 해와 달은 뜨고 지네	日月升沈積氣中
어찌하면 공소보의 걸음같이 씩씩하게	安得健如岑父步
온 숲과 골짜기를 한번에 다할까	萬林千壑一時窮[306]

이 시는 심제의 유일한 산수시로 두류산頭流山을 소재로 쓴 작품이다. 1~2구는 두류산 즉 지리산이 중국의 전설 속에 나오는 성산聖山과 맥락이 이어진다고 본 것이다. 3~4구에서는 두류산을 선경에 빗대는 동시에 두류산의 아름다운 경관을 훌륭한 필치로 옮겨 낼 이가 없다고 언급해 산수의 뛰어남을 드러냈다. 5~6구는 두류산에서 바라본 경관을 포착한 것으로, 구름에 가렸다가 드러나는 산봉우리와 시간의 경과

306 沈膂, 『沙川集草藁』, 〈頭流山〉.

에 따라 지고 뜨는 해와 달을 읊은 것이다. 7~8구에서 심제는 잠부岑父 즉 공소부孔巢父를 들어 그와 같이 온 자연을 어찌 거느릴 수 있겠느냐고 표현해 유람에 대한 기대와 의지를 드러냈다.

정창주鄭昌胄의 산수시에는 특정한 지명이 명시되어 있지는 않으나 그가 산에서 마주한 경물을 시 속에 담아냈으며 산수에서 느낀 진솔한 감정을 시에 표출하고자 했음을 알 수 있다.

갈수록 봉우리 더 험해지고	去去峯逾峻
다닐수록 길 더 깊어지는데	行行路轉幽
골짜기 차니 가을 기운 일찍 찾아왔고	峽寒秋氣早
산 빽빽해 석양 짙으며	山密夕陽稠
단풍은 빰보다 붉고	錦葉全勝頰
국화는 산꼭대기에 피려는데	黃花欲上頭
오르며 먼 길도 마다하지 않으니	攀登不憚遠
가는 곳마다 기이한 유람이 넉넉하네	隨處足奇遊[307]

이 작품은 〈산중즉경山中卽景〉으로 산속의 경치를 읊은 시이다. 1~2구는 산으로 가는 여정을 그려낸 것이며, 3~4구는 유람 당시의 계절적・시간적 배경을 담아낸 부분이다. 이 부분을 통해 정창주가 찬 기운이 감도는 가을날 석양 질 무렵의 경치를 조망하고 있음을 짐작할 수 있다. 5~6구에서는 붉은 빰보다 더 곱게 물든 단풍을 언급하는 동시에 산꼭대기에 피어있는 국화꽃을 묘사하고 있음을 볼 수 있다. 7~8구를 통해서는 산수 유람을 대하는 작자의 태도를 읽을 수 있는데, 작자가 빼어난 경치 유람에 만족하고 있음을 볼 수 있다. 정창주는 산수를 유람함에 있어, 자신의 감회를 표출하기 위한 수단으로 산수를 감상하지

307 鄭昌胄, 『晩洲集』 1卷, 「五言四韻」, 〈南山登眺〉.

않고 아름다운 풍경으로 대하여 이를 있는 그대로 시 속에 형상화했다는 특징을 보인다.

온종일 다니며 읊어도 한가롭기만 하고	行吟終日有餘閑
길 가 단풍은 모두 보기 좋으니	夾路楓林揚好顔
땅은 화양과 다르지만 흑룡강과 비슷하고	地異華陽猶黑水
하늘은 변새 북쪽과 연이어지니 청산이 어디쯤인가	天連塞北幾青山
국사와 관계없어 험하고 쉬움을 잊었으나	不緣王事忘夷險
유생으로 어찌 이곳을 오가겠나	那使儒衣此往還
가을 흥취 나그네 회포 모두 감당하지 못해	秋興客懷俱未耐
다시 나귀 등에 기대 산봉우리 대하네	更憑驢背對螺鬟

맑은 날씨 기대어 나귀 타고 길을 나서니	騎驢行色倚新晴
고운 나무 영롱하고 옥 같은 골짜기 맑으며	錦樹玲瓏玉洞明
여기에다 날리는 먼지가 한 점도 없으니	自是飛塵無一點
누가 알겠는가 이 땅이 바로 선경인 것을	誰知此土卽三清
소매에 가득한 계수나무 향기 나부끼며 떨어지고	桂香滿袖飄飄落
피리 부는 듯 솔바람 소리 가늘게 울리네	松籟含簧細細鳴
귀중한 푸른 산 저버리고 싶지 않으리니	珍重碧山應不負
호연하게 어느 날에나 벼슬살이 그만두려나	浩然何日謝簪纓[308]

이 시는 〈산중즉사 이수山中卽事 二首〉로 산속에서 즉흥적으로 읊은 작품이다. 산의 명칭이 구체적으로 적시되어 있지는 않으나, 단풍 든 가을 산을 한가롭게 거닐며 읊조리는 작자의 모습을 그려볼 수 있다. 첫 수에는 나그네의 회포가 그려져 있는데 나라 일에 참여하지는 않았지만, 유생의 신분으로 자유롭게 유람하지 못했던 지난날을 반추한 것

308 鄭昌胄, 『晩洲集』 1卷, 「七言四韻」, 〈山中卽事 二首〉.

이다. 두 번째 수는 산속의 경관을 모두 신선 세계로 환치시키는 동시에 도교道敎에서 말하는 최고의 선경인 삼청三淸이 바로 여기에 펼쳐져 있다고 언급한 것이다. 그에 따라 계수나무 향기인 후각적 심상과 솔바람 소리인 청각적 심상으로 대변되는 맑은 이미지가 시 전반을 관통하고 있다. 시의 마지막 부분에는 산수 자연에 귀의하고 싶어 하는 정창주의 의지가 담겨 있으므로, 벼슬을 그만두고 푸른 산의 정취를 느끼며 살고자 하는 그의 심리 상태를 엿볼 수 있다.

강백년姜栢年, 신유申濡의 경우 해외 체험 때 창작한 산수시가 보인다. 이들은 연행길 부근에 위치한 이름난 산을 유람하고 감회를 표출했는데, 연행사의 중국 명산 유람은 개인의 취향, 혹은 시대의 문화적 풍조나 연행 일정에서 말미암는데[309] 이들 역시 이러한 연유로 산수시를 창작했다.

먼저 강백년姜栢年의 경우, 1660년에 동지사冬至使 부사副使의 직책으로 연행을 가면서[310] 중국에서 목도한 산수를 시에 담아낸 것으로 확인된다.

(1)

만고토록 푸르른 한 점의 총수산	一點葱山萬古青
물가에 우뚝 서서 옥처럼 고결하니	臨流屹立玉亭亭
산이 만약 아는 게 있다면 분명 나를 비웃으리라	山若有知應笑我
허리 굽어 무슨 일로 진창길에서 시달리냐고	曲腰何事困泥程[311]

309 신익철, 「조선후기 연행사의 중국 명산 유람 양상과 특징」, 『泮橋語文硏究』 40, 반교어문학회, 2015, p.280.

310 『顯宗實錄』 3卷, 〈현종 1년 6월 21일 갑진 1번째 기사〉. "鄭致和爲, 姜栢年爲副使, 權格爲."

311 姜栢年, 『雪峯遺稿』 13卷, 「駱東錄」, 〈葱秀山〉.

(2)

물결 위에 떠 있는 한 떨기 부용 꽃은	芙蓉一朶揷漣漪
맑은 모습 단정하게 사계절 펴있으며	淸賞端宜在四時
우거진 숲에 쌓인 눈 온통 승경이고	晴雪綠陰渾勝絶
곱디고운 꽃과 잎은 모두 신기하네	殷花錦葉摠新奇
생각건대 조물주의 천년의 뜻을	想他造物千年意
시인들은 몇 수나 지어냈던가	撩得騷人幾首詩
병든 나그네 추위 두렵고 머리 다 쇠었지만	病客怯寒頭最白
아름다운 경치 탐해 머뭇거리는구나	也耽佳景故躊躕[312]

(1)은 「낙동록駱東錄」에 수록된 〈총수산蔥秀山〉이며, (2)는 「연경록燕京錄」에 담긴 〈과총수산過蔥秀山〉으로 총수산을 주제로 두 편의 시를 지었다. (1) 시의 1~2구는 푸르고 옥처럼 고결한 총수산의 모습을 담아낸 것이며, 3~4구는 본인의 처지를 해학적으로 표현한 것이다. 이 시는 산을 의인화하여 시선의 전환을 도모하면서도 늘그막에 연행길에서 고통받는 심경을 직접적으로 노출하지 않았다는 특징을 보인다. 다음으로 작품 (2)는 총수산을 지나며 지은 것인데 강백년이 총수산 주변에 펼쳐진 경관을 모두 시에 담아내고자 했음을 알 수 있다. 1~2구는 부용화를 완상한 감회를 말한 것이며, 3~4구는 눈 내린 숲의 아름다움과 곱디고운 꽃과 잎의 모습을 담아낸 것이다. 5~6구에서는 조물주가 빚어낸 총수산의 아름다운 풍경을 시인들이 시로 형상화했다는 사실을 말해 총수산의 경관이 뛰어남을 강조하였다. 7~8구에서는 아름다운 주변 풍경으로 인해 강백년이 자신의 험난한 처지조차 망각했음을 엿볼 수 있는데, 이를 통해 산수 경관이 연행의 고난조차 경감시키는 요인으로 작용했음을 알 수 있다.

312 姜栢年, 『雪峯遺稿』 14卷, 「燕京錄」, 〈過蔥秀山〉.

닭 울음소리 들리자 말 채찍질해 관문을 나서 聞鷄鞭馬出秦關
물 건너고 먼 길 떠나 실컷 고생해서 跋涉長途飽苦艱
송산과 행산 탑산을 잠깐 사이에 지났지만 松杏塔山纔過了
말 앞에 그래도 십삼산 있구나 馬前還有十三山[313]

이 작품은 〈행산도중유음杏山途中有吟〉으로 행산을 지나는 길에 읊은 것이다. 연행 일정에 따라 이동하는 과정에서 창작한 시여서 1~2구는 아침부터 시작된 연행의 과정을 말한 것이다. 3~4구에는 연행로 주변 경관이 나열되어 있는데 송산과 행산, 탑산을 지나 십삼산이 펼쳐져 있음을 볼 수 있다. 이들 장소는 우리나라 사신이 중국을 오갈 때 반드시 거쳐 가는 곳으로 작자가 광녕廣寧과 소릉하小凌河 사이를 지나며 이 시를 창작했음을 알 수 있다. 일반적인 산수시와 달리 산수의 아름다운 경관을 읊지는 않았는데, 이는 연행 과정에서 창작된 산수시가 지니는 특징 중 하나로 판단된다.

안개와 노을 눈에 드는 아득한 하늘 가 指點煙霞杳靄間
의무려산은 옛 무산인 듯하고 巫閭疑是舊巫山
봉래산 한 줄기보다 고운 모습 더했으니 蓬萊一脚添娟妙
신녀는 열두 봉우리 자랑 마시게 神女休誇十二巒[314]

이 작품은 〈도십삼산우음到十三山偶吟〉인데, 13개의 산봉우리가 장관을 이루는 십삼산에 이르러 읊은 것이다. 1~2구에서는 광녕廣寧에 위치한 석산石山인 의무려산醫巫閭山이 열두 봉우리로 구성되었으며, 신녀神女를 만나 운우의 정을 나눴다는 무산巫山의 신비로운 이미지를

313 姜栢年, 『雪峯遺稿』 14卷, 「燕京錄」, 〈杏山途中有吟〉.
314 姜栢年, 『雪峯遺稿』 14卷, 「燕京錄」, 〈到十三山偶吟〉.

함유하고 있음을 볼 수 있다. 3~4구는 십삼산이 동해에 있다는 삼신산三神山 중 봉래산蓬萊山보다 더욱 고우니, 신녀에게 열두 봉우리를 자랑하지 말라고 말해 십삼산의 아름다움을 드러냈다.

신유申濡의 경우는 중국과 일본 체험 당시[315] 산수시를 다수 창작한 것으로 확인된다.

연이은 산은 빈 들에 닿아있으니	連山亘曠野
산 끊어진 곳 요동 길은 아득하네	山斷遼塞逈
초목은 구름 저 끝에 나지막하고	草木雲際平
이내는 빗속에 차며	烽烟雨中冷
오랑캐 말은 비단처럼 희고	胡馬白如練
오랑캐 아이가 우두머리 되어 기르는데	羗童牧其頂
험난한 길 다니는 역자는	崎嶇行役子
아침 내내 진흙탕에 있다네	終朝在泥濘[316]

이 시는 「심관록瀋館錄」에 수록된 시로, 1639년 무렵 중국의 심양으로 떠나며 지은 〈낭자산狼子山〉이다. 낭자산은 첨수참甛水站에서 40리 떨어져 있는 작은 산으로 중국을 방문했던 연행사들이 주로 머물던 곳이다. 이 시의 1~4구는 낭자산의 풍경을 읊은 것으로 빈 들판에 닿아

315 표 32. 申濡의 해외 체험 현황

문집 편제		시기	수록 내용
1卷	瀋館錄	1639년(인조17)	시강원문학으로 소현세자를 따라 심양에 다녀올 때 지은 시가 수록됨
2~3卷	海槎錄	1643년(인조21)	통신사의 종사관으로 일본에 다녀올 때 지은 시가 수록됨
6卷	燕臺錄	1652년(효종2)	金溝・金川 등 남쪽을 여행하면서 지은 시를 비롯해 평양・압록강・鳳凰山城 등 노정마다 지은 시가 일정에 따라 순차적으로 수록됨

316 申濡, 『竹堂集』, 「瀋館錄」, 〈狼子山〉.

있는 산의 모습을 묘사한 것이다. 구름 자욱한 곳에 초목과 찬 이내가 펼쳐져 있음을 볼 수 있다. 5~6구는 중국의 이질적 풍경을 담아낸 것으로 오랑캐와 오랑캐의 흰 말을 묘사한 것이다. 7~8구에서는 중국의 산수를 그려내는데 전일하기 보다는 본인의 처지를 읊는 것에 치중하고 있음을 알 수 있다. 이에 시의 내적 정서가 험난한 여정에서 말미암은 괴로운 심경으로 변모하였음을 확인할 수 있다.

1 이 산은 특별한 곳 아니니　　茲山非特地
2 멀리 바라보면 평평한 들판뿐이고　　極望但平原
3 성 길은 아득한 역관과 통하고　　築道通遙驛
4 모래 둑은 높은 담처럼 험하며　　沙堤劇峻垣
5 양쪽 언덕 아래에 깊은 해자 있고　　兩厓深作塹
6 긴 못은 근원 없이 끊겨있네　　長濇絶無源
…(중략)…
21 숙박할 때에 오히려 못가에 있다가　　宿時猶在澤
22 다 가서야 비로소 마을을 만났네　　過盡始逢村
23 지름길도 오히려 이와 같으니　　捷路還如此
24 긴 여정을 어찌 쉽게 말하랴　　長程豈易言[317]

이 시는 1652년 중국 방문 당시 지은 「연대록燕臺錄」에 수록된 반산盤山을 소재로 한 작품으로, 모두 24구로 구성되어 있으므로 그중 일부를 발췌해 살펴보고자 한다. 책문을 통과해서 북경에 이르기까지 연행사가 주로 방문한 주요 산으로는 봉황산鳳凰山, 천산千山, 의무려산醫巫閭山, 각산角山, 수양산首陽山, 반산盤山을 꼽을 수 있는데,[318] 이 시는 그

317 申濡, 『竹堂集』, 「燕臺錄」, 〈盤山十二韻〉.
318 신익철, 위의 논문, 2015, p.275.

중에서 반산을 대상으로 한 것이다. 1~6구는 계주薊州 북쪽에 위치한 반산에서 마주한 풍경을 읊은 것으로, 연행 과정에서 마주한 산수는 심미적 대상이 아니라 새로운 공간에 대한 관심으로 표명된다. 마지막 21~24구에 이르면 연행의 여정과 험난함을 읊는 것으로 시상이 마무리되고 있는데, 이 역시 연행 시기에 창작된 산수시의 특징이라고 할 수 있다.

산세는 솥처럼 볼록하고	山勢凸如釜
성문은 물을 향해 열려있으니	城門臨水開
인가는 옛날의 내국이고	人烟古萊國
뛰어난 경치는 저 태종대며	形勝太宗臺
섬들은 하늘 이어 아득하고	島嶼連天遠
물결은 땅을 뒤흔들 듯 몰려오니	波濤拔地廻
사절들 여기 와 머물면서	使華留滯日
경치 구경하며 함께 서성거리네	登眺共徘徊[319]

이 시는 신유가 1643년 통신사의 종사관으로 일본에 다녀갈 때 지은 〈등부산차라산운登釜山次螺山韻〉이다. 부산의 옛 성에 올라 주변 경관인 산세와 태종대의 승경을 묘사한 것으로 추정된다. 이 시 역시 사행 경로 속에서 창작된 것으로 판단되는데, 마지막 구절에서 당시 사절단이 부산 주변의 산과 바다를 완상하고 있음을 볼 수 있기 때문이다.

계곡 사이 맑은 강 석양을 띠고	峽裡淸江帶落暉
구슬픈 잔나비 울음은 저물녘 되가는 배를 전송하는데	哀猿啼送暮帆歸
외로운 배에 있는 이들 모두 타향 나그네라	孤舟盡是他鄕客

319 申濡, 『竹堂集』, 「海槎錄」, 〈登釜山次螺山韻〉.

원숭이 세 번 울기 전에 눈물 옷을 적시네　　　未到三聲淚滿衣[320]

이 작품은 「해사록海槎錄」에 수록된 〈원산猿山〉으로 본래 일본에 원숭이가 많지만, 유독 이 산에 원숭이가 가장 많이 서식한다고 알려져 있다. 그에 따라 여타의 일본 사행록에도 원산을 소재로 한 작품이 자주 보인다. 그러나 신유는 원산을 소재로 삼아 시를 창작했음에도 불구하고 원숭이 울음소리가 구슬퍼 "원명삼성누첨상猿鳴三聲淚沾裳"이라고 한 시구처럼 이별의 정서를 담아내는데 집중했다.

신유의 일본체험 산수시에서는 일광산까지 이어지는 사행 일정의 확장에 따라[321] 일광산에 대한 다양한 시를 확인할 수 있다. 산수시가 지니는 또 다른 특징으로는 일광산日光山까지 이어지는 사행 일정의 범위 확장과 그에 따른 산수시 창작 양상을 들 수 있다. 특히 전대 통신사행 기록에서 일광산日光山이 명산 중 하나로 알려져 있었기에,[322] 신유 역시 외교적 목적보다는 견문 확장에 대한 기대를 품고[323] 시를 지은 것으로 보인다. 당시 통신사행록에서 확인되는 일광산 관련 시를 정리하면 다음의 표와 같다.

320 申濡, 『竹堂集』, 「海槎錄」, 〈猿山 山多猿〉.

321 1643년 통신사는 2월 20일 서울을 출발, 3월 10일 부산에 도착하여 총 점검한 뒤 4월 27일 일본으로 향하였으며, 이후 7월 8일 江戶에 도착한 사행은 23일 江戶를 출발, 27일 日光山에 도착하였다.

322 金世濂, 〈聞見雜錄〉, 「海槎錄」下, 『東溟集』 10卷, 『韓國文集叢刊』 95, 민족문화추진회, 1737, p.332. "國中之言名山者, 必稱駿河之富士山, 山城州之愛宕山, 下野州之日光山, 峻嶺則言箱根嶺, 湖水則言近江湖, 大河則言金絶河, 此皆一路所見."

323 申濡, 『竹堂集』,「海槎錄」, 〈赴日光途中有作〉, "仙山何處道場開, 手捧天香訪玉臺. 使者非關宛馬得, 祠官不爲蜀鷄來. 扶桑日色三更出, 渤澥潮聲萬里迴. 銅柱勒名吾已謝, 壯游還擬子長才."

표 33 1643년 통신사의 일광산日光山 관련 현황

시기	日光山 관련 시제 / 수량	작가	문집	
	〈日光山詩〉/10首 〈赴日光途中有作〉/1首	從事官 申濡	개인문집	「海槎錄」
	〈日光山題詠〉/10首 〈題日光寺〉/1首	副使 趙絅	개인문집	「東槎錄」
	〈日光山〉/3首, 〈日光寺〉/1首	正使 尹順之	개인문집	『涬溟齋詩集』 3卷
1643년	〈題日光山 - 日光山, 山菅橋, 神社, 三本杉〉/4首	從事官 申濡	林羅山 林鵞峰 林讀耕齋 편저	『韓使贈答日錄』
1643년	〈奉和 竹堂君嚴韻 - 日光山, 山菅橋, 大神社, 三本杉〉/4首	하야시 라잔(林羅山)		
	〈奉和 竹堂君芳韻 - 日光山, 山菅橋, 大神社, 三本杉〉/4首	하야시 가호(林鵞峰)		
	〈奉和 竹堂君高韻 - 日光山, 山菅橋, 大神社, 三本杉〉/4首	하야시 돗코사이 (林讀耕齋)		

1643년 통신사행에서 창작된 일광산日光山 관련 시를 도표화 해보면 신유를 비롯해 동시기 통신사들 역시 새로운 경험 공간을 토대로 시를 창작하고자 했음을 알 수 있다. 일광산을 대상으로 한 한시의 창작은 1636년과 1655년 통신사행록 속의 작품과 대조했을 때에도 양적으로 많은 실정이다.[324] 또한 신유의 〈일광산시日光山詩〉 10수首, 부사副使 조경趙絅의 〈일광산제영日光山題詠〉 10수首를 통해 보았을 때 특정 명소가 시제로 활용되는 양상을 확인할 수 있다.[325] 특기할 만한 사항은

324 1636년 日光山 관련 시는 김세렴의 작품 〈日光寺〉/4首, 〈靈杉〉/1首 〈江戶雜詠〉/9번째 1首가 있다. 1655년 日光山 관련 시는 남용익의 작품 〈曉過山下村〉, 〈權現堂行禮後次堂中所藏白洲諸賢韻〉, 〈次達僧韻〉, 〈附原韻〉, 〈次栢僧韻〉, 〈附原韻〉, 〈日光謠〉, 〈附林道春追次〉, 〈今市月夜聯句寫懷〉가 확인된다.

325 신유는 權現廟, 日光寺, 山菅橋, 三本杉, 嶺上湖, 瀧尾, 三級瀑, 二荒山神社, 玄珠碑, 神馬를 시제로 삼았으며, 副使 趙絅은 三本杉, 山管橋, 嶺上湖, 瀧屋瀑布, 勝道觀世音, 玄珠碑文, 二荒山, 慈覺寺重建, 大社祈年, 三級瀑布를 시제로 삼았다. 시제가 명확히 일치하는 작품은 7首임을 확인할 수 있다.

『한사증답일록韓使贈答日錄』에 신유의 작품 〈제일광산題日光山 - 일광산日光山, 산관교山菅橋, 신사神社, 삼본삼三本杉〉 4수首가 수록되어 있고,[326] 신유의 시에 대해 하야시 라잔[林羅山]·하야시 가호[林鵞峰]·하야시 돗코사이[林讀耕齋]가 각기 화운시를 남겼다는 것이다.

아로새긴 옥 주춧돌에 그림자 영롱하고	雕樑玉礎影玲瓏
용봉이 휘감은 듯 푸른 하늘에 솟았으니	龍鳳蟠拏入碧空
동쪽의 해 비추는 곳은 권현의 신사	東照日光權現廟
서쪽의 천축에서 온 곳은 법왕의 궁전	西來天竺法王宮
부상은 참으로 다라수에 접해있어	扶桑眞接多羅樹
창건하면서 겸하여 보제의 공을 드리웠지	開創兼垂普濟功
남은 모습 늠름하게 운물이 위호하니	遺像凜然雲物衛
억겁이 지나도록 무궁하게 이어지리	應將劫化亘無窮[327]

이 글에서는 신유의 〈일광산시日光山詩〉 10수首 중 에도막부의 초대 장군인 도쿠가와 이에야스[德川家康](1543~1616)를 모신 신사에서 감회를 읊은 작품 한 수를 살펴보고자 한다. 이 시의 제목은 『죽당집竹堂集』에는 〈권현묘權現廟〉로 『한사증답일록韓使贈答日錄』에는 〈신사神社〉로 기재되어 있으며, 하야시 라잔[林羅山]·하야시 가호[林鵞峰]·하야시 돗코사이[林讀耕齋]가 각기 〈대신사大神社〉라는 제목으로 차운和韻한 바 있다. 일본 문인들의 시제를 보면 '대大'를 삽입한 것을 확인할 수 있는데 이는 의도적인 변형으로 추측된다. 더 나아가 일본 문인이 신유의

326 『竹堂集』에 수록된 작품과 비교해보면, 『韓使贈答日錄』에는 10首 중 4首만이 기록되어 있음을 볼 수 있다. 시 제목과 수록 순서에서 약간의 차이가 포착되는데, 『韓使贈答日錄』에 日光山, 山菅橋, 神社, 三本杉으로 기록되어 있다면, 『竹堂集』에는 權現廟, 日光寺, 山菅橋, 三本杉 작품이 담겨 있다.

327 申濡, 『竹堂集』, 「海槎錄」, 〈日光山詩〉 10首, 〈權現廟〉.

엄운嚴韻, 방운芳韻, 고운高韻을 사용해 보운步韻한 것은 단순한 작품의 변주라고도 볼 수 있으나, 그 이면에는 문학적 지향점의 일치를 의미한다고 판단된다. 실제로 하야시 라잔[林羅山]은 일광산의 풍경이 모두 신유의 시에 담겨 있어 앙모仰慕한 끝에 화운시를 남기게 되었다고 언급한 바 있기 때문이다.[328]

신유의 일광산 시는 앞서 살펴본 작품에서도 드러나듯 신선 세계의 이미지를 투영시켜 일광산의 모든 경물을 비유적으로 표현하고 있는데, 일광산이 신선 세계로 형상화되어 있어 공간 자체가 신격화된 면모를 보인다. 이러한 모습은 일광산을 읊은 신유의 여타 작품에서도 확인되는데, 일광산 위에 있는 삼나무를 읊은 시에서는 "신선이 깃들어 있다는 것 허황된 말 아니니, 쓸쓸한 학등의 피리 소리 들리는 듯하네[羽仙棲息非虛語, 蕭瑟常聞鶴背竽]"라고 하여 이 공간을 모두 신선 세계로 환치시켰다. 산관교山菅橋를 읊은 작품에서도 이 같은 면모가 포착되는데, 〈일광산시日光山詩〉를 비롯해 일광산에서 주남장로周南長老의 시를 차운한 작품에서도 산관교는 신선들이 조회하는 공간으로 형상화되어 있다.[329] 신유 작품에서 볼 수 있는 일광산 묘사는 신덕神德을 표현해 도쿠가와 이에야스를 성역화하고자 했던 일본 문인들의 시정詩情을 불러일으키기에 충분한 요소로 작용했을 것이다.

신유가 일광산을 이렇게 형상화한 것은, 첫 번째로 1643년 연행이 정식으로 치러진 치제致祭라는 배경 그 자체에 방점을 두어 신유가 통

328 林羅山, 『羅山先生詩集』 48卷, 〈和竹堂日光詩四首〉, "西歸之後, 偶得熏讀之, 山中之景, 擧在此矣, 仰慕之餘次其韻, 遙奉呈之."

329 申濡, 『竹堂集』, 「海槎錄」, 〈日光山詩〉 10首, 〈山菅橋〉, "絶壑崚嶒路不通, 長防人跡到山中. 只言黃鶴飛難過, 誰料青蛇墮自空. 結搆縱然輸衆力, 攀援元是賴神功. 如來濟渡眞如此, 故遣靈區刱梵宮.", 〈日光山次周南長老韻〉, "海上仙人洞裏朝, 霓裳遙曳赤城標. 雙龍稅駕無歸日, 丹壑千年架作橋."

신사행의 임무 완수를 위해 외교적 능력을 발휘한 것으로 파악 가능하다. 이렇게 본다면 신유의 시는 일본의 기대에 부응함으로써 안정적인 관계를 구축하고자 한 행위의 일종으로 해석할 수 있다. 실제로 신유는 외교 수단으로 한묵翰墨을 활용하고자 했는데, "한묵은 종사관에게 부끄럽지만, 병술로 절충하는 것은 사양하겠네[翰墨慚從事, 韜鈐謝折衝]"[330] 라고 언급한 바 있기 때문이다. 두 번째는 신유의 지식기반, 즉 그의 인식 세계와 연계시켜 설명할 수 있다. 신유의 시에서는 일광산을 다룬 작품 이외의 시에서도 일본을 신선 세계로 형상화한 양상이 자주 포착되는데, 신유가 일본의 자연경관 자체를 아름답게 여겨 시정詩情을 발휘한 것에서 더 나아가 일본을 긍정적 시선으로 처리했다고도 해석 가능하다. 신유가 이와 같은 형상화 방식을 택한 원인에 대해서는 완벽하게 규명하기 어렵지만, 1643년 신유의 일광산 시에 담긴 신선 세계 이미지는 1655년 종사관 남용익南龍翼(1628~1692)의 작품에도 일정 부분 영향을 미쳤다.[331]

앞서 살펴본 바 있듯 산수와 명승의 향유와 흥취 토로 양상은 남선南翧을 제외한 소북팔문장小北八文章 모두의 시세계에서 확인 가능하다. 산수시山水詩는 경험의 미적 승화와 심미 정서의 표출 양상을 살펴볼 수 있다는 점에서 의미가 있는데, 작품을 살펴본 결과 이들은 산수경물 그 자체에만 몰입해 묘사한 것이 아니라 개개인의 인식 과정과 실질적인 경험을 거친 산수경물을 미적으로 승화해 시로 구현해낸 것으로 보

330 申濡, 『竹堂集』, 「海槎錄」, 〈次涬溟對馬島排律二十八韻〉.

331 南龍翼, 〈疊用道春前後韻要和〉, 「扶桑錄」, 『壺谷集』 12卷, 『韓國文集叢刊』 131, 민족문화추진회, 1695, p.250. "扶桑朝日照樓船, 駕得長風涉大川. 孤枕乍驚中夜夢, 此身猶在一涯天. 漢節東來歲月遐, 客中詩興惱煙霞. 秋風一去歸鴻盡, 孤負籬邊手種花. 法界初乘大願船, 光山仙路度新川. 歸來恍若瑤臺夢, 始信壺中別有天. 仙界深深玉洞遐, 武陵流水赤城霞. 高僧住在雲深處, 天女時時散彩花."

인다. 이휴징李休徵은 흥취만을 시 속에 남아내는데 그치지 않고 유람의 전 여정을 시로 기록했으며, 박수현朴守玄은 산수를 신선세계로 격상시켜 경이로운 모습을 강조하면서 동시에 유람의 흥취를 담아내고자 했다. 다음으로 심제沈膺와 정창주鄭昌冑는 상대적으로 작품이 소략하지만 산수 유람 과정에서 느낀 본연의 흥취를 진솔하게 드러냈다. 또한 강백년姜栢年, 신유申濡는 해외 체험 과정 속에서 산수시를 창작하였는데, 강백년이 새로운 공간 속에서 마주한 아름다운 산수의 모습 속에서 고단함을 잊었다면, 신유는 산수를 묘사하기보다는 자신의 험난한 여정에서 비롯된 감정을 읊는데 치중하는 동시에 명산을 유람함에 있어서는 공간을 모두 신선 세계로 환치시켰다.

제4부

소북팔문장小北八文章의 시문학詩文學 경향과 문학사적文學史的 의의

이 글은 17세기 소북팔문장小北八文章인 심제沈儕, 강백년姜栢年, 박수현朴守玄, 임한백任翰伯, 정창주鄭昌冑, 이휴징李休徵, 남선南銑, 신유申濡의 시세계를 고찰하여 문학적 특징을 밝히는 동시에 소북문단小北文壇의 형성 양상을 살펴보기 위해 기획되었다. 이에 필자는 지금까지의 논지를 바탕으로 소북팔문장 시세계의 특징을 비롯해 문학사적 의의를 살피고, 소북문단小北文壇의 형성과 전개 과정 속에서 이들이 지니는 의미를 확인하는 것으로 결론을 대신하고자 한다.

먼저 이 글에서 논의한 내용을 정리해보면, 1부에서는 소북문단小北文壇의 형성과 전개 양상을 확인하였으며, 소북小北계열의 성립과 소북문단의 특성을 비롯해 소북문단의 학문적 연원과 전통을 고찰하는 것을 목적으로 삼았다. 그에 따라 소북계열의 학문적 연원과 특징을 일면 밝혔으며, 소북칠학사小北七學士 · 소북팔문장小北八文章 · 소북오군자小北五君子로 대별되는 소북계열 문인들의 문학적 교유와 학문 경향을 비롯해 문예 창작 모임을 통한 소북문단의 활동 양상을 검토하였다. 이 장에서는 소북문단의 형성과 전개 양상을 확인하기 위해 주로 소북계열의 학문적 연원과 특징을 살펴보았는데, 사상적 측면에서 북인北人계열의 학맥을 이어 소북문단을 구축한 것으로 보인다.

정리해보면, 16세기 이래 조선의 성리학이 내적인 심화・발전 과정을 겪으면서 조선에서는 성리학 자체에 깊은 관심을 가지고 궁리窮理의 측면을 중시하는 학자가 나타나는 한편, 사화 등과 같은 정치적 역경을 거치면서 성리학뿐만 아니라 불교, 도교 등 다양한 사상에 관심을 갖는 서경덕, 조식 등의 일련의 학자가 출몰한 것으로 보인다. 따라서 이 글에서 주요 연구 시기로 상정한 17세기에는 성리학이 발전을 이루는 동시에 다양한 사상과 학문을 포섭하려는 이들이 등장하였다. 북인계열의 학문적 토대에 해당하는 서경덕의 학문을 이어받은 문인들 역시 선조 초부터 동인으로서 적지 않은 세력을 형성해 활동을 이어왔음을 볼 수 있다. 대표적으로 서경덕의 학문에 연원을 둔 이지함李之菡의 조카인 이산해李山海와 이산해의 아들 이경전李慶全이 북인의 핵심 인물이 되었으며, 경제정책에 관한 능력을 인정받아 광해군대와 인조대에 걸쳐 호조판서를 역임한 김신국金藎國은 존고부尊姑夫인 이산해의 아들 이경전과도 교유했다. 여기에 더해 김신국이 조식과 성운의 절행을 높이 평가했다는 기록을 통해 그가 북인계열의 학풍을 계승하였음을 알 수 있다. 김신국과 함께 소북계열의 영수로 재능을 인정받아 실무관료로 활약하며 용전론用錢論을 주장했던 남이공南以恭 또한 서경덕의 문인인 정개청鄭介淸에게서 수학하여 서경덕의 학풍을 간접적으로 계승하였다. 또 소북문단小北文壇을 대표하는 소북칠학사小北七學士의 대부분이 학문적으로 서경덕을 따랐으며 남언경의 문인이었다는 점에서 소북계열의 경우 서경덕의 영향을 크게 받았다고 할 수 있다. 더불어 퇴계退溪 이황李滉을 중심으로 하면서 남명南冥 조식曺植과 대곡大谷 성운成運을 따르고자 한 면모도 확인할 수 있다.

또한 소북小北계열 문인에게서는 학문의 다양성과 개방성이 확인되는데, 단적인 예로 강백년姜栢年의 『한계만록閑溪漫錄』에서 거론한 서적을 살펴보면 주자를 비롯한 송대 성리학과 유교적 문헌이 가장 큰 비중을 차지하지만, 이와 함께 『장자莊子』·『열자列子』·『노자老子』·『오기吳起』·『손자孫子』를 비롯한 제자諸子, 중국 25사史, 한漢·당唐·송宋의 문학, 불교, 『회남자淮南子』·『참동계參同契』·『음부경陰符經』·『양생론養生論』 외에 130여 종의 다양한 도교서道敎書가 다채롭게 인용되어 있음을 볼 수 있다. 강백년이 인용한 책을 바탕으로 그의 학문 경향이 순정 주자학과는 일면 구별된다는 점에서 그가 당대 일반적인 성리학자들과는 다른 개방적 학풍을 지니고 있다고 할 수 있다. 그 밖에 박수현朴守玄 역시 『산군전山君傳』이라는 도교적 색채의 소설을 남긴 바 있어 이들의 개방적 학문 경향을 추정할 수 있다.

종합적으로 검토해보았을 때, 소북小北계열 문인들은 성리학을 기반으로 삼으면서도 북인北人계열의 특징으로 밝혀진 학문적 다양성에 영향을 받았다고 판단된다. 실질적으로 이들의 작품을 살펴보면 성리학을 중심에 두면서도 불교, 도교, 양명학 등에 대한 폭넓은 수용 양상이 포착되는데, 이는 소북팔문장小北八文章이나 소북계열 문인들의 개방적 학풍을 보여주는 것이라고 할 수 있다. 이러한 점에서 이들의 학풍은 17세기 후반 근기남인近畿南人 문인들과 18세기 실학자들에게 일정부분 영향을 미쳤다고 할 수 있다.

2부에서는 소북팔문장小北八文章의 생애와 교유관계를 집중적으로 조명하였다. 소북팔문장의 경우에는 생애에 대한 접근조차 거의 이루어져 있지 않은 상황이므로 개별 문인별로 이들의 생애를 자세히 고찰하였으며, 학문과 문학세계를 파악하는 주요 자료인 문집에 대해서도 형식별 분류를 통해 전체적인 검토를 진행하였다. 또한 소북팔문장의 형성과 교유 양상을 살피기 위해 이들 사이의 결속력 강화를 위한 한 방편이라고 할 수 있는 혼맥婚脈과 세거지世居地를 검토하였으며, 만시挽詩에 나타난 교유관계를 다루었다.

3부에서는 본격적으로 소북팔문장小北八文章 시세계의 양상을 확인하였는데, 큰 틀에서 정리해보면 세 가지 특징적 면모를 지닌다고 할 수 있다. 첫 번째로 동류의식同類意識의 발현과 시적 형상화 양상을 들 수 있다. 소북팔문장의 공통적인 시적 특징 중 하나는 동류의식을 바탕으로 작품을 창작했다는 것인데, 주로 만시挽詩와 송별시送別詩에서 이런 모습이 드러난다. 당대 문단의 보편적인 현상이라고 판단하기에 이들의 만시는 문집 전체 작품 대비 양적 비중이 높으며, 기존 작품과는 차별적인 면모가 확인되므로 소북팔문장의 시세계에서 포착되는 독특한 현상이라고 할 수 있다. 시의 창작 대상을 분류해보면, 대다수가 소북계열 문인에 해당하므로 이들이 문학을 매개체로 삼아 내부적인 결속을 이어왔다고 할 수 있다. 그에 따라 이들의 만시挽詩는 사적 기억이 작시의 기저가 되어 진실성을 갖추어 상투적이라는 만시 일반의 한계를 극복했다는 점에서 의미를 지니며, 송별시送別詩 역시 직접적인 교유관계를 바탕으로 창작되었기에 시 속에 작자의 정서와 대상을 대하는 태도가 잘 반영되어 있다고 할 수 있다.

두 번째는 소외된 문인으로 느끼는 내적 갈등이다. 이 유형의 경우 심제沈儕, 강백년姜栢年, 박수현朴守玄, 정창주鄭昌胄, 신유申濡의 작품을 통해 확인하였다. 소북팔문장은 당대 정계에서 멀어짐에 따라 처사의 면모를 짙게 드러내지만 동시에 시문학 작품 곳곳에서 현실의 질곡과 그 속에서 혼돈하는 자아를 표출하였다. 당파에서 비롯된 정치적 환난은 개인의 문학세계에도 일정 부분 영향을 미치므로, 이들의 시는 정치적 부침 속에서 내적 갈등을 겪었던 이들의 내면의식을 확인할 수 있게 한다는 점에서 의미를 지닌다. 또한 이들의 작품에는 전란의 상흔을 되새겨 당시의 비참했던 현실을 회고한 양상이 포착되는데, 소북 문인들의 경우 정치 활동의 전면에서 한 발 벗어나 있었기에 직접적인 정치적 견해를 피력한 작품이 거의 없는 실정이나, 작품에 전란 속 참상을 기억하는 작자의 태도가 반영되어 있음을 볼 수 있다. 그 밖에도 강백년姜栢年, 정창주鄭昌胄, 신유申濡의 작품을 중심으로 해외 체험 기록 속에 나타난 가계 계승의 단면을 확인하였는데, 경험을 획득하고 기록하는 과정에서 선대의 영향을 받았다는 공통적 특징이 확인된다. 이들은 연행과 사행의 일원으로 관직을 역임했지만, 역시나 정치적으로 소외된 처지였기에 가계 계승과 경험을 통한 지식 습득 욕구가 더 강했음을 알 수 있다.

세 번째로 살펴본 특징은 경험의 미적 승화와 심미정서의 표출 양상이다. 이 유형에 해당하는 관조를 통한 미감의 표현 양상의 경우 강백년姜栢年, 박수현朴守玄, 정창주鄭昌胄, 이휴징李休徵의 작품을 통해 확인하였으며, 심제沈濟, 강백년姜栢年, 박수현朴守玄, 정창주鄭昌胄, 이휴징李休徵, 신유申濡의 작품을 통해 산수와 명승의 향유와 흥취 토로 양상을 살펴보았다. 소북팔문장의 시세계에서 이 같은 양상이 드러나게 된 원인으로 두 가지를 들 수 있는데, 우선 작자 의식의 전환에서 파생된 현상이라고 볼 수 있다. 소북팔문장은 폭넓은 소재를 활용해 자연의 아름다움을 시로 형상화했는데, 일상적인 것들을 문학적으로 수용하는 행위는 문학사적 측면에서 의미를 지니는 동시에 작자 의식의 주체적 각성을 보여주는 대표적인 속성이다. 이와 함께 소북계열 문인의 경우 당파적 속성으로 인해 현실에서 일면 벗어나 있었기에 속세에서 벗어나 자연 속에서 심리적 안정을 얻은 것으로 보인다. 현실에 대한 기대와 좌절이 반복될수록 속세와 상반된 자연으로의 회귀 양상이 짙어질 수밖에 없다는 점을 감안해 본다면 이와 같은 현상은 자연스러운 면모라고 판단된다.

다음으로 문학사적 측면에서 소북팔문장小北八文章의 위치를 규정함으로써 소북문단小北文壇에서 이들이 지니는 위상을 검토해보고자 한다. 소북계열 문인의 경우 기본적으로 한시사漢詩史의 측면에서 언급된 바가 없으므로 지금까지 이 글에서 다룬 시세계의 양상을 종합하여 소북팔문장이 지니는 문학사적 의의를 찾아보고자 한다. 소북팔문장의 시세계에서 드러나는 가장 큰 특징을 논의해보면, 당풍唐風과의 연계성을 들 수 있다. 소북계열 문인인 소북칠학사小北七學士・소북팔문장小北八文章・소북오군자小北五君子의 문학적 교유와 학문적 경향에서도 살펴본 바 있듯 소북팔문장의 한 사람인 강백년姜栢年의 경우 두보杜甫의 시를 따랐으며, 청淸의 미감을 중요하게 여겼다. 청淸의 풍격은 두보의 시문학 경향과도 일맥상통하는 부분인데, 강백년 시의 이러한 면모는 부친 강주姜籒에게서 더욱 두드러지게 나타난다. 이 같은 양상은 가학家學의 측면에서 학시學詩의 전통이 이어지고 있음을 보여주는 것이라고도 할 수 있다. 또한 소북팔문장 중 한 사람인 신유申濡는 정두경鄭斗卿이 쓴 「신이옹시서유申泥翁詩序濡」에서 볼 수 있듯이 삼당시인三唐詩人인 최경창崔慶昌・백광훈白光勳・이달李達과 유사한 시풍을 지닌 것으로 평가받았다. 소북오군자小北五君子 중 한 사람인 송질宋瓆 역시 두보杜甫의 작품을 좋아했으며, 두보를 학시의 전범으로 여겼다는 사실을 확인한 바 있다. 더 나아가 소북오군자 가운데 송질宋瓆, 이정작李庭綽의 문학적 역량을 이어받았다고 평가되는 취송醉松 이희사李羲師 역시 조선의 두보라고 일컬어질 정도로 두보의 영향을 받았다는 사실을 앞서 검토하였다. 소북칠학사小北七學士의 경우 역시 직접적인 학시學詩의 근원을 찾기는 어려우나, 김신국金藎國, 남이공南以恭, 이덕형李德

洞 등이 삼당시인三唐詩人에 비견되는 총계당叢桂堂 정지승鄭之升과 교유하였다는 점에서 일정 부분 당풍唐風과 연관성을 맺고 있었다고 추정할 수 있다. 따라서 소북문단小北文壇은 두보를 중심으로 한 당시唐詩의 문학 경향에 일정한 영향을 받으며 시문학 활동을 이어왔다고 유추할 수 있다.

이와 같은 내용을 거시적 시야 안에서 종합적으로 논의해보면, 소북팔문장小北八文章의 시세계는 17세기 한시사의 구도 안에 편입되면서도 동시에 특수한 면모를 지니고 있음을 확인할 수 있다. 기본적으로 소북계열 문인의 시문학 작품들이 주관적이고 감정적인 모습을 보인다는 점에서 시대적 보편성을 지닌다고 할 수 있다. 낭만성이라는 17세기 시단의 중심 경향이 소북계열 문인들에게서도 드러나기 때문이다. 특히 소북계열 문인의 시문학에서 볼 수 있는 낭만성은 정서적 측면에서 당풍唐風이 지닌 정서와 잇닿아 있다는 특징을 보인다. 주정적主情的 성향의 시문학이 이들의 시세계를 지배하고 있어 당풍의 낭만성이 작품에 잘 구사되어 있다. 구체적으로 논의해보면, 여성을 대상으로 한 작품의 확대 양상과 신선 세계에 대한 선망의[1] 면모를 대표적으로 꼽을 수 있다. 이와 함께 당시唐詩의 미학이라고 할 수 있는 정경의 결합, 언어학적 특징, 회화적 표현 지향이라는 모습이 포착된다.[2] 특히 소북팔문장小北八文章의 영물시詠物詩와 산수시山水詩에서 이와 같은 성향을 확인할 수 있다. 따라서 소북계열 문인의 시세계는 17세기 한시의 보편적 흐름 속에서 설명이 가능하다고 하겠다.

하지만 이와 함께 이들은 이 시기의 일반적인 문인들과 다른 특징

1 정민, 「16, 7세기 당시풍에 있어서 낭만성의 문제」, 『韓國詩歌硏究』 5, 한국시가학회, 1999, p.283.

2 전송열, 『조선 전기 한시사 연구』, 이회문화사, 2001, pp.42~53.

을 보이기도 하는데 필자는 소북계열 문인들이 삼당시인三唐詩人의 영향을 받으면서도 이들이 노정한 한계를 극복하고자 했다는 점에서 특징적인 모습을 찾을 수 있다고 생각한다. 이들은 학당學唐의 틀을 벗어나지 않는 선에서 연약한 정서의 극복, 시적 긴밀도의 성취, 시체와 규모의 확대를 통해 시의 수준을 높이고자 했다.[3] 특히 소북계열 문인들은 두보杜甫를 작시의 전범으로 삼고자 했는데 이러한 모습은 만당晩唐의 유약한 시풍을 극복하고자 하는 일련의 움직임으로 해석 가능하다. 17세기 시단은 시의 기세를 높여 만당의 유약함을 극복하고자 하였으며, 실제로 두보와 한유의 존숭을 통해 이러한 목표를 구현하고자 하였다.[4] 삼당시인三唐詩人이 만당풍晩唐風을 구사했다면 소북계열 문인들은 당시를 추구하되 만당풍과는 다른 격조와 운치를 표현하고자 노력했다. 그러나 이 글에서 중점적으로 다룬 소북팔문장의 경우 17세기라는 시대적 특징으로 인해 만당풍을 완전히 벗어나지 못했다. 따라서 이들의 시는 유약한 정서를 극복하면서도 일면 만당풍으로 경도된 모습을 보여주어 당시의 다른 두 경향이 혼효되는 양상이 드러난다.

마지막으로 소북문단小北文壇의 전개라는 거시적인 시야 안에서 소북팔문장小北八文章의 시세계를 조명함으로써 이 글이 지니는 또 다른 의미를 찾고자 한다. 우선 시기별 소북문단小北文壇의 전개 과정을 살펴보면, 17세기에 활동한 소북팔문장小北八文章은 16세기 후반에서 17세기 전반에 활동했던 소북칠학사小北七學士의 영향을 받아 학맥學脈을 이어온 것으로 보인다. 또한 이들의 시문학적 특징은 17세기 후반에서

3 안대회, 위의 책, 1999, p.17.

4 이종묵, 「16~17세기 漢詩史 연구: 唐風의 변화 양상을 중심으로」, 『정신문화연구』 23, 한국학중앙연구원, 2000, pp.89~90.

18세기에 활동했던 소북오군자小北五君子에게 이어졌다는 점에서 이들이 독자적인 소북문단을 구성했던 것으로 보인다. 이후 18세기에 이르면 안산오학사安山十五學士로 지칭되는 유중림柳重臨, 유경종柳慶種, 박도맹朴道孟, 신택권申宅權, 신광수申光洙, 안정복安鼎福, 엄경응嚴慶膺, 이용휴李用休, 이광환李匡煥, 이수봉李壽鳳, 임희성任希聖, 조중보趙重普, 최인우崔仁祐, 채제공蔡濟恭, 허필許佖 가운데 소북계열 문인들과 양근楊根의 소북문단에 소북팔문장의 문맥이 이어진 것으로 생각되며, 그 밖의 소론문단少論文壇을 비롯해 남인사단南人詞壇과도 관계를 맺고 있는 것으로 보인다.[5]

다음으로는 이 글에서 확인한 소북팔문장小北八文章의 시세계 바탕으로 소북문단小北文壇의 성립 조건을 정리함으로써 이 글의 의의를 재확인해 보고자 한다. 이 부분은 세 가지 측면에서 논의가 가능한데, 첫 번째는 문단을 형성하고 있는 소북계열 문인들이 공통적인 학문적·문학적 경향을 견지했다는 점이다. 문단을 구축하고 있다고 논의하기 위해서는 학문적 연원과 전통 계승 측면에서 공통점이 확인되어야 하는데, 소북문단은 북인北人계열에서부터 시작되는 학문적 연원과 특징을 공유했다는 점에서 문단으로 명명하는 작업이 가능하다. 자세히 살펴보면, 남명南冥 조식曺植, 화담花潭 서경덕徐敬德을 중심으로 구성된 북인계열과 마찬가지로 소북계열 문인 역시 이들의 영향을 받았기에 학맥學脈 측면에서 연관성이 보인다. 또 학문의 다양성과 개방성이 확인되며 이러한 성향이 소북계열 문인을 비롯해 소북팔문장小北八文章의 시문학 세계에 공통적으로 드러난다는 점에서 이들이 정통성을 유지하고 있었다고 할 수 있다. 또한 소북계열 문인은 시회詩會를 통해 집단적

5 강경훈, 위의 논문, 2001, p.8.

문학 활동을 이어나갔기 때문에 공통적인 문학 경향을 견지할 수 있었던 것으로 보인다.

두 번째는 소북문단小北文壇에 소속된 소북계열 문인들이 함유하고 있는 내적 동질성이다. 여기에서 언급한 동질성은 혈연·지역을 기반으로 한 다양한 활동을 의미하는데, 이 글에서 중점적으로 살펴본 소북팔문장小北八文章의 경우 당맥黨脈과 혼맥婚脈을 통해 결속력을 강화하는 동시에 특정한 세거지를 중심으로 활동했음을 알 수 있다. 또한 만시挽詩의 창작을 통해 교유를 유지하였다는 점에서 내적 동질성을 확보했음을 인정할 수 있다. 문단을 구성하고 있는 소북계열 문인들의 관계성이 밝혀짐에 따라 문단을 구성하는 가장 기본적인 조건이 충족되었다고 할 수 있다.

세 번째는 소북문단小北文壇에 속하는 문인들의 시세계에서 확인되는 상호연계성이다. 문단이라고 명명하기 위해서는 학문적·문학적 경향성의 유지 여부도 중요하지만, 실제로 창작된 시문학 작품 안에 공통적인 특징이 어느 정도 반영되어 있는가를 확인하는 작업이 필요하다. 소북팔문장小北八文章의 개별적인 시세계를 검토한 후 종합적인 양상을 살펴보면 창작 결과물에 드러난 상호연계성을 확인할 수 있는데, 소북팔문장의 시세계는 동류의식同類意識의 발현과 시적 형상화, 소외된 문인으로 느끼는 내적 갈등, 경험의 미적 승화와 심미정서의 표출 양상이라는 점에서 공통적인 면모가 포착된다. 따라서 소북문단이라는 상위개념 아래 이들을 하나의 문학 집단으로 포섭하는 작업이 가능하다고 할 수 있다.

지금까지 논의한 소북팔문장小北八文章을 비롯한 17세기 소북문단小北文壇은 외적으로 명明·청淸 교체와 잦은 전란 속에서 격동의 시기를 보냈으며, 내적으로 당파에서 비롯된 붕당 정치로 인해 혼돈의 시기를 거쳐왔다. 북인北人계열의 경우 다양한 구성원의 결집으로 당색黨色이 고착화되지 않은 상태였으므로 잦은 분기와 대립 양상을 보이는데, 이러한 흐름과 맞물려 사상과 문학 역시 비판적 수용과 내재적 반성 속에서 다기한 양상을 띠게 되었다. 그로 인해 정치적 영향력을 크게 가지지 못했던 소북문단은 전개 양상과 형성 과정을 비롯해 그 특징적 면모가 밝혀지지 않았으며, 학계의 관심 대상에서 밀려남에 따라 사실상 지금까지 연구 대상으로 주목받지 못해 왔다. 소북계열 문인에 포함되는 개별 인물에 대한 미시적 연구는 일부 시도되었으나, 소북문단의 존재 여부를 비롯해 문인의 범주 및 공통적인 시문학 세계의 실상에 관해서는 아직까지 논의된 바 없다. 소북팔문장 이후 소북계열 문인들의 전체적인 전개 양상은 개별 문인에 대한 검토가 선행되었을 때 가능한 작업이므로 추후 더욱 상세한 논의가 필요한 실정이다. 이와 관련해서는 후속 연구를 통해 점차적으로 해명해 나가도록 하겠다.

참고문헌

1. 사료

『晩洲集』

『沙川集草藁』

『雪峯遺稿』

『竹堂集』

『滄溟遺稿』

『草亭先生遺稿』

『痳庵遺稿』

『窮悟集』

『記言』

『大東野乘』

『大瓠先生遺稿』

『東溟集』

『東州集』

『杜詩詳註』

『遯窩遺稿』

『龍洲遺稿』

『林羅山詩集』

『保閑齋集』

『孚齋日記』

『北譜』

『三溟詩話』

『仙源遺稿』

『雪蓑詩鈔』
『少眉山房藏』
『瑣編』
『水色集』
『時庵集』
『詩評補遺』
『與猶堂全書』
『燕行錄』
『五大家詩』
『玉麟夢』
『愚得錄』
『莊子』
『在澗集』
『終南叢志』
『竹窓集』
『青風禊帖』
『恥庵集』
『太湖詩稿』
『豹菴稿』
『韓使贈答日錄』
『海行摠載』
『杏園遺稿』
『玄洲集』
『壺谷詩話』
『壺谷集』
『花潭先生文集』
『后山集』
『後瘳集』

『光海君日記』

『明宗實錄』
『宣祖實錄』
『成宗實錄』
『肅宗實錄』
『仁祖實錄』
『中宗實錄』
『顯宗實錄』
『孝宗實錄』

website
국립중앙도서관 http://www.nl.go.kr
서울대학교 규장각 한국학연구원 http://e-kyujanggak.snu.ac.kr
조선왕조실록 http://sillok.history.go.kr
한국고전번역원 db http://db.itkc.or.kr
한국학중앙연구원 장서각 http://jsg.aks.ac.kr

2. 저서

강명관, 『공안파와 조선 후기 한문학』, 소명출판, 2007.
고영진, 『조선중기 예학사상사』, 한길사, 1995.
김용태, 『19세기 조선 한시사의 탐색 - 옥수 조면호의 시세계』, 돌베개, 2008.
김재욱, 『목은 이색의 영물시』, 도서출판 다운샘, 2009.
노경희, 『17세기 전반기 한중 문학교류』, 태학사, 2015.
박희병, 『나의 아버지 박지원』, 돌베개, 1998.
신영주, 『목릉시대 문인들의 일탈 체험과 문예 취』, 학자원, 2016.
신익철, 『柳夢寅 文學 硏究』, 보고사, 1998.
______, 『연행사와 북경천주당』, 보고사, 2013.
신병주, 『남명학파와 화담학파 연구』, 일지사, 2000.
______, 『조선 중·후기 지성사 연구』, 새문사, 2007.
실시학사 고전문학연구회 역, 『태호 이원진의 태호시고』, 사람의 무늬, 2016.
안대회, 『18세기 한국한시사 연구』, 소명출판, 1999.

______, 『(아동 한시 선집) 내 생애 첫 번째 시』, 보림, 2016.
윤재환, 『매산 이하진의 삶과 문학 그리고 성호학의 형성』, 문예원, 2010.
______, 『조선 후기 근기 남인 시맥의 형성과 전개』, 문예원, 2012.
이종묵, 『한국한시의 전통과 문예미』, 태학사, 2002.
______, 『조선시대 경강의 별서』, 경인문화사, 2016.
이희목, 『이건창 문학연구』, 성균관대학교출판부, 2005.
임준철, 『전형과 변주』, 글항아리, 2013.
______, 『내 무덤으로 가는 이 길』, 문학동네, 2014.
임형택, 『이조시대 서사시』, 창작과 비평사, 2002.
전송열, 『조선 전기 한시사 연구』, 이회문화사, 2001.
정 민, 『목릉문단과 石洲 權韠』, 태학사, 1999.
정호훈, 『朝鮮後期 政治思想 研究 - 17세기 北人系 南人을 중심으로』, 혜안, 2004.
정요일 · 박성규 · 이연세, 『고전비평 용어 연구』, 태학사, 1998.
진재교, 『이조후기 한시의 사회사』, 소명출판, 2001.
최재남, 『한국 애도시 연구』, 경남대학교 출판부, 1997.
한명기, 『정묘 · 병자호란과 동아시아』, 푸른역사, 2009.

3. 논문

강경훈, 「18세기 안산의 풍광과 제영 : 시로 읽는 안산의 옛 노래」, 『한국한문학연구』 25, 한국한문학회, 2000.
______, 「重菴 姜彝天 文學 研究 : 18세기 近畿南人, 小北文壇 展開와 관련하여」, 동국대학교 대학원 박사학위논문, 2001.
강관식, 「光州 鄭門과 壯洞 金門의 世交와 謙齋 鄭敾의 〈淸風 溪〉」, 『美術史學報』 26, 美術史學研究, 2006.
강석중, 「雪峯 姜栢年의 삶과 시세계」, 『한국한시작가연구』 10, 한국한시학회, 2006.
강정화, 「智異山 遊山詩에 나타난 名勝의 文學的 形象化」, 『동방한문학』 41, 동방한문학회, 2009.
강혜선, 「기획주제 : 16 - 17세기의 시사(詩社)와 아집(雅集) ; 인왕산 청풍계의 문학적 전통」, 『漢文學報』 25, 우리한문학회, 2011.
高正晴子, 「조선통신사의 饗應에 관해서」, 『조선통신사연구』 3, 조선통신사학회, 2006.

고진아, 「문학: 두보와 은일 사상」, 『中國硏究』, 27, 한국외국어대학교 중국연구소, 2001.

구덕회, 「선조대 후반 정치체제 재편과 정국동향」, 서울대학교 대학원 석사학위논문, 1988.

권진옥, 「회은(晦隱) 남학명(南鶴鳴) 산수시(山水詩)의 특징」, 『인문사회과학연구』 20, 인문사회과학연구소, 2019.

김경호, 「혼인의 관계망을 통해 본 16세기 호남유학」, 『嶺南學』 64, 경북대학교 영남문화연구원, 2018.

김낙진, 「雪峰 姜栢年을 통해 본 조선후기 유학자의 逍遙遊 정신」, 『儒學硏究』 20, 충남대학교 유학연구소, 2009.

김남이, 「15世紀 朝鮮 文士와 明 使臣의 詩文 酬唱과 그 의미」, 『東洋古典硏究』 16, 동양고전학회, 2002.

김동준, 「해암 류경종의 시문학 연구」, 『한국한문학연구』 25, 한국한문학회, 2000.

김묘정, 「姜銑의 『燕行錄』 연구」, 『한국문학연구』 50, 동국대학교 한국문학연구소, 2016.

______, 「滄溟 南翧의 挽詩 考察」, 『한민족어문학』 73, 한민족어문학회, 2016.

______, 「1697년 三使 연행시의 교류성 연구; 崔錫鼎・宋相琦・崔奎瑞의 작품을 중심으로」, 『韓民族語文學』 78, 한민족어문학회, 2017.

______, 「藥泉 南九萬의 連作詠物詩 고찰 -「詠柚詩」 20수를 중심으로 - 」, 『고전과 해석』 22, 고전문학한문학연구학회, 2017.

______, 「草亭 朴守玄의 삶과 시세계」, 『동방한문학』 72, 동방한문학회, 2017.

______, 「沙川 沈儕의 시세계 연구」, 『漢文古典硏究』 36, 한국한문고전학회, 2018.

______, 「설봉(雪峯) 강백년(姜栢年)의 시세계 고찰」, 『용봉인문논총』 53, 전남대학교 인문학연구소, 2018.

______, 「竹堂 申濡의 일본체험과 지식의 새 지평 - 지식기반과 지식영역의 확대 양상을 중심으로 - 」, 『고전과 해석』 25, 고전문학한문학연구학회, 2018.

______, 「만주(晩洲) 정창주(鄭昌冑)의 시세계 연구」, 『한국문학연구』 59, 동국대학교 한국문학연구소, 2019.

______, 「소북(小北) 문인집단의 지식 공간 양상과 그 의미 - 별서(別墅) 시회(詩會)를 중심으로」, 『인문과학』 116, 연세대학교 인문학연구원, 2019.

______, 「소북문단의 형성과 전개 일고찰」, 『고전과해석』 31, 고전문학한문학연구학회, 2020.

______, 「저암(樗庵) 신택권(申宅權)의 차운시 양상과 그 의미」, 『서강인문논총』 57, 인문과학연구소, 2020.

______, 「후추(後瘳) 김신국(金藎國)의 시세계 연구」, 『한국학연구』 74, 한국학연구소, 2020.

______, 「설사(雪蓑) 남이공(南以恭)의 교유시 연구 - 16세기 소북문단(小北文壇) 형성기의 교유 양상을 중심으로」, 『한국학논집』 83, 한국학연구원, 2021.

______, 「18세기 송파강(松坡江) 유역의 문예 창작 공간과 그 의미 - 소북(小北)계열 풍천(豐川) 임씨(任氏) 문인들의 공간인식을 중심으로」, 『서울학연구』 85, 서울학연구소, 2021.

金萬源, 「中國詠物詩試論 : 六朝를 中心」, 『中國文學』 16, 韓國中國語文學會, 1988.

김보성, 「李圭景의 『詩家點燈』 研究」, 성균관대학교 대학원 박사학위논문, 2016.

김분청, 「변계량의 輓詩에 나타난 여성의 시적 형상화」, 『민족문화논총』 60, 영남대학교 민족문화연구소, 2015.

김상원 · 김명주, 「1643년 조선통신사 해로 여정 고찰」, 『우리文學研究』 56, 우리문학회, 2017.

김성기, 「기획 : 17세기 한국한시사의 구도 ; 17세기 한국한시사(韓國漢詩史)의 구도(構圖)」, 『韓國漢詩研究』 14, 한국한시학회, 2006.

김세호, 「南以恭의 夢烏亭」, 『문헌과 해석』 77, 태학사, 2016.

김양균, 「豹菴 姜世晃 산수화의 題畵詩 연구 : 書寫樣狀을 중심으로」, 동국대학교 대학원 석사학위논문, 2006.

김영수 · 김효정, 「錦帶 李家煥 挽詩 研究」, 『동아시아고대학』 36, 동아시아고대학회, 2014.

김영진, 「허필의 烟客詩稿」, 『문헌과 해석』 26, 2004.

______, 「鄭遂榮의 『之又齋詩稿』」, 『고전과 해석』 6, 고전한문학연구학회, 2009.

______, 「조선후기 黨派譜 研究 : 『北譜』를 중심으로」, 『한국학논집』 44, 계명대학교 한국학연구원, 2011.

김원준, 「芝峰 梅花詩 考察」, 『한민족어문학』 39, 한민족어문학회, 2001.

김종서, 「16세기 湖南詩壇의 풍격적 특성 - 淸의 풍격을 중심으로 - 」, 『東方漢文學』 27, 동방한문학회, 2004.

김현미, 「해외 체험 시문의 연구동향과 전망」, 『한국문화연구』 9, 이화여자대학교 한국문화연구원, 2005.

______, 「연행록의 계보적 독해 : 18세기 전반 노론 사대신 전주이씨 집안 연행 기록의

개관과 관심지향 분석」, 『東洋古典硏究』 62, 동양고전학회, 2016.

김형술, 「조선후기 山水 認識의 변화와 山水詩 창작의 새 양상 - 17C말~18C초 農淵 그룹 문인들을 중심으로 - 」, 『韓國漢詩硏究』 16, 한국한시학회, 2008.

김효정, 「17세기 전반 北人系 南人 文士들의 교유 - 지식교류의 일 양상」, 『인문연구』 83, 영남대학교 인문과학연구소, 2018.

남윤수, 「滄溟 南嶋의 生涯와 文學」, 『우리문학연구』 13, 우리문학회, 2000.

맹영일, 「18세기 전반 백련시단의 형성과 시세계」, 고려대학교 대학원 박사학위논문, 2015.

박근령, 「烟客 許佖의 詩畵 硏究」, 고려대학교 대학원 석사학위논문, 2015.

박기용, 「남명 문학에서의 도교사상 표출 양상」, 『語文學』 91, 한국어문학회, 2006.

박동욱, 「연객 허필의 예술 활동과 일상성의 시학」, 『한국한문학연구』 46, 한국한문학회, 2010.

박영민, 「杜機 崔成大 시세계 연구」, 고려대학교 대학원 석사학위논문, 1990.

박용만, 「18세기 안산과 여주이씨가의 문학활동 : 『섬사편』을 중심으로」, 『한국한문학연구』 25, 한국한문학회, 2000.

박종훈, 「성호기념관 소장 『청풍계첩(靑楓禊帖)』 일고(一考)」, 『한국시가문화연구』 36, 한국시가문화학회, 2015.

박탄, 「重菴 姜彛天의 散文 硏究」, 강원대학교 대학원 석사학위논문, 2001.

朴彭錬, 「花潭 徐敬德 漢詩의 硏究 : 道家的 趣向과 美意識을 中心으로」, 성균관대학교 대학원 석사학위논문, 2000.

방현아, 「重菴 姜彛天의 『漢京詞』 硏究 : 18世紀 서울의 都市的 樣相의 形象化」, 성균관대학교 대학원 석사학위논문, 1994.

서동형, 「豹菴 姜世晃의 詩世界」, 청주대학교 대학원 박사학위논문, 1988.

성해준, 「野間三竹의 『北溪含豪』와 『明心寶鑑』」, 『일어일문학』 41, 대한일어일문학회, 2009.

송인창, 「설봉 강백년의 철학과 청백리정신」, 『哲學硏究』 74, 대한철학회, 2000.

신병주, 「南冥 曺植의 學問 傾向과 現實認識」, 서울대학교 대학원 석사학위논문, 1989.

______, 「17세기 전반 북인 관료의 사상 : 김신국 남이공 김세렴을 중심으로」, 『역사와 현실』 8, 한국역사연구회, 1992.

______, 「朝鮮中期 處士型 士林의 學風 硏究 : 南冥學派와 花潭學派를 중심으로」, 서울대학교 대학원 박사학위논문, 1999.

______, 「조선중기 남명학파(南冥學派)의 활동과 그 역사적 의미」, 『조선시대사학보』 35, 조선시대사학회, 2005.

______, 「특집 : 조선 중, 후기 4대 학파의 철학과 현실 인식 ; 북인(北人) 학파의 연원과 사상, 그리고 현실인식」, 『한국철학논집』 32, 한국철학사연구회, 2011.

신익철, 「조선후기 연행사의 중국 명산 유람 양상과 특징」, 『泮橋語文硏究』 40, 반교어문학회, 2015.

심경호, 「18,19세기 서울의 도시문화와 연행예술의 역사 지리학적 연구 : 조선후기 시사와 동호인 집단의 문화 활동」, 『民族文化硏究』 31, 고려대학교 민족문화연구원, 1998.

안대회, 「杜機 崔成大詩의 민요적 발상과 서정」, 『연세어문학』 22, 연세대학교 국어국문학과, 1990.

______, 「특집 : 한국 한시와 죽음의 문제 - 조선후기 만시의 예술성과 인간미 - 」, 『韓國漢詩硏究』 3, 한국한시학회, 1995.

______, 「한국 한시와 죽음의 소재」, 『韓國 漢詩의 分析과 視角』, 연세대학교 출판부, 2000.

______, 「18세기 시사(詩社)의 현황과 전개양상」, 『古典文學硏究』 44, 한국고전문학회, 2013.

______, 「다산 정약용의 竹欄詩社 결성과 활동양상 - 새로 찾은 竹欄詩社帖을 중심으로」, 『大東文化硏究』 83, 성균관대학교 대동문화연구원, 2013.

안대회 · 박진욱 · 김세호, 「18세기 漢江의 樓亭 조사 연구 - 嚴慶遂의 「沿江亭謝記」를 중심으로 - 」, 『한국전통조경학회지』 35, 한국전통조경학회, 2017.

오용섭, 「강백년의 『옥하만록』 연구」, 『서지학연구』 45, 한국서지학회, 2010.

윤수진, 「恥庵 宋瓆의 漢詩 硏究」, 계명대학교 대학원 석사학위논문, 2009.

윤재환, 「17세기 漢詩에 수용된 日常的인 것의 意味와 限界 - 梅山 李夏鎭의 詩를 中心으로 」, 『한문교육연구』 24, 한국한문교육학회, 2005.

______, 「新資料 『太湖詩藁』를 통해 본 李元鎭의 詩世界 - 資料 소개와 詩世界의 槪略을 中心으로 - 」, 『漢文學報』 18, 우리한문학회, 2008.

______, 「玉洞 李溆의 挽詩를 통해 본 朝鮮朝 挽詩의 일양상」, 『韓民族語文學』 65, 한민족어문학회, 2013.

______, 「聽蟬 李志定 詩文學 硏究」, 『韓國漢詩硏究』 23, 한국한시학회, 2015.

______, 「『惺叟詩話』 속 風格 用語를 통해 본 許筠의 '淸' 系列 風格 硏究 - 淸勁 · 淸切 · 淸楚 · 淸越을 중심으로」, 『동양고전연구』 63, 동양고전학회, 2016.

윤호진, 「총계당(叢桂堂) 정지승(鄭之升)과 그의 한시(漢詩)」, 『漢文學報』 18, 우리한문학회, 2008.

이광소, 「陽村 權近의 館閣風 送別詩 硏究」, 『고전과 해석』 18, 고전문학한문학연구학회, 2015.

이남면, 「鄭斗卿의 교유관계와 교유시」, 『고전과 해석』 12, 고전문학한문학연구학회, 2012.

______, 「병자호란의 기억, 그 시적 형상화」, 『東方漢文學』 68, 동방한문학회, 2016.

李南鍾, 「宋代 題畫詩의 類型과 意境에 관한 考察 : -〈聲畫集〉의 美人題畫詩를 중심으로-」, 『中國文學』 35, 한국중국어문학회, 2001.

이병찬, 「雪峯 姜栢年의 漢詩 硏究」, 『語文硏究』 73, 어문연구학회, 2012.

이송희, 「魯西 尹宣擧의 挽詩 硏究」, 『語文硏究』 74, 어문연구학회, 2012.

이승용, 「조선후기 江華學派 漢詩 硏究 :全州李氏 德泉君派 八匡을 중심으로」, 성균관대학교 대학원 박사학위논문, 2017.

이영순, 「醉松 李羲師의 한시 연구」, 계명대학교 대학원 석사학위논문, 2013.

이정은, 「백거이 연작영물시 연구」, 성균관대학교 대학원 석사학위논문, 2007.

이종묵, 「16~17세기 漢詩史 연구 : 唐風의 변화 양상을 중심으로」, 『정신문화연구』 23, 한국학중앙연구원, 2000.

______, 「17세기 문화공간 青風溪」, 『문헌과 해석』 12, 태학사, 2000.

이진향·이재근, 「청풍계(淸風溪) 경관에 관한 연구」, 『한국전통조경학회지』 29, 한국전통조경학회, 2011.

이황진, 「崔致遠生平事蹟與漢詩創作硏究」, 光西師範大學 박사학위논문, 2010.

임영길, 「19세기 前半 燕行錄의 특성과 朝·淸 文化 交流의 양상」, 성균관대학교 대학원 박사학위논문, 2018.

임준철, 「조선시대 自挽詩의 類型的 특성」, 『語文硏究』 38, 한국어문교육연구회, 2010.

전재강, 「寒岡 挽詩의 성격 연구」, 『국어교육연구』, 46, 국어교육학회, 2010.

정권율, 「화담 서경덕의 한시 연구」, 목포대학교 교육대학원 석사학위논문, 2000.

정 민, 「16, 7세기 당시풍에 있어서 낭만성의 문제」, 『韓國詩歌硏究』 5, 한국시가학회, 1999.

정우봉, 「姜彝天의 『漢京詞』에 대하여 : 18세기 서울의 시적 형상화」, 『한국학보』 20, 일지사, 1994.

정원표, 「화담 서경덕 시 연구」, 『한국한시작가연구』 5, 한국한시학회, 2000.

정은영, 「조선후기 통신사행록의 글쓰기 방식과 일본담론 연구」, 부산대학교 대학원 박사학위논문, 2014.

정은진, 「강세황의 안산 생활과 문예 활동 - 유경종과의 교유를 중심으로」, 『한국한문학연구』 25, 한국한문학회, 2000.

______, 「표암 강세황의 연행체험과 문예활동」, 『漢文學報』 25, 우리한문학회, 2011.

정홍준, 「朝鮮朝 北人政權의 成立과 對民政策의 性格(1598 - 1608)」, 고려대학교 대학원 석사학위논문, 1986.

______, 「임진왜란(任辰倭亂) 직후 정국(政局)의 추이(推移)와 북인정권(北人政權)의 성립(成立)」, 『사총』 34, 고려대학교 역사연구소, 1988.

정훈식 · 남송우, 「朝鮮後期 通信使行錄 所在 見聞錄의 展開 樣相」, 『한국문학논총』 50, 한국문학회, 2008.

____________, 「조선후기 일본지식의 생성과 통신사행록」, 『동양한문학연구』 29, 동양한문학회, 2009.

조민환, 「道家的 隱士의 삶과 웰빙 : 莊子 心隱的 삶의 태도를 중심으로」, 『東洋哲學研究』 53, 동양철학연구회, 2008.

조인희, 「17세기 초 小北 정권의 성립과정에 對하여」, 『한일관계사연구』 62. 한일관계사연구, 2018.

趙貞允, 「『試筆』을 통해 본 소북계 문사의 정치 인식과 문학 활동」, 『東洋古典研究』 61, 동양고전학회, 2015.

진재교, 「18~19세기 초 지식, 정보의 유통 메커니즘과 중간계층」, 『大東文化研究』 68, 성균관대학교 대동문화연구원, 2009.

______, 「동아시아 文化交流와 韓國漢文學 ; 18,19세기 동아시아와 知識, 情報의 메신저, 譯官」, 『韓國漢文學研究』 47, 한국한문학회, 2011.

______, 「17~19세기 使行과 지식, 정보의 유통 방식 - 複數의 한문학, 하나인 동아시아 - 」, 『한문교육연구』 40, 한국한문교육학회, 2013.

______, 「18세기 조선통신사와 지식, 정보의 교류」, 『韓國漢文學研究』 56, 한국한문학회, 2014.

______, 「燕行錄과 知識 · 情報 - 지식 · 정보의 수집과 기록방식」, 『大東文化研究』 97, 성균관대학교 대동문화연구원, 2017.

차은주, 「16~17世紀 金藎國의 政治 · 經濟思想」, 동국대학교 대학원 석사학위논문, 1999.

한명기, 「光海君代의 大北勢力과 政局의 動向」, 서울대학교 대학원 석사학위논문, 1998.

______, 「병자호란 패전의 정치적 파장」, 『동방학지』 119, 연세대학교 국학연구원, 2003.

한태문, 「庚寅通信使(1590)의 文化使節로서의 성격」, 『동양한문학연구』 36, 동양한문학회, 2013.

허경진 · 김성은, 「하야시 라잔(林羅山)의 창수시를 통해 본 한일문사 초기교류의 양상」, 『동악어문학』 53, 동악어문학회, 2009.

허경진 · 조혜, 「신유의 일본과 중국 두 나라 인식에 대한 비교 연구 - 『해사록』 및 『연대록』을 중심으로 - 」, 『열상고전연구』 55, 열상고전연구회, 2017.

황수연, 「杜機 崔成大 詩 硏究 : 樂府詩를 中心으로」, 연세대학교 대학원 석사학위논문, 1991.

______, 「杜機 崔成大의 民謠風 漢詩 硏究」, 연세대학교 대학원 박사학위논문, 2000.

황의동, 「韓國思想 哲學 : 晉州 姜門 유학자들의 학문과 사상」, 『韓國思想과 文化』 50, 한국사상문화학회, 2009.

저자 소개 **김묘정**

단국대학교 대학원 국어국문학과 졸업(문학박사)
성균관대학교 박물관, 경희대학교 박물관, 단국대학교 일본연구소, 성균관대학교 대동문화연구원을 거쳐 현재 단국대학교 한국고전문학텍스트연구소에 재직 중이자 단국대학교 강사이다.
단국대학교에서 「17세기 소북팔문장小北八文章의 시세계 연구」로 박사학위를 취득했으며, 조선후기 소북小北계열 문인들의 시문학 세계에 대한 연구에 주력하고 있다.
주요 논문으로는 「소북小北 문인집단의 지식 공간 양상과 그 의미 - 별서別墅 시회詩會를 중심으로」, 「후추後瘳 김신국金藎國의 시세계 연구」, 「설사雪蓑 남이공南以恭의 교유시 연구 - 16세기 소북문단小北文壇 형성기의 교유 양상을 중심으로」 등 소북小北계열과 소북문단小北文壇에 대한 여러 편의 글이 있다.

학술연구총서 5

조선후기 소북문단의 형성과 소북팔문장

2021년 12월 30일 초판 발행

지은이 : 김묘정
발행인 : 김병환
발행처 : 학자원
주소 : 서울 강동구 천호대로 1121
전화 : 02 6403-1000
팩스 : 02 6338-1001
E-mail : hakjaone@daum.net
등　록 : 2011년 3월 24일 제2011-14호

ISBN 979-11-6247-260-6 94810
　　979-11-6247-176-0 (세트)

값 30,000원